ACESSO À INFORMAÇÃO DA ADMINISTRAÇÃO PÚBLICA PELOS PARTICULARES

ALEXANDRE BRANDÃO DA VEIGA

ACESSO À INFORMAÇÃO DA ADMINISTRAÇÃO PÚBLICA PELOS PARTICULARES

ALMEDINA

ACESSO À INFORMAÇÃO DA ADMINISTRAÇÃO PÚBLICA PELOS PARTICULARES

AUTOR
ALEXANDRE BRANDÃO DA VEIGA

EDITOR
EDIÇÕES ALMEDINA, SA
Rua da Estrela, n.º 6
3000-161 Coimbra
Tel: 239 851 904
Fax: 239 851 901
www.almedina.net
editora@almedina.net

PRÉ-IMPRESSÃO • IMPRESSÃO • ACABAMENTO
G.C. GRÁFICA DE COIMBRA, LDA.
Palheira – Assafarge
3001-453 Coimbra
producao@graficadecoimbra.pt

Janeiro, 2007

DEPÓSITO LEGAL
251963/06

Não obstante a qualidade de jurista da Comissão do Mercado de Valores Mobiliários do autor, é por demais evidente que as opiniões expressas no presente trabalho são emitidas a título meramente pessoal, não vinculando de nenhum modo a citada Comissão.

Ao meu tio
António Alexandre de Vasconcelos Brandão de Melo

Agradecimentos

Tenho de manifestar o meu agradecimento às Exmas. Sr.as Dr.as Célia Reis e Marta Cruz de Almeida pelas exaustivas críticas e sugestões que fizeram ao texto e permitiram que ele muito ganhasse em clareza e consistência.

SIGLAS[1]

Ac	Acórdão
CADA	Comissão de Acesso aos Documentos Administrativos
CAGER	Conclusões do Advogado Geral do TJCE
CNPD	Comissão Nacional de Protecção de Dados
CP	Código Penal
CPA	Código do Procedimento Administrativo
CPI	Código da Propriedade Industrial (Decreto-Lei n.º 36/2003, de 5 de Março)
CPP	Código de Processo Penal
CPPT	Código do Procedimento e Processo Tributário
CPTA	Código de Processo nos Tribunais Administrativos
CRP	Constituição da República Portuguesa
DLMA	Decreto-Lei da Modernização Administrativa (Decreto-lei n.º 135/99, de 22 de Abril)
LADA	Lei de Acesso aos Documentos da Administração (Lei n.º 65/93, de 26 de Agosto)
LGT	Lei Geral Tributária
LPDP	Lei de Protecção de Dados Pessoais (Lei n.º 67/98, de 26 de Outubro)
LPPAP	Lei de Participação Procedimental e de Acção Popular (Lei n.º 83/95, de 31 de Agosto)
PGR	Procuradoria-Geral da República

---

[1] A referenciação dos diplomas obedeceu aos seguintes critérios:

a) Nos diplomas mais conhecidos, nem sequer se referem os diplomas que os aprovam;

b) Nos menos conhecidos refere-se apenas o primeiro diploma que os aprova, sem referir as suas alterações.

Com efeito, o presente estudo é transversal, abrangendo muitas áreas do Direito. A maioria dos ramos têm de ser referidos pelas suas implicações no Direito Administrativo, não sendo estudados por si mesmos. Daí que se tenha evitado sobrecarregar o texto de referências legislativas que têm todo o sentido quando se estuda cada um dos ramos do Direito, mas que seriam desproporcionadas quando têm função meramente delimitativa do tema em presença.

RG	Tribunal da Relação de Guimarães
RL	Tribunal da Relação de Lisboa
RP	Tribunal da Relação do Porto
STA	Supremo Tribunal Administrativo
STJ	Supremo Tribunal de Justiça
TC	Tribunal Constitucional
TCA	Tribunal Central Administrativo
TJCE	Tribunal de Justiça das Comunidades Europeias
TPICE	Tribunal de Primeira Instância das Comunidades Europeias

Parte A

PREMISSAS GERAIS

Capítulo I

CONTEXTO

A administração pública entra em relação com os particulares das mais variadas formas. Permitindo ou proibindo condutas, atribuindo prestações, investigando a sua vida. O pensamento mais ou menos liberalizante e sobretudo a retórica a este pensamento associada, como é típico da História, obedece a oscilações consoante as épocas. Estando nós numa em que esta retórica é particularmente poderosa, parece que a intervenção dos poderes públicos diminui com o passar do tempo.

Não é este o lugar para abrir esta discussão, tanto mais que haveria que distinguir intervenção de poder real de conformação. O facto é que mesmo que se conteste a eficácia do poder, mesmo que a retórica pareça indicar o contrário, a intervenção pública não diminui, apenas tem mudado de direcção.

Uma das dimensões essenciais desta intervenção consubstancia-se na circulação da informação. Sendo assim, é natural que a administração pública detenha muita informação, mais ou menos bem organizada, mais ou menos geral. Ao contrário dos particulares, que podem deter e originar informação mais eficaz e vital sectorialmente, a administração pública detêm informação que é única pela sua diversidade e universalidade.

Esta mesma informação é instrumento de poder e portanto num Estado de Direito tem de ser limitado o seu uso, as suas formas de obtenção. Mas, e no tema que ora nos interessa, o acesso dos particulares a essa informação é igualmente problema essencial. Em primeiro lugar como forma de reequilíbrio de poder entre os particulares e a administração, em segundo como forma de controlo pelos particulares da actividade dessa mesma administração seja em relação a eles seja em relação a terceiros.

Para o tema:

1) A informação como garantia de legalidade e transparência e de interesses e direitos do cidadão no Ac STA de 1 de Março de 1994 (proc 033931) (ver igualmente BIGNAMI, Francesca; Tre *Generazione di Diritti di Partecipazione nei Procedimenti Amministrativi Europei*; in: *Rivista Trimestrale di Diritto Pubblico, Quaderno n. 1, Il Procedimento Amministrativo nel Diritto Europeo*, Giuffrè Editore, Milano, 2004, p. 97; inversamente, o segredo como instrumento de poder em MARQUES, Garcia; MARTINS, Lourenço; *Direito da Informática*, Almedina, Coimbra, 2000, p. 225).
2) A transparência tem uma dupla função no que respeita à imparcialidade da administração pública: garante a imparcialidade e garante junto dos particulares a confiança na imparcialidade (RIBEIRO, Maria Teresa de Melo; *O Princípio da Imparcialidade da Administração Pública*, Almedina, Coimbra, 1996, pp. 191-193). Não se pode por isso aceitar a visão clássica de MAURER, Hartmut; *Droit Administratif Allemand*, L.J.D.C., Paris, 1995, p. 182, que afirma que os factos materiais, nomeadamente as comunicações, são um parente menor do Direito Administrativo em comparação com o acto administrativo, nomeadamente. A administração pública age hoje em dia comunicando igualmente e de forma muito acentuada.
3) A forte tradição de *open government* na Holanda, Dinamarca e Suécia é entendida como garantia do Estado democrático e defendida pelo parlamento europeu (BIGNAMI, Francesca, *Introduzione*; in: *Rivista Trimestrale di Diritto Pubblico, Quaderno n. 1, Il Procedimento Amministrativo nel Diritto Europeo*, Giuffrè Editore, Milano, 2004, p. 1; cf., igualmente embora infelizmente sem ênfase na transparência SANDER, Gerald G.; *Public Administration*; in: OTT, Andrea; INGLIS, Kirstyn; *Handbook on European Enlargement. A Commentary on the Enlargement Process*, Asser Press, The Hague, 2002, pp. 1003-1012).

4 BIGNAMI, Francesca; Tre *generazione di Diritti di Partecipazione nei Procedimenti Amministrativi Europei*; in: *Rivista Trimestrale di Diritto Pubblico, Quaderno n. 1, Il Procedimento Amministrativo nel Diritto Europeo*, Giuffrè Editore, Milano, 2004, pp. 88 ss. estabelece três gerações de direitos dos particulares: o direito a ser ouvido, o acesso à informação e o direito de participação. O direito de informação é assim um direito de segunda geração na sua perspectiva. No entanto, CARVALHO, Raquel; *O Direito à Informação Administrativa Procedimental*, Publicações Universidade Católica, Porto, 1999, p. 168 salienta e bem que não há participação sem informação, pelo que os direitos estão intimamente ligados. O mesmo em CORREIA, José Manuel Sérvulo; *Os Princípios*

Constitucionais do Direito Administrativo; in: MIRANDA, Jorge (coord.); *Estudos sobre a Constituição*, 3º Vol., Livraria Petrony, Lisboa, 1979, p. 687, CORREIA, José Manuel Sérvulo; *Noções de Direito Administrativo*, I, Editora Danúbio, Lisboa, 1982, pp. 124-125, CANOTILHO, J. J. Gomes; MOREIRA, Vital; *Constituição da República Portuguesa Anotada*, 3ª Ed. Revista, Coimbra Editora, Coimbra, 1993, p. 930 e MCELDOWNEY, John F.; *Public Law*, Thomson Sweet & Maxwell, 3rd Ed., London, 2002, p. 574. MACHETE, Pedro; *A Audiência dos Interessados no Procedimento Administrativo*, Universidade Católica Editora, 2ª Ed., Lisboa, 1996, p. 401 diz que a informação é o "grau zero" da participação (cf. MONCADA, Luís S. Cabral de; *Lei e Regulamento*, Coimbra Editora, Coimbra, 2002, p. 1131). Para o fenómeno da participação em geral ver GARCÍA DE ENTERRÍA, Eduardo; FERNÁNDEZ, Tomás-Ramón; *Curso de Derecho Administrativo*, II, 4ª Ed., Civitas, Madrid, 1994, pp. 85-96. A ausência ou recusa de informação como sinal de uma má administração em CADEDDU, Simone; *Le Procedure del Mediatore Europeo*; in: *Rivista Trimestrale di Diritto Pubblico, Quaderno n. 1, Il Procedimento Amministrativo nel Diritto Europeo*, Giuffrè Editore, Milano, 2004, p. 264.

5) A transparência da administração em STEWART, Richard B.; *Il Diritto Amministrativo nel XXI Secolo*; in: *Rivista Trimestrale di Diritto Pubblico*, vol. 1, Giuffrè, Milano, 2004, p. 19. A transparência e o *open file* como regra em REBOLLO VARGAS, Rafael; *La Revelación de Secretos e Informaciones por Funcionário Público*, CEDECS Editorial, Barcelona, 1996, pp. 147-150, GARCÍA DE ENTERRÍA, Eduardo; FERNÁNDEZ, Tomás-Ramón; *Curso de Derecho Administrativo*, II, 7ª Ed., Civitas, Madrid, 2000, pp. 471-472 e no Direito Comunitário ver SCHMIDT-ASSMANN, Eberhard; *La Teoria General del Derecho Administrativo como Sistema*, Marcial Pons, Madrid, 2003, p. 123.

6) A informação como critério de um Estado de Direito em GAUDENZI, Andrea Sirotti; *Il Commercio Elettronico nella Società dell'Informazione*, Sistemi Editoriali, Napoli, 2003, p. 243. A informação como poder em CARVALHO, Raquel; *O Direito à Informação Administrativa Procedimental*, Publicações Universidade Católica, Porto, 1999, pp. 13 ss.. Uma concepção de informação muito restricta encontra-se em CAETANO, Marcello; *Manual de Direito Administrativo*, vol. II, 10ª Ed., 3ª reimpressão, Almedina, Coimbra, 1986, pp. 745-746. A circulação da informação como desafio e instrumento da democracia em MARTIN, Shannon; *Information Controls and Needs of Information in Representative Democracies*: in: LEDERMAN, Eli; SHAPIRA, Ron; *Law, Information and Information Technology*, Kluwer Law International, Haia, 2001, pp. 370 ss..

A informação como instrumento de eficiência das organizações é um tópico estudado sobretudo em sede societária. Ver Ferran, Eilís; *The Role of the Shareholder in Internal Corporate Governance. Enabling Shareholders to Make Better-Informed Decisions*; in: *European Business Organization Law Review*, Vol. 4, T.M.C. Asser Institute, Haia, 2003/4, pp. 496 ss.. A assimetria informativa e a necessidade de igualdade perante a informação percorre não apenas só Direito Público, mas todas as áreas em que substantivamente existem situações de desigualdade perante a informação (cf. Beaufort, Viviane de; *Les OPA en Europe*, Economica, Paris, 2001, pp. 57-59, 99-101, 120-130, 164-166, 188-197, 233-235, 259-265, 344-349, 371-375, 393-397, 418-428, 503-507, 536-542, 576-580).

A questão é que, precisamente pelo grande acervo de informação que a administração pública detém, o acesso à mesma não pode obedecer a regras simples. Entre os bens que o particular pretende defender quando quer aceder à informação interpõem-se outros bens privados e públicos que podem impedir esse acesso (investigação infraccional, segredo comercial, intimidade privada, por exemplo). Daí que o regime do acesso à informação se construa antes do mais como um permanente equilíbrio e ponderação de bens, em que o legislador se vê obrigado a escolher em termos, períodos temporais, fases processuais e conteúdos diversos, diferentes soluções para o problema.

Por outro lado, há que justificar a escolha da informação como conceito central e não o de processo, documentos ou outros que se encontram mais desenvolvidos na lei. É que a informação é o conceito mais geral. Quando o particular quer aceder a documentos ou a processos o que pretende é obter informação e, em extremo, obter prova dela. Assim sendo, o conceito que permite unificar o regime é o de informação. Disso teve aliás o legislador consciência ao regular sob esta epígrafe a matéria nos artigos 61º a 65º CPA, bem como no 7º do mesmo diploma, no preâmbulo do Decreto-Lei n.º 6/96 que altera o CPA, assim como nos artigos 2º, 4º, 5º, 7º, 10º e 15º LADA.

O presente trabalho não é de Direito Comparado. No entanto, a experiência tem demonstrado que o recurso ao Direito Comparado transforma o que seriam meras hipóteses lógicas em realidades vividas. Muitas soluções que se defenderão em texto pareceriam à primeira vista absurdas, mero resultado de um jogo lógico. A experiência internacional mostra, no entanto, que os problemas colocados em abstracto e as soluções propostas aderem à realidade, reflectem problemas reais e dão soluções consistentes. A escolha da jurisprudência estudada directamente obedeceu por isso a esta preocupação de dar corpo às soluções propostas. Para além da jurisprudência nacional e comunitária, que respeita directamente ao direito português ou nele tem reflexos directos, fez-se a análise da jurisprudência francesa e americana. A primeira por ser ainda hoje em dia paradigma clássico do Direito Administrativo, embora muito enfraquecido com a recente reforma do contencioso administrativo. A jurisprudência americana desempenha o papel inverso. Visa demonstrar que, mesmo num país não europeu e com um sistema jurídico que aparentemente não poderia ser mais diverso do português, há problemas e soluções que são similares, mesmo se as metodologias podem ser muito diferentes.

No tema ver:

1) Para os antecedentes do CPA em sede de informação ver CARVALHO, Raquel; *O Direito à Informação Administrativa Procedimental*, Publicações Universidade Católica, Porto, 1999, pp. 188-189. Para as resistências do legislador em relação à consagração de um princípio da administração aberta em Portugal ver AMARAL, Diogo Freitas do; *O Novo Código do Procedimento Administrativo*; in: *O Código do Procedimento Administrativo,* INA, Lisboa, 1992, pp. 22-23; CAUPERS, João; *Os Princípios Gerais do Procedimento e o Direito à Informação*; in: *O Código do Procedimento Administrativo,* INA, Lisboa, 1992, pp. 57-60.
2) Para a História da legislação administrativa central (*maxime*, a relativa ao acesso à informação) em França, Itália, Alemanha e Reino Unido ver BIGNAMI, Francesca, *Introduzione*; in: *Rivista Trimestrale di Diritto Pubblico, Quaderno n. 1, Il Procedimento Amministrativo nel Diritto Europeo*, Giuffrè Editore, Milano, 2004, p. 11 e GONÇALVES, José Renato; *Acesso à Informação das Entidades Públicas*, Almedina, Coimbra, 2002, pp. 27-31, 210 ss. (estas últimas relativas à evolução da questão no Direito Comunitário).
3) Para a França ver CHAPUS, René; *Droit Administratif General*, Tome 1, 6e Éd., Montchrestien, Paris, 1992, pp. 357-365.
4) Para o Reino Unido ver MCELDOWNEY, John F.; *Public Law*, Thomson Sweet & Maxwell, 3rd Ed., London, 2002, pp. 576 ss., *maxime*, p. 602.
5) Para os Estados Unidos ver STEWART, Richard B.; *Il Diritto Amministrativo nel XXI Secolo*; in: *Rivista Trimestrale di Diritto Pubblico*, vol. 1, Giuffrè, Milano, 2004, pp.1 ss.
6) Para a História da legislação de acesso a bases de dados pessoais ver EIRAS, Agostinho; *Segredo de Justiça e Controlo de Dados Pessoais Informatizados*, Coimbra Editora, 1992, pp. 69-72.

7) Em Itália, com referência a um princípio de abertura ao público na República de Veneza desde 1781 ver GAUDENZI, Andrea Sirotti; *Il Commercio Elettronico nella Società dell'Informazione*, Sistemi Editoriali, Napoli, 2003, pp. 243 ss..
8) Na Suécia desde 1766 que o princípio do *open file* existe (RAGNEMALM, Hans; *Administrative Justice in Sweden*; in: PIRAS, Aldo (Ed.); *Administrative Law. The Problem of Justice, Vol. I°, Anglo-American and Nordic Systems*, Giuffrè, Milan, 1991, p. 343).
9) Para a evolução europeia ver CARVALHO, Raquel; *O Direito à Informação Administrativa Procedimental*, Publicações Universidade Católica, Porto, 1999, pp. 161-162.
10) É fácil estabelecer uma destrinça entre os países do Sul da Europa, mais opacos, e os do Norte, mais abertos. Mas esta destrinça é injusta. O Reino Unido tem uma longa tradição de opacidade e Veneza de abertura. Vários factores entram aqui em jogo. Nuns casos regimes absolutistas perenes geraram opacidade (Europa latina), noutros a tradição medieval e depois imperial (França, Reino Unido). Noutros, a abertura associa-se a laivos de iluminismo, de despotismo esclarecido ou de um patriciado comercial (este é último caso de Veneza). Nos países nórdicos, a abertura parece ter decorrido de uma grande uniformidade étnica, pequena dimensão da população e uma tradição burguesa forte, de cariz não ideológico.

CAPÍTULO II
OBJECTO

Há além disso que delimitar positiva e negativamente o objecto do presente estudo. Apenas nos vai ocupar o acesso pelos particulares à informação da administração pública.

a) Não o acesso da administração pública a informações *vindas de particulares,* nem igualmente a recepção de informações por parte da administração pública *vindas de outras entidades* a ela pertencentes ou de outras entidades públicas (tribunais, ministério público, órgãos políticos)[2].
b) Não o acesso a informações detidas por tribunais[3].
c) Ficam igualmente de fora do centro do estudo os deveres de informação *especiais* enquanto tal, como os decorrentes do regime tributário, por exemplo. Apenas nos interessam na medida em que permitem melhor compreender o regime central.
d) De igual forma ficam de fora os deveres de informação dos particulares *pelos tribunais* em acções de natureza administrativa, embora se tenha consciência que um regime e outro têm de ser coerentes, embora não forçosamente idênticos.

---

[2] Existe nomeadamente legislação que regula este acesso entre entidades públicas. A nível europeu, em sede de trocas de informações em sede fiscal, esta pode não ser efectuada caso se quebre sigilo comercial, industrial ou profissional, por exemplo 16°/1/b Decreto-Lei n.º 296/2003, de 21 de Novembro. A Convenção sobre a Protecção de Utilização dos Cursos de Água Transfronteiriços, aprovada pelo Decreto n. º 22/94, de 26 de Julho no seu artigo 8° ressalva o segredo industrial e comercial, a propriedade industrial e a segurança nacional da troca de informações. Referência a este problema em CASTRO, Catarina Sarmento e; *Direito da Informática, Privacidade e Dados Pessoais*, Almedina, Coimbra, 2005, pp. 275-301.

[3] Para o Tribunal de Contas, ver não obstante, a obrigação de respeito do segredo comercial e industrial, de acordo com o 6° Lei n.º 13/96, de 20 de Abril.

Mais uma vez, o contencioso apenas nos interessa para compreender o regime na fase administrativa.

e) Ficam de fora os deveres de informação em sede de *elaboração normativa* pelo Estado (114º-119º CPA)[4].

f) Não são igualmente objecto do presente estudo os deveres de informação de organismos públicos *prestadores de bens e serviços,* de actividade económica, nessa qualidade[5].

g) Não constituem objecto directo do presente trabalho igualmente os deveres de conservação, organização, correcção, destruição e classificação da informação e documentação enquanto tais, só nos interessando na medida em que afectem o regime de acesso.

h) Do mesmo modo, não se estudam as implicações tributárias ou em geral os custos da informação nessa qualidade. Com efeito, podem ser devidas, taxas, emolumentos ou imputados outros custos (v.g., 13º/2, 3, 21º, 29º, 30º DLMA)[6].

GONÇALVES, José Renato; *Acesso à Informação das Entidades Públicas*, Almedina, Coimbra, 2002, pp. 18-19 salienta com razão que o regime em presença não versa sobre relações inter administrativas e que nestas relações rege o princípio da competência e dos direitos fundamentais (embora, saliento, possa ser mais complexo – pensemos no caso de regimes de segredo de justiça ou profissional de entidades públicas, como veremos). No entanto, tem de se salientar que o direito de acesso também se aplica a entidades públicas se e na medida em que estas actuem sem *ius imperii*. Pense-se num organismo público que quer obter uma licença de construção, por exemplo (não entramos aqui na questão de saber se as entidades públicas podem ser titulares de direitos fundamentais – para o tema ver PAREJO ALONSO, Luciano; *Publico y Privado en la Administración Publica*; in: IGLESIAS PRADA, Juan Luís (coord.); *Estudios Jurídicos en Homenaje al Professor Aurélio Menendez*, IV, *Derecho Civil y Derecho Publico*, Civitas, Madrid, 1996, pp. 4693-4698). De igual modo, ver CORREIA, José Manuel Sérvulo; *Prefácio*; in: PINTO, Ricardo Leite; *Intimação para um Comportamento. Contributo para o Estudo dos Procedimentos Cautelares*

[4] Ver a este propósito o 4°/l DLMA, que se refere à actividade normativa do Estado.

[5] Ver o artigo 3°/1 DLMA.

[6] Ver GONÇALVES, José Renato; *Acesso à Informação das Entidades Públicas*, Almedina, Coimbra, 2002, pp. 177-183.

no Contencioso Administrativo, Edições Cosmos, Lisboa, 1995, p. XXIII para o problema da titularidade de legitimidade processual de entidades públicas em acção administrativa; igualmente WADE, William; *Administrative Justice in Great Britain*; in: PIRAS, Aldo (Ed.); *Administrative Law. The Problem of Justice, Vol. I°, Anglo--American and Nordic Systems*, Giuffrè, Milan, 1991, pp. 59-60, 177-178). A informação entre organismos públicos em ITALIA, Vittorio; *L'Accesso ai Documenti Amministrativi (Regolamento 27 giugno 1992, n. 352)*, 2ª Ed., Giuffrè, Milano, 1994, p. 16. Para o acesso por entidades públicas e funcionários do Sistema de Informações da República Portuguesa ver EIRAS, Agostinho; *Segredo de Justiça e Controlo de Dados Pessoais Informatizados*, Coimbra Editora, 1992, pp. 80-86.

Os deveres de informação em tribunal e o contraditório no Ac Cour Administrative d'Appel de Nantes Contentieux nº 96NT01913 du 25 mai 1999.

Tema de litigiosidade em França é o do acesso à informação dos eleitos autárquicos, que não nos ocupará (Ac Cour Administrative d'Appel de Rouen Contentieux nº (?) du 30 jul 1993, Ac Cour Administrative d'Appel de Lyon Contentieux nº 99LY00288 du 17 jun 1999, Ac Cour Administrative d'Appel de Bordeaux Contentieux nº 97BX02114 du 15 nov 1999, Ac Cour Administrative d'Appel de Marseille Contentieux nº 00MA00067 du 1 mar 2004). De igual forma os deveres de informação dos tribunais à administração pública (Ac Cour Administrative d'Appel de Bordeaux Contentieux nº 99BX02007 du 27 nov 2003). Da mesma forma no Ac Cour Administrative d'Appel de Bordeaux Contentieux nº 97BX01193 du 15 mai 2001 discute-se se a administração poderia exigir a um particular informação que pode obter junto de outros organismos públicos, concluindo-se que não. Da mesma forma o problema do uso de informações recebidas de terceiros para estabelecer a situação tributária de um particular (Ac Cour Administrative d'Appel de Bordeaux Contentieux nº 92BX01046 du 27 jun 1994, Ac Cour Administrative d'Appel de Bordeaux Contentieux nº 92BX01047 du 27 jun 1994, Ac Conseil d'Etat Contentieux n.º 122656 du 25 nov 1994, Ac Cour Administrative d'Appel de Paris Contentieux nº 96PA04502 du 5 oct 2000), ou o uso de informações de terceiros Estados para estabelecer consequências administrativas no sistema Schengen (Ac Conseil d'Etat Contentieux n.º 190384 du 9 jun 1999). De igual modo, a validade probatória de informações recebidas pela administração pública (Ac Cour Administrative d'Appel de Paris Contentieux nº 91PA00240 du 7 mai 1992, Ac Cour Administrative d'Appel de Nantes Contentieux nº 91NT00308 du 16 déc 1992, Ac Cour Administrative d'Appel de Paris Contentieux nº 92PA00580 92PA00581 du 20 déc 1993, Ac Cour Administrative d'Appel de Lyon Contentieux nº 96LY00648 du 15 jul 1999). Igualmente o facto de organismos públicos poderem obter informações e documentos de particulares (no caso a comissão bancária) no Ac Conseil d'Etat Contentieux n.º 133540 du 30 nov 1994. Para a troca de informações dentro da administração pública ver o Ac Conseil d'Etat Contentieux n.º 110236 du 22 nov 1991. Para o tema de acesso pelos órgãos municipais ver PINORI, Alessandra; *La protezione dei Dati Personali. Guida alla Lettura delle Fonti*, Giuffrè Editore, Milano, 2004, p. 262.

Não nos podemos igualmente esquecer do facto de que existem organismos públicos cuja finalidade principal ou exclusiva é a de dar informações ao público. Aqui existe um regime especial, mas que em nada afasta o que se defenderá em texto, apenas melhor poderá definir o seu objecto ou alargá-lo. Assim vejam-se os Ac Cour Administrative d'Appel de Nantes Contentieux nº 95NT01518 du 17 déc 1998, Ac Cour Administrative d'Appel de Bordeaux Contentieux nº 97BX01407 du 12 avr 2001 para um exemplo deste tipo de organismos. Não faz parte do presente estudo o caso em que a administração pública regula a informação devida aos particulares por outros particulares como acontece com a COB (Ac Conseil d'Etat Contentieux n.º 213415 du 20 déc 2000). Existem igualmente casos em que informações erradas dadas por um organismo da administração pública a um outro afectam a situação do particular, mas geram erros de direito na qualificação da sua situação administrativa, não sendo por isso parte do regime de informação aos particulares (Ac Cour Administrative d'Appel de Marseille Contentieux nº 98MA00125 du 24 oct 2000). Existem igualmente agentes cuja função é a de dar informações, nomeadamente a pessoas de terceira idade, como no caso do Ac Cour Administrative d'Appel de Bordeaux Contentieux nº 96BX02020 du 19 jul 1999.

Para os custos associados à obtenção de informação ver o 10º do Regulamento (CE) n.º 1049/2001 do Parlamento Europeu e do Conselho de 30 de Maio de 2001. Ver igualmente STRAUSS, Peter L.; *An Introduction to Administrative Justice in the United States*; in: PIRAS, Aldo (Ed.); *Administrative Law. The Problem of Justice, Vol. Iº, Anglo-American and Nordic Systems*, Giuffrè, Milan, 1991, p. 721¸ OLIVEIRA, Mário Esteves de; GONÇALVES, Pedro Costa; AMORIM, J. Pacheco de; *Código do Procedimento Administrativo Comentado*, 2ª Ed., Almedina, Coimbra, 1998, pp. 334-335, ARAÚJO, José Luís; COSTA, João Abreu da; *Código do Procedimento Administrativo Anotado*, Estante Editora, Aveiro, 1993, p. 335, DIEZ SANCHEZ, Juan José; *El Procedimiento Administrativo Comun y la Doctrina Constitucional*, Civitas, Madrid, 1992, pp. 141-144; GARCÍA DE ENTERRÍA, Eduardo; FERNÁNDEZ, Tomás-Ramón; *Curso de Derecho Administrativo*, II,

4ª Ed., Civitas, Madrid, 1994, pp. 469-470, GARCÍA DE ENTERRÍA, Eduardo; FERNÁNDEZ, Tomás-Ramón; *Curso de Derecho Administrativo*, II, 7ª Ed., Civitas, Madrid, 2000, pp. 474-475, PEREIRA, Alexandre Dias; *Bases de Dados de Órgãos Públicos: O problema do Acesso e Exploração da Informação do Sector Público na Sociedade da Informação*; in: *Direito da Sociedade de Informação*, Vol. III, Coimbra Editora, Coimbra, 2002, pp. 269-270.

Não estudaremos igualmente os deveres acessórios e os ligados à informação, dado que o tema é o do acesso dos particulares à mesma e não o regime de informação em geral. Existem, por exemplo, deveres de preservar a segurança das informações por forma a impedir que sejam deformadas, danificadas ou comunicadas a terceiros (Ac Conseil d'Etat Contentieux n.º 202606 203438 203487 203541 203589 du 28 jul 1999). Igualmente o dever de rectificar e suprimir informações erróneas (Ac Conseil d'Etat Contentieux n.º 115688 116291 du 17 avr 1992, Ac Conseil d'Etat Contentieux n.º 143107 du 30 nov 1994). Deveres acessórios largamente desenvolvidos em PINORI, Alessandra; *La protezione dei Dati Personali. Guida alla Lettura delle Fonti*, Giuffrè Editore, Milano, 2004, pp. 71-75.

Para os deveres na obtenção e uso da informação pelos produtores da mesma, que não relevam para o presente trabalho, na medida em que não respeitam ao acesso pelos particulares directamente, ver os deveres de conservação de dados, proporcionalidade na obtenção e uso, princípio da finalidade em CASTRO, Catarina Sarmento e; *Direito da Informática, Privacidade e Dados Pessoais*, Almedina, Coimbra, 2005, pp. 148-151. De acordo com o *Owasso Independent School et al. vs Kristja J. Falvo et al.* (U.S. Supreme Court) (Oral Argument), November 27, 2001 a lei federal Americana não exige a conservação dos registos escolares (no entanto, nada se afirma a propósito das leis estaduais ou da *Common Law*). Para os deveres de conservação, gestão e destruição de registos existe um código de conduta no Reino Unido (MCELDOWNEY, John F.; *Public Law*, Thomson Sweet & Maxwell, 3rd Ed., London, 2002, p. 598). Para os limites de uso ver MUÑOZ MACHADO, Santiago; *Tratado de Derecho Administrativo y Derecho Público General*, Tomo I, Thomson Civitas, Madrid, 2004, pp. 1204-1205.

Para o poder de obter informações vindas de particulares, nomeadamente em outros Estados ver o *Franchise Tax Board of California vs. Gilbert P. Hyatt et al.* (U.S. Supreme Court) (Oral Argument), February 24, 2003. Ver igualmente MUÑOZ MACHADO, Santiago; *Tratado de Derecho Administrativo y Derecho Público General*, Tomo I, Thomson Civitas, Madrid, 2004, pp. 1199 ss..

O âmbito dos deveres de informação depende do que seja o âmbito da actividade administrativa. Por exemplo, nos Estados Unidos os serviços postais são considerados uma função do soberano (*United States Postal Service vs. Flamingo Industries (USA), Ltd., et al.* (U.S. Supreme Court) (Oral Argument), December 1, 2003).

Capítulo III

INFORMAÇÕES, ESCLARECIMENTOS, DOCUMENTOS E PROCESSOS

O regime de acesso à informação recorre a múltiplos conceitos, muitos dos quais não são definidos, e que o legislador aceita como pré-entendidos.

O conceito de informação é o mais geral (1º/1/a CPA). De uma forma ou de outra, tudo nesta matéria se traduz em informação, sejam os documentos, os processos ou os esclarecimentos.

No mesmo sentido parece ir Gonçalves, José Renato; *Acesso à Informação das Entidades Públicas*, Almedina, Coimbra, 2002, p. 36. O *National Archives and Records Administration vs. Favish et al.* (U.S. Supreme Court), March 30, 2004 chega mesmo a identificá-los ("records or information"). O artigo 3º/a do Regulamento (CE) n.º 1049/2001 do Parlamento Europeu e do Conselho de 30 de Maio de 2001 identifica documento com o conteúdo e não com o suporte. Italia, Vittorio; *L'Accesso ai Documenti Amministrativi (Regolamento 27 giugno 1992, n. 352)*, 2ª ed., Giuffrè, Milano, 1994, p. 122 salienta, no entanto, e com razão, que os documentos em si mesmos também carreiam informação. A sua forma, cor, aspecto, pode dar indicações sobre a sua autenticidade, por exemplo. Daí que o acesso aos documentos físicos constitua em si mesmo, em certos casos, condição essencial para se receber toda a informação. Mas é de informação sempre que se trata, em qualquer caso.

Os esclarecimentos definem-se estruturalmente como informação sobre informação. O destinatário da informação por vezes pode recebê-la e não a entender, ou, mesmo que isso não ocorra, o emissor da informação decide evitar que isso aconteça.

O Ac STA de 20 de Março de 1990 declarava que o artigo 82º da Lei do Processo nos Tribunais Administrativos não permitia que se pedisse o esclarecimento de actos ou a interpretação dos seus actos pela administração. Igualmente em sede fiscal o Ac TCA de 30 de Junho de 1998. A mesma doutrina no Ac TCA de 4 de Dezembro de 1997.

Os documentos são definidos como os suportes de informação (4º/1/a LADA). Como todos os processos são compostos de documentos (1º/2 CPA), este é um conceito mais lato que o de processo. Todos os processos administrativos são compostos de documentos, mas nem todos os documentos integram processos administrativos.

A ligação entre documentos e informações é, embora implicitamente, tradicional. O registo em sentido documental é registo de factos, logo, contém informações (LOPES, J. de Seabra; Direito *dos Registos e do Notariado*, Almedina, Coimbra, 2005, pp. 19-20).

O documento electrónico como documento a que é aplicável a definição de documento do artigo 362º do Código Civil em LOPES, J. de Seabra; Direito *dos Registos e do Notariado*, Almedina, Coimbra, 2005, p. 26 (cf. SOUSA, Miguel Teixeira de; *O Valor Probatório dos Documentos Electrónicos*; in: *Direito da Sociedade de Informação*, Vol. II, Coimbra Editora, Coimbra, 2001, pp. 172, 192). Para uma administração pública "sem papéis" ver LINARES GIL, Maximino I.; *Modificaciones del Régimen Jurídico Administrativo Derivadas del Empleo Masivo de Nuevas Tecnologias. En Particular el Caso de la Agencia Estatal de Administración Tributária*; in: MATEU DE ROS, Rafael; LÓPEZ-MONÍS GALLEGO, Mónica; *Derecho de Internet. La Ley de Servicios de la Sociedad de la Información y de lo Comercio Electrónico*, Thomson-Aranzadi, Cizur Menor (Navarra), 2003, p. 728. GONÇALVES, José Renato; *Acesso à Informação das Entidades Públicas*, Almedina, Coimbra, 2002, p. 34 afirma com razão que as imagens recolhidas por força policial são documentos administrativos, ao contrário do que esta defendia.

Qualificando o "registre d'écrou" (registo de entradas e saídas de presos numa penitenciária) como documento administrativo, obedecendo assim ao mesmo regime de acesso, o Ac Cour Administrative d'Appel de Paris Contentieux nº 03PA00323 du 13 nov 2003. Da mesma forma, o facto de um documento apenas conter elementos factuais e não enunciar subsunções jurídicas não é motivo para recusar fornecê-lo (Ac Cour Administrative d'Appel de Douai Contentieux nº 99DA20042 00DA01191 du 12 jul 2001). Um regulamento interno de uma caixa de segurança social contendo os planos de quotizações é um documento administrativo e deve ser fornecido (Ac Cour Administrative d'Appel de Douai Contentieux nº 98DA00961 du 23 nov 2000). O plano de ocupação dos solos de uma comuna é um documento administrativo (Ac Cour Administrative d'Appel de Marseille Contentieux nº 97MA00538 du 30 set 1999). Um particular que pede a morada da mãe do seu filho natural a uma prefeitura de polícia não a pode obter porque a morada é uma informação e não um documento, segundo o Ac Conseil d'Etat Contentieux n.º 149598 du 21 fév 1996. No entanto, esta solução parece ser meramente formalista, dado que no caso quando muito seria invocável a intimidade privada, se fosse esse o resultado da ponderação de bens em questão. O relatório sobre o despedimento de um trabalhador de uma sociedade comercial feito pelo ministério competente é um documento administrativo (Ac Conseil d'Etat Contentieux n.º 107831 du 25 mar 1994). Uma lista de funcionários de uma autarquia deve ser dada não se podendo invocar que está em permanente mutação e por isso é um documento incompleto nem que é um mero documento interno ao serviço (Ac Conseil d'Etat Contentieux n.º 112904 du 10 avr 1991). CHAPUS, René; *Droit Administratif General*, Tome 1, 6e Éd., Montchrestien, Paris, 1992, p. 359 considera que não são documentos administrativos os regidos pelo direito privado, e aqueles que incorporam actos que não estão na jurisdição dos tribunais administrativos. Esta não é a solução portuguesa. Como veremos posteriormente, o que releva é que sejam detidos ou elaborados pela administração pública, independentemente do seu conteúdo ou jurisdição competente para julgar a situação jurídica que descrevem ou incorporam.

O conceito mais difícil, no entanto, de enunciar é o de processo administrativo.

Sob o ponto de vista estrutural o processo administrativo pode conter os seguintes elementos:

a) Acto administrativo e suas notificações;
b) Documentos que fundamentam o acto (incluindo pedidos dos particulares);
c) Documentos de mera instrução necessária (pedidos de informação, informações pedidas para instrução que se vem a verificar não relevarem para o acto, mas cuja instrução foi necessária);
d) Documentos de instrução desnecessária;
e) Actos de informação aos particulares (incluindo actos de prova a favor dos particulares, como recibos);
f) Anotações pessoais;
g) Documentos políticos.

Repare-se que a instrução necessária não é aquela que é imposta directamente por lei, no sentido em que esses actos de instrução estariam nela expressamente previstos. A necessidade de instrução decorre dos princípios da verdade material (56º, 60º, 87º ss. CPA) e da legalidade (3º/1 CPA). A necessidade dos actos (e dos documentos que os incorporam) decorre da sua conexão com a função do processo. Não se confundem assim com a destrinça entre procedimentos necessários e facultativos que são referidos por LOUREIRO, João Carlos Simões Gonçalves; *O Procedimento*

Administrativo entre a Eficiência e a Garantia dos Particulares (Algumas Considerações); in: *Boletim da Faculdade de Direito, Studia Iuridica*, 13, Coimbra Editora, Coimbra, 1995, p. 57.

Se bem repararmos, para a completude do processo administrativo os anteriores tipos de elementos podem ser classificados da seguinte forma:

a) Documentos de necessidade e suficiência do processo (alíneas a) e b);
b) Documentos desnecessários (alíneas c) a g)).

Esta classificação pode parecer meramente nominal, mas é bem mais significativa do que parece. Num mundo ideal tudo o que a administração pública fizesse seria apenas o estritamente necessário e suficiente para a emissão e instrução do acto administrativo e todas as suas diligências redundariam exclusivamente em elementos necessários para o processo e desembocariam nos suficientes para o mesmo. Nesse mundo ideal apenas teríamos nos processos elementos do primeiro tipo. Nesse mundo ideal os particulares não careceriam de ser informados por os procedimentos serem instantâneos e a informação celeremente distribuída de forma genérica.

Mas o Direito não regula mundos ideais. Por um lado, mesmo a mais diligente das administrações tem de realizar diligências que se revelam necessárias, mas produzem resultados nulos ou deficientes, prova incompleta ou mesmo irrelevante. Por outro lado, é consabido que os processos não são elaborados de forma científica, que a eles são juntos documentos com estudos e anotações pessoais dos agentes da administração pública ou que por vezes, também por comodidade são juntos documentos de natureza política.

O legislador poderia ter optado em sede disciplinar por se bastar em regular a proibição desta junção. Poderia estabelecer regras para a construção do processo administrativo e da organização dos documentos da administração. Mas, reconhecendo que por mais regulada que esteja a matéria existem sempre falhas, veio a prever regimes especiais para algumas destas situações.

O problema está em saber que técnica usa para regular esta questão.

A primeira é a definição de processo administrativo. O legislador poderia dar uma definição meramente *estrutural* que desse como resultado a inclusão no conceito de todos os documentos antes referidos. Ou poderia ter optado por uma definição *jurídica* de processo, em que apenas coubessem os elementos constantes das alíneas a) e b) antes referidas (acto administrativo e suas notificações, documentos que fundamentam o acto), ou quando muito das alíneas c) ou d) (documentos de instrução necessária, ou desnecessária) e e) (actos de informação aos particulares).

Nesta matéria rege o artigo 1º/2 do CPA. Norma descurada, mas que é essencial para se compreender o regime de acesso à informação pelos particulares. Define-se aí como processo administrativo o "conjunto de documentos em que se traduzem os actos e formalidades que integram o procedimento administrativo". Conjugado com o n.º 1 do mesmo artigo ("formação e manifestação da vontade") resulta que aí cabem:

a) Os pedidos dos particulares (v.g. 34º, 43º, 45º, 54º, 59º, 60º, 74º-83º CPA);
b) As decisões interlocutórias e finais da administração, (v.g., 9º, 36º, 43º, 45º/3, 4, 50º, 84º, 107º CPA);
c) A instrução do processo (56º, 80º, 81º, 86º-105º CPA);
d) As informações dadas pela administração aos particulares (v.g., 7º, 55º, 59º, 61º-64º, CPA);
e) As notificações (v.g., 66º-70º CPA).

Por outro lado o CPA apenas se aplica a funções materialmente administrativas (2º CPA).

Do que até agora analisámos podemos excluir desde já do conceito de processo administrativo os documentos políticos, que não interferem em funções materialmente administrativas. Da mesma forma os documentos pessoais de agentes da administração pública. Com efeito, traduzem-se em trabalho pessoal que, enquanto não é vertido em actos e formalidades que integram o procedimento administrativo, não pertence aos processos administrativos.

Este excurso a propósito da definição do conceito de processo administrativo permitiu-nos compreender um elemento fundamental do regime que ora nos ocupa. É que nos termos do 4º/2 LADA os documentos pessoais e políticos são excluídos do acesso pelos particulares, enquanto não existe norma equivalente no CPA. Se tal acontece tem a ver com o diferente âmbito de aplicação dos diplomas. A LADA, nos termos do seu artigo 4º/l/a, aplica-se a todos os documentos elaborados ou *detidos* pela administração pública. Ora pode-se dar o caso de a administração pública deter documentos políticos ou pessoais dos seus agentes. Daí que nos termos do 4º/2 LADA se tenha sentido a necessidade de excluir do seu âmbito os documentos pessoais e políticos. No CPA essa exclusão não é necessária porque à partida tais documentos não fazem parte do processo administrativo. Não são pois acessíveis pelos particulares.

Fica ainda por saber que outros documentos fazem parte dos processos administrativos. Com efeito, sendo o princípio geral o de acesso, como veremos é importante saber que documentos fazem parte da definição jurídica de processo.

Se até ao momento excluímos os documentos pessoais e políticos por força do sistema do CPA, é preciso saber que documentos fazem parte dele. Os documentos necessários sem dúvida. Os pedidos dos particulares e as decisões constam forçosamente do processo. De igual forma as notificações (manifestação da vontade) são documentos necessários.

Mas que pensar em relação aos desnecessários que não sejam pessoais ou políticos?

Aqui a resposta apenas se pode encontrar na perspectiva das garantias dos particulares.

As informações dadas aos particulares geram responsabilidade da administração (7º/2 CPA). Poder-se-ia invocar contra este argumento que sem dúvida geram responsabilidade, mas essa é autónoma do controlo dos procedimentos administrativos. No entanto, por força do 6º-A CPA e por força da boa fé, as informações dadas aos particulares podem gerar *uenire contra factum proprium.* Se um agente da administração informa o particular que para obter deferimento precisa de adoptar uma conduta e essa conduta o impede legalmente de obter esse mesmo deferimento, é a própria licitude (e eventualmente a validade do acto, mas não é esse o tema que ora que nos ocupa) que pode ser posta em causa. Consequentemente, podendo as informações dadas aos particulares afectar a licitude do procedimento, têm de se considerar parte do processo administrativo.

Neste sentido OTERO, Paulo; *Legalidade e Administração Pública. O Sentido da Vinculação Administrativa à Juridicidade*, Almedina, Coimbra, 2003, p. 913 e PINTO, Frederico da Costa; VEIGA, Alexandre Brandão da; *Natureza, Limites e Efeitos das Recomendações e Pareceres Genéricos da CMVM*; in: *Cadernos do Mercado de Valores Mobiliários*, n.º 12, Dez 2001, CMVM, Lisboa, 2001, pp. 273-285. Para o dever de fornecer informação sobre as instruções internas de auto-vinculação ver SOUSA, Marcelo Rebelo de; MATOS, André Salgado de; *Direito Administrativo Geral*, Tomo I, *Introdução e Princípios Fundamentais*, Dom Quixote, Lisboa, 2004, pp. 193-194. Para a boa fé ver igualmente CARVALHO, Raquel; *O Direito à Informação Administrativa Procedimental*, Publicações Universidade Católica, Porto, 1999, pp. 66-68. Ver igualmente WADE, William; *Administrative Justice in Great Britain*; in: PIRAS, Aldo (Ed.); *Administrative Law. The Problem of Justice, Vol. Iº, Anglo-American and Nordic Systems*, Giuffrè, Milan, 1991, pp. 150-152 que trata da questão da vinculatividade para a administração pública das informações incorrectas. Para a boa fé ver CASTILLO BLANCO, Frederico A.; *La Protección de Confianza en el Derecho Administrativo*, Marcial Pons, Madrid, 1998, pp. 255-ss..

De igual forma os actos de instrução desnecessária fazem parte do processo administrativo, em sentido jurídico. Com efeito, para se poder sindicar da sua necessidade ou desnecessidade o particular precisa de ter acesso ao processo como um todo. Se, por exemplo, a administração pública demorou a deferir o pedido por ter perdido tempo com diligências inúteis pode este particular ter direito a indemnização pelo facto (cf. 22º/7 DLMA, v.g.).

Em conclusão podemos estabelecer quatro sentidos de processo administrativo, cada um deles com relevâncias jurídicas diversas como veremos ao longo do texto:

a) Em sentido estrutural, abrange todos os documentos que no início referimos;
b) Em sentido jurídico, exclui os documentos pessoais e políticos;
c) Em sentido necessário, exclui os documentos de instrução inútil;
d) Em sentido mínimo, abrange o acto administrativo, as suas notificações e os documentos que fundamentam o acto administrativo, excluindo portanto os actos de instrução útil ou necessária, mas com resultados infrutíferos para o acto final.

Em síntese o processo administrativo em sentido jurídico coincide quase totalmente no seu objecto com o processo administrativo em sentido estrutural, apenas sendo excluídos os documentos pessoais e os políticos. Os restantes sentidos têm relevância para a responsabilidade disciplinar e civil (instrução inútil) e para o acesso mínimo a documentos, como veremos posteriormente a propósito das excepções às restrições.

Que o processo abrange os documentos de instrução necessária, com a consequência de haver dever de informar o contribuinte ver o Ac Cour Administrative d'Appel de Paris Contentieux nº 96PA04463 du 29 déc 2000. O *National Archives and Records Administration vs. Favish et al.* (U.S. Supreme Court), March 30, 2004 chama a atenção para o facto de nos processos existirem documentos de instrução (nomeadamente inquirição de testemunhas) que se vêm a revelar irrelevantes para a decisão final. A teorização que se desenvolve, que parece ser meramente etnográfica quando é jurídica, mereceu melhor desenvolvimento no estudo dos conhecimentos fortuitos obtidos no âmbito do processo penal e da sua valia probatória (ver VALENTE, Manuel Monteiro Guedes; *Escutas Telefónicas. Da Excepcionalidade à Vulgaridade*; Almedina, Coimbra, 2004, pp. 82-86).

CAPÍTULO IV

TIPOS DE INFORMAÇÕES

É essencial, para se compreender do que falamos, estabelecer uma tipologia de informações a que os particulares têm acesso. É que o legislador poder-se-ia ter bastado com referências genéricas a um direito à informação. Mas foi bem mais longe. Além de estabelecer uma cláusula geral no artigo 7º CPA relativa ao direito à informação, regulou expressamente dimensões de informação que são particularmente importantes para a relação dos particulares com a administração pública.

Em primeiro lugar, no âmbito do procedimento administrativo consagrou a faculdade de informar os interessados sobre qualquer questão que se pretende tenha o seu contributo (59º CPA).

Mas consagrou uma tipologia bem mais complexa, tendo consagrado informações sobre:

a) O regime jurídico;
b) As prácticas administrativas;
c) Os agentes da administração;
d) Os destinatários dos actos;
e) Datas e locais;
f) A tramitação;
g) Conteúdos.

Uma tipologia equiparável pode ser encontrada no §552 do Federal Administrative Procedure Act dos Estados Unidos. Para a Suécia ver RAGNEMALM, Hans; *Administrative Justice in Sweden*; in: PIRAS, Aldo (Ed.); *Administrative Law. The Problem of Justice, Vol. Iº, Anglo-American and Nordic Systems*, Giuffrè, Milan, 1991, p. 394.

De entre as informações sobre o *regime jurídico* encontramos:

a) O dever geral de informar constante do 7º/1/a CPA;
b) O dever de geral de responder aos particulares nos termos do 39º DLMA;
c) O dever de informar sobre a delegação (38º, 68º, 123º/2/a CPA);
d) O dever de informar sobre a suspensão do processo (31º/l, 2/ a CPA);
e) O dever de informar sobre o órgão, ou a entidade competente para apreciar a pretensão no caso de requerimento dirigido a órgão ou entidade incompetente (34º/l CPA);
f) O dever de informar sobre o órgão competente para a impugnação do acto, caso este não seja susceptível de recurso contencioso (68º/1/c CPA);
g) O dever geral de publicar actos de enquadramento da actividade administrativa e de interpretação do Direito (11º LADA);
h) O dever de nas notificações se transcreverem as disposições legais e entendimentos citados nos termos do 14º/4 DLMA;
i) O dever de publicar documentos normativos internos e entendimentos de Direito (11º LADA).

O dever de informar sobre o regime de acesso no 6º/4 do Regulamento (CE) n.º 1049/2001 do Parlamento Europeu e do Conselho de 30 de Maio de 2001.

O dever de informar sobre o resultado da perda de pontos na carta de condução e sobre o regime jurídico de acesso à informação na matéria no Ac Cour Administrative d'Appel de Douai Contentieux nº 01DA00748 du 9 oct 2003. Não existe o dever de informar sobre certas ajudas concedidas a viúvas de militares (Ac Cour Administrative d'Appel de Marseille Contentieux nº 97MA05522 du 22 avr 1999). A administração não tem o dever de prestar (oficiosamente) informações sobre o regime jurídico de pensões de reforma segundo o Ac Conseil d'Etat Contentieux n.º 191518 du 30 oct 1998 (igualmente o Ac Conseil d'Etat Contentieux n.º 170400 du 13 oct 1997, que esclarece que basta a publicação em jornal oficial dos diplomas que conferem estes direitos – o que à luz do direito português é insuficiente, como já vimos). A administração pública não tem de informar os particulares de todos os diplomas que lhe conferem direitos (Ac Cour Administrative d'Appel de Paris Contentieux nº 90PA00693 du 24 mar 1992).

A ordem de advogados francesa contestou a criação de uma base de dados jurídica pelo governo, em regime de concessão, por pôr em causa a propriedade intelectual, o direito da concorrência e o livre acesso à informação jurídica, no que não teve vencimento, por o decreto atacado não impedir a criação de bases de dados jurídicas por particulares (Ac Conseil d'Etat Contentieux n.º 181611 du 17 déc 1997).

O dever de publicar informação normativa no §553 do Federal Administrative Procedure Act dos Estados Unidos. Para esta lei ver STRAUSS, Peter L.; *An Introduction to Administrative Justice in the United States*; in: PIRAS, Aldo (Ed.); *Administrative Law. The Problem of Justice, Vol. Iº, Anglo-American and Nordic Systems*, Giuffrè, Milan, 1991, pp. 651-653.

As interpretações gerais feitas pela administração pública não são vinculativas para os tribunais mas podem-nos influenciar legitimamente dependendo da validade do seu raciocínio e a sua consistência com decisões administrativas anteriores ou posteriores ao entendimento administrativo tal como foi expresso (*United States vs. Mead Corp.* (U.S. Supreme Court), Jun 18, 2001; ver igualmente STRAUSS, Peter L.; *An Introduction to Administrative Justice in the United States*; in: PIRAS, Aldo (Ed.); *Administrative Law. The Problem of Justice, Vol. Iº, Anglo-American and Nordic Systems*, Giuffrè, Milan, 1991, p. 795).

Repare-se que o dever de informar sobre o regime jurídico pode exigir uma actividade criativa de novas informações, na medida em que poderia não existir à altura do pedido informação já elaborada sobre a matéria pela administração pública. Neste sentido, e só neste sentido, tem razão a CADA quando considera que estes pedidos de interpretação jurídica não estão abrangidos pela LADA e que portanto não tem competência para os apreciar (GONÇALVES, José Renato; *Acesso à Informação das Entidades Públicas*, Almedina, Coimbra, 2002, pp. 37-38). É verdade: neste caso o regime segue os princípios do CPA e do DLMA.

Existe igualmente o dever de informar sobre *práticas administrativas:*

a) Decorrente em geral do 7º/l/a CPA;
b) O dever geral de responder a questões do 39º DLMA;
c) Devendo ser as práticas administrativas divulgadas publicamente de forma genérica (11º LADA);
d) A publicação nos locais de atendimento do horário de funcionamento e atendimento dos serviços (6º/3 DLMA);
e) Sobre os modos e locais de atendimento (7º DLMA);

f) Sobre locais e de venda de formulários e valores selados (13º/2 DLMA);
g) O dever de transcrever nas notificações as circulares internas para que remetem (14º/4 DLMA).

Existem igualmente deveres de informação sobre os *agentes* da administração:
a) A entidade que iniciou o procedimento (55º/3 CPA);
b) O autor do acto administrativo (68º/1/b, 123º/l/a, g CPA);
c) O agente que atende o telefone deve identificar-se e à sua função (10º/2 DLMA);
d) Todas as comunicações exteriores devem identificar dos agentes e titulares de órgão subscritores das mesmas e a sua qualidade (14º/2, 3 DLMA);
e) Nas convocatórias indica-se o funcionário a contactar (15º/3 DLMA);
f) Os documentos internos devem identificar o agente e o titular do órgão que os elaboraram e a qualidade em que o fazem (23º DLMA).

A falta de indicação do autor gera ineficácia do acto (Ac STA de 25 de Maio de 2004). O autor do acto como elemento essencial da notificação nos Ac STA de 18 de Março de 2003 e Ac TCA de 22 de Setembro de 2004 (proc 00289/04).

As caixas de previdência devem informar sobre que médicos actuam em convenção com elas em regime de profissão liberal, bem como os que estão interditos por sanção disciplinar (Ac Conseil d'Etat Contentieux n.º 202606 203438 203487 203541 203589 du 28 jul 1999). Mas em anterior acórdão no Ac Conseil d'Etat Contentieux n.º 46591 du 16 jan 1985 determinou-se que a administração pública não estava obrigada a dar o nome do médico que assinou o parecer de higiene mental que levou ao internamento de uma pessoa.

Existem igualmente deveres de informar sobre os *destinatários* dos actos administrativos (123º/1/b, 68º/l/a CPA).

Quanto aos deveres de informar sobre *tempos e locais:*
a) A data de início de procedimento administrativo oficioso (55º/3 CPA);
b) O local onde se encontra o processo (61º/2 CPA);

c) A data da prática do acto administrativo (68º/1/b CPA);
d) O prazo de impugnação não contenciosa do acto administrativo se não couber impugnação contenciosa (68º/1/c CPA);
e) Da data, hora e local de diligência instrutória em procedimento administrativo (95º/2 CPA);
f) As horas e local onde pode ser consultado o processo na audiência prévia (101º/2 CPA);
g) Locais e datas em que podem ser acedidos os documentos (15º/1/a LADA);
h) Em todas as comunicações externas indicam-se o endereço postal, números de telefone, fax, correio electrónico (14º/1 DLMA);
i) Data e locais de comparência em todas as convocatórias (15º/3 DLMA);
j) Divulgação de correio electrónico (26º DLMA).

A data da prática do acto como elemento essencial da notificação nos Ac STA de 18 de Março de 2003 e Ac TCA de 22 de Setembro de 2004 (proc 00289/04).

São igualmente previstas informações sobre a *tramitação:*
a) Em geral sobre o andamento dos procedimentos (61º CPA, 2º/2 LADA, 3º/2 DLMA);
b) Questões suscitadas no procedimento (59º CPA);
c) Sobre a remessa de requerimento para órgão competente (34º/1/a CPA);
d) Sobre o início do procedimento administrativo no caso de este ser oficioso (55º CPA);
e) Sobre a necessidade de diligências pelos particulares (90º/1 CPA);
f) Sobre não se dar seguimento ao processo enquanto não for produzida prova pelo particular (91º/3 CPA);
g) Sobre a realização de diligências de prova especiais como exames, vistoria, avaliações e semelhantes (95º/2 CPA);
h) Sobre a existência de um sentido provável da decisão (100º CPA);
i) Sobre a execução do acto administrativo (152º CPA);

j) Sobre a remessa do processo no recurso hierárquico, próprio e impróprio, e tutelar (172º/1,176º/3, 177º/5 CPA);
k) Sobre a fase em que se encontra a resposta ao pedido caso dure mais de 15 dias (39º DLMA);
l) Sobre o tempo de resposta caso dure mais de um mês a resolução da questão (23º/9 DLMA);
m) Encaminhar os particulares para o serviço adequado (10º/1 DLMA);
n) Sobre as deficiências do pedido dos particulares (19º/2 DLMA);
o) Sobre existência ou não de documento nos serviços e envio de cópia de pedido de parecer à CADA (15º/1/a, c, d, 15º/2 LADA).

Carvalho, Raquel; *O Direito à Informação Administrativa Procedimental*, Publicações Universidade Católica, Porto, 1999, pp. 191-192 distingue as informações do 61º/1 CPA, quando se refere a decisões finais, da notificação do acto administrativo. Nesta sede o 61º/1 CPA refere-se a todos os actos interlocutórios, mesmo que definitivos, nomeadamente os actos destacáveis. No entanto, este caso melhor parece ser regido pelo 66º CPA, sendo neste caso uma informação oficiosa e não a pedido. Só quando não se tratar de acto administrativo e em cúmulo não preencher os requisitos do 66º CPA se poderá aventar a hipótese de residualmente se aplicar o 61º/1 CPA para as decisões finais que não ponham termo ao procedimento.

A ligação entre direito de acesso e a faculdade de ser ouvido em Antunes, Luís Filipe Colaço; *A Tutela dos Interesses Difusos em Direito Administrativo. Para uma Legitimação Procedimental*, Almedina, Coimbra, 1989, p. 90. Sobre o 55º CPA e o seu lugar paralelo o artigo 1º da lei de procedimento italiana ver Caupers, João; *Os Princípios Gerais do Procedimento e o Direito à Informação*; in: *O Código do Procedimento Administrativo,* INA, Lisboa, 1992, p. 52.

Sobre a natureza informativa da comunicação de arquivamento de processo ver as CAGER de 17 de Março de 1987 (*British American Tobacco Company e R. J. Reynolds Industries, Inc. VS Comissão CE*). Os contribuintes têm o direito de ser informados sobre instrução de processos, nomeadamente sobre a origem e o conteúdo de informações recebidas para efeitos fiscais (Ac Conseil d'Etat Contentieux n.º 198440 du 28 jul 2000).

Carvalho, Raquel; *O Direito à Informação Administrativa Procedimental*, Publicações Universidade Católica, Porto, 1999, pp. 172 ss. ressalva, no entanto, a natureza especial dos direitos à notificação e fundamentação, o que não se nega. No entanto, para se reconhecer a sua natureza especial é necessário começar por os integrar tipologicamente nos direitos à informação. Para a notificação da fundamentação dos actos ver WADE, William; *Administrative Justice in Great Britain*; in: PIRAS, Aldo (Ed.); *Administrative Law. The Problem of Justice, Vol. Iº, Anglo-American and Nordic Systems*, Giuffrè, Milan, 1991, pp. 86-87 e RAGNEMALM, Hans; *Administrative Justice in Sweden*; in: PIRAS, Aldo (Ed.); *Administrative Law. The Problem of Justice, Vol. Iº, Anglo-American and Nordic Systems*, Giuffrè, Milan, 1991, pp. 423-425.

Mas os particulares têm igualmente o direito de ser informados ou podem ser informados sobre *conteúdos:*

a) Sobre qualquer questão no processo (59º CPA);
b) Sobre o tema do procedimento iniciado oficiosamente (55º/3 CPA);
c) Sobre o conteúdo das diligências a realizar pelos interessados (90º/1 CPA);
d) Sobre resoluções definitivas sobre eles tomadas (62º/1, 2 CPA, 15º/l/b LADA);
e) De actos administrativos, sejam eles destinatários do mesmo ou por ele afectados (61º, 66º, 68º, 123º, 126º/1 CPA);
f) Do sentido provável da decisão na audiência prévia (100º/1, 101º CPA);
g) Do conteúdo do acto devido pelo particular (157º CPA);
h) O tema das convocatórias e avisos (15º/2 DLMA);
i) Sobre documentos (62º, 63º, 64º CPA, 1º, 7º LADA).

Quanto à influência do 66º CPA *inclusive* no procedimento tributário ver o Ac STA de 30 de Outubro de 2002. A falta de identificação do acto gera ineficácia do mesmo (Ac STA de 25 de Maio de 2004). O conteúdo do acto como elemento essencial da notificação nos Ac STA de 18 de Março de 2003 e Ac TCA de 22 de Setembro de 2004 (proc 00289/04). A falta de notificação devida suspendia o prazo de recurso contencioso do acto (Ac STA de 29 de Março de 1990). MAURER, Hartmut; *Droit Administratif Allemand*, L.J.D.C., Paris, 1995, p. 231 afirma que a notificação é condição de existência do acto administrativo, mas pelo menos no sistema português essa asserção não tem cabimento. Para os deveres de notificação e fundamentação nos actos precários e provisórios ver CALVÃO, Filipa Urbano; *Os Actos Precários e os Actos Provisórios no Direito Administrativo*, Universidade Católica, Porto, 1998, pp. 282-300. Para a notificação das decisões RAGNEMALM, Hans; *Administrative Justice in Sweden*; in: PIRAS, Aldo (Ed.); *Administrative Law. The Problem of Justice, Vol. Iº, Anglo-American and Nordic Systems*, Giuffrè, Milan, 1991, pp. 425-426. Para os fundamentos de garantia de contencioso prévias e articuladas com ele no que respeita aos deveres de fundamentação para os actos unilaterais em geral ver ENCINAS DE MUNAGORRI, Rafael; *L'Acte Unilatéral dans les Rapports Contractuels*, L.G.D.J., Paris, 1996, pp. 340-352.

O dever de informar sobre a fundamentação do acto no Ac Cour Administrative d'Appel de Nancy Contentieux nº 98NC02129 du 23 oct 2003. Do mesmo modo o dever de informar sobre os fundamentos do internamento no Ac Conseil d'Etat Contentieux n.º 151068 du 28 jul 2000. A informação sobre direito a pensão nos Ac Conseil d'Etat Contentieux n.º 186791 du 23 fev 2000, Ac Cour Administrative d'Appel de Paris Contentieux nº 96PA02617 du 25 mar 2000. Para os deveres de informação sobre decisões, de audiência prévia e de fundamentação no direito francês, nomeadamente à luz da loi du 11 juillet 1979 ver o Ac Cour Administrative d'Appel de Marseille Contentieux nº 96MA01817 du 7 déc 1998. O dever de audiência prévia em processo disciplinar no Tribunal Administratif de Montpellier Contentieux nº (?) du 30 mar 1988. A audiência prévia em Espanha em GARCÍA DE ENTERRÍA, Eduardo; FERNÁNDEZ, Tomás-Ramón; *Curso de Derecho Administrativo*, II, 7ª Ed., Civitas, Madrid, 2000, pp. 495-496.

Não nos podemos esquecer que existindo uma administração pública prestadora de serviços é evidente que a tipologia apresentada pode ter desenvolvimento e especialidades de relevo que aqui não são referidas. É o caso dos deveres de informação médica em hospitais públicos, por exemplo, em que a informação sobre conteúdo não tem por objecto a actividade da administração mas a própria saúde e riscos de saúde do doente (Ac Cour Administrative d'Appel de Nancy Contentieux nº 98NC00276 du 20 mar 2003). O contribuinte tem direito a ser informado de novos documentos que tenham sido usados para a instrução do seu processo para os poder contestar (Ac Cour Administrative d'Appel de Paris Contentieux nº 96PA04463 du 29 déc 2000).

Desta tipologia se revelam várias traves-mestras do nosso sistema. O legislador regula deveres e faculdades de informação da administração pública da mais variada natureza. Compreendendo que a actividade da administração não se reduz a conteúdos, e muito menos a conteúdos de actos administrativos, desenvolve o regime da informação muito para além deles.

Não é possível aos cidadãos exercerem os seus direitos e cumprirem os seus deveres de modo eficaz se a administração pública não divulgar o Direito e os entendimentos que dele faz, as suas prácticas; os agentes da administração têm de ser conhecidos para se poder afirmar das responsabilidades e incompatibilidades ou suspeições. Os destinatários dos actos, para se aferir da legitimidade para as impugnações por exemplo (que não se reduz a eles, mas que muda de natureza consoante se trate do destinatário do acto ou de terceiro). As datas e locais são essenciais porque os particulares não vivem num mundo etéreo onde o tempo e o local irrelevam. A tramitação, dado que a fase em que está o procedimento, que decisões e diligências foram feitas durante o mesmo e qual o seu conteúdo, não é matéria irrelevante para a decisão final que interessa ao particular.

No entanto, o regime da informação assenta sobretudo sobre os conteúdos, *maxime* sobre o seu suporte documental. Em primeiro lugar porque todos os outros aspectos são instrumentais em relação ao conteúdo, que é o que em última análise interessa ao particular. Em segundo porque o essencial do regime quanto às restrições de acesso e suas excepções assenta sobretudo neste mesmo conteúdo, mesmo que a ele não se reduza.

Há deveres específicos de informação quando existe tratamento de dados pessoais como refere Castro, Catarina Sarmento e; *Direito da Informática, Privacidade e Dados Pessoais*, Almedina, Coimbra, 2005, pp. 229, 242-251.

A transparência administrativa não abrange a própria tomada de decisões enquanto tal. Em alguns casos, as reuniões de órgãos deliberativos de organismos públicos têm de ser públicas, como acontece nos Estados Unidos à luz do Government in the Sunshine Act 1976 (Strauss, Peter L.; *An Introduction to Administrative Justice in the United States*; in: Piras, Aldo (Ed.); *Administrative Law. The Problem of Justice, Vol. I°, Anglo-American and Nordic Systems*, Giuffrè, Milan, 1991, pp. 726-727). Uma das figuras típicas na administração americana é os "open meetings" previstos no §552b do Federal Administrative Procedure Act dos Estados Unidos. O mesmo regime para as autarquias locais a funcionar em plenário de acordo com Diez Sanchez, Juan José; *El Procedimiento Administrativo Comun y la Doctrina Constitucional*, Civitas, Madrid, 1992, p. 140.

A tipologia de informações terá um efeito de monta, como adiante se verá, a propósito da definição do órgão competente para dar a informação. Também por esta via não é irrelevante.

CAPÍTULO V

CONCURSO DE INFORMAÇÕES

Veremos ao longo do presente estudo que um traço constante com que nos deparamos é o do concurso de regimes de informação. As informações de que trata o direito administrativo são regidas por ramos do Direito tão díspares quanto o Direito Constitucional, o Direito Internacional Público, o Direito Infraccional, O Direito de Autor, o Direito da Propriedade Industrial, o Direito Comercial Comum, o Direito do Património Cultural, só para citar alguns exemplos.

Este reconhecimento, que se desenvolverá ao longo do texto, implica no entanto que se chame desde já a atenção para alguns aspectos:

a) Esta confluência de vários ramos do Direito apenas mostra que a administração pública contemporânea intervém em todas as áreas da vida social e que detém em consequência informações sobre todas elas;
b) Tratando-se de ramos de Direito com diferente maturação dogmática (o Direito Penal não pode ser comparado ao Direito do Património Cultural nesta matéria), diferentes ritmos de evolução (o Direito da Informática e em geral das novas tecnologias evolui mais rapidamente que o Direito Comercial Comum) e com culturas e especialistas que raramente dialogam entre si, não é de admirar que tenhamos permanentemente de lidar com assistematismos, flutuações terminológicas, assimetrias de tratamento.
c) Pela imensidade de matérias confluentes e pela sua diversidade, se algo nos tiver de provocar espanto será o facto de se poder reconstruir um sistema coerente. Ao longo do tempo veremos que tal é possível, embora com grandes dificuldades,

dado que o legislador trabalha dentro de um sistema do qual tem pouca consciência. As soluções dogmáticas terão de se encontrar em ramos do Direito por vezes insuspeitados, em consequência.

CAPÍTULO VI

DIPLOMAS APLICÁVEIS

A análise do regime de acesso não é de modo nenhum facilitada pela estrutura legislativa adoptada no Direito português. Com efeito, mesmo esquecendo diplomas sectoriais, que suscitam problemas concursais que são relativamente expectáveis, a verdade é que existem três diplomas basilares nesta área, a saber, o CPA, a LADA e o DLMA.

É certo que este último diploma, o DLMA, tem vindo a ser tratado como se tivesse menor dignidade científica, como mera regulação burocrática, mas não deixa de ter disposições que são fundamentais na matéria, essenciais para a definição do regime jurídico.

Dos raros acórdãos que retiram consequências do DLMA (ou melhor, do seu antecessor, o Decreto-lei n.º 129/91, de 2 de Abril – SOUSA, Marcelo Rebelo de; MATOS, André Salgado de; *Direito Administrativo Geral*, Tomo I, *Introdução e Princípios Fundamentais*, Dom Quixote, Lisboa, 2004, p. 149 citam já em 2004 este diploma já revogado) é o Ac STA de 14 de Março de 1995 em matéria de relação entre pagamentos e exercício de direito a passagem de certidões. CASTRO, Catarina Sarmento e; *Direito da Informática, Privacidade e Dados Pessoais*, Almedina, Coimbra, 2005, p. 166 cita-o a propósito do dever dos organismos da administração pública terem de ter correio electrónico (para o correio electrónico ver igualmente CASTRO, Catarina Sarmento e; *Direito da Informática, Privacidade e Dados Pessoais*, Almedina, Coimbra, 2005, p. 190).

O problema é que estas normas, exactamente por serem transversais a toda a actividade administrativa, e por terem âmbitos de aplicação coincidentes em muitos aspectos, suscitam questões de conciliação muito complexas.

A solução passa por se analisarem os âmbitos de aplicação respectivos e a prevalência entre normas.

O DLMA aplica-se, nos termos do seu artigo 1º, *"1 – O presente diploma estabelece medidas de modernização administrativa, designadamente sobre acolhimento e atendimento dos cidadãos em geral e dos agentes económicos em particular, comunicação administrativa, simplificação de procedimentos, audição dos utentes e sistema de informação para a gestão. 2 – O presente diploma aplica-se a todos os serviços da administração central, regional e local, bem como aos institutos públicos nas modalidades de serviços personalizados do Estado ou de fundos públicos. 3 – A aplicação do presente diploma à administração regional faz-se sem prejuízo da possibilidade de os competentes órgãos introduzirem as adaptações necessárias."*[7] O 3º/2 DLMA reza: *"Os utentes do serviço público têm direito a solicitar, oralmente ou por escrito, informação sobre o andamento dos processos administrativos que lhes digam respeito."*. Por outro lado, nos termos do artigo 50º, n.º 1 DLMA *"O presente decreto-lei prevalece sobre quaisquer disposições gerais ou especiais relativas aos diversos serviços e organismos da Administração Pública"*.

O CPA rege a matéria nos seus artigos 2º e 65º. Nos termos do artigo 2º: " *1 – As disposições deste Código aplicam-se a todos os órgãos da Administração Pública que, no desempenho da actividade administrativa de gestão pública, estabeleçam relações com os particulares, bem como aos actos em matéria administrativa praticados pelos órgãos do Estado que, embora não integrados na Administração Pública, desenvolvam funções materialmente administrativas. 2 – São órgãos da Administração Pública, para os efeitos deste Código: a) Os órgãos do Estado e das Regiões Autónomas que exerçam funções administrativas; b) Os órgãos dos institutos públicos e das associações públicas; c) Os órgãos das autarquias locais e suas associações e federações. 3 – As disposições do presente Código são ainda aplicáveis aos actos praticados por entidades concessionárias*

---

[7] É óbvio que não temos em conta o artigo 3°/1 DLMA que está fora do âmbito do presente trabalho por não dizer respeito a actividade administrativa.

no exercício de poderes de autoridade. 4 – Os preceitos deste Código podem ser mandados aplicar por lei à actuação dos órgãos das instituições particulares de interesse público. 5 – Os princípios gerais da actividade administrativa constantes do presente Código e as normas que concretizam preceitos constitucionais são aplicáveis a toda e qualquer actuação da Administração Pública, ainda que meramente técnica ou de gestão privada. 6 – As disposições do presente Código relativas à organização e à actividade administrativas são aplicáveis a todas as actuações da Administração Pública no domínio da gestão pública. 7 – No domínio da actividade de gestão pública, as restantes disposições do presente Código aplicam-se supletivamente aos procedimentos especiais, desde que não envolvam diminuição das garantias dos particulares.". De igual forma, nos termos do artigo 65º do CPA: " 1 – *Todas as pessoas têm o direito de acesso aos arquivos e registos administrativos, mesmo que não se encontre em curso qualquer procedimento que lhes dirá directamente respeito, sem prejuízo do disposto na lei em matérias relativas à segurança interna e externa, à investigação criminal e à intimidade das pessoas. 2 – O acesso aos arquivos e registos administrativos é regulado em diploma próprio."*

Já a LADA rege a matéria nos seus artigos 2º e 3º. Nos termos do seu artigo 2º, *"1 – A presente lei regula o acesso a documentos relativos a actividades desenvolvidas pelas entidades referidas no artigo 3.º e transpõe para a ordem jurídica interna a Directiva do Conselho n.º 90/31 3/CEE, de 7 de Julho de 1990, relativa à liberdade de acesso à informação em matéria de ambiente. 2 – O regime de exercício do direito dos cidadãos a serem informados pela Administração sobre o andamento dos processos em que sejam directamente interessados e a conhecer as resoluções definitivas que sobre eles forem tomadas consta de legislação própria.".* E nos termos do seu artigo 3º: " *1 – Os documentos a que se reporta o artigo anterior são os que têm origem ou são detidos por órgãos do Estado e das Regiões Autónomas que exerçam funções administrativas, órgãos dos institutos públicos e das associações públicas e órgãos das autarquias locais, suas associações e federações e outras entidades no exercício de poderes de autoridade, nos termos da lei. 2 – A presente lei é ainda aplicável aos documentos em poder de organismos que exerçam responsabilidades públicas em matéria ambiental sob o controlo da Administração Pública.".* Por outro lado o seu artigo 7º/4 estatui que *"O acesso a documentos constantes de processos não concluídos ou a documentos preparatórios de uma decisão é diferido até à tomada da decisão, ao arquivamento do processo ou ao decurso de um ano após a sua elaboração."*

É evidente que não nos compete aqui fazer uma análise detalhada destas disposições, mas apenas operar a distinção do seu campo de aplicação na medida necessária a determinar o regime de acesso à informação.

A regra geral é a de que todos estes diplomas se aplicam a toda a administração pública directa e indirecta, central, regional e local. Em acréscimo aplicam-se a entidade privadas concessionárias de poderes de autoridade. Ou seja, o que fundamenta em geral a aplicação destes diplomas é o exercício de funções públicas administrativas (não políticas ou jurisdicionais) a título directo ou por concessão.

Ver GONÇALVES, José Renato; *Acesso à Informação das Entidades Públicas*, Almedina, Coimbra, 2002, pp. 169-170; SOUSA, Marcelo Rebelo de; MATOS, André Salgado de; *Direito Administrativo Geral*, Tomo I, *Introdução e Princípios Fundamentais*, Dom Quixote, Lisboa, 2004, p. 148.

No entanto, cada diploma tem as suas especialidades:

a) O DLMA não se aplica nem às empresas públicas, nem às associações públicas e pode ser objecto de especialidades pelas administrações regionais;
b) O CPA pode ser aplicado a instituições particulares de interesse público (mesmo que destituídas de poderes de autoridade), sendo que apenas se aplicam os seus princípios gerais quando se trata de gestão meramente técnica ou privada;
c) A LADA, por razões de transposição de directiva comunitária, aplica-se igualmente a organismos que exerçam responsabilidades públicas em matéria ambiental sob o controlo da administração pública.

Em geral, portanto, é a natureza dos poderes que determina a aplicação desta legislação (*ius imperii*) e em certos casos é (organismos ambientais), ou pode ser (instituições privadas de interesse público), aplicado quando há interesses públicos em causa. O critério é pois em geral o do *poder* e em alguns casos do *interesse*.

Segundo o Ac TCA de 3 de Outubro de 2002 a LADA aplica-se não apenas aos organismos e serviços da administração pública, mas igualmente a outras entidades que exerçam poderes de autoridade. Aplica-se por isso ao Metro do Porto, S.A.. O facto de ser uma sociedade anónima não a isenta da aplicação da LADA, na medida em que lhe sejam conferidos poderes de autoridade. O direito de acesso à informação é um direito muito amplo, de todos os particulares. O direito à informação não procedimental não pode ser coarctado, limitado ou influenciado por um contrato de concessão. No que respeita à gestão privada valem as reservas relativas ao segredo comercial, industrial e mesmo a defesa da concorrência. De acordo com o Ac STA de 27 de Janeiro de 1994 o CPA aplica-se à EDP na medida em que detenha poderes de autoridade ao poder impor aos consumidores certas reparações sob pena de cortar o fornecimento da electricidade. De igual forma o Ac TCA de 15 de Setembro de 1998 e o Ac TCA de 22 de Setembro de 2004. O CPA aplica-se às empresas públicas de acordo com o Ac TCA de 21 de Fevereiro de 2002.

Inversamente o Ac STA de 6 de Maio de 1997 (proc. 0422131) declara que os meios processuais administrativos não se aplicam quando se trata de gestão privada do Estado, que são dirimidos nos tribunais comuns. O CPA aplica-se, nos termos do seu 2º/2/b, à Federação Portuguesa de Tiro, enquanto entidade de direito privado com o estatuto de utilidade pública desportiva (Ac TCA de 15 de Maio de 2003).

A administração penitenciária está abrangida pelo regime de acesso aos documentos administrativos de acordo com o Ac Cour Administrative d'Appel de Paris Contentieux nº 03PA00323 du 13 nov 2003.

Para o âmbito de aplicação em Itália ver à época ITALIA, Vittorio; *L'Accesso ai Documenti Amministrativi (Regolamento 27 giugno 1992, n. 352)*, 2ª ed., Giuffrè, Milano, 1994, pp. 62 ss.. Para as instituições particulares de interesse público ver AMARAL, Diogo Freitas do; *Curso de Direito Administrativo*, Vol. I, 2ª ed., Almedina, Coimbra, 1994, pp. 549 ss.. Para a aplicabilidade à administração autónoma ver MOREIRA, Vital; *Administração Autónoma e Associações Públicas*, Coimbra Editora, Coimbra, 1997, pp. 242-244.

Se o âmbito subjectivo nos pode explicar diferenças de regime quando se trata de entidades ou actividades com um regime especial, já se toma mais difícil destrinçar o fundamento de diferentes regimes de acesso que constem destes diplomas quando se trata de entidades que estão sujeitas a todos eles, que é o princípio geral na administração pública.

Uma primeira linha de solução encontra-se no 50º/1 DLMA, que estatui expressamente prevalecer sobre diplomas em contrário. Sempre que o DLMA regule uma matéria e uma entidade estiver sujeita a este diploma, havendo contradição com o CPA ou a LADA é o DLMA que deve prevalecer[8].

No entanto, esta linha de orientação deixa ainda por resolver as situações em que entram em concurso a LADA e o CPA. Havendo normas diversas de acesso, qual delas prevalece ou, em alternativa, que campos de aplicação diversos têm? A solução encontra-se na conjugação entre os artigos 1º e 65º CPA com os 1º e 2º/2 LADA. O que resulta destas normas é que:

a) Se o procedimento está em curso, é aplicável o CPA;
b) Se o procedimento está findo ou nem sequer existiu (nem toda a actividade de gestão pública da administração pública se reduz a procedimento administrativo, pense-se na elaboração normativa, na fiscalização, ou na supervisão contínua, por exemplo), é então aplicável a LADA.

MACHETE, Pedro; *A Audiência dos Interessados no Procedimento Administrativo*, Universidade Católica Editora, 2ª Ed., Lisboa, 1996, p. 406 chega à mesma conclusão.

Esta conclusão é trivial para quem está habituado a lidar com estes regimes. No entanto tem de ser apreciada com as devidas cautelas. É que, se a LADA for mais restritiva na letra que o CPA (o que, como veremos, é, pelo menos na aparência, o caso), aceitar este princípio acriticamente significaria que enquanto dura o procedimento

[8] Um exemplo prático desta prevalência, pelo menos a título enunciativo, é o dos pedidos de informação sobre andamento de procedimentos em que se pediram informações. O princípio do 74°/1 CPA é que os requerimentos devem ser feitos por escrito. Já por outro lado, a lei distingue no 61° CPA (relativo aos interessados) e no 64° CPA (relativo aos terceiros-interessados) quanto ao pedido e informação. Os terceiros-interessados têm de o fazer por escrito, coisa que não é obrigatória para os interessados. No entanto, se os terceiros-interessados fizerem um pedido de informação sobre o andamento do seu procedimento de pedido de informação relativo a processo de terceiro, este pedido de informação já pode ser oral nos termos do 3°/2 DLMA.

o particular tem mais possibilidade de acesso ao processo que depois de ele findar. Tendo em conta que é tipicamente depois de ele findar que pode impugnar os actos que dele resultam, a sua possibilidade de sindicar a actividade da administração pública seria restringida precisamente quando ela é mais necessária. Uma interpretação conforme aos artigos 20º e 268º/4 da CRP exige que o regime da LADA seja devidamente entendido, como posteriormente veremos.

Além disso é preciso apreciar esta conclusão mais a fundo tendo em conta o artigo 7º/4 LADA. Afirmámos que o CPA era aplicável a procedimentos administrativos em curso. No entanto, o 7º/4 LADA refere-se a processos não concluídos. Parece pois haver aqui uma contradição. Mas a contradição é apenas aparente. É que "processos" é aqui usado não no sentido do CPA nem de procedimento, mas antes no sentido dinâmico de conjunto de actos tendentes a um fim. Processos não são aqui os procedimentos administrativos, que são regidos pelo CPA, mas processos de análise, estudo, de elaboração normativa, de entendimentos genéricos e assim por diante. Ou seja, processos de actividade administrativa não tendo destinatários concretos. Desta forma se concilia o disposto do CPA com a LADA e se confirma a consistência da conclusão a que chegámos.

Ver Gonçalves, José Renato; *Acesso à Informação das Entidades Públicas*, Almedina, Coimbra, 2002, pp. 40-42. O 16º Lei n.º 6/94, de 7 de Abril manda aplicar ao segredo de Estado, nos casos omissos a LADA. A invocação da LADA no Ac STA de 21 de Agosto de 2002. Que estes diplomas não se podem ler de forma isolada reconhece Carvalho, Raquel; *O Direito à Informação Administrativa Procedimental*, Publicações Universidade Católica, Porto, 1999, p. 70 quando vai buscar o princípio da transparência ao 1º LADA, sendo certo que apenas trata de informação procedimental. Ver *ibidem*, p. 81.

Sobre a regulamentação do dever de informação em matéria de riscos ambientais ver o Ac Conseil d'Etat Contentieux n.º 146668 du 26 mai 1995. Para o problema de concursos de diplomas em sede de direito à informação ver a decisão do Tribunal Administratif de Strasbourg Contentieux nº (?) du 27 jul 1983.

Parte B

ÂMBITO DO ACESSO

O âmbito do acesso é o centro do problema ora tratado. Trata-se em suma de perceber *quem* pode aceder a *quê*. Ou seja, o âmbito de acesso desdobra-se numa dimensão subjectiva e numa outra objectiva.

Sob o ponto de vista subjectivo, podem conceber-se em abstracto dois princípios: um de acesso universal e outro de legitimação. Pelo primeiro todos podem aceder, pelo segundo apenas alguns o podem fazer. Como veremos a lei adopta ambos os princípios, mas em moldes diversos consoante os regimes.

Sob o ponto de vista objectivo definem-se as matérias a que se pode aceder, aquelas a que não se pode, e as excepções a estes regimes. A lógica da lei é a de definir permissões genéricas, para de seguida estabelecer restrições, a que faz seguir excepções às restrições.

Se bem repararmos a dimensão subjectiva e objectiva não são cindíveis. Em certas matérias (objectiva) o legislador dá acesso universal (subjectiva), noutras não.

CAPÍTULO I

AS PERMISSÕES GENÉRICAS

O princípio geral é o da informação dos particulares, como decorre dos artigos 7º CPA e 2º/e DLMA. O primeiro assenta na lógica do direito subjectivo, o segundo na da estruturação e funcionamento da administração pública.

Este princípio geral não é meramente programático. Como acontece em geral com os princípios gerais, tem uma função orientadora da interpretação, integra lacunas, é a pedra de base do sistema. O quadro em que deve agir a administração pública é de transparência, de abertura aos cidadãos em sede informativa. Deve agir nesses termos, não apenas perante cada particular concreto, mas tendo em conta igualmente a sua forma de se estruturar e funcionar em geral.

A grande destrinça, como vimos, é a que se estabelece entre dentro e fora do procedimento administrativo. No entanto, como posteriormente se estudará, o tempo de acesso pode obedecer a outras distinções (7º/ 4, 5 CPA).

Temos no entanto nesta sede de especificar o que seja fora de procedimento. Por um lado, trata-se dos casos em que não existe nenhum procedimento administrativo. É o que pode acontecer com os relatórios, estudos, pareceres, actas, autos, circulares, entre outros previstos no artigo 4º/1/a LADA.

No entanto, é igualmente o caso dos procedimentos findos, nos termos dos 106º a 113º CPA. Para sabermos se um procedimento está findo temos de saber se houve decisão final, expressa ou tácita (107º a 109º CPA), renúncia ou desistência (110º CPA), deserção (111º CPA), impossibilidade ou inutilidade superveniente (112º CPA), ou falta de pagamento de taxas (113º CPA).

Para a destrinça do regime dentro do procedimento e fora dele ver CARVALHO, Raquel; *O Direito à Informação Administrativa Procedimental*, Publicações Universidade Católica, Porto, 1999, pp. 154-155, 157 ss., 163. Equivalente ao princípio do artigo 7º CPA na Suécia em RAGNEMALM, Hans; *Administrative Justice in Sweden*; in: PIRAS, Aldo (Ed.); *Administrative Law. The Problem of Justice, Vol. Iº, Anglo-American and Nordic Systems*, Giuffrè, Milan, 1991, p, 350.

1. Dentro do procedimento

O que define a dimensão *objectiva* nesta sede é o processo e o procedimento. É ao procedimento e ao processo que se acede.

Sob o ponto de vista subjectivo, pelo contrário já regem dois princípios inversos.

Dentro do procedimento o princípio geral de acesso à informação é o do acesso legítimo (52º, 53º, 61º, 62º, 63º, 64º CPA).

Os artigos 61º a 63º CPA estabelecem que quem tem o direito de acesso ao processo administrativo é o interessado.

Já o artigo 64º CPA se refere ao terceiro-interessado, o que tem "interesse legítimo no conhecimento".

De comum, o facto de o acesso não ser generalizado, não ser universal. Para se poder aceder ao processo e a informações sobre o procedimento é preciso demonstrar um nexo de legitimidade. A questão é a de saber como estabelecer este nexo de legitimidade. Por outro lado, a destrinça entre interessado e terceiro-interessado é algo complexa de se operar.

No entanto, os artigos 52º e 53º CPA dão orientações para o esclarecimento do que seja interessado.

SÉRVULO CORREIA parece seguir o mesmo percurso quando recorre ao 53º CPA para definir interessado e ao afirmar que não se pode partir o nexo de legitimidade para o procedimento e o do acesso à informação (CARVALHO, Raquel; *O Direito à Informação Administrativa Procedimental*, Publicações Universidade Católica, Porto, 1999, p. 201). Ver igualmente OLIVEIRA, Mário Esteves de; GONÇALVES, Pedro Costa; AMORIM, J. Pacheco de; *Código do Procedimento Administrativo Comentado*, 2ª Ed., Almedina, Coimbra, 1998, p. 328. O artigo 31 da Lei do Procedimento Administrativo espanhola é mais ampla que a portuguesa na definição de interessado, dado que abrange os contra-interessados (García de Enterría, Eduardo; Fernández, Tomás-Ramón; *Curso de Derecho Administrativo*, II, 7ª Ed., Civitas, Madrid, 2000, p. 475).

Interessado para efeitos dos 61º a 64º CPA é um conceito processual. É interessado o requerente ou quem o represente (52º CPA) ou o destinatário potencial do acto ou quem o represente (no caso de início oficioso do processo – 54º, 123º/1/b CPA). Potencial, na medida em que não há ainda acto por definição, ainda decorre o procedimento administrativo.

A legitimidade é um conceito processual anfíbio, desde sempre como tal reconhecido, estabelecendo uma ponte entre a substância do caso e o processo. No Ac TPICE (3ª Sec.) de 10 de Maio de 2001 (*Kaufring AG et al. VS Comissão CE*) salienta-se que tem legitimidade aquele que for afectado nos seus direitos por uma decisão. Quem seja interessado pode-se tornar questão extremamente complexa, tendo em conta o facto de a administração pública intervir nos mais variados campos da vida privada. Veja-se por exemplo a necessidade de modificação de título constitutivo da propriedade horizontal, que carece de consentimento de todos os condóminos e em que todos são interessados (Oliveira, Fernanda Paula; Lopes, Dulce; *Implicações Notariais e Registrais das Normas Urbanísticas*, Almedina, Coimbra, 2004, p. 65). Para determinar a existência de interesse podem intervir por isso todos os ramos do Direito. Para a representação das pessoas colectivas ver por exemplo Ferreirinha, Fernando Neto; Silva, Zulmira Neto Lino da; *Manual de Direito Notarial. Teoria e Prática*, 3ª ed., Almedina, Coimbra, 2005, pp. 75-82. Para o conceito de interesse legítimo como uma realidade substantiva ver Carvalho, Raquel; *O Direito à Informação Administrativa Procedimental*, Publicações Universidade Católica, Porto, 1999, p. 109.

Para o direito de aceder ao processo pelo interessado como tutelado pelo Direito Comunitário ver Schwarze, Jürgen; *Il Controlo Giurisdizionale sul Procedimento Amministrativo Europeo*, in: *Rivista Trimestrale di Diritto Pubblico, Quaderno n. 1, Il Procedimento Amministrativo nel Diritto Europeo*, Giuffrè Editore, Milano, 2004, pp. 130, 137. O direito de acesso a actos endo-procedimentais, interlocutórios, e respectiva documentação que os fundamenta em Franchini, Claudio; *I Principi Applicabili ai Procedimenti Amministrativi Europei*; in: *Rivista Trimestrale di Diritto Pubblico, Quaderno n. 1, Il Procedimento Amministrativo nel Diritto Europeo*, Giuffrè Editore, Milano, 2004, p. 291.

Em Portugal, dado que a capacidade de gozo é bem destrinçada da capacidade de exercício, não se coloca o problema de saber se são os pais ou os alunos a serem os titulares da intimidade privada ao contrário do que se discute no *Gonzaga University and Roberta S. League vs. John Doe* (U.S. Supreme Court) (Oral Argument), April 24. O problema resolve-se por via da legitimação através da representação legal.

Uma tipologia importante de interessados no processo encontra-se em RAGNEMALM, Hans; *Administrative Justice in Sweden*; in: PIRAS, Aldo (Ed.); *Administrative Law. The Problem of Justice, Vol. Iº, Anglo-American and Nordic Systems*, Giuffrè, Milan, 1991, pp. 395-396 em que se refere o requerente, o queixoso, o "arguido" (não forçosamente em sentido infraccional).

O que seja o terceiro-interessado para efeitos do artigo 64º CPA abrange forçosamente o contra-interessado. Com efeito, o contra--interessado tem inegavelmente interesse no conhecimento do processo e procedimento.

É contra-interessado o que, não sendo requerente, ou destinatário potencial do acto:

a) seja titular dos direitos subjectivos ou interesses legalmente protegidos que podem ser afectados pelas decisões no processo (53º/1 CPA);
b) as associações sem carácter político que tenham por fim a defesa desses interesses (53º/1 CPA)[9];
c) os residentes na circunscrição em que localize bem do domínio público afectado pela acção da administração (53º/2/b CPA);
d) as associações que visam proteger os interesses da alínea anterior (53º/3 CPA).

No sentido de que são igualmente interessados nos actos os terceiros indirectamente afectados ver CARVALHO, Raquel; *O Direito à Informação Administrativa Procedimental*, Publicações Universidade Católica, Porto, 1999, p. 173.

[9] O 53º/1 CPA estatui que não podem ter carácter sindical igualmente. No entanto, o Acórdão do Tribunal Constitucional n.º 11/97, de 24 de Abril, declara, com força obrigatória geral, a inconstitucionalidade a esta restrição. A tradição francesa é a de os sindicatos exigirem à administração pública informação e documentos como se vê nomeadamente no Ac Conseil d'Etat Contentieux n.º 84994 85264 du 11 jul 1990.

O conceito de contra-interessado é mais desenvolvido na lei processual, como se vê pelos artigos 57º, 68º/2, 177º/1 CPTA. O 55º/3 CPTA presume a legitimidade de quem interveio no procedimento administrativo. Esta norma levanta grandes problemas de definição da fronteira entre interessado e contra-interessado. Veja-se Brito, Wladimir; *Lições de Direito Processual Administrativo*, Coimbra Editora, Coimbra, 2005, pp. 118-124.

Uma associação tem legitimidade para ser parte no processo de impugnação de acto administrativo e obter informação quando o seu objecto estatutário o indique, mas já não para pedir indemnização quando o facto não a afecte directamente. De igual forma tem legitimidade o seu presidente se de acordo com os estatutos e deliberação da assembleia-geral foi mandatado para o efeito (Ac Cour Administrative d'Appel de Nancy Contentieux nº 98NC02129 du 23 oct 2003). Uma associação de defesa de asilados tem legitimidade para estar em juízo em seu favor (Ac Cour Administrative d'Appel de Douai Contentieux nº 97DA02018 du 28 juin 2001).

Mas o terceiro-interessado vai para além do contra-interessado? É que uma coisa é ser contra-interessado no processo, outra diversa pode ser o direito de acesso à informação. Dado que nos referimos apenas ao acesso pelos particulares, não trataremos aqui terceiros-interessados de natureza pública, que carecem de informações para o exercício das suas actividades. No entanto, é notória a intenção da lei em alargar o elenco dos terceiros-interessados. Com efeito, refere-se o interesse na obtenção da informação e não o interesse no procedimento ou no processo. Por isso apenas se pode concluir por um núcleo mínimo de acesso legítimo de terceiros-interessados: os contra-interessados são sempre terceiros-interessados, na medida do contra-interesse. No entanto, podem existir outros, que têm de provar no caso concreto o seu interesse legítimo. Se quem pode ser afectado pelo procedimento pode aceder, para aceder à informação não é preciso ser afectado forçosamente pelo procedimento.

Quais os critérios da definição de terceiro-interessado? É que esta afere-se, não em relação ao conteúdo *da decisão* da administração ou eventualmente a tomar pela administração (como os interessados e contra-interessados), mas do conteúdo *da informação* propriamente dita. Por exemplo, se num processo administrativo sobre concentrações de empresas uma empresa pertencer a sector diverso não afectado pela decisão da autoridade da concorrência, não é sequer contra-

-interessado. Mas já se tiver sido junta informação sobre si ao processo (a título ilustrativo, por exemplo) é terceiro-interessado nessa informação.

CARVALHO, Raquel; *O Direito à Informação Administrativa Procedimental*, Publicações Universidade Católica, Porto, 1999, pp. 111, 204 reconhece que o conceito do 64º CPA já não é o do interesse no procedimento, mas o do interesse na informação. SOUSA, Marcelo Rebelo de; *Lições de Direito Administrativo*, Volume I, Lex, Lisboa, 1999, p. 435 dá como exemplo alguém que é chamado para ser ouvido em procedimento que não lhe respeita. BOTELHO, José Manuel da S. Santos; ESTEVES, Américo J. Pires; PINHO, José Cândido de; *Código do Procedimento Administrativo Anotado – Comentado*, Almedina, Coimbra, 1992, p. 191 dá como exemplo o vizinho do requerente de uma licença de construção habitacional que possui interesse legítimo de que não fiquem feridos a estética e o urbanismo da zona envolvente à sua casa (embora no direito sueco sejam cada vez mais considerados contra-interessados – RAGNEMALM, Hans; *Administrative Justice in Sweden*; in: PIRAS, Aldo (Ed.); *Administrative Law. The Problem of Justice, Vol. Iº, Anglo-American and Nordic Systems*, Giuffrè, Milan, 1991, p. 397). Um outro exemplo é o do informador (RAGNEMALM, Hans; *Administrative Justice in Sweden*; in: PIRAS, Aldo (Ed.); *Administrative Law. The Problem of Justice, Vol. Iº, Anglo-American and Nordic Systems*, Giuffrè, Milan, 1991, p. 396). OLIVEIRA, Mário Esteves de; GONÇALVES, Pedro Costa; AMORIM, J. Pacheco de; *Código do Procedimento Administrativo Comentado*, 2ª Ed., Almedina, Coimbra, 1998, p. 340 dá como exemplos de terceiro-interessado uma contraparte negocial referida num processo a que foi junto um contrato ou o perito no procedimento administrativo. Outros casos de terceiros-interessados podem-se encontrar nos vizinhos de uma auto-estrada em construção (SOUSA, António Francisco de; *"Conceitos Indeterminados" no Direito Administrativo*, Almedina, Coimbra, 1994, p. 140). Igualmente o vizinho de obra licenciada (SOUSA, António Francisco de; *Código do Procedimento Administrativo Anotado*, Luso Livro, Lisboa, 1993, p. 209).

OLIVEIRA, Mário Esteves de; GONÇALVES, Pedro Costa; AMORIM, J. Pacheco de; *Código do Procedimento Administrativo Comentado*, 2ª Ed., Almedina, Coimbra, 1998, p. 340 retira do 64º/2 CPA que compete ao terceiro-interessado demonstrar documentalmente o seu interesse, salvo nos casos de facto notório (posição semelhante em ARAÚJO, José Luís; COSTA, João Abreu da; *Código do Procedimento Administrativo Anotado*, Estante Editora, Aveiro, 1993, p. 340; para o facto notório ver BARRERO RODRÍGUEZ, Concepción; *La Prueba en el Procedimiento Administrativo*, 2ª Ed.,

Thomson Aranzadi, Cizur Menor (Navarra), 2003, pp. 162-164; para os factos provados por via judicial e as suas implicações na prova do procedimento ver *ibidem*, pp. 164 ss.). Não me parece ser esta a melhor solução. O que o 64º/2 exige é que seja escorado documentalmente *o despacho* de concessão da informação, não a instrução do requerimento. Se o interesse decorrer do próprio processo por exemplo, nada precisa o terceiro-interessado de provar. Igualmente em geral valem os princípios de distribuição do ónus da prova constantes dos artigos 87º e 88º CPA. Para a eficácia probatória dos documentos electrónicos ver MORENO NAVARRETE, M. Ángel; *Derecho-e. Derecho del Comercio Electrónico*, Marcial Pons, Madrid, 2002, pp. 171 ss., VALERO Torrijos, Julián; *El Regímen Jurídico de la e-Administración. El Uso de Médios Informáticos y Telemáticos en el Procedimiento Administrativo*, Editorial Comares, Granada, 2003, pp. 172-176. Em geral ver GARCÍA DE ENTERRÍA, Eduardo; FERNÁNDEZ, Tomás-Ramón; *Curso de Derecho Administrativo*, II, 7ª Ed., Civitas, Madrid, 2000, pp. 489-495.

Quanto ao regime do acesso e a sua relação com a intimação, a jurisprudência e a doutrina dão-nos alguns ensinamentos:

1) Ao abrigo do 82º da Lei do Processo nos Tribunais Administrativos o particular tinha de indicar a finalidade (de impugnação) da passagem de certidão (Ac STA de 9 de Fevereiro de 1993, embora se reconhecesse que bastava a mera menção da intenção e não a sua prova - Ac STA de 11 de Fevereiro de 1992 (proc 030259), Ac STA de 29 de Junho de 1993, Ac STA de 16 de Março de 1993, Ac STA de 30 de Março de 1993, Ac STA de 28 de Novembro de 1989, Ac STA de 2 de Fevereiro de 1989, Ac TCA de 6 de Novembro de 1997).
2) Hoje em dia à luz do artigo 64º CPA já não tem de se enunciar a finalidade (Ac STA de 27 de Janeiro de 1994, Ac STA de 17 de Março de 1994, Ac STA de 27 de Julho de 1994, Ac TCA de 27 de Janeiro de 2000, Ac TCA de 5 de Abril de 2001, Ac TCA de 10 de Fevereiro de 2002, Ac TCA de 21 de Fevereiro de 2002 (proc 6042/02), Ac TCA de 27 de Março de 2003, Ac TCA de 22 de Janeiro de 2004).
3) Este é o princípio que ainda prevalece no Direito Comunitário, em que o particular tem de justificar a relevância das informações a que pretende aceder (CAGER de 3 de Fevereiro de 1998 (*Baustahlgewebe GmbH VS Comissão CE*)).
4) O Ac STA de 14 de Março de 1995 deixava claro, não obstante, que não competia à administração pública apreciar do nexo entre

os documentos pedidos e a sua necessidade para impugnação de acto (igualmente o Ac TCA de 6 de Maio de 1999, o Ac TCA de 7 de Junho de 2001). O Ac STA de 30 de Julho de 1997 salientava, no entanto, que o artigo 82º da Lei do Processo nos Tribunais Administrativos não era o meio adequado para se obter prorrogação de prazo para consulta de documentos.

5) O Ac STA de 16 de Janeiro de 1996 considerava que, sendo processo urgente, não permitia o convite para o aperfeiçoamento da petição inicial. Lembrando que sendo processo urgente correm em férias os prazos o Ac STA de 4 de Abril de 1991 e o Ac TCA de 12 de Dezembro de 2002.
6) A revogação deste artigo 82º pelo CPA e LADA no Ac STA de 14 de Fevereiro de 1995. O Ac STA de 7 de Agosto de 1996 mandava aplicar analogicamente o 82º da Lei do Processo nos Tribunais Administrativos aos artigos 61º a 64º CPA.
7) De acordo com o Ac STA de 30 de Junho de 1988 o 82º da Lei do Processo nos Tribunais Administrativos apenas podia ser invocado caso, no prazo legal, não tenha sido satisfeito pela entidade administrativa o pedido de consulta de documentos ou processo ou de passagem de certidões.
8) Este artigo 82º não era aplicável ao mero pedido por correio de esclarecimentos ou informações (Ac STA de 14 de Maio de 1987). Não era igualmente possível usá-lo para obter pareceres, juízos de valor, opiniões, instruções (Ac TCA de 2 de Maio de 2000).
9) O STA era incompetente para a intimação para passagem de certidões (Ac STA de 10 de Maio de 1995). O 82º suscitava a questão de saber se era preciso demonstrar um nexo entre documento e o meio de impugnação que se pretende usar ou não, o que gerou oposição de julgados (Ac STA de 21 de Maio de 1993).
10) Para a contagem do prazo da intimação do 82º ver os Ac STA de 24 de Outubro de 1991, Ac STA de 11 de Fevereiro de 1992, Ac STA de 27 de Abril de 1993, Ac STA de 13 de Março de 1995, Ac TCA de 20 de Maio de 1999 e Ac TCA de 12 de Dezembro de 2002.
11) A relação entre a natureza de processo urgente e o regime dos vícios processuais no Ac TCA de 12 de Fevereiro de 2004.
12) Para os efeitos da intimação no prazo de recurso contencioso ver o Ac STA de 1 de Fevereiro de 1994.
13) O Ac STA de 12 de Janeiro de 1989 (proc 026464) deixa claro que o facto de improceder a intimação não impede a propositura de recurso contencioso.

14) O Ac STA de 26 de Junho de 1990 salientava que o artigo 82º não servia para a obtenção de documentos para efeitos de acção cível, mas apenas para impugnação administrativa, não havendo na altura meio adequado para obter junto de tribunal administrativo tal tipo de certidões para este efeito (ver também o Ac STA de 27 de Maio de 1997).
15) O 82º não servia para pedir informações sobre procedimento administrativo (Ac STA de 1 de Março de 1994; a mesma doutrina no Ac TCA de 30 de Novembro de 2000 quanto a informação sobre andamento de recurso hierárquico, mas já o Ac STA de 23 de Março de 1996 afirma o contrário, bem como o Ac STA de 24 de Abril de 1996, o Ac STA de 2 de Maio de 1996, em nome do princípio de que a cada direito corresponde uma acção. Igualmente o Ac STA de 6 de Maio de 1999).
16) Não servia igualmente para se pedirem as razões de facto e de direito de um acto (Ac STA de 16 de Março de 1993).
17) O Ac STA de 20 de Fevereiro de 1997 mandava aplicar por analogia o artigo 35º da Lei do Processo nos Tribunais Administrativos à intimação judicial para obtenção de documentos ou certidões.
18) À intimação do 82º não se aplicava o regime da execução das sentenças administrativas, na medida em que já continha prazo para a execução da sentença (Ac STA de 11 de Março de 1999, Ac TCA de 8 de Julho de 2004 (proc 00200/04)).
19) O interesse atendível para a passagem de certidão tinha de ser apreciado no requerimento inicial e não somente nas alegações de recurso (Ac TCA de 13 de Abril de 2000 (proc 4188/00)).
20) O mesmo artigo 82º não podia ser usado para a reforma dos documentos, o que viola o actual princípio da tutela efectiva.
21) O 82º não podia ser igualmente usado para impor a produção de um acto administrativo (Ac TCA de 4 de Dezembro de 1997).
22) O 82º não servia igualmente para atestar a omissão de uma notificação (Ac TCA de 16 de Novembro de 2000).
23) Que o 82º seja um recurso de plena jurisdição, só o diz expressamente o Ac TCA de 13 de Março de 2004, quando já se encontra em vigor para novos processos o CPTA, embora o Ac TCA de 1 de Setembro de 2004 mostre que isto não colide com o esgotamento dos poderes judiciais com a prolação da sentença.
24) Quanto ao regime processual do 82º ver o Ac TCA de 26 de Junho de 2002. Sobre a História e o período final de vigência do 82º LPTA ver Pinto, Fernando Brandão Ferreira; Fonseca, Guilherme Frederico Dias Pereira da; *Direito Processual Administrativo Contencioso*, 2ª Ed., ELCLA Editora, Porto, 1992, pp. 169-170.

Ver igualmente Botelho, José Manuel da S. Santos; Esteves, Américo J. Pires; Pinho, José Cândido de; *Código do Procedimento Administrativo Anotado – Comentado*, 3ª Ed., Almedina, Coimbra, 1996, p. 257 e Oliveira, Mário Esteves de; Gonçalves, Pedro Costa; Amorim, J. Pacheco de; *Código do Procedimento Administrativo Comentado*, 2ª Ed., Almedina, Coimbra, 1998, p. 330.

25) Seja como for, a intimação do artigo 82º LPTA já constituía um avanço em relação à situação anterior em que não era autonomamente sindicável a denegação de informação procedimental (Correia, José Manuel Sérvulo; *Os Princípios Constitucionais do Direito Administrativo*; in: Miranda, Jorge (coord.); *Estudos sobre a Constituição*, 3º Vol., Livraria Petrony, Lisboa, 1979, p. 688). Correia, José Manuel Sérvulo; *O Direito dos Interessados à Informação: Ubi Ius, Ibi Remedium. Anotação ao Acórdão do Supremo Tribunal Administrativo (1ª Secção) de 2.5.1996. P. 40120*; in: Correia, José Manuel Sérvulo; Ayala, Bernardo Diniz de; Medeiros, Rui; *Estudos de Direito Processual Administrativo*, Lex, Lisboa, 2002, pp. 320-321 entendia que já à luz do citado artigo 82º se podia pedir informação procedimental e não apenas procedimental, de acordo com um entendimento conforme à Constituição.

Ao contrário de Carvalho, Raquel; *O Direito à Informação Administrativa Procedimental*, Publicações Universidade Católica, Porto, 1999, pp. 207-298 parece-me que estamos no 64º CPA perante um verdadeiro direito e não de um mero interesse legítimo (Antunes, Luís Filipe Colaço; *A Tutela dos Interesses Difusos em Direito Administrativo. Para uma Legitimação Procedimental*, Almedina, Coimbra, 1989, pp. 94-95 também afirma a existência de um verdadeiro direito de acesso; o mesmo em Botelho, José Manuel da S. Santos; Esteves, Américo J. Pires; Pinho, José Cândido de; *Código do Procedimento Administrativo Anotado – Comentado*, Almedina, Coimbra, 1992, p. 65). O interesse legítimo apenas define os limites desse direito de acesso.

Se bem repararmos existem dois mecanismos de legitimação individual paralelos: o interessado no processo distingue-se de todos os restantes (contra-interessados e terceiros-interessados), pelo *destinatário* do procedimento. Já os terceiros-interessados do 64º CPA distinguem-se dos interessados e contra interessados pela relação com o *objecto*: do processo ou da informação. Dado que a destrinça entre terceiros e interessados se refere a um objecto diverso (processo ou informação) é natural que os mecanismos de legitimação sejam homólogos, mas se tenham de referir a objectos diversos. Por exemplo, um comproprietário será contra-interessado ou terceiro-interessado consoante o objecto do *procedimento* seja o bem em compropriedade, ou apenas o objecto da *informação* constante do processo. Mas o que convém salientar aqui é o facto de o *mecanismo de legitimação ser o mesmo* (de direito substantivo, no caso a compropriedade), apenas mudando o seu estatuto procedimental consoante se trate de uma licença para construção num bem comum, por exemplo (caso em que seria contra-interessado), ou documento tenha sido junto ao processo referindo essa compropriedade, mas a mesma esteja fora do objecto do procedimento (caso em que seria terceiro-interessado). Da mesma forma, se alguém junta documentos mostrando ser contitular de valores mobiliários para efeitos de demonstrar a sua idoneidade num procedimento de registo, o outro contitular pode ter acesso a este documento como terceiro-interessado (o seu interesse em conhecer é reforçado pelas responsabilidades comuns que decorrem desta contitularidade – PANTALEON PRIETO, Fernando; *Copropriedad, Usufruto, Prenda y Embargo*; in: URIA, Rodrigo; MENENDEZ, Aurélio; OLIVENCIA, Manuel; *Comentário al Regímen Legal de Las Sociedades Mercantiles*, Tomo IV, *Las Acciones*, Vol. 3º, Civitas, Madrid, 1992, p. 37).

Mas se o princípio geral é o do acesso legítimo, mesmo que alargado (a associações, a terceiros-interessados), em certas matérias existe um princípio de acesso universal, para protecção de interesses difusos e bens difusos, nomeadamente:

a) saúde pública (53º/2/a CPA, 1º/2 LPPAP);
b) habitação (53º/2/a CPA);
c) educação (53º/2/a CPA);
d) património cultural (53º/2/a CPA, 1º/2 LPPAP);
e) ambiente (53º/2/a CPA, 1º/2 LPPAP);
f) ordenamento do território (53º/2/a CPA);
g) qualidade de vida (53º/2/a CPA, 1º/2 LPPAP);
h) protecção do consumo de bens e serviços (1º/2 LPPAP);
i) domínio público (1º/2 LPPAP).

Têm legitimidade nesta matéria:

a) Quaisquer cidadãos (53º/1/a CPA, 2º/1 LPPAP);
b) As associações que visam proteger os interesses da alínea anterior na circunscrição em causa (53º/3 CPA), ou em geral (2º/1 LPPAP).

No tema:

1) O Ac STA de 7 de Fevereiro de 2002 debruça-se sobre a entrada em vigor da LPPAP.
2) Para os fundamentos da participação de associações ver BIGNAMI, Francesca; Tre *generazione di Diritti di Partecipazione nei Procedimenti Amministrativi Europei*; in: *Rivista Trimestrale di Diritto Pubblico, Quaderno n. 1, Il Procedimento Amministrativo nel Diritto Europeo*, Giuffrè Editore, Milano, 2004, pp. 113-118; STEWART, Richard B.; *Il Diritto Amministrativo nel XXI Secolo*; in: *Rivista Trimestrale di Diritto Pubblico*, vol. 1, Giuffrè, Milano, 2004, pp. 6-7.
3) Para o estatuto da informação ambiental ver GONÇALVES, José Renato; *Acesso à Informação das Entidades Públicas*, Almedina, Coimbra, 2002, pp. 216-222.
4) A legitimidade dos representantes de interesses difusos em ITALIA, Vittorio; *L'Accesso ai Documenti Amministrativi (Regolamento 27 giugno 1992, n. 352)*, 2ª ed., Giuffrè, Milano, 1994, pp. 141-145, STIPO, Massimo; *Administrative Justice in Italy. Prospects for Legitimate Interests Versus the Public Administration*; in: PIRAS, Aldo (Ed.); *Administrative Law. The Problem of Justice,* Vol. IIIº, *Western European Democracies*, Giuffrè, Milan, 1997, pp. 312-314. Em Espanha ver DIEZ SANCHEZ, Juan José; *El Procedimiento Administrativo Comun y la Doctrina Constitucional*, Civitas, Madrid, 1992 , pp. 176-177.
5) A participação dos cidadãos como fonte de legitimação da actividade de uma administração pública, cada vez mais autónoma, de órgãos eleitos em LOUREIRO, João Carlos Simões Gonçalves; *O Procedimento Administrativo entre a Eficiência e a Garantia dos Particulares (Algumas Considerações)*; in: *Boletim da Faculdade de Direito, Studia Iuridica*, 13, Coimbra Editora, Coimbra, 1995, pp. 113-119, 250-252.
6) Para a distinção entre acção popular e a acção de grupo, no que respeita aos sindicatos, ver FONSECA, Guilherme da; *Legitimidade Processual Singular, Contencioso Administrativo e Associações Sindicais*; in: *Cadernos de Justiça Administrativa*, n.º 43, Janeiro/Fevereiro de 2004, p. 29.
7) Para a distinção entre interesses difusos e interesses colectivos ver BASSI, Franco; *Lezioni di Diritto Amministrativo*, 6ª ed., Giuffrè, Milano, 2000, p. 174, FRANCO, Ítalo; *Gli Strumenti di Tutela nei Confronti della Pubblica Amministrazione. Dell'Anulamento dell'Atto Lesivo al Risarcimento*, 2ª Ed., CEDAM, Padova, 2003, pp. 224 ss..
8) Para o regime relativo ao ambiente ver MACHETE, Pedro; *A Audiência dos Interessados no Procedimento Administrativo*, Universidade Católica Editora, 2ª Ed., Lisboa, 1996, pp. 292-294.

9) Para a inexistência da acção popular na Suécia ver RAGNEMALM, Hans; *Administrative Justice in Sweden*; in: PIRAS, Aldo (Ed.); *Administrative Law. The Problem of Justice, Vol. Iº, Anglo-American and Nordic Systems*, Giuffrè, Milan, 1991, p. 447.

Dentro do procedimento administrativo, ou seja, enquanto ele ainda está a decorrer, o regime jurídico desdobra-se em dois princípios: a regra geral é que se carece de legitimidade para aceder à informação no processo, mesmo que esta legitimidade seja muito alargada pelo legislador. No entanto, em certas matérias, as ligadas a interesses difusos, o princípio já é o inverso, o do acesso universal.

O Ac TPICE (2ª Sec.) de 24 de Janeiro de 1995 (*Bureau Européen des Médias de l'Industrie Musicale VS Comissão das CE*) estabelece a legitimidade de uma associação de empresas em sede de direito de autor, na medida em que tenha o direito de representar os interesses dos seus membros e mesmo que não seja empresa afectada. Embora esta decisão respeite a um processo de natureza infraccional estabelece um princípio relevante a reter. De igual modo admite-se a legitimidade de associações ecologistas na impugnação de obras públicas em Paris (Ac Conseil d'Etat Contentieux n.º 198274 du 16 jun 2000).

Se bem se atentar na questão, existem dois eixos onde se escora a legitimação para a informação procedimental: ou a legitimidade procedimental, ou seja, quem é parte legítima no procedimento tem acesso legítimo à informação procedimental (equivalência entre legitimidade procedimental e legitimidade para informação), ou a legitimidade meramente informacional, por se ser terceiro-interessado.

É sobre estes eixos que tem de ser analisada a jurisprudência[10].

Têm legitimidade (alargada):

1) As associações de defesa do ambiente relativamente a procedimentos urbanísticos de interesse colectivo, mesmo que impulsionados por terceiro, não só para consulta e informação, mas igualmente para intervenção do procedimento (Ac STA de 9 de Julho de 1996).

[10] A questão dos artigos 64º CPA e 82º da Lei do Processo nos Tribunais Administrativos gerou mesmo acórdão sobre oposição de julgados (Ac STA de 19 de Fevereiro de 2003).

Tem legitimidade à luz do 64º CPA:

1) O advogado que quer conhecer os processos não só do seu cliente, mas de terceiros, relativos ao Regulamento de Incentivos Municipais, na medida em que o interesse da requerente pode colidir com os interesses de outros requerentes particulares e ter a mesma legitimidade para controlar os interesses destes (Ac TCA de 7 de Agosto de 2002).

Não constituem fundamentos de legitimidade à luz do 64º CPA:

1) A mera invocação da qualidade de contribuinte (Ac STA de 12 de Novembro de 2003, Ac TCA de 13 de Abril de 2000).
2) A mera qualidade de accionista de sociedade directamente interessada no procedimento, dado que esta qualidade apenas confere faculdades no âmbito da respectiva sociedade (Ac STA de 12 de Novembro de 2003, Ac TCA de 13 de Abril de 2000, Ac TCA de 7 de Junho de 2001).
3) A simples invocação de que o resultado de um concurso público relativo à reprivatização de uma empresa pode gerar um grau de concentração no mercado com efeitos na estrutura concorrencial da requerente e por essa via ter repercussões na sua actividade, pelo que não pode pedir o relatório do júri do concurso (Ac TCA de 15 de Setembro de 2000).

2. Fora do procedimento

Já fora do procedimento administrativo o regime é exactamente o inverso. O princípio geral é o do acesso universal, havendo um princípio de acesso legítimo em certos casos, que nunca é enunciado enquanto tal pelo legislador, mas que decorre de um correcto entendimento do sistema jurídico.

O princípio de acesso universal consta do artigo 65º CPA e 7º/1 LADA. Todos podem aceder a procedimentos findos ou documentos da administração que não integram procedimentos.

O mesmo princípio em França para os documentos não nominativos no Ac Conseil d'Etat Contentieux n.º 250817 du 28 mai 2004. O mesmo princípio para os residentes (repare-se que o critério não é o da nacionalidade) na União Europeia de acordo com o artigo 2º do Regulamento (CE) n.º 1049/2001 do Parlamento Europeu e do Conselho de 30 de Maio de 2001 (no caso dos não residentes as intuições comunitárias podem, mas não têm o dever, de fornecer a informação). O direito de acesso como regra geral em Italia, Vittorio; *L'Accesso ai Documenti Amministrativi (Regolamento 27 giugno 1992, n. 352)*, 2ª ed., Giuffrè, Milano, 1994, p. 18. Em Espanha excluindo os estrangeiros e as pessoas colectivas ver Diez Sanchez, Juan José; *El Procedimiento Administrativo Comun y la Doctrina Constitucional*, Civitas, Madrid, 1992, p. 130; García de Enterría, Eduardo; Fernández, Tomás-Ramón; *Curso de Derecho Administrativo*, II, 4ª Ed., Civitas, Madrid, 1994, p. 467. Na Suécia elencam-se como fundamentos deste princípio a segurança jurídica, a eficiência da administração e a efectiva democracia política (Ragnemalm, Hans; *Administrative Justice in Sweden*; in: Piras, Aldo (Ed.); *Administrative Law. The Problem of Justice, Vol. Iº, Anglo-American and Nordic Systems*, Giuffrè, Milan, 1991, p. 343). No Reino Unido é regra geral igualmente desde o Freedom of Information Act 2000 (McEldowney, John F.; *Public Law*, Thomson Sweet & Maxwell, 3rd Ed., London, 2002, p. 598).

Mais complexa é a construção de um princípio de acesso legítimo neste caso.

Em primeiro lugar, no caso dos processos findos, não se compreende que, havendo limites de acesso (aparentemente) mais restrictivos objectivamente na LADA que no CPA, o particular, depois de findo o processo, possa aceder a menos informação que enquanto ele corria os seus termos. Como antes se afirmou, isto violaria os artigos 20º e 268º/4 da CRP. Tanto os interessados como os contra-interessados, nestes termos (este argumento já não vale para os terceiros interessados), se puderam aceder ao procedimento enquanto este corria têm de poder aceder ao mesmo nos mesmos termos depois de este estar findo, sob pena de se restringir o seu direito de agir judicialmente contra a administração.

Mas em geral, findo o procedimento, ou fora dele, o princípio do acesso legítimo aflora, em matéria de intimidade privada, no 8º/1, 2 LADA no que respeita a documentos nominativos[11]. O titular do interesse protegido com a restrição de acesso, bem como quem tenha interesse pessoal, directo e legítimo na informação, têm acesso ao processo. De igual forma em geral os titulares dos interesses tutelados com as proibições de acesso podem aceder às informações.

---

[11] Para os documentos nominativos ver *infra* o que se diz a propósito da intimidade privada.

Questão mais complexa parece ser a questão de saber se se pode estabelecer um princípio geral de acesso por terceiros-interessados no acesso a informações restritas. No entanto, se bem virmos, a LADA está toda ela construída de acordo com a relação que existe entre o particular e a *informação* e não de acordo com a ligação a um procedimento. Daí que a questão do terceiro-interessado não se coloque nestes termos. Além disso, havendo um princípio de acesso universal, o que interessa apreciar é da legitimidade para aceder à informação, nos casos em que este acesso universal seja restringido, e só nesses. Não havendo interessados, *hoc sensu*, não se coloca sequer o problema dos contra-interessados ou terceiros interessados. O interesse no procedimento, ou o contra-interesse, apenas relevam para um efeito que posteriormente era referido, o da manutenção da legitimidade, mesmo depois de findo o procedimento, e portanto, no âmbito da LADA. Mas, como regra geral, o interesse no procedimento na LADA irreleva. É sempre de *interesse* na obtenção *da informação* que se trata.

O marido é terceiro em relação à mulher de quem está separado de facto no que respeita a pedir elementos clínicos dela, quando esta não lhe deu essa incumbência (Ac TCA de 1 de Fevereiro de 2001). Mas existe decisão administrativa italiana que determina o acesso do cônjuge separado a declaração fiscal do outro cônjuge (Pinori, Alessandra; *La protezione dei Dati Personali. Guida alla Lettura delle Fonti*, Giuffrè Editore, Milano, 2004, p. 261).

O artigo 2º/§5º da Loi n.º 78-17 du 6 janvier 1978 em França deixa claro que o nexo de legitimação se estabelece de acordo com o conteúdo da informação: é quem é objecto da informação sobre dados pessoais que é o interessado (cf. Ac Cour Administrative d'Appel de Nancy Contentieux nº 98NC02020 du 17 avr 2003). O artigo 56º da Loi n.º 78-17 du 6 janvier 1978 em França estabelece a legitimação de organização de dados pessoais em relação a defuntos, na medida em que apenas permite a recusa desta organização, caso em vida se tenham oposto à mesma organização, não parecendo admitir, pelo menos na sua letra, representação pelos herdeiros. Mas já o Ac Cour Administrative d'Appel de Nantes Contentieux nº 00NT01975 du 24 avr 2003 estatui que não pode ser oposta a natureza nominativa ao filho e herdeiro de pai defunto (igualmente o Ac Conseil d'Etat Contentieux n.º 214070 du 29 jan 2003). Da mesma forma o Ac Cour Administrative d'Appel de Douai Contentieux nº 98DA11987 du 3 mai 2001 afirma a legitimidade dos herdeiros, no caso a viúva, para obter documento do marido defunto.

A prática da CADA tem sido restrictiva no que respeita ao acesso a dados de falecidos pelos seus herdeiros quando estes visam exercer direitos junto de seguradoras (mas já não junto da Caixa Geral de

Aposentações) (Gonçalves, José Renato; *Acesso à Informação das Entidades Públicas*, Almedina, Coimbra, 2002, pp. 25, 95-98; para a posição geral dos herdeiros ver *ibidem*, pp. 98-104, 166-168).

Do Ac TCA de 24 de Junho de 2004 resulta que:

a) Em sede de direito procedimental a administração pública apenas está obrigada a prestar as informações que concorram para a formação, manifestação e execução da decisão administrativa.
b) Em sede de direito de informação extra-procedimental nos termos do 8º LADA apenas têm legitimidade as pessoas a quem directamente digam respeito, terceiros que deste obtenham autorização ou demonstrem interesse directo, pessoal e legítimo
c) Nos termos do 342º/1 do Código Civil cabe ao interessado alegar e provar que detém uma situação jurídica substantiva face à qual o documento tem relevância jurídica como meio de prova. Esta decisão nesta parte não tem em conta a distribuição do ónus da prova constante dos artigos 87º e 88º CPA. (Para esta questão ver igualmente Gonçalves, José Renato; *Acesso à Informação das Entidades Públicas*, Almedina, Coimbra, 2002, p. 86; Oliveira, Mário Esteves de; Gonçalves, Pedro Costa; Amorim, J. Pacheco de; *Código do Procedimento Administrativo Comentado*, 2ª Ed., Almedina, Coimbra, 1998, pp. 418-425.)
d) O destinatário da decisão proferida tem legitimidade para pedir informação.
e) Os documentos pedidos pelo particular não constam nem deviam constar do processo administrativo, dado que são os *curricula*, os despachos de nomeação e a respectiva publicação no Diário da República dos funcionários que intervieram no procedimento administrativo.

O regime do 59º/3 da Lei Geral Tributária e do 8º/3 LADA permite o acesso a terceiros de dados pessoais desde que demonstrem o interesse pessoal, directo e legítimo. Não se pode pedir certidão de relatório de inspecção tributária efectuada a terceiro visando determinar o preço efectivo de venda de um imóvel de um particular, dado que a capacidade contributiva dos particulares faz parte da sua vida privada. Não há interesse directo, na medida em que não pode intervir no processo (só a administração e o inspeccionado o podem fazer), nem legítimo (nada tem a ver com esta relação tributária) (Ac STA de 20 de Maio de 2003).

A relevância científica de certos trabalhos de investigação pode constituir interesse legitimo segundo a CADA desde que a consulta seja feita no próprio local, os textos sejam despersonalizados, o interessado seja informado de que o uso da informação é restricta e haja subscrição pelo interessado de lista de documentos a que tenha acesso (Gonçalves, José Renato; *Acesso à Informação das Entidades Públicas*, Almedina, Coimbra, 2002, pp. 85-86).

Uma associação de defesa dos consumidores pode aceder a estatísticas não nominativas, mesmo que tenham sido efectuadas com base em dados nominativos (Ac Conseil d'Etat Contentieux n.º 151688 du 3 jul 2002, Ac Conseil d'Etat Contentieux n.º 172972 du 3 jul 2002). Uma associação de aprendizagem de condução automóvel pode ter acesso a estatísticas sobre inscrição e taxa de sucesso em escolas de condução (Ac Conseil d'Etat Contentieux n.º 157402 du 3 jul 2002). Uma associação de defesa de direitos dos cidadãos pode aceder a documentos elaborados pela administração (Ac Cour Administrative d'Appel de Lyon Contentieux nº 98LY01920 du 30 mar 2000). Uma associação de defesa dos animais pode aceder aos documentos relativos a subsídios concedidos pela administração pública (Ac Cour Administrative d'Appel de Marseille Contentieux nº 97MA00537 du 30 set 1999, Ac Cour Administrative d'Appel de Marseille Contentieux nº 97MA00536 du 30 set 1999) e ao plano de ocupação de solos de uma autarquia (Ac Cour Administrative d'Appel de Marseille Contentieux nº 97MA00538 du 30 set 1999). Uma associação de assistência aos estrangeiros nas fronteiras tem legitimidade para solicitar documentação sobre vistos (embora no caso concreto, por razões de segredo de política externa, não lhe tenham sido fornecidos – Ac Conseil d'Etat Contentieux n.º 150242 du 17 fév 1997).

3. Análise de conjunto do regime subjectivo de acesso

O regime subjectivo do acesso permite-nos chegar a algumas conclusões não totalmente triviais.

A primeira é a de que, ao contrário do que seria aparente, não se esgota o regime ao dizer que rege um princípio de acesso legítimo no procedimento e de acesso universal fora dele. Isto apenas é verdade como princípio geral. Como princípios complementares existe um princípio de acesso universal no procedimento (ou noutros casos uma legitimidade muito alargada) e um outro de acesso legítimo fora dele.

Conclusão menos vasta mas semelhante em Gonçalves, José Renato; *Acesso à Informação das Entidades Públicas*, Almedina, Coimbra, 2002, p. 78 para os dados nominativos.

A segunda conclusão é que o que inverte o princípio geral no procedimento é a *temática* em causa. Certas matérias instauram um princípio de acesso universal. Já fora dele não é a temática, mas a relação com a *matéria concreta* que suscita o problema da legitimação.

No procedimento o princípio complementar de acesso universal faz aceder a informações cujo acesso seria em princípio proibido. Fora dele, a legitimação faz ceder as excepções ao acesso.

Problema é o do acesso por entidades públicas. Aqui há que distinguir. Nessa qualidade não estão abrangidas pelo direito de acesso. No entanto, quando estão elas mesmas sujeitas ao *ius imperii* já estão abrangidas pelo direito de acesso. Com efeito, um instituto público que tenha de pedir uma licença de construção está sujeito ao *ius imperii* da autoridade competente para a conceder. Da mesma forma, uma entidade pública que pretenda aceder a documentos da administração pública, não para o exercício do seu *ius imperii*, mas para factos em que está desprovida de *ius imperii* (v.g. exercício de Direito privado de funções públicas) também deverá ter esse direito. Já quando actua na qualidade de autoridade pública então nesse caso segue o regime da colaboração entre entidades públicas e não o do acesso. Isto significa que os órgãos públicos nessa qualidade e no exercício das funções ligadas ao seu *ius imperii* não podem recorrer a este regime. Discorda-se por isso que os grupos parlamentares sejam associações de deputados e tenham acesso à informação nos termos gerais (veja-se a tese defendida por Gonçalves, José Renato; *Acesso à Informação das Entidades Públicas*, Almedina, Coimbra, 2002, p. 164). Estes poderão aceder por força de lei que reja inquéritos parlamentares ou poderes gerais da Assembleia da República para aceder a documentação e informações.

Já os funcionários perante os organismos públicos são particulares quanto aos direitos de acesso. Daí que tenham direito de acesso ao seu processo pessoal nos termos da lei geral de acesso (Chapus, René; *Droit Administratif General*, Tome 2, 6e Éd., Montchrestien, Paris, 1992, p. 253).

Questão diversa é a da prova da legitimidade. Carvalho, Raquel; *O Direito à Informação Administrativa Procedimental*, Publicações Universidade Católica, Porto, 1999, pp. 202-204 afirma que o 61º e o 64º CPA têm diverso regime de prova, dado que no primeiro caso tenderão a não ter de demonstrar a sua legitimidade, ao contrário do segundo. À luz do regime constante dos artigos 87º e 88º CPA o regime é o mesmo em ambos os casos. Por outro lado, pode ser mais difícil demonstrar que alguém é contra-interessado (para efeitos do 61º CPA) que interessado na informação (64º CPC). Como todos os problemas de prova depende do caso concreto.

Os casos de mais simples prova são obviamente aqueles em que estamos perante um requerente ou potencial destinatário do acto já identificado no procedimento (61º CPA), mas igualmente aqueles em que estamos perante alguém referido num documento (64º CPA).

Veremos ao longo do texto outra dimensão deste regime. É que, se as excepções ao acesso são comuns entre a informação procedimental e não procedimental, o princípio do acesso legítimo no procedimento apenas se compreende numa outra perspectiva. Por um *princípio de economia processual*, de eficiência da administração pública. É um princípio de economia processual que está aqui em causa e não a protecção de quaisquer informações. E este princípio só cede perante certos interesses de natureza difusa. Ver CARVALHO, Raquel; *O Direito à Informação Administrativa Procedimental*, Publicações Universidade Católica, Porto, 1999, p. 79 para a tensão entre direito à informação eficiência. Para a boa administração ver BASSI, Franco; *Lezioni di Diritto Amministrativo*, 6ª ed., Giuffrè, Milano, 2000, p. 62. Para o direito fundamental europeu a uma boa administração ver LOMBARDI, Roberta; *Contributo allo Studio della Funzione di Controllo. Controlli Interni e Attività Amministrativa*, Giuffrè, Milano, 2003, pp. 20-22. Para a economia processual ver DIEZ SANCHEZ, Juan José; *El Procedimiento Administrativo Comun y la Doctrina Constitucional*, Civitas, Madrid, 1992, pp. 94-95. Para a economia processual no procedimento ver GARCÍA DE ENTERRÍA, Eduardo; FERNÁNDEZ, Tomás-Ramón; *Curso de Derecho Administrativo*, II, 4ª Ed., Civitas, Madrid, 1994, pp. 454-456.

Capítulo II
AS RESTRIÇÕES AO ACESSO

1. Restrições gerais

a) *Premissas gerais*

É o mesmo legislador que estabelece um generoso regime de acesso que se apercebe que esse mesmo acesso tem de ter limites. Depois de definir as permissões apercebe-se da necessidade de consagrar restrições de acesso. Na verdade, o acesso é em princípio universal quanto ao objecto, embora não o seja quanto aos sujeitos. A regra é a de que podem aceder a todos os documentos, a todo o processo.

Contra esta universalidade quanto ao objecto, o princípio de conexão com a defesa em processos infraccionais no âmbito comunitário da concorrência. Nomeadamente o Ac TPICE (3ª Sec. Alargada) de 20 de Abril de 1999 (*Limburgse Vinyil Maatschappij NV, e tal. VS Comissão CE*) impede o acesso ao relatório do consultor-auditor, por considerar que os direitos de defesa não exigem que exista este acesso. Com efeito, este relatório tem natureza meramente consultiva (Ac TPICE (4ª Sec.) de 20 de Março de 2002 (*HFB Holding für Ferrnwärmetechnik Beteilingungsgesellschaft mbH & Co KG et al. VS Comissão CE*)). O CAGER de 13 de Dezembro de 1994 (*BPB Industries Plc e British Gypsum Ltd VS Comissão CE*) esclarece que a jurisprudência comunitária tem sido a de não se aceder à totalidade do processo, mas apenas aos documentos em que a Comissão se baseou para formar a sua decisão. No mesmo sentido as CAGER de 25 de Outubro de 2001 (*Degussa AG VS Comissão CE*).

Com efeito, a administração pública detém informações que colidem com outros bens e, por outro lado, funciona como um sistema aberto para o qual confluem outras actividades do Estado e no qual as práticas podem ser porosas. Não nos podemos esquecer, por outro lado, que a actividade da administração pública no longo prazo se tem vindo a alargar, maugrado todos os discursos ideológicos em contrário, bem assim como as suas funções.

Em primeiro lugar, práticas porosas. Antes das decisões serem tomadas, há estudos, notas, apontamentos pessoais, muitos deles revelando erros, falhas internas de configuração dos problemas, que não podem ser evitados no funcionamento de qualquer organização, por mais eficiente que ela seja. A destrinça entre o trabalho intelectual e executivo feito pelos agentes da administração e o que se reflecte na actuação propriamente administrativa pode ser muito fluida no que respeita à organização documental. Daí que o legislador tenha excluído estes documentos do acesso. Estão fora da actividade administrativa funcional, embora possam ter sido praticados para sua preparação.

Em segundo lugar a administração pública não funciona em circuito fechado, desligada da função política. O governo é simultaneamente um órgão político e administrativo, por exemplo, bem como os governos regionais. O acesso garantido pela CRP tem por objecto a actividade administrativa. Foi necessário excluir a actividade política do seu regime.

Estas situações são algumas das que chamamos de exclusões típicas, nos termos que posteriormente melhor se desenvolverão.

Mas a actividade administrativa propriamente dita pode ferir outros bens, sejam eles bens públicos, económicos ou de privacidade. Quando o legislador permite um acesso tão alargado a informações tem de se precaver contra o facto de este acesso poder lesar ou pôr em perigo outros valores. É evidente que se pode sempre invocar o argumento trivial de que os bens são complexivos, que aquilo a que chamamos de bens públicos também pode tutelar bens económicos e de privacidade e inversamente, o que não deixa de ser verdade. Mas, e para ser possível uma tipologia que nos permita compreender o regime, toma-se necessário saber quais as dimensões desses bens que prevalecem na definição do regime.

Se bem se reparar partimos de uma visão tripartida das restrições (esquecendo as exclusões típicas). Bens públicos, económicos e de privacidade. STRAUSS, Peter L.; *An Introduction to Administrative Justice in the United States*; in: PIRAS, Aldo (Ed.); *Administrative Law. The Problem of Justice, Vol. Iº, Anglo-American and Nordic Systems*, Giuffrè, Milan, 1991, p. 722 parte de uma divisão bipartida: as restrições podem ter por base bens públicos ou bens de particulares. É uma divisão correcta, mas descaracteriza a diferença entre os bens económicos e os bens de privacidade, que assumirão particular acuidade no que respeita ao segredo económico por oposição à vida interna das entidades, distinção fundamental que não tem sido devidamente feita. A dialéctica acesso universal / restrições de acesso em PEREIRA, Alexandre Dias; *Bases de Dados de Órgãos Públicos: O problema do Acesso e Exploração da Informação do Sector Público na Sociedade da Informação*; in: *Direito da Sociedade de Informação*, Vol. III, Coimbra Editora, Coimbra, 2002, p. 252.

Com efeito, o legislador estabelece este regime de restrições de uma forma errática, variando a terminologia usada, hesitando na colocação sistemática das mesmas. A construção de um sistema coerente de restrições exige cautelas que se têm de analisar caso a caso, como faremos de seguida.

De essencial, no entanto, estas duas ideias: em sede de acesso há sempre que fazer uma ponderação de bens (a transparência da administração pública de um lado e do outro diversos bens merecedores de tutela), e esta ponderação de bens funda-se em primeiro lugar num recorte negativo da actividade administrativa e em segundo na preocupação de tutela de bens públicos, económicos e de privacidade.

O regime das restrições ao acesso demonstra, sob o ponto de vista dogmático, o acerto da concepção de processo de que partimos. É que se por processo administrativo se entendesse apenas o acto administrativo e os documentos que estritamente o fundamentam (conceito de processo administrativo mínimo), não seria possível estabelecer restrições, sob pena de se limitar a sindicabilidade dos actos da administração pública. Apenas têm sentido caso se aceite constar do conceito de processo administrativo algo mais que o mínimo.

Problema que se tem de enfrentar é o de saber se estamos perante *deveres* de não fornecer ou de meras *faculdades* de não fornecer quando falamos de restrições de acesso. Nos artigos 62º, 65º/1 CPA e 7º/1 LADA, aparecem como restrições a direitos dos particulares. No 63º/2 CPA aparecem como restrições ao dever da administração pública. O artigo 5º LADA refere-se a interdição de acesso. O artigo 7º/4, 5 LADA difere o acesso. Mas já o 10º/1 LADA diz que a administração pública "pode" recusar o acesso. Ou seja, pela simples leitura da letra da lei, apenas no caso da segurança de Estado e no caso de diferimento de acessos parecem existir reais deveres de não fornecer informação. Nos restantes casos, seja por a letra não ser clara, seja por a letra referir a expressão "pode" parece ser uma faculdade da administração pública e a de não fornecer. Não é esta a melhor solução. A flutuação do legislador na construção das normas apenas demonstra incipiência dogmática. Em bom rigor em todos os casos existe *um dever de não dar* a informação, sempre que exista uma restrição de acesso. O que se passa é que, mesmo havendo restrições de acesso existem excepções a estas restrições. O legislador, consciente de que existe uma ponderação de bens nem sempre com resultados unívocos, mas desconhecendo os mecanismos e limites desta ponderação de bens, levanta o problema correctamente na letra, mas não lhe dá solução adequada na mesma, e muito menos sistemática. O facto de as restrições de acesso serem deveres de não fornecer demonstrar-se-á cabalmente nas conclusões do presente trabalho. Mas adiantando para efeitos de esclarecimento, sempre se pode dizer que se trata de bens (de informação) de que a administração não é titular, mas terceiros em relação a ela. Esta não pode determinar o seu uso de acordo com a sua vontade, mas de acordo com o modo como a lei estabelece as fronteiras dessa titularidade da informação.

O processo de classificação de documentos quando implica a confidencialidade não se restringe à reserva da intimidade privada ou familiar (Ac STA de 13 de Novembro de 1994).

O Direito Comparado mostra que o elenco de excepções pode ser bem mais vasto. Nos Estados Unidos, por exemplo, as fontes de informação sobre funcionários públicos e militares, fontes que podem ser relevantes para a sua progressão na carreira são mantidas secretas caso assim o tenham solicitado as mesmas fontes (§552º (k)(5) e (k)(7) do Federal Administrative Procedure Act dos Estados Unidos). Ver STRAUSS, Peter L.; *An Introduction to Administrative Justice in the United States*; in: PIRAS, Aldo (Ed.); *Administrative Law. The Problem of Justice, Vol. Iº, Anglo-American and Nordic Systems*, Giuffrè, Milan, 1991, p. 722, em que se refere, para além da excepção da política relativa aos agentes administrativos, o segredo de algumas instituições financeiras, como os bancos, e dados geológicos e geofísicos sobre nascentes.

Na Suécia, o elenco de excepções tem de estar expressamente consagrado na lei (Ragnemalm, Hans; *Administrative Justice in Sweden*; in: Piras, Aldo (Ed.); *Administrative Law. The Problem of Justice, Vol. Iº, Anglo-American and Nordic Systems*, Giuffrè, Milan, 1991, p. 347-348, cf. 412-413), nunca podem ter como finalidade proteger o Estado de crítica, e apenas são admitidas para proteger os seguintes bens:

a) A segurança do reino e as relações internacionais deste;
b) A politica financeira do Estado;
c) As actividades de uma autoridade para inspecção, controlo ou supervisão;
d) A prevenção ou perseguição criminais;
e) O interesse económico do Estado ou das comunidades locais;
f) A protecção da integridade das pessoas ou dos seus interesses económicos;
g) O interesse em preservar animais ou plantas.

b) *Exclusões típicas*

i) Documentos políticos

Os documentos políticos são expressamente excluídos do acesso por força do 4º/2/b LADA. Já no procedimento administrativo e como vimos, o seu acesso é excluído por força do conceito jurídico de processo consagrado no CPA. Não existe norma que expressamente excepcione, e não é necessária, na medida em que está fora do âmbito do diploma.

Por isso, ao contrário do que poderia parecer, é restrição geral de acesso, embora por vias diversas, tanto dentro como fora do procedimento.

No mesmo sentido a protecção do segredo da política externa da França no Ac Cour Administrative d'Appel de Paris Contentieux nº 99PA01801 du 11 oct 2001, em que se recusa o fornecimento de documentos, incluindo estatísticas de entrada e saída da estudantes estrangeiros e orientação sobre a atribuição de vistos. Da mesma forma está sujeito ao segredo da política externa uma instrução geral de vistos que visa orientar os consulados sobre os critérios a ter em conta na concessão de vistos (Ac Conseil d'Etat Contentieux n.º 150242 du 17 fév 1997). Mas já não pode ser invocada a excepção de documento político (segredo das deliberações do governo) em relação a um relatório feito sobre um funcionário, com o fundamento de que não interpreta o direito positivo ou descreve procedimentos administrativos (Ac Cour Administrative d'Appel de Paris Contentieux nº 98PA01405 98PA01553 98PA01872 du 11 fév 1999).

Um relatório sobre o despedimento de um trabalhador de uma sociedade comercial feito pelo ministério competente pode ser acedido pela mesma sociedade, não se podendo invocar que por revelar discordâncias entre o ministro e um director regional passe a ser considerado um documento político (Ac Conseil d'Etat Contentieux n.º 107831 du 25 mar 1994 igualmente no Ac Conseil d'Etat Contentieux n.º 111013 du 14 fév 1992 vê-se que pode ser acedido pelo trabalhador).

Figura paralela são os documentos relativos ao direito de graça do Presidente da República. A lei deixa claro que os documentos judiciais, bem como os que lhe estão associados, não estão abrangidos pelo regime de acesso. Ora, fazendo parte do processo penal este acto do Presidente da República, não pode ser considerado documento administrativo (Ac Conseil d'Etat Contentieux n.º 173125 du 3 set 1997).

No mesmo sentido igualmente a protecção das relações internacionais e da política financeira, monetária ou económica da Comunidade ou de um Estado membro no artigo 4º/1/a do Regulamento (CE) n.º 1049/2001 do Parlamento Europeu e do Conselho de 30 de Maio de 2001.

Para a publicidade de actos políticos ver GONÇALVES, José Renato; *Acesso à Informação das Entidades Públicas*, Almedina, Coimbra, 2002, p. 35. Para o problema da coerência do regime português com o comunitário ver GONÇALVES, José Renato; *Acesso à Informação das Entidades Públicas*, Almedina, Coimbra, 2002, p 234. Ver igualmente CARVALHO, Raquel; *Lei de Acesso aos Documentos da Administração*, Publicações da Universidade Católica, Porto, 2000, p. 27.

ii) Documentos pessoais

Os documentos pessoais (notas pessoais, esboços, apontamentos e outros registos de natureza semelhante) elaborados por agentes da administração pública são expressamente excluídos pelo 4º/2/a LADA. Mais uma vez estão excluídos do acesso no procedimento na medida em que o conceito de processo o exclui.

É por isso, e mais urna vez uma excepção geral e não específica da LADA.

GONÇALVES, José Renato; *Acesso à Informação das Entidades Públicas*, Almedina, Coimbra, 2002, p. 35 defende acertadamente que não tem a administração pública discricionaridade para qualificar certos documentos como pessoais ou não. No entanto, ficam por determinar os critérios que excluem sem mais a qualificação como documentos pessoais. Estes parecem-me ser os seguintes:

a) pareceres pedidos ou obtidos de outras entidades públicas nacionais;
b) pareceres ou estudos obrigatórios por lei, mesmo que pedidos a terceiras entidades não públicas;
c) quaisquer documentos em que se tenham baseado uma decisão administrativa, incorporando eles actos preparatórios ou não.

É evidente que existe uma zona de fronteira que pode ser relativamente cinzenta, entre memorandos, estudos, esboços e outros. No entanto, esta zona não gera arbitrariedades. Com efeito, sempre que haja uma decisão tomada sobre esse documento ou nele baseada, ou a documentação é junta e o acto encontra-se sustentado ou não é junta e o acto fica prejudicado. Embora este critério não resolva todas as questões relativas sobretudo à LADA, a verdade é que reduz fortemente o grau de arbitrariedade que na matéria possa existir. Fora do procedimento apenas podem valer critérios de adequação social. Ou seja, há que verificar se um esboço, memorando ou estudo corresponde ao que se poderia dizer numa conversa informal mesmo que elaborada, ou se de alguma forma é relevante para a actividade administrativa formal. Mas há que verificar sobretudo se o documento apenas incorpora o percurso de um pensamento pessoal sem impacto directo na actividade administrativa. Por exemplo, as tentativas de enquadramento jurídico, ou técnico, de uma realidade.

Esta exclusão parece constituir uma excepção, e adiantando ao que enunciaremos nas conclusões, ao princípio segundo o qual toda a informação de que a administração pública é titular tem de ser dada. No entanto, esta excepção decorre de uma ponderação de bens. Se tudo o que a administração pública vertesse em documentos fosse acessível, incluindo aquilo que mais não é que um mero percurso intelectual, um mero tentame, cair-se-ia na pura hipocrisia em que se ficcionaria que conclusões tinham sido obtidas sem percurso intelectual prévio, como que saídas do nada. Quem tem a prática de estudo de questões, sejam quais elas forem, sabe que se colocam muitas hipóteses, muitas delas perfeitamente disparatadas à primeira vista, como forma de teste às implicações de uma tese. Sabe igualmente que muitas vezes este percurso, sobretudo quando vertido por escrito, é constituído de mnemónicas, expressões telegráficas ou mesmo algo vernaculares. Como lembrete não é raro verem-se expressões como "isto é estúpido", "tese burra" ou outras. Se os particulares acedessem a estes documentos poderiam invocar falta de respeito por parte da administração, quando a verdade é que é comum que muitos dos documentos de estudo produzidos pelos particulares não serão mais reverenciosos em relação à administração pública. Esta excepção apenas consagra o reconhecimento de uma verdade elementar. Quem trabalha na administração pública são seres humanos, cada um com a sua *forma mentis*, a sua maneira de trabalhar pessoal que, desde que não seja vertida na actividade administrativa no seu estado prévio, não tem sentido fornecer aos particulares. Numa perspectiva sinépica, e para que os tribunais compreendam o sustento desta excepção, que pense cada juiz o que escreve pessoalmente sobre cada caso antes de elaborar uma sentença e que veja se estaria disposto a fornecer as suas notas e rascunhos aos particulares. Se em cúmulo fosse a isso obrigado, a sua personalidade, que não é apagada por ser titular de um órgão público, seria devassada e completamente obnubilada pela lei. O fundamento desta exclusão na intimidade privada de quem elabora o documento em CARVALHO, Raquel; *Lei de Acesso aos Documentos da Administração*, Publicações da Universidade Católica, Porto, 2000, p. 27.

No Ac Cour Administrative d'Appel de Lyon Contentieux nº 98LY01920 du 30 mar 2000 tudo indica estarem em causa documentos desta natureza ou pelo menos de uma natureza próxima. Trata-se de um pedido de um "projecto de serviço" detido pela administração pública que não contém decisões concretas, mas apenas reflexões sobre actuação futura. No entanto, para se apreciar da qualificação deste documento era preciso conhecer-lhe o conteúdo, que o tribunal não descreve.

Mesmo num país de grande tradição de transparência, como a Suécia, apenas são documentos oficiais, e por isso acessíveis ao público, os que se encontram finalizados (RAGNEMALM, Hans; *Administrative Justice in Sweden*; in: PIRAS, Aldo (Ed.); *Administrative Law. The Problem of Justice, Vol. Iº, Anglo-American and Nordic Systems*, Giuffrè, Milan, 1991, p. 347). Os documentos não finalizados não podem ser igualmente acedidos em França (CHAPUS, René; *Droit Administratif General*, Tome 1, 6e Éd., Montchrestien, Paris, 1992, p. 361). A proibição de acesso a actos preparatórios na Alemanha em LEISNER, Walter; *Legal Protection against the State in the Federal Republic of Germany*; in: PIRAS, Aldo (Ed.); *Administrative Law. The Problem of Justice,* Vol. IIIº, Western European Democracies, Giuffrè, Milan, 1997, p. 137.

iii) Dados pessoais já corrigidos

Nos termos do 9º/2 LADA só são passíveis de acesso os dados pessoais corrigidos e não as versões objecto de correcção.

Esta norma é igualmente aplicável ao procedimento administrativo, na medida em que as razões de protecção de dados pessoais são as mesmas. Quando virmos as excepções às restrições veremos que esta conclusão conduz a resultados equilibrados.

iv) Documentos de estratégia processual

Existe um outro tipo de documentos que a lei nunca refere directamente, mas que se têm de considerar excluídos da possibilidade de acesso, os documentos de estratégia processual. Os projectos de peças processuais e as peças finais, os estudos elaborados para esse efeito, com essa exclusiva finalidade, não podem ser objecto de acesso dos particulares. Com efeito, embora esta actividade da administração pública em juízo tenha por causa as suas funções de gestão pública, a sua actividade administrativa, já não faz parte dela.

Por força do regime do contencioso administrativo nomeadamente, a administração pública é parte numa acção administrativa. Nessa sede é o regime processual judicial em causa (*maxime* o CPTA) que define os direitos e deveres das partes. Por outro lado, neste processo, a administração encontra-se destituída de *ius imperii*, encontra-se perante um órgão de soberania que é um tribunal em posição de igualdade com os particulares, nos termos definidos pela lei. E esta mesma lei que lhe define os deveres.

Repare-se que isto não significa que quando uma questão está em tribunal a administração pública se pode escusar de fornecer ao particular com quem se encontra em litígio a documentação que lhe tem de fornecer nos termos da lei. Significa apenas que a sua produção documental e de informação, gerada para efeitos exclusivos desse processo judicial, e na medida em que o seja, está excluída do espírito tanto do 268º CRP como da legislação administrativa pertinente (CPA, LADA, DLMA sobretudo veja-se o 4º/2/b LADA, por exemplo), sendo igualmente recortada negativamente pela legislação processual em causa (sobretudo, CPTA, mas igualmente CPPT, por exemplo).

Em sentido análogo o Ac Cour Administrative d'Appel de Marseille Contentieux nº 97MA00536 du 30 set 1999 (igualmente os Ac Conseil d'Etat Contentieux n.º 35291 du 27 fév 1987, Ac Cour Administrative d'Appel de Marseille Contentieux nº 97MA00537 du 30 set 1999, Ac Cour Administrative d'Appel de Marseille Contentieux nº 97MA00538 du 30 set 1999) considera que as peças processuais entregues pela administração no âmbito de processo judicial, as conclusões do representante do Estado e as minutas do julgamento não são documentos administrativos.

Esta solução é consistente com a jurisprudência comunitária que considera que não pode ser objecto de recurso a decisão da Comissão que pretenda propor acção judicial contra alguém (Schwarze, Jürgen; *Il Controlo Giurisdizionale sul Procedimento Amministrativo Europeo*, in: *Rivista Trimestrale di Diritto Pubblico, Quaderno n. 1, Il Procedimento Amministrativo nel Diritto Europeo*, Giuffrè Editore, Milano, 2004, pp. 133-134). Com efeito, aqui a administração pública está despida de poderes de autoridade, e vai estar perante um órgão jurisdicional em igualdade de partes com os particulares.

Uma exclusão semelhante consta do §552º (d)(5) do Federal Administrative Procedure Act dos Estados Unidos.

Questão diversa é a que se dá quando o sistema jurídico aceita que se desenrolem processos de natureza jurisdicional junto de organismos administrativos. É o que se passa com as informações bancárias junto da comissão bancária francesa pelo que o Ac Conseil d'Etat Contentieux n.º 133540 du 30 nov 1994 considerou que o relatório produzido pela mesma comissão não assumia a natureza de documento administrativo.

v) Documentos eliminados e não substituídos

O regime relativo aos documentos eliminados sintetiza-se, para os efeitos que ora nos interessam, de acordo com as seguintes regras:

a) A portaria de gestão de documentos define os prazos de conservação administrativa dos mesmos, bem como a sua avaliação, selecção, eliminação e a substituição de suporte (8º/2 Decreto-Lei n.º 47/2004, de 3 de Março);
b) É a portaria de gestão de documentos que estabelece os suportes alternativos ao papel (8º/2 Decreto-Lei n.º 47/2004, de 3 de Março);

c) As cópias obtidas a partir de microcópia autenticada têm a força do original (3º Decreto-Lei n.º 447/88, de 10 de Dezembro);
d) A administração pública tem de informar que não possui o documento (15º/1/c LADA, 39º DLMA).

Este regime, que apenas remotamente parecer interessar em tema de acesso pelos particulares à administração, é particularmente importante, porque revela um dos limites ao fornecimento da informação: a impossibilidade.

Com efeito, a administração pública pode, de acordo com a portaria de gestão documental que se lhe aplica, eliminar documentos, nos prazos e termos definidos por esta mesma portaria.

Se o particular pedir um documento que já foi eliminado, *quid iuris*?

Aqui há que distinguir. Ou o documento foi eliminado com substituição de suporte, e por força da lei tem de fazer cópia com base no suporte de substituição, tendo a mesma força do original (a lei fala em autenticação, mas caso seja informática a forma, basta que cumpra as regras de segurança dos documentos informáticos), ou foi pura e simplesmente eliminado e não pode ser dada informação.

Se foi eliminado, existem ainda duas hipóteses: ou foi-o licitamente, porque de acordo com a portaria de gestão documental[12], e cessa de vez o dever da administração pública, ou foi-o em desobediência da portaria em causa, e há impossibilidade sem dúvida, mas podendo ser culposa nos termos do 801º do Código Civil, pelo que haverá responsabilidade pelo facto de não dar o documento, nos termos gerais, e verificados os restantes pressupostos da responsabilidade.

Em síntese, não existe dever de fornecer um documento licitamente eliminado sem substituição de suporte.

[12] Pressupõe-se que a portaria é legal, porque caso padeça de ilegalidades, na medida em que tal aconteça, a eliminação e substituição de suporte podem sê-lo também. Se e na medida em que haja culpa da administração ou do autor da portaria essa é outra questão, que não será aqui tratada.

O Ac STA de 29 de Julho de 1992 doutrina sobre a impossibilidade. Igualmente o Ac TCA de 6 de Julho de 2000, embora daí não retire a responsabilidade da administração.

Gonçalves, José Renato; *Acesso à Informação das Entidades Públicas*, Almedina, Coimbra, 2002, pp. 189-190 suscita a possibilidade, que não deixa de ter o seu interesse, de se aplicar o 367º do Código Civil, e haver aqui lugar a reforma (no caso administrativa e não judicial) dos documentos. Desde que esta seja possível sem gerar falsificação, constando nomeadamente do documento que se trata de um documento reformado não me parece ser uma hipótese a excluir. Repare-se que a hipótese de substituição de suporte pode gerar hipóteses cada vez mais complexas, nomeadamente no caso em que o documento tem originariamente natureza informática (Linares Gil, Maximino I.; *Modificaciones del Régimen Jurídico Administrativo Derivadas del Empleo Masivo de Nuevas Tecnologias. En Particular el Caso de la Agencia Estatal de Administración Tributária*; in: Mateu de Ros, Rafael; López-Monís Gallego, Mónica; *Derecho de Internet. La Ley de Servicios de la Sociedad de la Información y de lo Comercio Electrónico*, Thomson-Aranzadi, Cizur Menor (Navarra), 2003, p. 730). A substituição de um suporte informático por outro não foi prevista pela lei nessa qualidade, mas o texto legal parece suportá-la.

A impossibilidade culposa por ter sido destruído documento indevidamente no Ac Cour Administrative d'Appel de Douai Contentieux nº 99DA20042 00DA01191 du 12 jul 2001. Mas já considera não haver responsabilidade nem dever o Ac Cour Administrative d'Appel de Paris Contentieux nº 95PA03076 du 16 avr 1998 quando o particular pede documentos muito antigos, cuja existência não é estabelecida com certeza, ou cujo trabalho para se obter seria desproporcionado ao seu interesse. Para a impossibilidade material de obter o documento como causa de extinção do dever de o fornecer ver Chapus, René; *Droit Administratif General*, Tome 1, 6e Éd., Montchrestien, Paris, 1992, p. 358.

Importante o regime do prazo de conservação de dados pessoais para esta matéria (Castro, Catarina Sarmento e; *Direito da Informática, Privacidade e Dados Pessoais*, Almedina, Coimbra, 2005, pp. 148-150, 239-242, em que fala no direito ao esquecimento). Em certos casos existe um dever de conservadoria, noutros um dever de destruição dos dados. Quando existe este dever de destruição a consequência é óbvia. Cessa o dever de dar a informação, a destruição da mesma não apenas é lícita como obrigatória.

De acordo com o *Owasso Independant School et al. vs Kristja J. Falvo et al.* (U.S. Supreme Court) (Oral Argument), November 27, 2001 e dado que não há dever de manter registos, a impossibilidade objectiva é sempre lícita, pelo menos quanto aos registos escolares.

vi) Informações e documentos recebidos de terceiras entidades públicas estrangeiras de uso restricto

Nos termos do artigo 4º/1/a LADA estão abrangidos os documentos detidos pela administração pública. Significa isto que os documentos recebidos de entidades públicas estão abrangidos pelo dever de acesso em princípio.

Um elenco semelhante ao artigo 4º LADA na lei francesa de acordo com o Ac Conseil d'Etat Contentieux n.º 250817 du 28 mai 2004.

Pode-se dar o caso de em certas situações estarem sujeitos a segredo de justiça, de Estado ou outros, ou de serem documentos políticos, caso em que são esses segredos ou excepções que se aplicam directamente.

No entanto, existem outras situações em que a administração pública recebe documentos de outras entidades, não perdendo estas o domínio sobre a informação.

Com o direito comunitário, são cada vez mais frequentes os casos em que a administração pública recebe informação vinda de congéneres estrangeiras, incluindo algumas fora da União Europeia. Neste caso, o regime de uso destas informações pode depender de lei concreta.

Com efeito, e sobretudo na área financeira, onde a cooperação internacional e comunitária se encontra francamente desenvolvida, existem regras que obrigam a que, pelo menos em certos casos, informações recebidas de congéneres estrangeiras só possam ser dadas com o consentimento destas. Tal é o caso, na área bancária, do disposto no artigo 81º/5 do Regime Geral das Instituições de Crédito e Sociedades Financeiras, na área seguradora do artigo 159º/4, 5 do Decreto-Lei n.º 94-B/98, de 17 de Abril, na redacção do Decreto-Lei n.º 169/2002, de 25 de Julho, ou, na área dos valores mobiliários, do 356º/2 do Código dos Valores Mobiliários.

A questão que se coloca é a de saber se esta restrição tem assento constitucional, e que implicações dogmáticas apresenta. Tanto uma como outra questão merecerão no capítulo das conclusões tratamento global, mas não podemos deixar de enfrentar desde já pelo menos parcelarmente a questão.

O titular da informação em causa não é, a nenhum título, o Estado Português, em nenhuma das suas funções (administrativa, política, judicial, etc.). Em teoria poderia regular sobre a titularidade de informação detida por Estados estrangeiros, dado que, no que respeita a factos situados no território português, sempre teria jurisdição executiva para o efeito. No entanto, esta postura expansionista sempre foi contrária ao espírito do Direito Público português. O Estado Português respeita a ordem internacional (7º CRP), tendo por isso de respeitar as atribuições que outros Estados ou entidades internacionais estatuem em matéria de bens jurídicos, nomeadamente do bem informação.

De específico, o facto de não se carecer do consentimento do titular, mas do organismo congénere, pelo menos nos casos citados. Isto compreende-se dado que se toma impossível para cada Estado poder conhecer as atribuições jurídicas operadas por Estados terceiros. A solução comunitária e internacional tem sido a de se bastar com a autorização da congénere, que, ela sim, terá de verificar da licitude do seu consentimento à luz do Direito que lhe é aplicável.

Seja como for, também nesta matéria tem de se considerar consagrada uma restrição de acesso com fundamento autónomo.

Repare-se que a restrição de uso não é total. A lei autoriza o uso específico que pode ser dado pelas autoridades nacionais a essa informação, e pode fazer parte desse uso a comunicação de informação a terceiros. No entanto, tal apenas pode ocorrer nos limites de lei específica. Fora deles só com consentimento de entidade pública estrangeira podem os particulares aceder a essa informação.

A solução proposta é consistente com o regime do 4º/5 do Regulamento (CE) n.º 1049/2001 do Parlamento Europeu e do Conselho de 30 de Maio de 2001. Não se nega que o Estado português tivesse jurisdição executiva para, dentro do seu próprio território decidir de outra forma (MAIER, Harold G.; *Jurisdictional Rules in Costumary International Law*; in: MEESSEN, Karl M.; *Extraterritorial Jurisdiction in Theory and Pratice*, Kluwer Law International, London, 1996, pp. 75-76), mas a tradição do Direito português é a do respeito do Direito Público estrangeiro. Sendo a administração pública competente em sede de contra-ordenações as hipóteses ainda mais se complicam nomeadamente nos casos em que nuns países os factos constituem infracção criminal e noutros meramente contra-ordenacional (CORSTENS, Geert; PRADEL, Jean; *European Criminal Law*,

Kluwer Law International, The Hague, 2002, pp. 70-71). A quem pertence a informação, quem dela pode dispor, exige muitas vezes intrincados raciocínios de Direito Comunitário ou Internacional, tendo um papel hermenêutico importante os *Mutual Legal Assistance Treaties* (MLATs) e os *Memoranda of Understanding* (MOUs), sendo que os primeiros são tratados ou convenções clássicas e os segundos acordos estabelecidos entre órgãos públicos não soberanos, de natureza administrativa (BAUM, Harald; *Globalizing Capital Markets and Possible Regulatory Responses*; in: BASEDOW, Jürgen; KONO, Toshiyuki; *Legal Aspects of Globalization*, Kluwer Law International, Haia, 2000, pp. 120-122). Para uma análise do problema da circulação internacional da informação que infelizmente não retira consequências para o acesso pelos particulares ver LAMBRECHTS, Philippe; *Le Secret Professionnel des Autorités de Contrôle et la Collaboration Internationale*; in: Revue de la Banque, Bruxelles, 9/1993, pp. 506 ss..

A interligação dos direitos europeus torna aliás cada vez mais intricadas as soluções para este tipo de questões. Por exemplo, no âmbito do sistema Schengen a administração pública detém informações elaboradas por terceiros Estados, que não pode alterar e pelas quais não é responsável, o que suscita complexos problemas de regime de acesso (que se faz em princípio de acordo com o regime do Estado ao qual se pede a informação) e de rectificação da informação (de que se faz de acordo com o regime do Estado que produziu a informação) (Ac Conseil d'Etat Contentieux n.º 194295 du 6 nov 2002, Ac Conseil d'Etat Contentieux n.º 194296 du 6 nov 2002 Ac Conseil d'Etat Contentieux n.º 210185 du 12 fév 2003, Ac Conseil d'Etat Contentieux n.º 194295 du 2 juin 2003, Ac Conseil d'Etat Contentieux n.º 194296 du 2 juin 2003, Ac Conseil d'Etat Contentieux n.º 219588 du 2 juin 2003, Ac Conseil d'Etat Contentieux n.º 219587 du 2 juin 2003). O acesso a estas informações é feito através da Commission Nationale de l'Informatique et des Libertés (Ac Cour Administrative d'Appel de Paris Contentieux nº 99PA02845 00PA01280 du 18 jan 2001).

O problema é tanto mais complexo quando existem actuações coordenadas dos Estados membros entre si e de órgãos da União Europeia (cf. CASSESE, Sabino; *Il Procedimento Amministrativo Europeo*; in: *Rivista Trimestrale di Diritto Pubblico, Quaderno n. 1, Il Procedimento Amministrativo nel Diritto Europeo*, Giuffrè Editore, Milano, 2004, pp. 31 ss., 49-51, CHITI, Mario P.; *Le Forme di Azione dell'Amministrazione Europeia*; in: *Rivista Trimestrale di Diritto Pubblico, Quaderno n. 1, Il Procedimento Amministrativo nel Diritto Europeo*, Giuffrè Editore, Milano, 2004, p. 76). Mesmo que surjam matérias de uso restrito, a verdade é que esta restrição cede perante o princípio do processo mínimo, como veremos, isto sem prejuízo de responsabilidade da administração pública perante a autoridade que lhe cedeu a informação. A esta rede de administrações públicas tem correspondido um esforço de integração das redes de *Ombudsman* nacionais com o europeu (CADEDDU, Simone; *Le Procedure del Mediatore Europeo*; in: *Rivista Trimestrale di Diritto Pubblico, Quaderno n. 1, Il Procedimento Amministrativo nel Diritto Europeo*, Giuffrè Editore, Milano, 2004, p.251). Para o Ombudsman ver RAGNEMALM, Hans; *Administrative Justice in Sweden*; in: PIRAS, Aldo (Ed.); *Administrative Law. The Problem of Justice, Vol. Iº, Anglo-American and Nordic Systems*, Giuffrè, Milan, 1991, pp. 353-360. É evidente que se reconhece que existe aqui uma tensão de muito longo prazo entre o espírito liberal, de que o regime de acesso à informação se considera corolário, e a tendência que o mesmo liberalismo sempre teve para a prevalência da soberania nacional, enclausurando o Direito nas fronteiras nacionais (ver DESDENTADO DAROCOA, Eva; *La Crisis de Indentidad del Derecho Administrativo. Privatización, Huida de la Regulación Pública y Administraciones Independientes*, Tirant lo Blanch, Valência, 1999, p. 21).

Para o problema da transferência transfronteiriça de dados pessoais em CASTRO, Catarina Sarmento e; *Direito da Informática, Privacidade e Dados Pessoais*, Almedina, Coimbra, 2005, pp. 275-301 e SOUSA, António Francisco de; *Código do Procedimento Administrativo Anotado*, Luso Livro, Lisboa, 1993, pp. 203-205.

A questão da protecção da informação recebida de terceiros estrangeiros em STRAUSS, Peter L.; *An Introduction to Administrative Justice in the United States*; in: PIRAS, Aldo (Ed.); *Administrative Law. The Problem of Justice, Vol. Iº, Anglo-American and Nordic Systems*, Giuffrè, Milan, 1991, p. 724.

vii) Informações e documentos recebidos de terceiras entidades públicas nacionais de uso restricto

O mesmo se passa quando os documentos vêm de autoridades públicas nacionais de uso restrito. Esta hipótese apenas surge quando, apesar da informação ser transmitida de uma entidade pública para outra dentro do espaço nacional, a lei mantém como *dominus* da mesma a entidade transmitente.

O critério para aferir desta manutenção do domínio é o regime de segredo. Com efeito, se a entidade que envia está sujeita a segredo e só ela o pode gerir, então as informações que transmite continuam na sua titularidade. Este é o caso da autoridade judiciária que transmite informação sobre processo-crime nos termos do 86º/7 CPP (pode ser entendido extensivamente este artigo, na medida em que pode ser igualmente utilizado para dar informações relevantes em processo de contra-ordenação, por exemplo, mas igualmente relativas a supervisão administrativa), da autoridade administrativa que transmite informação relativa a processo de contra-ordenação (86º/7 CPP *ex ui* do artigo 41º do Regime Geral das Contra-Ordenações). Mas para além do segredo de justiça, são igualmente estes os casos em que a própria autoridade administrativa de origem está sujeita a segredo profissional e a cooperação tem por pressuposto a manutenção desse segredo.

Repare-se, que não é o segredo profissional da entidade aqui a ser oponível aos particulares, como posteriormente veremos. Com efeito, este não é oponível aos particulares. O que acontece é que, como veremos em conclusão, este regime de cooperação entre entidades em preservação do segredo muda o titular da informação. A detenção não gera neste caso titularidade da informação, e por isso o particular tem de se dirigir ao órgão que elaborou a informação e não ao que (igualmente) a detém. Na perspectiva da administração pública esta é uma nova excepção ao acesso, mas na do particular não se trata de mais uma limitação, mas de uma regra de redistribuição de *competências*. Define a que órgão ele tem de se dirigir e não mais uma restrição ao acesso. Para esta hipótese ver REIS, Célia; *Acesso dos Particulares aos Documentos da Administração. Anotação a Sentença do Tribunal Administrativo de Círculo de Lisboa*; in: *Cadernos do Mercado de Valores Mobiliários*, n.º 11, Ago 2001, CMVM, Lisboa, 2001, pp. 194 ss. As garantias dos particulares não ficam diminuídas. Fica apenas definido o órgão da administração pública a que se têm de dirigir. Se bem se reparar chegamos a conclusões algo diversas da Autora citada. É que este regime protege quem foi o autor da informação e não quem a recebe. Dito por outras palavras, o órgão de destino da informação poderá ter de fornecer a informação se esta constituir fundamentação do acto, mas por força da excepção do processo mínimo como veremos posteriormente. Mas já a informação que uma entidade administrativa elaborou para a fornecer a uma terceira entidade apenas não deve ser fornecida se isso revelar informações sujeita a segredo de justiça ou de Estado, por exemplo. Mas aqui o fundamento não é o facto de o órgão de destino da informação ser o *dominus* do processo, mas o facto de o órgão de origem da mesma estar sujeito a outro tipo de segredos. Em síntese, esta excepção apenas exclui a titularidade da informação por excluir o valor constitutivo da *detenção* e não o da *elaboração*. Por isso constitui o dever de não fornecer a informação, quando ocorra, apenas à entidade transmissária da informação e não à transmitente.

Uma leitura mais atenta desta exclusão típica mostra que existe em concurso parcial com o segredo de justiça. Parece por isso haver aqui uma repetição. Mas como veremos a propósito do segredo de justiça, este tem uma natureza bifronte. O segredo de justiça pode existir em duas situações: quando o organismo competente é o próprio a quem se pede a informação ou quando é outro organismo. A excepção do segredo de justiça é objectiva, enquanto a de que ora se trata é subjectiva. No entanto, objectiva que seja, quando existe segredo de justiça, quando o organismo competente para o processo infraccional é um outro que não aquele a quem se pede a informação também aqui temos, além de uma restrição objectiva, um problema de (um terceiro que detém a) titularidade da competência.

viii) Documentos devolvidos

Um dos diplomas mais esquecidos e injustamente desprezados tem sido o DLMA. No entanto tem aspectos que são essenciais para a delimitação do nosso sistema jurídico.

O artigo 20º DLMA tem uma primeira hipótese, a da exibição (de documentos). Por este facto os documentos nunca chegam a ser detidos pela administração pública.

Mas quando os documentos são detidos pela administração pública, e podendo haver restituição, são os documentos devolvidos aos particulares (20º DLMA). Estes documentos deixaram de estar na posse da administração pública, e deixaram de o estar licitamente, voltaram ao seu titular inicial. Não há por isso dever da administração pública fornecer o que legitimamente já não possui.

ix) Processos não findos

Este tema será mais desenvolvido a propósito das excepções potestativas. No entanto, tem de se salientar que resulta do 7º/4 LADA que não é possível aceder a processos não findos como princípio geral.

Por processos têm de se entender aqui, não os processos administrativos no sentido estático do 1º/2 CPA, nem o que constitui procedimento administrativo. São o que se melhor poderia chamar de processos da administração. São exemplos disto os casos em que a administração pretende elaborar normas, entendimentos sobre normas, ordens internas, e assim por diante. O que caracteriza estes processos da administração é o facto de ao contrário dos procedimentos administrativos, não terem por objectivo a formação de um acto administrativo, ou seja, não visam produzir efeitos na esfera juridica concreta de um particular terceiro à administração.

GONÇALVES, José Renato; *Acesso à Informação das Entidades Públicas*, Almedina, Coimbra, 2002, p. 17 suscita o problema da eventual inconstitucionalidade desta norma. No entanto, não distingue entre processo no sentido que ora demos e procedimento. Daí que pareça interpretar este espaço temporal de reserva como aplicável aos procedimentos. Como se verificou, na nossa interpretação a destrinça do regime da LADA e do CPA tem a ver com o facto de a LADA se aplicar (também) aos procedimentos findos e nesta sede não tem um regime de reserva temporal. "Processo" *hoc sensu* são processos que não sejam procedimentos nem nunca o tenham sido.

Como em relação a um relatório relativo ao funcionamento de serviços de estrangeiros de várias prefeituras não se demonstrou que fossem preparatórios de uma decisão não se pode recusar a sua comunicação nos termos do Ac Cour Administrative d'Appel de Paris Contentieux nº 01PA01570 du 6 déc 2001. O facto de um documento ser preparatório (no caso, o relatório sobre um funcionário) não impede o dever do seu fornecimento a partir do momento em que terminou o processo decisório em que se integrava (Ac Cour Administrative d'Appel de Paris Contentieux nº 98PA01405 98PA01553 98PA01872 du 11 fév 1999).

Regime semelhante, antes de se encontrarem findos os processos, o constante do artigo 4º/3, do Regulamento (CE) n.º 1049/2001 do Parlamento Europeu e do Conselho de 30 de Maio de 2001.

c) *Bens públicos*

i) Segredo de Estado

Nesta matéria verifica-se uma oscilação terminológica do legislador. Fala de informações classificadas[13] quando se refere ao procedimento administrativo (62º/1, 63º/2 CPA). Mas já quando fala de acesso a documentos fora do procedimento se refere a segurança externa e interna no 65º/l CPA e 5º LADA.

Por outro lado, a Lei n.º 6/94, de 7 de Abril (segredo de Estado) define como segredo de Estado os documentos e informações cujo conhecimento é susceptível de pôr em risco ou causar dano à independência nacional, à unidade e integridade do Estado e à sua *segurança externa e interna* (2º/1 Lei n.º 6/94 – sendo que a segurança interna já havia sido regida pela Lei n.º 20/87, de 12 de Junho).

Mas a mesma Lei n.º 6/94 no seu artigo 1º/2 manda reger por legislação própria o acesso aos registos administrativos e judiciais, por razões atinentes à investigação criminal ou à intimidade das pessoas, bem como as respeitantes aos serviços de informações da República Portuguesa e a outros sistemas de *classificação de matérias*.

Pela análise do disposto na letra deste diploma a situação ainda se torna menos clara:

a) O segredo de Estado parece ir além da segurança interna e externa, pelo que o regime de restrições ao acesso por particulares não abrangeria, na letra, as questões relativas à unidade, integridade e independência nacionais;
b) A classificação vai para além do segredo de Estado, na medida em que abrange os serviços de informação, a protecção da intimidade das pessoas e a investigação criminal.

O problema que encontramos na letra desta lei, do CPA e da LADA decorre do facto de não existir dogmática estável na matéria. Os autores da legislação administrativa foram obrigados a confron-

[13] Existe um outro conceito de classificação, o de classificação histórica, mas que nada tem a ver com segredo ou em geral a acesso a informação, mas apenas com a qualificação de um bem como tendo valor histórico (18º Lei n.º 107/2001, de 8 de Setembro).

tar-se com legislação política e os autores da Lei de Segredo de Estado citada tiveram de reger concursos com legislação administrativa, criminal e de protecção da intimidade privada.

A única forma de dar consistência a esta matéria é a de reunir sob uma mesma epígrafe, a de segredo de Estado, as matérias aqui tratadas. O segredo de Estado, segurança interna e externa e classificação têm, para a lei administrativa, o mesmo âmbito.

As matérias relativas à unidade, integridade e independência nacional são por excelência matérias de segurança interna e externa. Também o regime dos serviços de informação está associado à segurança externa e interna, pelo que estão abrangidos pelo segredo de Estado. Classificação, no sentido da lei administrativa, define o mecanismo jurídico de reconhecimento deste segredo de Estado, excluindo um sentido lato que abrangeria igualmente a investigação criminal e a intimidade das pessoas.

Em síntese, e numa conclusão preliminar, constitui excepção ao acesso à informação, seja dentro, seja fora do procedimento, a *existência de segredo de Estado, que é tipicamente reconhecido por classificação* dos documentos.

Apenas são competentes para a classificação o Presidente da República, o Presidente da Assembleia da República, o Primeiro-Ministro, os Ministros (3º/1 Lei n.º 6/94, de 7 de Abril)[14].

A título provisório podem igualmente classificar como segredo de Estado o Chefe do Estado-Maior General das Forças Armadas e os directores dos serviços do sistema de informações de República, devendo esta classificação ser ratificada em dez dias sob pena de caducidade (3º/2, 3, 4 Lei n.º 6/94, de 7 de Abril).

Mas *quid iuris* se for segredo de Estado e não estiver classificado como tal? Com efeito, existe um conceito substantivo de segredo de Estado no artigo 2º Lei n.º 6/94, de 7 de Abril. O problema é que a informação ou o documento pode pôr em risco a segurança externa ou interna e não estar classificado. A questão apenas pode ser resolvida numa perspectiva de diligência. Tudo depende se o agente da

---

[14] O 3°/1 Lei n.º 6/94, de 7 de Abril referia igualmente o Governo de Macau, norma que caducou entretanto. O Ac TC de 12 de Agosto de 1993 considerou inconstitucional a competência na matéria dos governos regionais constante do Decreto da Assembleia da República que veio a resultar na lei de segredo de Estado.

administração pública sabia ou devia saber que essa era a realidade. Caso seja esse o caso não deve fornecer a informação ou o documento e enviar a questão para um dos órgãos competentes do artigo 3º Lei 6/94, de 7 de Abril, para classificação. Não pode é invocar o segredo de Estado e não diligenciar pela sua classificação. O que não pode é invocar o segredo de Estado e não enviar para órgão competente para a classificação. É que se agiu licitamente ao não fornecer a informação, age ilicitamente ao não a mandar para classificação. Arroga-se uma competência de que não dispõe, a de qualificação definitiva de informações e documentos como segredo de Estado. Caso nem saiba nem deva saber que a matéria está sujeita a segredo de Estado não pode ser responsabilizado por fornecer a informação.

Existe apenas um caso, que seja do meu conhecimento em que esta concepção estrita de segredo de Estado, dependente de classificação por (alguns) órgãos políticos não se aplica. É a que resulta do artigo 32º da Lei n.º 30/84 de 5 de Setembro, na redacção da Lei Orgânica n.º 4/2004, de 6 de Novembro. Com efeito, e apenas em relação ao Sistema de Informações da República Portuguesa, a classificação de segredo de Estado é material e não depende de acto formal de classificação. Já CARVALHO, Raquel; *Lei de Acesso aos Documentos da Administração*, Publicações da Universidade Católica, Porto, 2000, pp. 30-32 parece aceitar a plena vigência material do 5º LADA para além da concretização da lei de segredo de Estado. Discordo, apesar de me parecer que existem atenuantes para este problema, como veremos em sede de ponderação de bens. A solução mais adequada, que conciliaria a certeza do Direito com a garantia dos direitos dos particulares, seria a existência de um regime de classificação generalizado para toda a administração pública, obedecendo a regras de classificação prévia, sem o qual a segurança externa ou interna não poderia ser invocada, e permitindo a adequada verificação da classificação pela CADA e pelos tribunais. A lei de segredo de Estado foi minimalista no seu objecto e maximalista nos órgãos competentes.

Em matéria de segurança interna rege a Lei n.º 20/87, de 12 de Junho, que foi regulamentada em sede de segurança industrial, tecnológica e de investigação pela Resolução do Conselho de Ministros n.º 37/89, de 24 de Outubro.

Esta regulamentação suscita dois tipos de comentários.

O primeiro tem a ver com o problema da sua constitucionalidade. Desde a segunda revisão da CRP em 1989 a matéria de segredo de Estado passou a ser reserva da Assembleia da República então no seu artigo

168º/1/r, actualmente no seu artigo 164º/q. Ora a segunda revisão da CRP entrou em vigor em 7 de Agosto de 1989 como resulta da Lei Constitucional n.º 1/89, de 8 de Julho. E a resolução foi aprovada em 1 de Junho de 1989, ao abrigo do artigo 8º da Lei de Segurança Interna, a Lei n.º 20/87, de 12 de Junho. A lei relativa ao segredo de Estado qualifica a segurança interna como seu fundamento (2º Lei n.º 6/94, de 7 de Abril), sendo neste aspecto meramente enunciativa da CRP. Em suma, a resolução do Conselho de Ministros em causa, apenas por dois meses não é formalmente inconstitucional.

O segundo grupo de comentários tem a ver com vários aspectos em que esta resolução é ilustrativa do que é um regime de classificação. Estabelece:

1) *graus* de classificação, para os quais é competente o ministro da tutela (9º Resolução do Conselho de Ministros n.º 37/89, de 24 de Outubro),
2) o princípio do acesso segundo *credenciação* (12º, 13º Resolução do Conselho de Ministros n.º 37/89, de 24 de Outubro),
3) o período de *validade* da credenciação (16º Resolução do Conselho de Ministros n.º 37/89, de 24 de Outubro),
4) *listas* de acesso para cada grau de classificação (20º Resolução do Conselho de Ministros n.º 37/89, de 24 de Outubro),
5) *credenciação prévia* de estabelecimento, empresas ou organismo antes de participar em concurso (25º Resolução do Conselho de Ministros n.º 37/89, de 24 de Outubro),
6) as responsabilidades dos directores de estabelecimentos, empresas e organismos ou serviços pela manutenção da classificação (53º Resolução do Conselho de Ministros n.º 37/89, de 24 de Outubro),
7) o princípio geral de que a classificação se funda no *conteúdo* do documento e não nos documentos a que se refere, salvo se isso revelar informações classificadas (54º Resolução do Conselho de Ministros n.º 37/89, de 24 de Outubro),
8) a *inscrição* da classificação nos documentos e a existência de folha de controlo que os deve capear (57º a 59º Resolução do Conselho de Ministros n.º 37/89, de 24 de Outubro),
9) a *revisão periódica* das matérias a classificar (60º/8 Resolução do Conselho de Ministros n.º 37/89, de 24 de Outubro),
10) a classificação de documentos de *origem estrangeira* (62º Resolução do Conselho de Ministros n.º 37/89, de 24 de Outubro),
11) a manutenção da classificação, mesmo que as matérias estejam desactualizadas (64º Resolução do Conselho de Ministros n.º 37/89, de 24 de Outubro),

12) a *reprodução* de matérias classificadas (65º a 71º Resolução do Conselho de Ministros n.º 37/89, de 24 de Outubro),
13) a proibição da sua *divulgação* pública (79º/3 Resolução do Conselho de Ministros n.º 37/89, de 24 de Outubro),
14) a proibição de *arquivos pessoais* com documentos classificados (79º/1 Resolução do Conselho de Ministros n.º 37/89, de 24 de Outubro),
15) o problema das matérias classificadas OTAN (87º Resolução do Conselho de Ministros n.º 37/89, de 24 de Outubro),
16) o caso de *falência ou extinção* de estabelecimento, empresa, organismo ou serviço (89º Resolução do Conselho de Ministros n.º 37/89, de 24 de Outubro). Estas matérias são apenas alguns dos exemplos do regime protectivo da classificação, mas são ilustrativos das estruturas lógicas em que assenta.

Para a questão ver GONÇALVES, José Renato; *Acesso à Informação das Entidades Públicas*, Almedina, Coimbra, 2002, pp. 51-55. Igualmente para o segredo de Estado ITALIA, Vittorio; *L'Accesso ai Documenti Amministrativi (Regolamento 27 giugno 1992, n. 352)*, 2ª ed., Giuffrè, Milano, 1994, p. 10. Para o segredo e segurança de Estado REBOLLO VARGAS, Rafael; *La Revelación de Secretos e Informaciones por Funcionário Público*, CEDECS Editorial, Barcelona, 1996, pp. 151, 167-170.

A classificação é estabelecida de forma mais consistente no artigo 9º do Regulamento (CE) n.º 1049/2001 do Parlamento Europeu e do Conselho de 30 de Maio de 2001.

Em França o Décret n.º 2001-1126 du 29 novembre 2001 regula a direcção da protecção e da segurança da defesa competente para propor medidas de protecção de informações relativas à defesa. Constitui motivo bastante para se considerar sujeito ao regime de segurança o facto de alguém pertencer a organizações extremistas e ter na sua actividade de jornalista sido condenado por apologia de crime contra a humanidade (Ac Cour Administrative d'Appel de Paris Contentieux nº 98PA02190 du 12 mai 1999). Para o segredo ligado à segurança pública e terrorismo ver o Ac Cour Administrative d'Appel de Paris Contentieux nº 95PA03982 du 18 avr 1998. Uma circular de um ministro das comunicações que define os serviços mínimos em caso de greve constitui documento sujeito a segredo de segurança pública (Ac Conseil d'Etat Contentieux n.º 165391 du 6 mai 1996). Os ficheiros de polícia estão sujeitos ao segredo da segurança pública (Ac Conseil d'Etat Contentieux n.º 70382 du 18 déc 1987). As fichas de informação da polícia estão sujeita ao segredo de segurança pública de acordos com o Ac Conseil d'Etat Contentieux n.º 40680 du 19 mai 1983.

Excepção de acesso igualmente a segurança pública e a defesa e assuntos militares segundo o artigo 4ª/1/a do Regulamento (CE) n.º 1049/2001 do Parlamento Europeu e do Conselho de 30 de Maio de 2001.

A protecção da segurança e da defesa nacional, do exercício da soberania nacional e da continuidade e correcção das relações internacionais da política monetária da tutela da ordem pública, da prevenção e repressão da criminalidade, das técnicas de investigação como limite ao acesso em ITALIA, Vittorio; *L'Accesso ai Documenti Amministrativi (Regolamento 27 giugno 1992, n. 352)*, 2ª ed., Giuffrè, Milano, 1994, pp. 113, 129 ss..

Excepção semelhante para os serviços secretos de acordo com o §552º (j)(1) do Federal Administrative Procedure Act dos Estados Unidos. Os segredos de defesa e diplomáticos bem como uma cláusula geral de protecção de segredo público existe nos Estados Unidos: STRAUSS, Peter L.; *An Introduction to Administrative Justice in the United States*; in: PIRAS, Aldo (Ed.); *Administrative Law. The Problem of Justice, Vol. Iº, Anglo-American and Nordic Systems*, Giuffrè, Milan, 1991, p. 722.

ii) Investigação infraccional

O artigo 65º/l CPA restringe o acesso aos documentos da administração nas matérias relativas à investigação criminal. O artigo 6º LADA, norma posterior, estabelece um princípio mais geral, o do acesso a matérias sujeitas a segredo de justiça estar sujeito a legislação própria.

Estas normas suscitam um vasto conjunto de problemas que merecem tratamento expresso.

Em primeiro lugar, sujeitos a segredo de justiça estão o processo criminal, mas igualmente o contra-ordenacional e o disciplinar (371º CP).

Em segundo lugar há que se perguntar porque razão o segredo de justiça não é oponível ao direito à informação durante o procedimento. Com efeito, os artigos 62º/l, 2 e 63º/2 CPA não consagram esta restrição. Quer isto dizer, que fazendo parte do processo administrativo podem ser acedidos documentos em segredo de justiça? Esta solução gera resultados absurdos. A melhor forma de violar o segredo de justiça seria assim a de integrar num processo administrativo documentos a ele sujeitos. Pode-se contra-argumentar que esta omissão é a prova de que não é de um processo em sentido estrutural ou jurídico, mas apenas de processo em sentido necessário ou mínimo que é consagrado no CPA. Nesta acepção as destrinças acima efectuadas entre várias acepções de processo seriam artificiais e desnecessárias. Mas se assim é, porque razão há segredos que o legislador ainda pretende salvaguardar no 62º e 63º CPA? São eles mais importantes que o segredo de justiça? A única solução é a de se aceitar que processo no CPA é processo em sentido jurídico, e que por isso se compreendem as restrições do 62º e 63º CPA, mas o regime de acesso durante o procedimento, por outro lado, não pode deixar de ter em conta outros segredos, nomeadamente o de justiça. Em suma, o segredo de justiça é uma restrição geral, tanto, para a LADA como para a informação durante o procedimento.

Em terceiro lugar, temos de ter em conta que o segredo de justiça, tal como está consagrado no 371º CP, cessa:

a) No caso dos processos-crime, em síntese, nos termos dos 371º/1 CP, e 86º/1 CPP;
b) No caso dos processos de contra-ordenação, com a decisão da autoridade administrativa (371º/2/a CP);
c) No caso dos processos disciplinares, enquanto se mantiver legalmente o segredo (371º/2/b CP).

Ora, cessando o segredo de justiça, pareceria que cessa esta restrição. Mas não é esta a solução adequada. É que, mesmo depois de cessado o segredo de justiça, o acesso à informação não é livre tanto nos processos criminais como de contra-ordenação nos termos do artigo 90º CPP (para as contra-ordenações, por força do artigo 41º do Regime Geral das Contra-Ordenações). Quem é competente nesta matéria é a autoridade judiciária que presidir à fase processual em causa (no caso das contra-ordenações, a autoridade administrativa na fase administrativa e o tribunal na fase de impugnação judicial).

No caso dos processos disciplinares a questão é bem mais complexa. É que a administração pública pode deter processos disciplinares da mais variada natureza.

a) O regime geral é o dos funcionários e agentes da administração central, regional e local, aprovado pelo Decreto-Lei n.º 24/84, de 20 de Janeiro. Quanto ao segredo, o seu artigo 37º deixa claro que o processo é secreto até à acusação. Por outro lado, nos termos do mesmo artigo as certidões sobre processo apenas podem ser passadas pela entidade que dirige a investigação, que é o *dominus* do processo, desde que haja legítimo interesse fundamentado em receber essa informação. Por outro lado, o processo em parte nenhuma tem uma fase pública.[15]

b) Na Ordem dos Advogados, com Estatuto aprovado pelo Decreto-Lei n.º 84/84, de 16 de Março e subsequentes alterações (*maxime*, da Lei n.º 80/2001, de 20 de Julho), resulta que o processo disciplinar é secreto até à acusação (99º) sendo consoante as fases, os *domini* do processo o relator (99º), o conselho superior (48º/2/a), os conselhos de deontologia (48º-C); não há fase pública no processo, salvo nos casos de audiência pública (131º), nem sanção disciplinar de publicação (101º).

c) De acordo com o Estatuto dos Solicitadores, aprovado pelo Decreto-Lei n.º 8/99, de 8 de Janeiro, são *domini* dos processos disciplinares consoante as circunstâncias o conselho geral (35º/m), o conselho restricto (37º/5), os conselhos regionais (47º/g, l), em geral na forma de conselhos de jurisdição disciplinar (47º); o processo mantém-se secreto até ao despacho de acusação (92º), não há fase de publicidade do processo, e existe publicação automática de penas de suspensão superiores a cinco anos ou expulsão (98º).

d) Na Ordem dos Revisores Oficiais de Contas rege o Decreto-Lei n.º 487/99, de 16 de Novembro, sendo o conselho disciplinar o *dominus* do processo (33º, 83º), não havendo uma fase de publicidade do processo, nem pena de publicação (81º).

e) No que respeita aos médicos, a matéria disciplinar é regida pelo Decreto-Lei n.º 217/94, de 20 de Agosto que aprova o Estatuto Disciplinar dos Médicos. Este, apesar de mais sintético

---

[15] O facto de se ter instituído a possibilidade de existirem relações de contrato individual de trabalho no Estado pode gerar situações algo complexas, na medida em que o regime disciplinar do Código de Trabalho não está muito preparado para este efeito. A verdade é que nem que seja por força da cláusula da intimidade privada, regime semelhante de restrições ao acesso será aplicável. Para o conceito de *dominus* do processo ver Reis, Célia; *Acesso dos Particulares aos Documentos da Administração. Anotação a Sentença do Tribunal Administrativo de Círculo de Lisboa*; in: *Cadernos do Mercado de Valores Mobiliários*, n.º 11, Ago 2001, CMVM, Lisboa, 2001, p. 194.

> que o dos advogados, tem alguns elementos de relativa originalidade. O seu artigo 8º estatui que o processo é secreto até ao despacho de acusação, os *domini* do processo, consoante as situações são o relator (8º, 22º), os conselhos disciplinares regionais (4º) ou o conselho nacional de disciplina (5º, 43º, em recurso) e existe uma sanção acessória de publicidade (13º/1/b, 21º). Não existe nenhuma fase pública do processo, mas prevê-se um processo de inquérito (50º-52º).

Ou seja, mesmo cessado o segredo de justiça, o acesso à informação não é livre e este depende do "dominus" do processo. Ora a administração pública não é *dominus* do processo no caso dos crimes, e se o é, não o é nunca no âmbito do regime de direito administrativo comum nos restantes casos. A sê-lo só o é na qualidade de autoridade administrativa nas contra-ordenações ou de autoridade disciplinar no caso das infracções disciplinares. É mesmo frequente que o organismo junto do qual corre o procedimento administrativo ou que detém os documentos seja diferente do que tem competência para instruir e decidir o processo. Não é assim por mais esta via, *dominus* do processo.

Mesmo que haja uma fase pública no processo, continua a autoridade judiciária (para os crimes), o tribunal de recurso ou a autoridade administrativa (nas contra-ordenações), ou o tribunal de recurso e o organismo administrativo com competência disciplinar (nas infracções disciplinares), a ser o *dominus* do processo. Embora por vezes os regimes jurídicos não desenvolvam este aspecto, isto decorre dos princípios gerais.

E se existe publicidade da sanção ou do processo, tal facto apenas poderá relevar como excepção às restrições, nos termos que posteriormente se estudarão.

Finalmente, o segredo que se impõe, geralmente antes de despacho de acusação, releva apenas para efeitos de crime de segredo de justiça, mas a sua preclusão não alarga o acesso pelos particulares.

A que conclusões nos permite chegar este regime? É que quando a lei administrativa fala de segredo de justiça é para todo o regime de acesso aos processos infraccionais que remete. Não se basta com o segredo de justiça tutelado criminalmente. É para o instituto como um todo que remete quanto ao regime de acesso, o que se traduz nos seguintes aspectos:

a) Mesmo cessado o segredo de justiça não cessam as restrições de acesso administrativas;
b) Não sendo a administração pública *dominus* do processo nunca pode fornecer estas informações;
c) Caso seja o *dominus* do processo pode fornecê-las, mas apenas de acordo com o regime do mesmo segredo de justiça e não de acordo com o regime geral de acesso do direito administrativo.

O artigo 7º/5 LADA estabelece ainda uma regra especial para os inquéritos ou sindicâncias, mas apenas no âmbito de processos disciplinares. Não se aplica nem aos processos de contra-ordenação nem crime. O acesso aos inquéritos e sindicâncias tem lugar após do decurso do prazo para eventual procedimento disciplinar. Esta norma precisa ser devidamente entendida:

a) Este prazo é o da prescrição do processo disciplinar para os funcionários públicos, nos termos do artigo 4º do Estatuto Disciplinar dos Funcionários e Agentes da Administração Central, aprovado pelo Decreto-Lei n.º 24/84, de 16 de Janeiro, de 3 anos, nos termos do artigo 93º do Estatuto da Câmara dos Solicitadores, aprovado pelo Decreto-Lei n.º 8/99, de 8 de Janeiro, 3 anos no caso do artigo 9º do Estatuto Disciplinar dos Médicos, aprovado pelo Decreto-Lei n.º 217/94, de 20 de Agosto, 3 anos nos termos do artigo 93º do Estatuto da Ordem dos Advogados, aprovado pelo Decreto-Lei n.º 84/84, de 16 de Março, na redacção da Lei n.º 80/2001, de 20 de Julho, os prazos do 88º do Estatuto da Ordem dos revisores Oficiais de Contas, aprovado pelo Decreto-Lei n.º 487/99, de 16 de Novembro, só para dar os exemplos mais relevantes.
b) Apenas tem sentido aplicar esta norma caso não haja lugar a procedimento disciplinar ou a partir do momento em que esteja extinto antes de acusação. Com efeito, como vimos o procedimento disciplinar tem regras de sigilo próprio.
c) Caso o inquérito ou sindicância dê lugar a processos contra-ordenacionais ou crime também não se aplica, por valerem então os segredos destes processos.

d) Na parte em que não dê origem a processo, seja, de que natureza for, é ainda aplicável esta regra, nos termos do 7º/6 LADA.

Finalmente há que distinguir bem duas situações bem diversas:

a) O regime da restrição do segredo de justiça de Direito Administrativo (CPA, LADA) apenas se aplica quando lidamos com processos e documentos de natureza não infraccional. Neste caso, há que distinguir como vimos quem é o *dominus* do processo. Mas esta destrinça apenas define quem é competente para apreciar da concessão da informação.
b) Quando a administração pública está de posse de processos de natureza infraccional, ou de partes deles porque é competente para os processos infraccionais (averiguações preliminares de natureza criminal, processos de contra-ordenação, disciplinares de natureza administrativa), já o acesso é regido pelos regimes especiais aplicáveis aos processos infraccionais e não o regime de Direito Administrativo ora estudado[16].

GONÇALVES, José Renato; *Acesso à Informação das Entidades Públicas*, Almedina, Coimbra, 2002, pp. 55-59 dá, quanto a mim, uma solução muito sumária da questão. Em primeiro lugar, porque afirma que o segredo de justiça começa apenas com o auto de notícia. Não é verdade. Tendo em conta o 241º CPP o processo começa com o conhecimento da infracção. Por outro lado, a denúncia é obrigatória para agentes públicos nos termos do 242º CPP (ambos os artigos aplicáveis *ex ui* 41º RGCORDs). O que seria absurdo seria que até à denúncia a administração pública disponibilizasse a informação e depois desta já não o pudesse fazer. Ou ainda que, como disponibilizou a informação antes da denúncia, o tivesse de fazer depois. O que se passa é que, das duas uma: ou o segredo de justiça incide em matéria da competência do próprio órgão da administração pública a quem se pede, regendo aqui o 86º/7, 89º e 90º CPP e não já o regime administrativo de acesso (por força das disposições do regime contra-ordenacional ou disciplinar) ou então foi transferido o domínio da informação para uma terceira entidade, ela sim competente para a tramitação do processo infraccional e consequentemente a competente para o forneci-

[16] Ver o Capítulo III. 3. "Análise conjunta das restrições", em que se trata de tema paralelo de concurso de regimes de segredo.

mento da informação. É evidente que o autor tem razão ao dizer que a invocação do segredo de justiça se presta a manipulações. Mas isto apenas porque se esquece que existem mais dois níveis de análise que estudaremos de seguida: as excepções às restrições e a análise sistémica. Os absurdos diagnosticados pelo A. decorrem de não se ter em conta uma visão sistemática do regime. Também nesta sede se verifica que a sistemática é eficaz para a resolução de problemas concretos. CARVALHO, Raquel; *O Direito à Informação Administrativa Procedimental*, Publicações Universidade Católica, Porto, 1999, p. 231, CARVALHO, Raquel; *Lei de Acesso aos Documentos da Administração*, Publicações da Universidade Católica, Porto, 2000, pp. 34-35 faz igualmente uma análise algo restricta dado que se limita a analisar o segredo criminal. Para a prescrição de processo disciplinar ver ABREU, Luís Vasconcelos; *Para o Estudo do Procedimento Disciplinar no Direito Administrativo Português Vigente: As relações com o Processo Penal*, Almedina, Coimbra, 1993, pp. 49-51. PINTO, Frederico da Costa; *Segredo de Justiça e Acesso ao Processo*, in PALMA, Maria Fernanda (coord.); *Jornadas de Direito Processual Penal e Direitos Fundamentais*, Almedina, Coimbra, 2004, pp. 72, 80 afirma e com razão que o regime processual e criminal do segredo de justiça não se sobrepõem, em termos que não tem sentido desenvolver aqui. Apenas tenho de salientar que a protecção processual, e consequentemente administrativa, do segredo de justiça é bem mais vasta que criminal, o que é coerente com a natureza de *ultima ratio* do Direito Penal.

O prazo de 10 dias para a conclusão do processo disciplinar nos termos do artigo 88º/2 do Decreto-Lei n.º 24/84, de 20 de Janeiro é meramente ordenador, sem qualquer virtualidade peremptória, preclusiva ou resolutiva (Ac STA de 12 de Dezembro de 1997).

De acordo com o Ac STA de 20 de Março de 2003, contando-se o prazo de prescrição desde a data do conhecimento da infracção pelo dirigente máximo do serviço, não releva o mero conhecimento de uma certa materialidade dos factos mas o momento em que o dirigente teve conhecimento de tais factos em termos de os poder enquadrar como ilícito disciplinar.

O segredo de justiça não abrange todos e quaisquer documentos. Apenas aqueles que foram produzidos ou conhecidos no âmbito de processo (Ac STA de 13 de Outubro de 1994).

O segredo de instrução é tutelado no direito administrativo francês igualmente (Ac Conseil d'Etat Contentieux n.º 247733 du 1 mar 2004). Ver igualmente o Ac Conseil d'Etat Contentieux n.º 118391 du 20 jun 1994.

Salienta-se mais uma vez aqui, como se fez a propósito da exclusão típica dos documentos e informações recebidos de terceiras entidades públicas, a natureza bifronte do segredo de processo infraccional. Objectivo na sua natureza, tem implicações subjectivas. Quando é a própria entidade a quem se pede a informação que é o *dominus* do processo infraccional o segredo tem uma função apenas objectiva. Mas quando é uma terceira entidade a responsável pelo processo infraccional, implica a transferência da competência para fornecer a informação.

Para as finalidades do segredo de justiça ver EIRAS, Agostinho; *Segredo de Justiça e Controlo de Dados Pessoais Informatizados*, Coimbra Editora, 1992, pp. 23-25.

O segredo da investigação criminal em Espanha em REBOLLO VARGAS, Rafael; *La Revelación de Secretos e Informaciones por Funcionário Público*, CEDECS Editorial, Barcelona, 1996, p. 150.

Restrição de acesso semelhante no §552º (j)(2) e (k)(2) do Federal Administrative Procedure Act dos Estados Unidos. Ver STRAUSS, Peter L.; *An Introduction to Administrative Justice in the United States*; in: PIRAS, Aldo (Ed.); *Administrative Law. The Problem of Justice, Vol. Iº, Anglo-American and Nordic Systems*, Giuffrè, Milan, 1991, p. 722. O problema do segredo de justiça é tratado no Reino Unido na perspectiva do "contempt of Court (MCELDOWNEY, John F.; *Public Law*, Thomson Sweet & Maxwell, 3rd Ed., London, 2002, pp. 600-601).

d) *Bens económicos*

i) Segredo económico

A lei administrativa refere-se sempre em conjunto ao segredo comercial e industrial (62º/1, 63º/2 CPA, 10º/1 LADA). Embora em alguns aspectos existam diferenças, o regime tem mais em comum que diferenças no que respeita à sua configuração administrativa, pelo que têm de ser tratados em conjunto, ressalvando só posteriormente as suas especialidades.

Numa primeira hipótese de trabalho, o segredo económico é objectivo, ao contrário da vida interna das empresas, sendo isso o que os distingue. Ou seja, o segredo económico *tem valor económico em si mesmo*. Um método de fabrico, um modo especial de organização que não é do conhecimento comum, uma forma de proceder e funcionar que é sob o ponto de vista técnico nova ou pouco divulgada. Já a vida interna das empresas pode ter valor económico, mas apenas e só na medida em que se refere a esta empresa concreta. A situação económica desta empresa concreta, o facto de esta empresa concreta ter adoptado este ou aquele modelo de organização, modelos em si, e em abstracto que podem ser mesmo banais, só não sendo público o facto de que uma empresa concreta adoptou este ou aquele modelo.

O segredo económico tem um valor económico objectivo, o da vida interna das empresas apenas o pode ter para aquela empresa concreta ou porque se refere a uma empresa em concreto. Em termos grosseiros e meramente impressivos, o segredo económico encontramo-lo no registo da propriedade industrial, enquanto a vida interna das empresas se reflecte no registo comercial. Visão meramente impressiva, na medida em que, como veremos, e na medida em que falamos de registos públicos, se excepciona o segredo. Visão meramente grosseira, dado que a vida das empresas excede largamente o que consta do registo comercial ou dele poderia constar, assim como o mesmo acontece com o segredo económico.

O segredo económico é por isso *toda a informação que não sendo de conhecimento público, tem valor económico por si mesma*, independentemente de a que empresa se refere.

> O valor económico como fundamento da propriedade industrial em Olavo, Carlos; *Propriedade Industrial*, Volume I, *Sinais Distintivos do Comércio. Concorrência Desleal*, 2ª Ed., Almedina, Coimbra, 2005, p. 8.

A unificação numa só figura do segredo comercial e industrial pode parecer estranha à primeira vista, mas o próprio legislador, sobretudo o administrativo, teve alguma dificuldade em estabelecer distinções entre um e outro. A distinção é antes do mais histórica, embora ainda com alguns reflexos no Direito.

O CPI estabelece uma tipologia de matérias bem conhecida (tirando algumas novidades como as relativas a semi-condutores): invenções (dividida em patentes 51º-1 16º, e modelos de utilidade – 117º a 152º), topografias de semi-condutores (153º-172º)[17], desenhos ou modelos (173º a 221º), marcas (222º a 270º), recompensas (271º a 281º), nome e insígnia de estabelecimento (282º a 300º), logótipos (301º a 304º) denominações de origem e geográficas (305º a 315º).

---

[17] O artigo 2º/d da Lei da Criminalidade Informática (Lei n.º 109/91, de 17 de Agosto) contém uma definição de topografia de semi-condutores.

Que as marcas suscitam problemas linguísticos complexos, vê-se pela análise sintagmática das CAGER de 5 de Abril de 2001 (*Procter & Gamble VS Instituto de harmonização do Mercado Interno (marcas, desenhos e modelos)*) e das CAGER de 10 de Abril de 2003 (*Instituto de Harmonização Interna (marcas, desenhos e modelos) VS Wm. Wrigley Jr. Company*). Para a patente de variedades vegetais ver SEGURA GARCÍA, Maria José; *Los Delitos contra la Propriedad Industrial en el Código Penal Español de 1995*, Tirant lo Blanch, Valência, 2005, pp. 46-47, 56-58. Para a topografia de semi-condutores ver SEGURA GARCÍA, Maria José; *Los Delitos contra la Propriedad Industrial en el Código Penal Español de 1995*, Tirant lo Blanch, Valência, 2005, pp. 55-56, MENDES, Manuel Oehen; *Tutela Jurídica das Topografias dos Circuitos Integrados*; in: *Direito da Sociedade da Informação*, Volume I, Coimbra Editora, Coimbra, 1999, pp. 89 ss..

Desta tipologia é relativamente simples ver o que tem natureza industrial e o que tem natureza comercial. A partir das marcas o CPI regula matéria comercial quando até aí regula a matéria industrial. O problema é que não se regulam nestes capítulos os segredos. Bem pelo contrário, em sede comercial regulam-se matérias que só têm sentido e valor comercial se forem públicas (embora com exclusividade de uso).

OLAVO, Carlos; *Propriedade Industrial*, Volume I, *Sinais Distintivos do Comércio. Concorrência Desleal*, 2ª Ed., Almedina, Coimbra, 2005, pp. 17-29 acaba por distinguir os direitos privativos sobre uma inovação dos que incidem sobre um sinal de diferenciação.

Por outro lado, o CPI não delimita o que seja o segredo. A única norma que tem uma definição de segredo refere-se aos segredos de negócios, o 318º CPI. Para que haja segredo de negócios, exige este artigo que se tratem de informações:

a) secretas;
b) que tenham valor comercial pelo facto de serem secretas;
c) e que tenham sido feitas diligências consideráveis para as manter secretas.

Por outro lado, o 318º CPI estabelece apenas a ilicitude da aquisição, divulgação, utilização destas informações por uma concorrente.

Para a distinção entre direitos de exclusivo e concorrência desleal, que com eles não se confunde ver o Ac STJ de 24 de Setembro de 1996.

Esta definição em pouco nos permite delimitar o segredo económico. Com efeito, a aquisição da informação, mesmo que não seja por um concorrente, nem sequer potencial, encontra-se na esfera de protecção da lei administrativa quando proíbe o acesso. A administração pública não pode dar informação que constitua segredo económico seja a quem for. Dizer que os não concorrentes, nem sequer potenciais, puderam ter acesso a esta informação seria criar o perigo de que estas informações viessem parar em mãos de concorrentes.

Também o critério de terem valor comercial pelo facto de serem secretas tem de ser devidamente entendido. É que podem ter valor comercial mesmo não sendo secretas, na medida em que se pode dar o caso ainda de o secretismo apenas aumentar o seu valor.

Finalmente não se pode exigir à administração pública que verifique se foram ou não feitas diligências, consideráveis ou não, para manter secretas as informações.

O único aspecto que a administração pública tem de considerar é se aquelas informações têm valor económico por si mesmas, independentemente de respeitarem a esta ou aquela empresa em concreto. Um método de fabrico original, uma forma inovadora de organização constituem respectivamente segredo industrial ou comercial.

Que segredo económico e concorrência desleal não são figuras coincidentes verifica-se pelo tratamento que desta última dá Olavo, Carlos; *Propriedade Industrial*, Volume I, *Sinais Distintivos do Comércio. Concorrência Desleal*, 2ª Ed., Almedina, Coimbra, 2005, pp. 248 ss. (vide, *maxime*, 259 ss.).

Questão diversa é a de saber como pode a administração pública saber que uma matéria constitui ou não segredo económico. Esta questão apenas pode ser respondida com bases em índices. O segredo industrial pode ser evidente se há registo de propriedade industrial e simultaneamente não há publicação nos termos do 356º CPI (cf. 29º CPI). Pode decorrer de informação do próprio interessado que forneceu a informação. Pode decorrer do contexto da investigação ou do procedimento, nomeadamente por a documentação ser encontrada em cofres, ou de outra forma segregada. Pode ser mais evidente para um organismo da administração pública mais especializado na área que para um outro menos conhecedor da matéria. A questão é de método e de diligência devida, que se tem de apreciar caso a caso.

A existência de segredo desta natureza pode-se aferir pelo registo da propriedade industrial, mas não se basta com este, na medida em que o excede. Existe uma vasta legislação que se refere a este tipo de segredo, mas prevendo-o para os mais diversos efeitos. Só uma análise da periferia do sistema nos poderá permitir estabelecer algumas conclusões.

Alguns diplomas estabelecem a forma de uso dos direitos ao segredo comercial e industrial conformando assim indirectamente os seus limites. É assim nos seguintes casos:

a) A exploração equitativa dos direitos de propriedade industrial pelos seus titulares, no que respeita à oferta de acesso condicional aos serviços de televisão, de radiodifusão e da sociedade de informação (6º Decreto-lei n.º 287/2001, de 8 de Novembro);
b) A exploração equitativa dos direitos de propriedade industrial pelos seus titulares nas redes e serviços de comunicações electrónicas (80º Lei n.º 5/2004, de 10 de Fevereiro).

Em alguns casos as normas que se referem a estes segredos nada mais fazem que enunciar de forma expressa o que já decorreria da lei administrativa geral:

a) A Autoridade Reguladora Nacional não pode divulgar informações confidenciais ou sujeitas a segredo comercial (120º/l/f Lei n.º 5/2004, de 10 de Fevereiro);
b) A Direcção Geral do Ambiente e o Serviço Nacional e Protecção Civil não podem dar informações relativas a substâncias perigosas sujeitas a sigilo profissional ou comercial (3lº/2/e Decreto-Lei n.º 164/2001, de 23 de Maio).

Em algumas situações o regime jurídico apenas remete para as relações entre particulares, em nada contribuindo para o esclarecimento do regime do segredo e das suas fronteiras:

a) Na gestão de veículos em fim de vida estatui-se que os fabricantes de componentes em veículos facultam às instalações de tratamento as informações necessárias ao desmantelamento, armazenagem e controlo de componentes que pode ser reutilizados, sem prejuízo do segredo comercial e industrial (7º/6 Decreto-Lei n.º 196/2003, de 23 de Agosto).

b) Nos termos do artigo 422º/2 do Código das Sociedades Comerciais, na redacção do Decreto-Lei n.º 257/96, de 31 de Dezembro o fiscal único e os membros do conselho fiscal não podem aproveitar-se de segredos comerciais ou industriais de que tenham tido conhecimento, sem autorização expressa e por escrito (embora este último aspecto da norma seja importante na medida em que demonstra a natureza disponível do direito a este segredo).

Noutros casos ainda são normas que não têm como destinatários a administração pública, mas os seus agentes. O que significa que mesmo que os agentes estejam sujeitos a segredo, daí não se deduz que forçosamente a administração pública o esteja. A estar, o que é realmente o caso, decorre da lei administrativa geral (CPA e LADA):

Os trabalhadores e mandatários do Instituto de Comunicações de Portugal (ICP) não podem divulgar as informações de que ficarem conhecedores no exercício das suas funções e que constituam segredo comercial (11º/5 Decreto-Lei n.º 287/2001, de 8 de Novembro) ou no âmbito dos serviços postais, segredo comercial ou industrial (20º/3 Decreto-Lei n.º 150/200 1, de 7 de Maio), no âmbito da interligação de redes públicas de telecomunicações (34º Decreto-Lei n.º 415/98, de 31 de Dezembro), no âmbito do serviço universal de telecomunicações (16º Decreto-Lei n.º 458/99, de 5 de Novembro), do acesso à actividade de operador de redes públicas de telecomunicações e prestador de serviço de telecomunicações de uso público (30º Decreto-Lei n.º 381-A/97, de 30 de Dezembro), da exploração dos serviços de telecomunicações de uso público (18º/2 Decreto-Lei n.º 290-B/99, de 30 de Julho), e a exploração de redes públicas de telecomunicações (31º/2 Decreto-Lei n.º 290-A/99, de 30 de Julho).

As normas que são mais significativas nesta sede encontram-se disseminadas por diversos diplomas, que classificaremos por vários tipos.

No Tipo I encontramos:

a) Em sede de notificação de substâncias químicas exceptua-se da possibilidade de divulgação matérias sujeitas a segredo industrial ou comercial, devendo o particular que pretenda que elas tenham essa qualificação indicá-lo e justificar o segredo, e podendo a administração pública desconsiderar, fundadamente, essa qualificação (8º Decreto-Lei n.º 225/83, de 27 de Maio).

b) No fabrico, comercialização e utilização de aditivos e pré-misturas nos alimentos para animais (11º Decreto-Lei n.º 440/89, de 27 de Dezembro) estabelece-se um regime que é duplamente relevante para o efeitos que ora estudamos: a confidencialidade de informações por força de segredo comercial e industrial depende de requerimento do particular e por outro lado, é a própria lei que estatui que não estão sujeitas a segredo a designação e composição do aditivo, propriedades físico-químicas e biológicas do aditivo, interpretação dos dados farmacológicos, toxicológicos e ecotoxicológicos e métodos de análise para controlo de aditivos nos alimentos.
c) No Decreto-Lei n.º 94/98, de 15 de Abril, sobre produtos fitofarmacêuticos, estatui-se no artigo 14º que o segredo comercial será preservado pela Direcção-Geral da Protecção das Culturas caso tal seja solicitado pelo particular e a sua justificação for aceite. Igualmente o seu artigo 14º/2 estabelece as matérias que não se encontram sujeitas a este segredo e no 14º/3 que a revelação de informações antes confidenciais deve ser comunicada à Direcção-Geral citada. O artigo 16º/1 estabelece as informações que devem constar de embalagens.
d) Em matéria de documentação técnica e confidencialidade de ingredientes respeitantes aos produtos cosméticos e de higiene corporal o Decreto-Lei n.º 206/99, de 9 de Junho estabelece que, quando se quiser que por razões de segredo comercial se mantenha o sigilo sobre os ingredientes de um certo produto tem de o solicitar de forma fundamentada (artigo 2º), valendo o sigilo por 5 anos renováveis por 3 (5º).
e) No Decreto-Lei n.º 121/2002, de 3 de Maio, em sede de produtos biocidas, estabelece-se que se o particular pretender manter em segredo comercial certas matérias pode fazê-lo desde que o solicite de modo fundamentado, enunciando a lei informações que não podem ser objecto de segredo comercial (26º).
f) No artigo 59º, n.º 1 CPI estatui-se que "Quando o pedido mencionar um material biologicamente reprodutível, que não pode ser divulgado de maneira a permitir que um técnico da especialidade possa executar o invento, e que não esteja à

disposição do público, o pedido deve ser completado com o depósito desse material junto de uma instituição autorizada, de acordo com as Convenções Internacionais em vigor em Portugal."

Para os produtos biocidas em França o problema coloca-se em termos similares de acordo com os artigos 4º e 11º do Décret n.º 2004-187 du 26 février 2004, que prevê uma carta de acesso à documentação.

No Tipo II encontram-se as seguintes normas:

a) O Instituto Nacional de Transportes Ferroviários divulga anualmente um relatório, mas devendo excluir do mesmo matérias sujeitas a segredo comercial ou industrial cuja divulgação seja proibida (76º/2 Decreto-Lei n.º 270/2003, de 28 de Outubro).
b) A Entidade Reguladora do Sector Eléctrico pode divulgar informação recebida dos seus supervisionados desde que com respeito do segredo comercial ou industrial ou da propriedade intelectual (6º/4 Decreto Lei n.º 97/2002, de 12 de Abril).
c) No relatório de conformidade ambiental do projecto de execução no âmbito dos estudos de impacto ambiental estatui-se que o sumário executivo do mesmo, dado que este se destina à publicação, não deve conter informações confidenciais ou que sejam segredo comercial ou industrial (Anexo IV à Portaria n.º 330/2001, de 2 de Abril).

Finalmente, encontramos normas de Tipo III:

a) Em sede de pedidos de licença ambiental, este são de acesso livre ao público, mas com respeito do segredo comercial ou industrial (24º/3 Decreto-Lei n.º 194/2000, de 21 de Agosto).
b) Em sede de programa de aquisição de submarinos de acordo com a Resolução do Conselho de Ministros n.º 100/99 aditou-se um artigo 29º-A à resolução do Conselho de Ministros, n.º 14/98, de 30 de Janeiro, estatuindo que o acesso à proposta ou outros documentos de outro concorrente, em sede de audiência prévia, não abrange matéria que a comissão haja classificado por razões ligadas à defesa militar da

República, missões ou tarefas das Forças Armadas no âmbito militar, segredo comercial ou industrial ou segredo relativo à propriedade intelectual.

Em que pode contribuir esta tipologia para o esclarecimento do regime de segredo que ora estudamos?

Se bem atentarmos, as normas de Tipo I permitem-nos retirar várias conclusões:

a) O legislador reconhece que os limites do segredo comercial e industrial não se resumem ao que consta do registo de propriedade industrial. Com efeito, se assim fosse, o particular não tinha de pedir confidencialidade e ainda por cima fazê-lo de modo fundamentado. Se tudo se reduzisse a uma mera questão de registo da propriedade industrial, bastaria juntar prova deste registo.
b) Os limites do segredo são uma questão *problemática* para o próprio legislador, remetendo este para valorações e contextos sociais.
c) Do conteúdo do segredo são expressamente excluídas certas matérias, por necessidades de informação, em geral ao público e aos consumidores. Estas são das raras normas em que as matérias que *não* fazem parte do segredo são definidas. São normas orientadoras para os limites negativos do segredo.
d) O legislador usa as designações de segredo industrial e comercial, ora só comercial, de forma muito errática, demonstrando que em sede administrativa estes conceitos não resultam de uma reflexão dogmática elaborada.

Que são questão problemática para o legislador é igualmente verdade a nível europeu. De acordo com o Despacho TPICE (5ª Sec.) de 9 de Julho de 2003 (*Commerzbank AG VS Comissão CE*) caso pretenda divulgar informação susceptível de ser segredo comercial a Comissão deve dar disso conhecimento ao particular, indicar as suas razões, e permitir-lhe que ele se pronuncie sobre a matéria. A internacionalização da protecção dos direitos privativos apenas torna esta questão ainda mais complexa (OLAVO, Carlos; *Propriedade Industrial*, Volume I, *Sinais Distintivos do Comércio. Concorrência Desleal*, 2ª Ed., Almedina, Coimbra, 2005, pp. 57-62). O próprio *marketing* pode estar abrangido pelo segredo comercial, como reconhece ter ocorrido historicamente LAGNEAU, Gérard; *L'Homme Moyen des*

Publicitaires; in: FELDMAN, Jacqueline; LAGNEAU, Gérard; MATALON, Benjamin (dir.); *Moyenne, Milieu, Centre. Histoires et Usages*. Éditions de l'Ecole des Hautes Etudes en Sciences Sociales, Paris, 1991, p. 306. Ver igualmente GONÇALVES, José Renato; *Acesso à Informação das Entidades Públicas*, Almedina, Coimbra, 2002, pp. 154-157. Para a natureza problemática da protecção europeia no âmbito da biotecnologia, industria farmacêutica e programas de computador ver LEARDINI, Pascal; *La Société de l'Information et la Propriété Industrielle – la Position Européenne*; in: JANSSENS, Marie--Christine (ed.), *Les Droits Intellectuels dans la Société de l'Information*, Bruylant, Bruxelles, 1998, p. 232.

Das normas de Tipo II resultam deveres de publicação ou faculdades de publicação pela administração pública:

a) Umas vezes o conteúdo é taxativamente definido, mas o segredo é limite à divulgação.
b) Noutras existe a faculdade de divulgação por parte da administração pública, o que excede o expresso regime legal em alguns aspectos (embora do DLMA já resultem deveres de divulgação bem extensos), e o segredo funciona como um limite a essa faculdade de divulgação.

As normas de tipo III já constituem especialidades de procedimento. O direito de acesso ao pedido, e o direito de acesso aos fundamentos em concurso em sede de audiência prévia são aqui definidos de forma especial.

Nesta sede, como veremos também posteriormente, as intervenções do legislador são erráticas na terminologia, assistemáticas, imprevisíveis e lacunares. Torna-se impossível estabelecer um critério que defina os limites do segredo comercial e industrial de forma unívoca. Apenas temos critérios negativos (quando o legislador exclui expressamente desse segredo certas matérias) ou exemplificativos (quando o legislador reconhece que existe um problema eventual de segredo e permite que a administração pública o reconheça caso a caso). Em geral apenas remete para este segredo, sem contribuir para a definição das suas fronteiras.

Significativa da ausência de dogmática geral na matéria é o facto de as intervenções legislativas ocorrerem por pressão comunitária e/ou em matérias ligadas, seja à saúde pública, seja a novas tecnologias, como a biotecnologia e as tecnologias da informação.

Como resultado desta situação, impõe-se à administração pública um ónus de investigação sobre as fronteiras do segredo comercial e industrial que é extremamente pesado em alguns casos. Apenas lhe resta trabalhar com indícios, que em suma são:

a) A lei excluir certas matérias do segredo económico;
b) Constar de registo de propriedade industrial (embora se tenha sempre de ter em conta que este registo confere o uso exclusivo e não forçosamente o segredo das informações) e não tiver de ser objecto de publicação pelo Instituto Nacional de Propriedade Industrial;
c) O próprio particular indicar fundamentadamente esta situação;
d) Tratar-se de matérias tecnológicas, sobretudo em áreas de ponta;
e) A própria especialização do organismo público.

O Ac STA de 13 de Fevereiro de 1997 determina que o acesso à informação deve ceder perante a necessidade de protecção de outros bens. A propósito do artigo 17º do Decreto-Lei n.º 72/91, de 8 de Fevereiro. esclarece que não se trata de uma nova restrição, mas de uma concretização do segredo industrial. Mais importante ainda, esclarece que conteúdos da Portaria n.º 161/96, de 16 de Maio estão abrangidos pelo segredo industrial (em relação a medicamentos, modo de preparação, o controlo das matérias primas, o controlo efectuado nas fases intermédias do processo de fabrico, o controlo do produto acabado, e os ensaios de estabilidade). Significativo que os *critérios* de definição das fronteiras do segredo não sejam enunciados pelo tribunal, apenas declara quais são as fronteiras. Perante esta situação o STA reconhece que não existe norma geral de definição destas fronteiras, e tem de se apreciar caso a caso as mesmas. Em suma, existe um critério, que é o enunciado em texto, a saber do valor económico da informação. Este é o único que evita desenvolvimentos meramente verbais. O Ac STA de 3 de Julho de 1997 delimita as mesmas matérias sujeitas a segredo industrial, mas esclarece que o direito à informação dos administrados se trata de um direito fundamental, de estrutura semelhante a um direito liberdade e garantia e que deve ceder perante direitos fundamentais conflituantes. O Ac STA de 26 de Março de 1996 esclarece que as cláusulas de restrição de acesso se aplicam igualmente em sede de impugnação judicial. Doutrina semelhante no Ac TCA de 26 de Junho de 2003 (proc 12387/03). Para o certificado complementar de protecção dos medicamentos previstos pelo Regulamento (CE) n.º 1768/92, de 18 de Junho de 1992 ver Segura García, Maria José; *Los Delitos contra la Propriedad Industrial en el Código Penal Español de 1995*, Tirant lo Blanch, Valência, 2005, p. 58-60.

Gozam de protecção os modelos, moldes, formas desenhos novos ou que realizem combinações ou disposições novas de elementos já utilizados (Ac RL de 8 de Fevereiro de 2001). Nos termos do Ac STJ de 4 de Abril de 1995 não tem tutela legal quem obteve ilegalmente patente, com fundamento numa única diferença essencial. Este tipo de problemas mostra a grande complexidade na definição de fronteiras que cabe à administração pública apreciar para efeitos de acesso.

As CAGER de 14 de Junho de 2001 (*Reino dos Países Baixos VS Parlamento Europeu e Conselho da União Europeia*) mostram que a patente se trata do direito de exclusivo, de impedir terceiros de produzir, usar ou vender uma invenção, tendo sido a primeira concedida pelo rei Henrique VI a John of Utynam, de origem holandesa em 1449. Quanto aos limites da patente sobre microrganismos e vegetais ver *maxime* os pontos 68. e 69. das mesmas CAGER. Para os genes humanos ver o ponto 199.

As CAGER de 18 de Março de 1992 (*Exportur AS VS LOR AS e Confiserie du Tech.*) consideram que o Direito Comunitário não protege as denominações geográficas caso sejam meras denominações genéricas.

Não considerou que fossem segredo matérias relativas a especialidade médica (oftalmologia) o Ac TCA de 1 de Setembro de 2004 (proc 00274/04).

O grau de especialização do organismo da administração pública é essencial para determinar o seu grau de diligência na delimitação do que é segredo económico. Com efeito, este depende do "estado da técnica" (Segura García, Maria José; *Los Delitos contra la Propriedad Industrial en el Código Penal Español de 1995*, Tirant lo Blanch, Valência, 2005, p. 51).

O melindre na definição do que faz parte do segredo económico nota-se na Loi n.º 2000-108 du 10 février 2000 sobre o serviço público de electricidade em França, dado que no seu artigo 16º se tem de remeter para decreto do Conselho de Estado a definição de matérias que estão sujeitas a este segredo.

O segredo comercial e industrial também é protegido no direito administrativo em França (Ac Conseil d'Etat Contentieux n.º 172972 du 3 jul 2002, Ac Conseil d'Etat Contentieux n.º 247733 du 1 mar 2004). Os documentos relativos ao impostos profissional contêm elementos de segredo comercial e industrial de acordo com o Ac Cour Administrative d'Appel de Lyon Contentieux nº 98LY00917 du 6 nov 2003. Para Espanha ver García de Enterría, Eduardo; Fernández, Tomás-Ramón; *Curso de Derecho Administrativo*, II, 7ª Ed., Civitas, Madrid, 2000, pp. 472-473.

Mais próximo do conceito de segredo económico é o de "savoir-faire commercial" com valor económico pelo qual é devida uma "redevance" (no caso, técnicas de venda por correspondência) citado no Ac Cour Administrative d'Appel de Nancy Contentieux nº 96NC00743 du 15 mar 2001.

A prova de que segredo económico e propriedade industrial não são coincidentes no seu objecto é que OLAVO, Carlos; *Propriedade Industrial*, Volume I, *Sinais Distintivos do Comércio. Concorrência Desleal*, 2ª Ed., Almedina, Coimbra, 2005, p. 54, salienta que os direitos de exclusivo não impedem o uso privado, não económico, das inovações. Se houvesse coincidência de objecto entre direitos de exclusivo económico e segredo económico, nesse caso nunca haveria segredo económico, desde que a informação fosse dada a simples particulares que não empresas, o que não é o caso.

O segredo comercial pode no entanto ser levantado caso estejam em causa questões de saúde ou segurança, um crime ou uma infracção, ou outras questões de interesse público (*Bartnicki et al. vs. Hopper, aka Williams, et al.* (U.S. Supreme Court), May 21, 2001, Breyer J., concurring).

O artigo 4º/2 do Regulamento (CE) n.º 1049/2001 do Parlamento Europeu e do Conselho de 30 de Maio de 2001 trata desta questão a propósito da protecção da propriedade intelectual ou dos interesses económicos das empresas.

ii) Segredo relativo à propriedade literária, artística ou científica

Tanto em sede de consulta como de certidões o artigo 62º/1 e o 63º/2 CPA excluem o acesso a documentos sujeitos a segredo relativo à propriedade literária, artística ou científica. Mas já a LADA apenas veda a utilização de informações com desrespeito dos direitos de autor. Parece que o acesso na LADA não se encontra restricto, mas apenas o seu uso indevido, como aliás parece resultar da epígrafe do artigo 10º. O problema é que o mesmo artigo 10º, no seu n.º 1 estatui sobre restrições de acesso com outros fundamentos.

Desde logo quando se fala em propriedade literária, artística ou científica apenas se querer referir direitos de autor (cf. artigo 1º do Código do Direito de Autor, aprovado pelo Decreto-Lei n.º 63/85, de 14 Março e com as respeitantes actualizações). A diferença de regimes não se encontra aqui. Como se compreenderia portanto que o acesso a informação durante o procedimento respeitasse o segredo ligado aos direitos de autor, mas fora do procedimento já não o tivesse de o respeitar?

A única solução é a de se considerar que os regimes não são diferenciados. Ou seja, que sempre que exista segredo relativo a direito de autor a administração pública não pode ceder a informação.

O problema é o de delimitar as fronteiras deste segredo. Apenas existe segredo, e numa primeira linha de análise, quando os conteúdos aí previstos:

a) Não têm conexão com o procedimento administrativo em curso, no caso do CPA;
b) ou quando não têm conexão com a actividade administrativa, no caso da LADA.

A solução parece absurda à primeira vista. No entanto, esta solução é consistente com os resultados que se pretendem atingir e com o restante regime:

a) Muitas vezes são necessários estudos para suportar decisões administrativas, estudos esses que podem estar protegidos pelo direito de autor: se suportam decisões administrativas, não tem sentido que os particulares a eles não acedam (regra do acesso universal). Da mesma maneira, se o procedimento administrativo de uma forma ou de outra é conexo com o reconhecimento do direito de autor não tem sentido que o particular a ele não possa aceder (regra da legitimidade).
b) Por outro lado, compreende-se a proibição de uso indevido constante do artigo 10º LADA, princípio geral aliás que tem de ser alargado ao acesso à informação do CPA, por força dos princípios gerais. O particular, se acedeu a essas informações, se poude a elas aceder por haver conexão com a actividade administrativa, não pode de seguida usar uma solução arquitectónica, um modelo científico, uma referência literária que obteve licitamente, mas não para seu uso indevido.
c) Já se as informações que constam dos processos administrativos ou dos documentos da administração contêm informações protegidas pelo direito de autor, mas nada têm a ver com a actividade administrativa por não terem servido de suporte a nenhuma decisão administrativa, não se compreende que um facto meramente ocorrencial de serem detidos pela administração pública legitime o seu acesso pelos particulares.

O problema é que os direitos de autor, como vimos igualmente a propósito do segredo económico, são normas de direito de uso exclusivo (cf. v.g. 10º Código do Direito de Autor), não tendo regras expressas sobre segredo.

Por isso quando a lei administrativa fala em segredo quer-se referir *hoc sensu* a uma outra figura, a do *dominus* da informação. O *dominus* da informação é o titular do direito de autor. É a este que compete definir quem pode ou não aceder à sua obra. A administração pública não se pode arrogar o uso, seja a que título for, de uma informação que não lhe pertence. Só se fizer parte da actividade administrativa e dado que os particulares podem sindicar essa actividade, mesmo que extrajudicialmente, é que tem sentido que possam a ela aceder.

O artigo 7º do Código de Direito de Autor recorta (negativamente) o que não é protegido pelo direito de autor[18].

Para além deste artigo, pouco mais podemos encontrar que estabeleça as fronteiras do direito do autor em tema de segredo. Sabemos que o que está fora da protecção do direito de autor deve ser dado pela administração pública, mas não é este diploma que estabelece os seus limites.

Por isso, em síntese, o "segredo" ora tratado apenas se pode aferir cumprindo dois requisitos:

a) o *dominus* da informação é um terceiro titular de direitos de autor, protegido nessa qualidade pela lei; e

---

[18] Na redacção da Lei n.º 45/85, de 17 de Setembro o Código do Direito de Autor prescreve: "*Artigo 7.º(Exclusão de protecção) l – Não constituem objecto de protecção: a) As notícias do dia e os relatos de acontecimentos diversos com carácter de simples informações de qualquer modo divulgados; b) Os requerimentos, alegações, queixas e outros textos apresentados por escrito ou oralmente perante autoridades ou serviços públicos; c) Os textos propostos e os discursos proferidos perante assembleias ou outros órgãos colegiais, políticos e administrativos, de âmbito nacional, regional ou local, ou em debates públicos sobre assuntos de interesse comum; d) Os discursos políticos.*

2 – A reprodução integral, em separata, em colectânea ou noutra utilização conjunta, de discursos, peças oratórias e demais textos referidos nas alíneas c) e d) do n.º 1 só pode ser feita pelo autor ou com o seu consentimento.

3 – A utilização por terceiro de obra referida no n.º 1, quando livre, deve limitar-se ao exigido pelo fim a atingir com a sua divulgação.

4 – Não é permitida a comunicação dos textos a que se refere a alínea b) do n.º 1 quando esses textos forem por natureza confidenciais ou dela possa resultar prejuízo para a honra ou reputação do autor ou de qualquer outra pessoa, salvo decisão judicial em contrário proferida em face de prova da existência de interesse legítimo superior ao subjacente à proibição."

b) não existindo conexão com a actividade administrativa nunca podendo ser dado[19] (salvo legitimação ou excepções às restrições, como veremos), existindo esta conexão (ou seja, o conteúdo foi produzido para efeitos ou por causa de actividade administrativa – v.g. estudo que sustenta uma conclusão de uma entidade administrativa), devendo ser dado, mas ficando o seu uso limitado pelas regras do uso devido.

Também aqui verificamos um fenómeno de expressão relativamente anómica das intervenções legislativas. Umas vezes a protecção do direito de autor, por via do conceito da propriedade intelectual, é expressamente garantida em relação a certos institutos, como acontece em sede de prevenção de acidentes graves que envolvam substâncias perigosas e a limitação das suas consequências para o homem e para o ambiente junto da Direcção-Geral do Ambiente e do Serviço Nacional de Protecção Civil, nos termos do artigo 31º Decreto-Lei n.º 164/2001, de 23 de Maio. Outras vezes é a lei que estende a protecção dos direitos de autor como acontece com as bases de dados que constituam criações intelectuais (4º, 5º Decreto--Lei n.º 122/2000, de 4 de Julho – ver MACARIO, Francesco; *La Proprietà Intellettuale e la Circolazione delle Informazioni*; in: LIPARI, Nicolò, *Trattato di Diritto Privato Europeo*, 2ª Ed., Vol. Secondo, *I Soggetti (seconda parte). Beni, Interessi, Valori*, CEDAM, Padova, 2003, pp. 382-387).

Para protecção do seu direito de autor, se verificar que o acesso a estes documentos foi lesivo ou pode vir a sê-lo, pode propor acção para prestação de facto (negativo) da administração pública, obrigando a administração pública a não fornecer essa documentação a terceiros (2º/2/e, 168º/1, 176º CPTA). Este é mais um dos casos em que o critério da ponderação de bens, que adiante estudaremos, tem de ser tido em conta. Caberá ao aplicador do direito verificar se os benefícios da transparência são ou não superiores aos prejuízos do acesso. Inversamente, quanto ao direito de autor das bases de dados públicas ver PEREIRA, Alexandre Dias; *Bases de Dados de Órgãos Públicos: O problema do Acesso e Exploração da Informação do Sector Público na Sociedade da Informação*; in: *Direito da Sociedade de Informação*, Vol. III, Coimbra Editora, Coimbra, 2002, pp. 257 ss..

[19] Qual a solução, no caso de um particular ter documentos de cujos direitos de autor é titular que se encontram na administração pública? Hoje em dia existe a acção administrativa de entrega de coisas prevista no artigo 2°/2/e CPTA que segue o regime da acção administrativa comum (37°/l CPTA), sob a forma sumaríssima (43°/3 CPTA), podendo este pedido ser cumulado com outros nos termos do 176° CPTA.

O Ac STA de 5 de Novembro de 1996 esclarece que o produtor de um filme não tem nessa qualidade a seu favor nenhum direito de autor, mas apenas o direito à exploração comercial do filme nos termos da autorização dada pelos seus autores.

De acordo com as CAGER de 29 de Novembro de 1988 (*Emi Electrola VS Patrícia Im- und Export Verwaltungsgesellschaft MBH et al.*). tendo entrado no domínio público os direitos de autor de Cliff Richard na Dinamarca o Direito Comunitário não se opõe a que sejam tutelados na Alemanha.

Para a subsidiaridade na protecção dos direitos de autor ver as CAGER de 20 de Junho de 1996 (*Roger Tremblay, Harry Kestenberg e Syndicat des Exploitants des Lieux de Loisirs (SELL) VS Comissão CE*).

A propriedade intelectual é protegida no artigo 4º/2 do Regulamento (CE) n.º 1049/2001 do Parlamento Europeu e do Conselho de 30 de Maio de 2001, sendo certo que o artigo 16º vem proteger directamente os direitos de autor na reprodução de documentos. A destrinça, presume-se, tem a ver com o facto de certas informações serem acessíveis mas a sua reprodução poder suscitar problemas de direito de autor. No entanto, como é questão de Direito Comunitário não a desenvolvo aqui em todas as suas implicações.

Numa obra colectiva cada contribuição individual é direito do seu autor, sendo apenas direito da organização da obra a sua contribuição para o todo de acordo com o *New York Times Co., Inc. et al. vs. Tasini et al.* (U.S. Supreme Court), June 25, 2001. Esta regra tem evidentemente implicações de Direito Administrativo, porque define a legitimação para o acesso à informação. Para o conflito entre direito de autor e liberdade de expressão ver o *Eldred et al. vs. Ashcroft, Attorney General* (U.S. Supreme Court), January 15, 2003. Ver igualmente, na perspectiva das bases de dados, Mello, Alberto de Sá e; *Tutela Jurídica das Bases de Dados*; in: *Direito da Sociedade da Informação*, Volume I, Coimbra Editora, Coimbra, 1999, pp. 122-127; igualmente Martinez, Pedro Romano; *Relações Empregador Empregado*; in: *Direito da Sociedade da Informação*, Volume I, Coimbra Editora, Coimbra, 1999, p. 196.

Olavo, Carlos; *Propriedade Industrial*, Volume I, *Sinais Distintivos do Comércio. Concorrência Desleal*, 2ª Ed., Almedina, Coimbra, 2005, p. 8 salienta a diferença entre os direitos de propriedade industrial e os direitos de autor. Para a protecção dos programas de computador na perspectiva do direito de autor ver Vieira, José Alberto; *Notas Gerais sobre a Protecção de Programas de Computador em Portugal*; in: *Direito da Sociedade da Informação*, Volume I, Coimbra Editora, Coimbra, 1999, pp. 73 ss. Para as bases de dados ver Mello, Alberto de Sá e; *Tutela Jurídica das Bases de Dados*; in: *Direito da Sociedade da Informação*, Volume I, Coimbra Editora,

Coimbra, 1999, pp. 111 ss.. Para a tutela da actividade criativa do trabalhador ver MARTINEZ, Pedro Romano; *Relações Empregador Empregado*; in: *Direito da Sociedade da Informação*, Volume I, Coimbra Editora, Coimbra, 1999, pp. 194 ss.. Para o uso de obras protegidas pelo direito autoral ver ASCENSÃO, José de Oliveira; *O "Fair Use" no Direito Autoral*; in: *Direito da Sociedade da Informação*, Volume IV, Coimbra Editora, Coimbra, 2003, pp. 98 ss.. Para a especial potencialidade lesiva da Internet em relação ao direito autoral ver CASIMIRO, Sofia de Vasconcelos; *A Responsabilidade Civil pelo Conteúdo da Informação Transmitida pela Internet*, Almedina, Coimbra, 2000, pp. 68-69. Para as soluções colectivas para este problema ver YON, Dominique; HILL, Keith; *La Gestion Collective du Droit d'Auteur dans l'Espace Cybernétique*; in: JANSSENS, Marie-Christine (ed.), *Les Droits Intellectuels dans la Société de l'Information*, Bruylant, Bruxelles, 1998, pp. 95-119.

e) *Bens de privacidade*

i) Intimidade privada

O legislador oscila entre a expressão intimidade privada (65º/1 CPA; 268º/2 CRP) e dados pessoais (62º/2 CPA, 4º/1/b, c, 7º/1, 8º LADA). Já o 63º/2 CPA não tem esta restrição expressa. O assistematismo da regulação nesta matéria não pode ser maior.

O que faz parte da intimidade privada decorre de um duplo crivo de delimitação: em primeiro lugar certas matérias fazem em absoluto parte da intimidade privada, em segundo lugar outras dependem da configuração da vida concreta de cada pessoa.

O que faz *em absoluto* parte da vida privada tem a ver com o que respeita ao que no seu corpo não é visível (dados genéticos, saúde) ou alguns aspectos da vida (sexual, afectiva). Dependem da *configuração social* da vida concreta de cada pessoa os aspectos que apenas socialmente se podem descrever como fazendo parte da intimidade privada. Com efeito, este tipo legal apenas se pode concretizar tendo em conta a visibilidade social da pessoa.

Mas em concurso com este conceito surge o de dados pessoais, que parece ser bem mais vasto. Com efeito, a morada de uma pessoa, o seu nome, fazem parte destes dados.

A verdade é que o núcleo de protecção das normas parece ser o mesmo. Com efeito, os dados pessoais são os que contenham apreciações, juízos de valor ou sejam abrangidos pela reserva da intimidade da vida privada nos termos do 4º/1/c LADA. Em última análise o que se pretende sempre é tutelar a intimidade privada das pessoas. Mesmo que a expressão pareça alternativa, é sempre a vida privada das pessoas, incluindo os juízos de valor que sobre ela se façam, que é objecto de tutela.

Tanto os juízos de valor positivos e neutros, como os negativos estão protegidos pela protecção legal (GONÇALVES, José Renato; *Acesso à Informação das Entidades Públicas*, Almedina, Coimbra, 2002, p. 65).

É impossível estabelecer uma tipologia completa de todos os factos sujeitos a esta intimidade privada. No entanto, existem concretizações na lei e na jurisprudência.

ORLANDO DE CARVALHO estabelece a destrinça entre três esferas na intimidade privada: uma esfera privada, uma pessoal e uma de segredo (CASTRO, Catarina Sarmento e; *Direito da Informática, Privacidade e Dados Pessoais*, Almedina, Coimbra, 2005, pp. 23-24; doutrina essa de origem alemã segundo GUERRA, Amadeu; *A Lei de Protecção de Dados Pessoais*; in: *Direito da Sociedade de Informação*, Vol. II, Coimbra Editora, Coimbra, 2001, p. 158). Ver igualmente GONÇALVES, José Renato; *Acesso à Informação das Entidades Públicas*, Almedina, Coimbra, 2002, pp. 42-43; VASCONCELOS, Pedro Pais de; *Protecção de Dados Pessoais e Direito à Privacidade*; in: *Direito da Sociedade da Informação*, Volume I, Coimbra Editora, Coimbra, 1999, p. 250. O artigo 80º do Código Civil reconhece a natureza elástica da intimidade privada (cf. GONÇALVES, José Renato; *Acesso à Informação das Entidades Públicas*, Almedina, Coimbra, 2002, pp. 62, 72-77). ARAÚJO, José Luís; COSTA, João Abreu da; *Código do Procedimento Administrativo Anotado*, Estante Editora, Aveiro, 1993, p. 335 considera que são dados pessoais públicos o nome completo, o estado civil, a profissão, e a morada ou o domicílio constantes de documento. No entanto, e mesmo que assim se entendesse, há que ter cautela na defesa desta tese. É que se estes elementos constam de um contrato, está a ser dada mais uma informação: a de que a pessoa em causa participou de um contrato, o que atinge a intimidade privada.

Na lei o incumprimento contratual é reconhecido como parte da intimidade privada pelo artigo 46º/3 da Lei n.º 5/2004, de 10 de Fevereiro (Lei das Comunicações Electrónicas). De igual forma a identidade física, psíquica, económica, cultural ou social (3º/a LPDP), à imagem (4º/4

LPDP), às convicções filosóficas ou políticas, filiação partidária ou sindical, fé religiosa, vida privada e origem social, saúde e vida sexual, dados genéticos (7º LPDP).

O Ac RP de 30 de Junho de 2004 define como lugar vedado ao público para efeitos do artigo 191º CP o local reservado por uma pessoa para aí decorrer um almoço destinado apenas aos seus convidados. Este acórdão é importante, na medida em que nos permite estabelecer mais um critério de definição da intimidade privada: o acesso reservado a locais.

O pedido de facturação detalhada pelo Ministério Público não constitui violação do segredo de telecomunicações (Ac RL de 22 de Janeiro de 2003, Ac RL de 13 de Janeiro de 1999, Ac RL de 31 de Agosto de 1999). As conversas telefónicas, nomeadamente da arguida com o seu advogado, fazem parte da intimidade privada (Ac RP de 8 de Março de 2000).

O Ac STA de 3 de Julho de 2001 associa a inviolabilidade do domicílio à intimidade privada, embora reconheça que a demolição de construções ilegais não contende com este direito. Um agente da PSP que expulsa da casa um amigo da mulher a pedido do marido quando a mulher se opõe a isso viola a intimidade privada da mulher em violação do 26º CRP (Ac STA de 7 de Junho de 1994).

Um sistema informático que controla a permanência de trabalhadores em instalações sanitárias contem dados pessoais que estão sujeitos à LPDP. A satisfação de necessidades fisiológicas são inquestionavelmente dados da vida privada (Ac STA de 15 de Abril de 1999).

O direito à informação consagrado na CRP não é um direito absoluto, tendo de ser cotejado com outros valores. Há que distinguir no 64º consoante o particular tenha ou não interesse na informação solicitada. Os dados constantes de relatório clínico de terceiro são dados da intimidade privada (Ac STA de 12 de Junho de 1997).

A devassa da vida privada pode gerar danos morais a que corresponde justa indemnização (Ac TCA de 27 de Abril de 2000).

O artigo 4º/1/b do Regulamento (CE) n.º 1049/2001 do Parlamento Europeu e do Conselho de 30 de Maio de 2001 protege o acesso de informações relativas à vida privada e à integridade do indivíduo.

Em Espanha ver REBOLLO VARGAS, Rafael; *La Revelación de Secretos e Informaciones por Funcionário Público*, CEDECS Editorial, Barcelona, 1996, pp. 150-151. Em França o acesso às origens pessoais e familiares obedece a restrições previstas no Décret n.º 2003-671 du 21 juillet 2003.

De igual modo são proibidos em princípio registos de origens raciais, convicções religiosas ou políticas filosóficas assim como filiações sindicais de acordo com o artigo 8º da Loi n.º 78-17 du 6 janvier 1978 em França, nos serviços de informação geral, segundo o artigo 1º do Décret n.º

91-1051 du 14 octobre 1991. Nos mesmos serviços existem regras especiais para dados nominativos relativos ao terrorismo nos termos do Décret n.º 91-1052 du 14 octobre 1991. Para esta proibição ver nomeadamente o Ac Conseil d'Etat Contentieux n.º 242812 du 30 jul 2003.

Uma caderneta de saúde é documento sujeito a segredo da vida privada (Ac Conseil d'Etat Contentieux n.º 184546 du 1 déc 1997). A vida fiscal de particulares como parte da vida privada no Ac Conseil d'Etat Contentieux n.º 171929 du 24 nov 1997. As cartas enviadas por pais de alunos a um liceu denunciando o comportamento de um professor fazem parte da vida privada na medida em que contêm o nome dos seus autores e permitem identificar alunos (Ac Conseil d'Etat Contentieux n.º 130636 du 14 oct 1992). Um anexo que constitui uma acta de reuniões com pessoas de uma sociedade comercial é documento nominativo, na medida em que contém descrições de conversas com pessoas identificadas (Ac Conseil d'Etat Contentieux n.º 120047 du 10 jul 1992). As notas atribuídas a funcionário público são documento nominativo não podendo ser acedido (Ac Conseil d'Etat Contentieux n.º 68506 du 20 jan 1988). Os documentos de um processo para expulsão de um imóvel de duas pessoas (que não gerou decisão de expulsão) não podem ser acedidos por conterem dados nominativos relativos a terceiros (Ac Conseil d'Etat Contentieux n.º 66740 du 30 mai 1986). Um ficheiro usado para pagamentos a funcionários públicos contém dados nominativos (Ac Conseil d'Etat Contentieux n.º 25173 du 12 mar 1982).

O processo de selecção de candidatos a cargos na função pública está sujeito ao segredo da vida privada não podendo ser acedido por terceiros ao concurso (Ac Conseil d'Etat Contentieux n.º 143853 du 11 fév 1994). Mas já não faz parte da vida privada o processo de transferência de um inspector de impostos, dado que respeita à organização e funcionamento da administração fiscal, desde que este processo seja expurgado das referências à sua vida privada (Ac Conseil d'Etat Contentieux n.º 110093 du 27 fév 1991, Ac Conseil d'Etat Contentieux n.º 107176 du 28 déc 1992).

Uma nota de honorários é considerada um documento nominativo em França, pelo que tem restrições de acesso de acordo com o Ac Conseil d'Etat Contentieux n.º 250817 du 28 mai 2004. Um relatório da inspecção-geral da indústria e do comércio contém dados nominativos na medida em que tem apreciações sobre o comportamento de pessoas físicas e descreve este comportamento o que em caso de divulgação poderia prejudicar essas pessoas (Ac Cour Administrative d'Appel de Nancy Contentieux nº 98NC02020 du 17 avr 2003).

Os documentos relativos ao imposto imobiliário contêm elementos relativos à intimidade privada de acordo com o Ac Cour Administrative d'Appel de Lyon Contentieux nº 98LY00917 du 6 nov 2003.

Disposições para pedido de inumação numa propriedade particular encontram-se sujeitas ao segredo da vida privada de acordo com o Ac Cour Administrative d'Appel de Douai Contentieux nº 98DA11987 du 3 mai 2001.

Numa decisão algo estranha no Ac Cour Administrative d'Appel de Nantes Contentieux nº 96NT01287 du 7 oct 1999 decide-se que não pode ser dada a parte do processo de hospitalização de uma paciente psiquiátrica à mesma, no que se refere à identificação da pessoa que pediu o seu internamento, por se tratar de um documento nominativo.

Uma outra decisão curiosa consta do Ac Conseil d'Etat Contentieux n.º 148973 du 9 jul 1997. É que aqui se determina que uma sondagem feita sobre a opinião que o público tem de uma certa pessoa não é um documento nominativo. A conclusão que se esperaria seria a de que o acesso é livre. Mas a conclusão do tribunal é a de que em consequência o próprio não tem direito de acesso à sondagem e muito menos a saber quem a encomendou. Por outro lado o Tribunal Administratif de Grenoble Contentieux nº (?) du 17 jun 1993 decidiu que as estatísticas de sucesso no exame de condução não são documentos nominativos, porque não permitem a identificação de pessoas físicas.

O regulamento interno de uma caixa de segurança social em que se definem genericamente os planos de quotizações não é documento nominativo, pelo que deve ser fornecido (Ac Cour Administrative d'Appel de Douai Contentieux nº 98DA00961 du 23 nov 2000). Uma acta de uma sessão não pública de uma comissão que dá parecer sobre promoções de funcionários públicos deve ser dada se as menções aos mesmos funcionários estiverem cifradas e estes não estiverem identificados, não sendo documento nominativo (Ac Cour Administrative d'Appel de Douai Contentieux nº 97DA01763 du 9 nov 2000 – o tribunal nada diz sobre se estes são identificáveis, apesar de não estarem identificados). Não é igualmente um documento nominativo, tendo de ser dado ao particular, a lista dos funcionários e agente de uma autarquia (Ac Conseil d'Etat Contentieux n.º 112904 du 10 avr 1991). A parte de um contrato administrativo de onde constam os nomes dos seus outorgantes não constitui um documento nominativo, devendo ser dada (Ac Conseil d'Etat Contentieux n.º 90237 du 30 mar 1990).

Um relatório feito sobre uma associação desportiva não pode ser dado a esta na sua íntegra, nas partes em que contém opiniões e declarações de terceiros, por estes serem dados nominativos, sejam estes terceiros expressamente identificados no relatório, ou porque os referidos dados os podem identificar (Ac Cour Administrative d'Appel de Paris Contentieux nº 96PA01269 du 13 oct 1998).

Um documento que tem a classificação de funcionários, com os pontos atribuídos a cada um tem carácter nominativo e por isso não pode ser dado a um sindicato (Ac Cour Administrative d'Appel de Paris Contentieux nº 96PA01574 97PA02209 du 12 mar 1998).

O funcionário e agente da administração tem direito de aceder a todo o seu processo pessoal bem como a todo o procedimento disciplinar que a ele diz respeito (Ac Cour Administrative d'Appel de Bordeaux Contentieux nº 96BX00124 du 16 nov 1998).

Gravações de videovigilância apenas são documentos nominativos caso se destinem a integrar ficheiros de pessoas (Pradel, Jean; Danti-Juan, Michel; *Droit Pénal Spécial*, 2e Ed., Cujas, Paris, 2001, p. 234). Ver Guerra, Amadeu; *A Lei de Protecção de Dados Pessoais*; in: *Direito da Sociedade de Informação*, Vol. II, Coimbra Editora, Coimbra, 2001, p. 149.

De acordo com o *Board of Education of Independent School District nº 92 of Pottawatomie County et al. vs. Earls et al.* (U.S. Supreme Court), June 27, 2002, o teste feito à urina dos alunos encontra-se salvaguardado pela intimidade privada, apenas se discutindo se uma escola poderia exigir esse teste e em que condições.

Os registos escolares fazem parte da intimidade privada, apenas se discutindo se se trata de um direito dos alunos ou dos pais (*Gonzaga University and Roberta S. League vs. John Doe* (U.S. Supreme Court) (Oral Argument), April 24).

Listas de perfis de consumidores nomeadamente relativas ao seu crédito fazem parte da intimidade privada (*Trans Union LLC vs. Federal Trade Commission* (U.S. Supreme Court), June 10, 2002 – embora nesta decisão se coloque, com base na excepção de ruína (da empresa ré) o problema de saber se são utilizáveis no comércio e em que medida).

A lista de empregados de um casino faz parte da intimidade privada *Inyo County, California et al. vs. Paiute-Shoshone Indians of the Bishop Community of the Bishop Colony et al.* (U.S. Supreme Court), May 19, 2003.

O conteúdo de um depósito de gasolina de um automóvel faz parte da intimidade privada do condutor (*United States vs Flores-Montano* (U.S. Supreme Court), March 30, 2004).

Para a tutela de intimidade privada do morto só através dos seus familiares ver o *National Archives and Records Administration vs. Favish et al.* (U.S. Supreme Court), March 30, 2004 e *Office of Independent Counsel vs. Allan J. Favish et al.* (U.S. Supreme Court) (Oral Argument), December 3, 2003. A solução diversa se chega em Portugal, onde o morto ainda beneficia de tutela depois da morte do titular (71º Código Civil).

Os dados de localização de um computador também poderão ser elemento de privacidade (ver Castro, Catarina Sarmento e; *Direito da Informática, Privacidade e Dados Pessoais*, Almedina, Coimbra, 2005, pp. 181-183).

O direito à "privacy" e a sua história em Castro, Catarina Sarmento e; *Direito da Informática, Privacidade e Dados Pessoais*, Almedina, Coimbra, 2005, pp. 17 ss.. Ver igualmente Marques, Garcia; Martins, Lourenço; *Direito da Informática*, Almedina, Coimbra, 2000, pp. 102 ss., Gaudenzi, Andrea Sirotti; *Il Commercio Elettronico nella Società dell'Informazione*, Sistemi Editoriali, Napoli, 2003, p. 239. A protecção da intimidade privada em Italia, Vittorio; *L'Accesso ai Documenti Amministrativi (Regolamento 27 giugno 1992, n. 352)*, 2ª ed., Giuffrè, Milano, 1994, pp. 114, 129 ss. O direito à privacidade em Strauss, Peter L.; *An Introduction to Administrative Justice in the United States*; in: Piras, Aldo (Ed.); *Administrative Law. The Problem of Justice, Vol. Iº, Anglo--American and Nordic Systems*, Giuffrè, Milan, 1991, p. 722. No Reino Unido a *privacy* não era reconhecida à luz da Common Law, só o tendo sido pela lei e pelos tribunais no fim dos anos 90 do século XX (McEldowney, John F.; *Public Law*, Thomson Sweet & Maxwell, 3rd Ed., London, 2002, pp. 573-574).

A intimidade privada dos funcionários e agentes públicos encontra-se igualmente protegida. Em tema paralelo, referente à relação laboral ver Martinez, Pedro Romano; *Relações Empregador Empregado*; in: *Direito da Sociedade da Informação*, Volume I, Coimbra Editora, Coimbra, 1999, pp. 198-200.

Na Suécia pelo contrário, não existe uma protecção directa da intimidade privada nos mesmos termos. Alguém pode aceder ao registo médico de um terceiro, apenas se considerando que tem mais hipóteses de poder a ele aceder se for familiar que se for jornalista ou caçador de escândalos (Ragnemalm, Hans; *Administrative Justice in Sweden*; in: Piras, Aldo (Ed.); *Administrative Law. The Problem of Justice, Vol. Iº, Anglo-American and Nordic Systems*, Giuffrè, Milan, 1991, p. 346).

ii) Vida interna das entidades

A restrição ligada à vida interna das entidades suscita três tipos de problemas: o do seu conceito, o do seu âmbito de aplicação subjectivo, e o do seu âmbito de aplicação objectivo.

Em primeiro lugar, o do seu conceito. O segredo comercial em sentido próprio, apesar da lei e da jurisprudência distinguirem por vezes mal estas questões, respeita apenas a elementos organizacionais que têm valor económico objectivo, independentemente da empresa a que respeitam. Uma forma de se estruturar, uma forma de funcionar, uma forma de se relacionar com o público, que pela sua originalidade, raridade ou menor divulgação assumem objectivamente valor económico.

Já a vida interna das entidades tem um fundamento diverso. Embora a organização e o modo e funcionamento de uma entidade possam ser banais, pode ter valor económico saber que esta entidade concreta assumiu essa forma de organização ou de funcionamento. Mas, para além disso, e independentemente do seu valor económico, o legislador visa tutelar aquilo que em boa verdade é a vida privada das entidades. O direito à intimidade privada é igualmente tutelado para as pessoas colectivas nos termos do artigo 12º/2 CRP. Daí que a sua vida interna seja tutelada independentemente de ter ou não valor económico. É isso que a distingue conceptualmente do segredo comercial. Visa proteger a vida privada em primeiro lugar independentemente de ter ou não valor económico.

> Para o problema da aplicabilidade do 12º/2 CRP em tema paralelo ver Castro, Catarina Sarmento e; *Direito da Informática, Privacidade e Dados Pessoais*, Almedina, Coimbra, 2005, pp. 101-105.

Já quanto ao âmbito subjectivo, há que ter em conta outros considerandos. Referimo-nos a entidades, dado que o conceito de pessoa colectiva tem de ser estendido. Algumas figuras de direito estrangeiro como o *trust* não têm sempre personalidade jurídica no sentido continental. Por outro lado, não apenas as empresas têm direito a esta privacidade por força da CRP. Fundações e associações têm o mesmo direito à privacidade. Há por outro lado, empresas que não são pessoas colectivas, como as sociedades civis (é já banal o argumento de que o artigo 230º Código Comercial não esgota toda a actividade empresarial, v.g. um gabinete de arquitectura), ou mesmo como os empresários em nome individual. De igual modo as associações sem personalidade jurídica (195º-198º Código Civil) e as comissões especiais (199º-201º Código Civil) são merecedoras da mesma tutela.

A necessidade de estender o conceito de vida interna das empresas a outro tipo de entidades revela-se a propósito da escrituração comercial no Ac STJ de 15 de Dezembro de 1998. Com efeito determina a extensão deste segredo a outras pessoas colectivas, nomeadamente às fundações. Este acórdão é igualmente relevante, na medida em que percebe que não é de segredo comercial que se trata, mas de "intromissão na vida privada de pessoas colectivas" (no caso, não mercantis). O Ac RP de 28 de Maio de 1998 estabelece que a uma fundação não sendo directamente aplicável o regime do segredo de escrituração, no entanto, tem real interesse neste segredo, pelo que lhe aplica regime idêntico. Caso especial é o do segredo da vida interna de entidades religiosas (para a Igreja Católica ver PACHECO PULIDO, Guillermo; *El Secreto en la Vida Jurídica*, Editorial Porrúa, México, 1995, pp. 104-127).

Não é por acaso que a CNPD, apesar da LPDP não se aplicar a pessoas colectivas como acontece noutros países, considera aplicável a mesma lei a empresários em nome individual nessa qualidade (CASTRO, Catarina Sarmento e; *Direito da Informática, Privacidade e Dados Pessoais*, Almedina, Coimbra, 2005, pp. 100-101).

GONÇALVES, José Renato; *Acesso à Informação das Entidades Públicas*, Almedina, Coimbra, 2002, pp. 129-161 tratou dos segredos de empresa uniformemente não destrinçando os segredos económicos da vida interna das empresas. Daí que não distinga dois valores diversos que são protegidos num e noutro. O A. assenta todo o regime na propriedade privada (p. 136) descurando a intimidade privada das pessoas colectivas e equiparadas. Daí que não destrince os regimes. A verdade é que a propriedade privada tem pouca eficácia explicativa quando a vida interna das empresas apresenta nulo significado económico por si mesma, mas só em relação à empresa em causa.

Em terceiro lugar, o do âmbito objectivo. É que a vida interna das entidades apenas é tutelada expressamente pelo 10º/1 LADA. Quer isto dizer que em sede de procedimento administrativo, enquanto ele corre, não poderia ser oposta esta excepção? Se assim fosse, teríamos um regime de acesso aos documentos mais restritivo que o de acesso ao procedimento, o que poderia ser consistente em princípio.

No entanto, não é esta a melhor solução. Com efeito, e como antes vimos, podem existir muitos documentos no processo administrativo em sentido estrutural que não têm conexão com o procedimento devido e, sobretudo, que se vem a verificar que não têm conexão com o acto praticado a final; só por estarem integrados em processo administrativo podem ser objecto de devassa por terceiros? O absurdo desta situação é que a intimidade privada das pessoas singulares se encontra tutelada expressamente tanto na LADA como no CPA. Assim sendo, a única hipótese é a de considerar que o CPA quando fala em intimidade privada se refere igualmente à das entidades e não apenas às pessoas singulares e que a LADA nesta sede é meramente enunciativa. Seja como for existe um assistematismo na redacção da lei, pelo que em ambos os diplomas deveria estar claro que tanto a intimidade privada das pessoas singulares, como a vida interna das entidades constituem excepção de acesso à informação. Esta é a única solução consistente com o artigo 12º/2 CRP.

Mas na análise sobre o tema temos de dar ainda um passo. É que falta delimitar o que seja a vida interna das entidades, que a distinga da vida externa das mesmas. Este critério de distinção remete-nos para a realidade social. É que as entidades são agentes da sociedade, vivem em relação com ela. Em certas dimensões desenvolvem a sua actividade de forma aberta à sociedade em geral, noutros caso, abrem-se apenas a certos sectores da sociedade, noutros ainda, só a outras entidades ou indivíduos concretos. Mais especificadamente, uma entidade tem a sua sede, estabelecimentos abertos ao público, intervenções sociais, preços expostos ao público, divulgação da sua actividade, publicações em sites da Internet, jornais, independentemente de a lei a isso obrigar ou não. Efectivamente, abre-se, por decisão sua ou por força da sua actividade natural, ao exterior. Essa abertura decorre do seu funcionamento, inere à sua forma de existir.

A vida externa das entidades é por isso aquela em que *elas se mostram ao exterior genericamente no exercício da sua actividade.*

Já fazem parte da vida interna de uma entidade as situações em que:

a) ou comunica sectorialmente com o exterior, ou seja apenas se abre aos seus associados, ou membros de um clube, ou a especialistas da área;
b) ou comunica individualmente com um cliente, um fornecedor, ou pessoas específicas (por exemplo, pode ter cláusulas padronizadas em contratos, mas o preço que especificamente foi atribuído para um cliente concreto, as quantidades que

este encomendou, o custo que pagou pelo serviços, a correspondência de negociação contratual ou de estabelecimento de termos do cumprimento só são dirigidos a esse cliente, etc.);

c) ou membros dessa entidade comunicam com o exterior, aparentemente fora da sua actividade (festas sociais, comunicações não públicas, etc.) mas em conexão com esta;

d) ou nem sequer tem comunicações com o exterior (ordens internas, comunicações internas, relações internas, orgânica de funcionamento, procedimentos adoptados, estratégias decididas, etc.).

É evidente que, definida desta forma, a vida interna das empresas é bem vasta. No entanto, como posteriormente veremos, existem excepções às restrições de acesso que impõem a publicidade (obrigatória ou voluntária) e o consentimento. A verdade é que, para aferir da existência de vida interna das empresas se torna necessário saber qual o grau de difusão que as entidades dão às suas actividades concretas. Isto pode colocar problemas de instrução muito melindrosos, e por vezes muito difíceis de avaliar. A prudência exige que a administração pública pondere seriamente sempre que tiver dúvidas sobre a existência de divulgação ou não das suas actividades. De igual forma, tem de ser ponderado o facto de muitas actividades que formalmente são de membros das entidades (administradores de empresas, dirigentes de associações fundações ou trusts, por exemplo), são na prática funções de representação da entidade. Só perante a entidade concreta se pode aferir o que faz parte da sua vida interna. REBOLLO VARGAS, Rafael; *La Revelación de Secretos e Informaciones por Funcionário Público*, CEDECS Editorial, Barcelona, 1996, p. 142, em tema paralelo, mostra que o segredo não o deixa de o ser pelo facto de ser partilhado por um certo número mais ou menos alargado de pessoas.

Por vezes a lei fala em segredo comercial quando em bom rigor quer-se referir à vida interna das empresas. Assim no n.º 3 do preâmbulo do Decreto-Lei n.º 257/96, de 31 de Dezembro, que alterou o Código das Sociedades Comerciais, se afirma que o conselho fiscal começou por ser composto por sócios da sociedade para preservar o segredo comercial, referindo que a protecção dos sócios dos credores e de potenciais investidores forçou que este fosse composto por terceiros independentes. O acesso aos acordos quadro em sede de transporte ferroviário pode ocorrer nas suas linhas gerais, mas sem violar segredo comercial (49º/l Decreto-Lei n.º 270/2003, de 28 de Outubro).

O Ac STJ n.º 2/98, de 22 de Abril de 1997 mostra uma sintomática confusão entre conceitos a propósito da faculdade que o juiz tem de ordenar o exame dos livros e documentos dos comerciantes resultante da conjugação do artigo 519º do Código do Processo Civil com o artigo 43º do Código Comercial. Fala-se a propósito de segredo comercial e de sigilo profissional quando em boa verdade se trata de vida interna das entidades. Com efeito, a escrituração comercial não tem valor económico por si mesma, mas apenas porque se refere a uma entidade concreta. Mais uma vez se percebe que a destrinça que operámos entre segredo económico e vida interna das entidades evita desenvolvimentos meramente verbais. O desenvolvimento verbal atinge o seu pico no Ac STJ de 3 de Novembro de 1993 (proc. 84 441) em que, a propósito do mesmo tema, apenas se refere o brocardo "o segredo é a alma do negócio". É evidente que a vida interna das empresas tem valor económico, na medida em que a sua actividade é económica. Esta é uma conclusão tautológica. Esta confusão ocorre igualmente em sede do Direito Comunitário como se vê pelo Ac TJCE de 17 de Novembro de 1987 (*British American Tobacco Company Ltd. e R. J. Reynolds Industries, Inc. VS Comissão CE*).

O Ac STJ de 10 de Julho de 1997, a propósito da relação entre a prova pericial prevista no artigo 568º do Código do Processo Civil e os artigos 42º e 43º do Código Comercial, fala de forma mais neutra em segredo de escrituração mercantil, lembrando que por lei pode ser restringido. Ainda mais rigorosos, os Ac STJ de 23 de Outubro de 1991 e Ac STJ de 21 de Abril de 1993 não qualificam o regime dos 42º e 43º do Código Comercial a propósito da escrituração comercial, e apenas falam do segredo das operações como condição do êxito das suas operações.

O Ac STJ de 14 de Abril de 1996 a propósito do 41º do Código Comercial e do segredo de escrituração comercial, deixa claro que compete à lei organizar as fronteiras do segredo da escrituração comercial, ou seja, da vida interna das entidades, para os efeitos que ora nos interessam.

O Ac RP de 4 de Dezembro de 1995 determina que o estatuto de uma associação de sociedades pode determinar o secretismo do voto. É um dos raros a concretizar o que seja, para os efeitos que ora nos interessam, o que sejam a vida interna das entidades.

O Ac RP de 2 de Maio de 2001 determina que um gabinete técnico de arquitectura, por estar aberto ao público, não constitui lugar vedado ao público. O lugar vedado ao público tutela desde a reserva e o segredo pessoais, o segredo comercial e industrial e valores de relevância económica e burocrático-administrativa. Ou seja associados à vida interna das entidades igualmente. O trabalho do arquitecto está tutelado pelo Código de Direito de Autor. A tutela da vida privada está associada à inviolabilidade do domicílio.

O Estudo de Mobilidade da Linha Oeste feito pela CP Caminhos-de-Ferro Portugueses não pode ser acedido por isso violar nos termos do 10º/1 LADA o segredo comercial ou a vida interna das empresas. O tribunal assentou o fundamento da norma na sã concorrência e nos custos que teve o estudo para a CP. Este caso é mais um onde se verifica que a jurisprudência hesita na qualificação entre segredo comercial e vida interna das empresas. Aplicando o critério que adoptámos trata-se de segredo comercial. Com efeito, este estudo contém informações que objectivamente têm valor económico para concorrentes, como se verifica pelo seu desejo de obter os seus dados. Se deles consta igualmente informação sobre a vida interna da empresa ignora-se, dado que o acórdão não nos esclarece sobre a questão. As empresas públicas também têm direito a vida interna protegida e são titulares de segredo comercial. O tribunal recusou a natureza de documento nominativo por não se referir a pessoas singulares. (Ac TCA de 4 de Abril de 2002). GONÇALVES, José Renato; *Acesso à Informação das Entidades Públicas*, Almedina, Coimbra, 2002, pp. 140-153 descreve este caso em pormenor.

A CADA considera que têm de ser fornecidos os documentos de prestação de contas que são enviados ao Estado por força de lei (GONÇALVES, José Renato; *Acesso à Informação das Entidades Públicas*, Almedina, Coimbra, 2002, p. 44). Aqui no entanto, há que distinguir e só perante a norma concreta se pode saber se a lei ainda visa preservar a vida interna das entidades ou não. Tudo depende da finalidade para que os documentos são enviados à administração pública e do concreto regime de publicidade que rege essa documentação.

O Ac TPICE (2ª Sec. Alargada) de 25 de Junho de 1998 (*British Arways plc. et al. VS Comissão CE*) considera que uma restrição de acesso é o do funcionamento interno das empresas, embora o reconduza ao segredo profissional da Comissão. Para a tutela do segredo das empresas ver SCHWARZE, Jürgen; *Il Controlo Giurisdizionale sul Procedimento Amministrativo Europeo*, in: *Rivista Trimestrale di Diritto Pubblico, Quaderno n. 1, Il Procedimento Amministrativo nel Diritto Europeo*, Giuffrè Editore, Milano, 2004, p. 129.

Uma circular de uma organização de cooperativas que receba instruções do governo para esse efeito não pode ser considerada "segredo comercial" (em boa verdade, vida interna das empresas) segundo as CAGER de 6 de Julho de 1989 (*Comissão CE VS República Helénica*).

O 4º/2 do Regulamento (CE) n.º 1049/2001 do Parlamento Europeu e do Conselho de 30 de Maio de 2001 protege a vida interna na perspectiva da protecção dos interesses comerciais das pessoas físicas ou colectivas.

A vida interna das sociedades civis é regulada pelo artigo 1885º do Código Civil francês que impede o acesso às informações sobre o pessoal da sociedade, aos documentos preparatórios de decisões dos órgãos sociais ou aos relativos a processos judiciais em curso (Ac Conseil d'Etat Contentieux n.º 233740 du 25 oct 2002). Mas mais uma vez e equivocamente trata-se desta questão como "secret des affaires". Num caso contra a Commission des Opérations de Bourse (COB), em que esta venceu, o Ac Cour Administrative d'Appel de Paris Contentieux nº 00PA01926 du 10 mai 2001 considera que faz parte do segredo comercial e industrial a estratégia financeira do grupo Fimalac. Mais uma vez fica-se sem saber se de vida interna das empresas se trata (o que é mais provável) se de verdadeiro segredo económico. Neste acórdão, igualmente o comportamento dos dirigentes das sociedades é considerado como informação de natureza nominativa e portanto excluída do dever de fornecer informação. Na falta de um conceito geral de vida interna das entidades estas questões estão condenadas a ser confundidas. O Ac Conseil d'Etat Contentieux n.º 84994 85264 du 11 jul 1990 determinou que o preço que o prestador de serviços de ambulância cobrava a um hospital podia ser acedido por um sindicato de trabalhadores de ambulância, porque este preço não gera um documento nominativo nem está sujeito a segredo comercial.

A protecção dos interesses comerciais e industriais, misturando os dois temas da vida interna e do segredo económico em ITALIA, Vittorio; *L'Accesso ai Documenti Amministrativi (Regolamento 27 giugno 1992, n. 352)*, 2ª ed., Giuffrè, Milano, 1994, pp. 114, 129 ss.. Mistura igualmente os dois temas a lei americana como se vê em STRAUSS, Peter L.; *An Introduction to Administrative Justice in the United States*; in: PIRAS, Aldo (Ed.); *Administrative Law. The Problem of Justice, Vol. Iº, Anglo-American and Nordic Systems*, Giuffrè, Milan, 1991, p. 722.

Questão complexa é a do nexo de legitimação que se gera havendo esta restrição. Que a própria entidade em causa possa aceder não há dúvidas. Mas podem os seus participantes fazê-lo? Parece-me que sim, desde que se demonstre, de acordo com as regras de prova do CPA que o participante em causa teria direito a aceder a essa informação junto da sociedade e na medida em que o tenha. Para as sociedades por quotas ver VENTURA, Raúl; *Sociedades por Quotas*, Vol. I, 2ª Ed., Almedina, Coimbra, 1989, pp. 292 ss. e para as sociedades anónimas ver VENTURA, Raúl; *Novos Estudos sobre Sociedades Anónimas e Sociedades em Nome Colectivo*, Almedina, Coimbra, 1994, pp. 131 ss.. No entanto, na dúvida (de facto ou de direito), deve-se entender sempre que o sócio deve ir buscar directamente à sociedade ou o associado à associação e assim por diante, nem que seja por via judicial, sob pena de os particulares realizarem desvio de meio processual (obtendo junto da administração o que não obteriam junto da entidade directamente).

Interessantes são as tipologias enunciadas em MACHADO, Miguel Pedrosa; *Temas de Legislação Penal Especial*, Edições Cosmos, Lisboa, 1992, pp. 46-47, que, embora se refiram apenas às sociedades comerciais, podem ter impacto em graus diversos noutras entidades. Distingue, quanto ao *destinatário*, uma informação interna (e de entre esta a intra-orgânica e a que é devida a accionistas, a trabalhadores) e externa (a que é devida a poderes públicos, aos credores, ao público em geral), quanto ao *objecto*, respeitante à estrutura institucional da empresa, a sua dimensão patrimonial e aos factos decorrentes da gestão empresarial, do ponto de vista *funcional* pode ser para o funcionamento da sociedade, para o controlo da gestão, para o controlo da própria informação ou para a tutela de interesses patrimoniais, incluindo uma tipologia de *instrumentos* de informação (registos, jornais, boletins oficiais, depósitos na sede societária, comunicações a entidade públicas de controlo, por exemplo).

2. Restrições especiais

a) *Documentos constantes de processos*

O artigo 7º/4 LADA tem um regime especial de restrição de acesso. Em relação a documentos constantes de processo, estes apenas podem ser acedidos:

a) ou depois da tomada de decisão;

b) ou do arquivamento do processo;

c) ou até um ano depois da elaboração dos documentos.

Esta norma carece de várias anotações.

Em primeiro lugar por processos aqui têm de ser entender processos não administrativos, na acepção do CPA. Podem ser processos de elaboração normativa, interpretativa do Direito, de estudos, circulares, etc. Aqui a acepção de processo é mais lata que a constante do 4º/l/a LADA notoriamente.

Em segundo lugar, se o critério da tomada de decisão ou do arquivamento é inequívoco, o ano após a sua elaboração pode suscitar problemas de interpretação graves. Um ano, mesmo que não tenha ainda havido arquivamento ou tomada de decisão? Parece que sim, que é esse o sentido útil da norma. Mas um ano em qualquer circunstância, ou um ano só se o processo estiver parado? Parece ser a última a melhor solução. Ou seja, o que a norma visa impedir é que a inércia da administração impeça o princípio da administração aberta. Ou o processo avança, se efectuam diligências, e se espera pela tomada de decisão (arquivamento ou outra decisão), ou, se o processo se encontrar parado durante um ano a administração tem de abri-lo ao acesso pelo público.

O que seja um processo parado é questão que pode suscitar problemas. É-o inequivocamente um processo em que não houve nenhuma diligência ou acto praticado durante o período em causa. Mas também o deverá ser como tal considerado o processo em que foram praticadas diligências ou actos meramente dilatórios do prazo ou de manifesta inutilidade para o processo. Só no caso concreto se poderá apreciar desta paragem em termos substantivos.

Em relação ao acesso a relatório de assistente social PINORI, Alessandra; *La protezione dei Dati Personali. Guida alla Lettura delle Fonti*, Giuffrè Editore, Milano, 2004, p. 120-121 defende que este tem de existir pelo titular a que respeita, mas não às valorações interlocutórias do assistente social, mas só às definitivas. Este regime não será o aplicável em Portugal, por força do que se diz em texto. O particular interessado tem direito de acesso a todo o processo, mas, no que não se verte numa decisão em relação a ele, poderá só ter acesso depois de passado o prazo de um ano após a sua decisão final. Este é o caso das valorações interlocutórias de um assistente social. Quanto ao acesso a estudos sobre a segurança de carros ou de epidemiologia feitos por organismos públicos ver MCELDOWNEY, John F.; *Public Law*, Thomson Sweet & Maxwell, 3rd Ed., London, 2002, pp. 579-580.

Ver GONÇALVES, José Renato; *Acesso à Informação das Entidades Públicas*, Almedina, Coimbra, 2002, pp. 183-186, *ibidem* a p. 189 parece-me que o autor confunde processo *hoc sensu* e procedimento. Daí que desenvolva o tema de uma forma que não me aprece adequada. "Processos" nesta acepção nunca são procedimentos. Por isso a regra de dilação tem todo o sentido, dado que tem um campo de aplicação bem mais restricto. A mesma confusão parece-me existir em CARVALHO, Raquel; *Lei de Acesso aos Documentos da Administração*, Publicações da Universidade Católica, Porto, 2000, p. 21.

Para o acesso aos processos de elaboração normativa ver STRAUSS, Peter L.; *An Introduction to Administrative Justice in the United States*; in: PIRAS, Aldo (Ed.); *Administrative Law. The Problem of Justice, Vol. I°, Anglo-American and Nordic Systems*, Giuffrè, Milan, 1991, p. 683.

b) *Preservação documental*

O 12º/4 LADA consagra uma restrição, não a conteúdos, mas a modo de acesso. Com efeito, caso a reprodução do documento causar dano ao documento visado pode ser esta impedida, devendo ser substituída por cópia manual ou outro tipo de reprodução que não prejudique o documento. Esta restrição, apesar de ser geral, tem um fundamento especial, que nada tem a ver com o conteúdo da informação.

GONÇALVES, José Renato; *Acesso à Informação das Entidades Públicas*, Almedina, Coimbra, 2002, p. 174 lembra que esta regra é comum nas legislações relativas ao acesso. Ver igualmente CANOTILHO, J. J. Gomes; MOREIRA, Vital; *Constituição da República Portuguesa Anotada*, 3ª Ed. Revista, Coimbra Editora, Coimbra, 1993, p. 935.

c) *Bases de dados de prevenção criminal ou segurança de Estado*

Nos termos do 11º/4 LPDP quando a informação em causa puder prejudicar a prevenção criminal ou a segurança do Estado não é fornecida pela CNPD, a entidade competente nesta matéria nos termos do 11º/2,3 LPDP.

É verdade que o mesmo 11º/4 LPDP refere igualmente a investigação criminal, mas esta já se encontra consumida pelo segredo de investigação antes estudado.

A segurança do Estado nesta acepção é mais lata que o segredo de Estado. Com efeito, quando existem ficheiros de dados pessoais, e só neste caso, se pode restringir para além do que é qualificado como segredo de Estado. Da mesma forma, a prevenção criminal não se encontra consumida pelo segredo de justiça. Este regime é duplamente especial: pelo alargamento das restrições, mas também porque este alargamento só se torna possível apenas porque existe uma terceira entidade, a CNPD, que é competente para verificar da adequação das informações a cláusulas restritivas.

d) *Restrições institucionais*

Legislação esparsa consagra aparentemente outros tipos de restrições ainda.

O artigo 31º Decreto-Lei n.º 164/2001, de 23 de Maio estatui o seguinte, em sede de prevenção de acidentes graves que envolvam substâncias perigosas: *"Artigo 31.º Acesso à informação 1 – Com o objectivo de garantir o direito de acesso à informação e sem prejuízo do disposto na Lei n.º 65/93, de 26 de Agosto, a DGA e o SNPC colocarão à disposição de qualquer pessoa singular ou colectiva, que o solicite, as informações recebidas nos termos do presente diploma. 2 – Ás informações recolhidas serão mantidas confidenciais se puserem em causa: a) A confidencialidade das deliberações das autoridades competentes no âmbito do presente diploma e da Comissão Europeia; b) A confidencialidade das relações internacionais e da defesa nacional; c) A segurança pública; d) O segredo de justiça ou de um processo judicial em curso; e) O sigilo comercial ou industrial, incluindo a propriedade intelectual; f) Dados e ou ficheiros pessoais relativos à vida privada das pessoas; g) Dados fornecidos por um terceiro, se este solicitar que permaneçam confidenciais."*[20]

---

[20] Directiva 96/82/CE do Conselho de 9 de Dezembro de 1996 relativa ao controlo dos perigos associados a acidentes graves que envolvem substâncias perigosas: "*Artigo 20° Confidencialidade:*

1. Os Estados-membros devem tomar medidas, destinadas a assegurar a transparência, para que as autoridades competentes sejam obrigadas a pôr à disposição de qualquer pessoa singular ou colectiva que o solicite as informações recebidas sem aplicação da presente directiva.

Desde que as disposições nacionais assim o estabeleçam, as informações recebidas pelas autoridades competentes ou
pela Comissão podem ser mantidas confidenciais se puserem em causa:

- *a confidencialidade das deliberações das autoridades competentes e da Comissão,*
- *a confidencialidade das relações internacionais e da defesa nacional,*
- *a segurança pública,*
- *o segredo de justiça ou de um processo judicial em curso,*
- *o sigilo comercial ou industrial, incluindo a propriedade intelectual,*
- *dados e/ou ficheiros pessoais relativos à vida privada de pessoas,*
- *dados fornecidos por um terceiro, se solicitar que permaneçam confidenciais*".

Em relação ao regime geral este artigo alarga as restrições a matérias não previstas na lei geral:

a) a confidencialidade de deliberações das autoridades competentes;
b) das relações internacionais;
c) da defesa nacional;
d) segurança pública;
e) processo judicial em curso;
f) dados fornecidos por terceiro, se este solicitar que permaneçam confidenciais.

Este alargamento decorre directamente da Directiva comunitária competente. O problema é que não existe regra sobre confidencialidade de deliberações das entidades competentes, salvo nos termos da LADA a restrição temporal de acesso acima estudada. A matéria de relações internacionais apenas é objecto de restrição na medida em que seja informação política, fora das informações administrativas ou informação recebida de entidade pública estrangeira. A defesa nacional e a segurança pública enquanto tal não é preservada em tema de acesso, à informação administrativa, salvo quando é considerada segredo de Estado como tal qualificada. Não existe em sentido próprio segredo de processo judicial em curso em Portugal. E em relação aos documentos fornecidos por terceiro seria inconstitucional a restrição ao acesso (dado que como veremos só a lei a pode criar), mas encontra-se salvaguardada pelo Direito comunitário[21].

O 69º/3 Lei n.º 5/2004, de 10 de Fevereiro[22], regime jurídico aplicável às redes e serviços de comunicações electrónicas, consagra

---

[21] Semelhante raciocínio em GONÇALVES, José Renato; *Acesso à Informação das Entidades Públicas*, Almedina, Coimbra, 2002, p. 229. A verdade é que este poder de qualificar como confidencial pelo titular tem limites. Obedece às excepções que se analisam de seguida e ao quadro sistémico que igualmente será estudado depois. Mas este direito de qualificar como confidencial tem também limites internos. É que pode constituir abuso de direito em certos casos.

[22] *"Artigo 69.º Oferta de referência de acesso ao lacete local (ORALL) 1 – Sempre que um operador esteja sujeito à obrigação de oferta de acesso desagregado ao lacete local, deve publicar a respectiva oferta de referência de acesso ao lacete local (ORALL) contendo, no mínimo, os seguintes elementos, sem prejuízo do disposto no n.º 2 do artigo anterior: a) Condições para o acesso desagregado ao lacete local; b) Partilha de locais;*

mais uma restrição de acesso, a segurança pública. Esta restrição vem do Anexo II à Directiva 2002/19/CE do Parlamento Europeu e do Conselho de 7 de Março de 2002, relativa ao acesso e interligação de redes de comunicações electrónicas e recursos conexos (directiva acesso). No entanto, esta nova restrição é apenas aparente. As normas em causa definem deveres de publicitação de aspectos que teoricamente estariam sob a epígrafe de vida interna das empresas. Aceita-se que a publicitação destas matérias esteja restringida quando igualmente ponha em causa a segurança pública. Neste sentido não há uma nova fonte de restrição, mas apenas uma forma de organizar as fronteiras da vida externa da empresa sob o ponto de vista legal.

O 12º/6 Decreto-Lei n.º 69/2000, de 3 de Maio, refere a necessidade de separação da informação relativa a conservação do património natural e cultural para efeitos de estudo de impacto ambiental, de acordo com a legislação aplicável, o que parece indiciar restrições ao seu acesso. No entanto, na falta de lei da Assembleia da República ou Decreto-Lei em uso autorização legislativa esta norma é vazia de conteúdo em sede de restrição, como de forma fundamentada veremos nas conclusões.

> O artigo 18º/1/d da Lei n.º 18/2003, de 11 de Junho (regime da concorrência) tem aparentemente uma nova restrição. No entanto, não compete aos particulares qualificar a informação como confidencial. Esta qualificação tem apenas um efeito instrutório. A qualificação cabe à lei. STRAUSS,

---

c) Sistemas de informação; d) Condições de oferta. 2 – Para efeitos do disposto na alínea a) do número anterior, deve ser especificado o seguinte: a) Elementos da rede que são objecto da oferta de acesso, abrangendo, em especial, o acesso aos lacetes locais e o acesso ao espectro de frequências não vocais de um lacete local, em caso de acesso partilhado ao lacete local; b) Informações relativas à localização dos pontos de acesso físico, podendo a disponibilidade destas informações limitar-se exclusivamente às partes interessadas por razões de segurança pública, bem como disponibilidade dos lacetes locais em partes específicas da rede de acesso; c) Condições técnicas relacionadas com o acesso e a utilização dos lacetes locais, incluindo as características técnicas do par de condutores metálicos entrançados do lacete local; d) Procedimentos de encomenda e oferta e restrições de utilização. 3 – Para efeitos do disposto na alínea b) do n.º 1, deve ser especificado o seguinte:

a) Informações sobre os locais pertinentes do operador notificado, podendo a disponibilidade destas informações limitar-se exclusivamente às partes interessadas por razões de segurança pública;".

Peter L.; *An Introduction to Administrative Justice in the United States*; in: PIRAS, Aldo (Ed.); *Administrative Law. The Problem of Justice, Vol. I°, Anglo-American and Nordic Systems*, Giuffrè, Milan, 1991, p. 74 parece chegar à mesma conclusão. Inversamente a doutrina italiana (ITALIA, Vittorio; *L'Accesso ai Documenti Amministrativi (Regolamento 27 giugno 1992, n. 352)*, 2ª ed., Giuffrè, Milano, 1994, pp. 10-11) referia segredo por conta da administração pública. Igualmente estes casos não podem ocorrer em Portugal (ver por exemplo ARAÚJO, José Luís; COSTA, João Abreu da; *Código do Procedimento Administrativo Anotado*, Estante Editora, Aveiro, 1993, p. 330). As únicas aparentes excepções são as relativas ao segredo de Estado, mas este depende sempre de órgãos políticos para a sua classificação, e mesmo assim, dentro dos limites da lei.

A Lei 6/89, de 15 de Abril no seu artigo 5° consagra o segredo estatístico.

Artigo 5.º Segredo estatístico 1 – O segredo estatístico visa salvaguardar a privacidade dos cidadãos, preservar a concorrência entre os agentes económicos e garantir a confiança dos informadores no sistema estatístico. 2 – Todas as informações estatísticas de carácter individual colhidas pelo INE são de natureza confidencial, pelo que: a) Não podem ser discriminadamente insertas em quaisquer publicações ou fornecidas a quaisquer pessoas ou entidades, nem delas pode ser passada certidão; b) Constituem segredo profissional para todos os funcionários e agentes que delas tomem conhecimento; c) Nenhum serviço ou autoridade pode ordenar ou autorizar o seu exame. 3 – As informações individualizadas sobre pessoas singulares nunca podem ser divulgadas. 4 – Salvo disposição legal em contrário, as informações sobre a Administração Pública não estão abrangidas pelo segredo estatístico. 5 – As informações sobre cooperativas, empresas públicas e privadas, instituições de crédito e outros agentes económicos não podem ser divulgadas, salvo autorização escrita dos respectivos representantes ou após autorização do Conselho Superior de Estatística, caso a caso, desde que estejam em causa as necessidades do planeamento e coordenação económica ou as relações económicas externas.

A própria configuração do segredo estatístico mostra que este é um regime excepcional. Não se trata de um regime de segredo profissional especial, o que veremos seria irrelevante para efeitos de acesso. Trata-se de um segredo *sui generis*. A completa entorse das regras de acesso apenas se compreende pelas funções desempenhadas pelo organismo competente. A sua função é apenas estatística. Ora, seria desvirtuar a sua função admitir excepções a este segredo.

Não existe por isso aqui qualquer inconstitucionalidade enquanto a norma for lida apenas em relação ao órgão competente para a estatística e no âmbito das actividades estatísticas. O segredo não abrange todas as estatísticas realizadas pelo Estado, mas apenas as realizadas pelo INE.

SANTIAGO, Rodrigo; *Do Crime de Violação de Segredo Profissional no Código Penal de 1982*, Almedina, Coimbra, 1992, p. 185 afirma que não se trata de um caso de segredo profissional, no que concordamos, mas de segredo de funcionário. No entanto, embora sob o ponto de vista penal seja adequado como qualificação, sob o ponto de vista administrativo é insuficiente. Sob o ponto de vista administrativo é uma restrição institucional, especial, de acesso à informação aplicável ao próprio organismo e não apenas aos seus agentes. O segredo estatístico e o acesso à respectiva documentação como preocupação comunitária em OTT, Andrea; *Statistics*; in: OTT, Andrea; INGLIS, Kirstyn; *Handbook on European Enlargement. A Commentary on the Enlargement Process*, Asser Press, The Hague, 2002, p. 944.

3. Análise conjunta das restrições

Da análise das restrições podemos retirar algumas conclusões.

A primeira é a confirmação da hipótese de trabalho que antes havíamos verificado, ou seja, o legislador tutela bens do Estado, bens económicos e bens de privacidade como forma de restringir o acesso à informação. E fá-lo através de *deveres* e não através de *faculdades* da administração pública. Isto porque se trata de bens que não se encontram na sua disponibilidade. Quando há uma restrição de acesso, a administração pública tem o dever de não fornecer a informação e não a mera faculdade de não o fazer.

É evidente que o legislador quanto à letra tutela estes bens de forma algo assistemática. Se analisarmos em quadro o esquema que resultaria da mera letra da lei teríamos o seguinte quadro:

		No procedimento	Fora do procedimento
Bens públicos	Segredo de Estado	Dever de não dar (consulta, certidão) - 62°/1, 3, 63°/2 CPA	Dever de não dar 65°/1 CPA, 5° LADA
	Investigação Infraccional	*Omisso*	Dever de não dar 65°/1 CPA, 6° LADA
Bens económicos	Segredo económico	Dever de não dar 62°/1, 3 63°/2 CPA	Faculdade de não dar 10°/1 LADA
	Direitos de autor	Dever de não dar 62°/1, 3 63°/2 CPA	Mera proibição de uso 10°/2 LADA
Bens de privacidade	Intimidade privada	Dever de não dar 62°/2, 3 CPA	Dever de não dar 65°/1 CPA, 7°/1, 8° LADA
	Vida interna das entidades	*Omisso*	Faculdade de não dar 10°/1 LADA

A análise da letra da lei mostra-nos as inconsistências do legislador ao regular esta matéria:

a) A investigação infraccional e a vida interna das empresas estão omissas na protecção durante o procedimento;
b) O segredo económico durante o procedimento é tutelado por um dever de não dar, enquanto fora dele é tutelado por uma mera faculdade de não dar;
c) Os direitos de autor são tutelados durante o procedimento com do dever de não dar, mas já fora do procedimento há uma mera proibição de uso;
d) Só em relação à protecção do segredo de Estado e à intimidade privada o legislador foi consistente.

O que mostra este quadro é que as inconsistências do legislador têm a ver com os seguintes factos:

a) Esquecendo a sua definição de processo administrativo, esqueceu que ao longo do procedimento podem ser juntos documentos não essenciais para a fundamentação que podem estar sujeitos a segredo de justiça ou que podem ferir outros valores (vida interna das entidades);
b) A vida interna das entidades não foi teorizada em suficiência na LADA e completamente esquecida no CPA;
c) É inconsistente proteger plenamente os direitos de autor durante o procedimento, mas, depois de este findo, dar livre acesso a documentos que a eles estejam sujeitos e apenas restringir o seu uso;
d) Não é por acaso que o segredo de Estado e a intimidade privada são os únicos aspectos que têm tratamento consistente. A legislação está culturalmente próxima do Direito Político e do Direito Constitucional e estes são temas caros aos cultores de ambas as

disciplinas. Nas restantes matérias, que confluem no Direito Civil, Comercial, Económico e Infraccional, as intervenções são muito mais aproximativas.

Dizemos que se consagram deveres, mas a verdade é que existem *faculdades* (de fornecer ou de não fornecer), embora algo restrictas. Só recenseamos três situações destas:

a) Os documentos pessoais;
b) Os documentos de estratégia processual;
c) E os documentos constantes de processo do 7º/4 LADA.

Com efeito, estes são os únicos casos em que a lei exclui do dever de fornecer, não directamente para proteger bens não titulados pela administração pública, mas por outros motivos. Ou para proteger o *iter* de formação da vontade administrativa, ou porque existe uma protecção estabelecida e gerida por um tribunal. No entanto, mesmo aqui a faculdade não é arbitrária. Para fornecer esta informação a administração pública tem de passar por dois crivos diversos. O primeiro é o da igualdade (5º CPA). Se fornecer a alguém esta informação tem de o fazer em igualdade de circunstâncias a todos os demais. O segundo é o da ponderação de bens. Os documentos pessoais podem reflectir fases muito incipientes do trabalho de funcionários e mesmo colocá-los em situações pouco claras. O fornecimento de documentos de estratégia processuais pode desvendar as tácticas de protecção dos bens públicos usadas pela administração pública em juízo, podendo o seu fornecimento prejudicar esta protecção. Os processos podem ter fases em que na verdade os seus documentos já se encontram em ponderação política (v.g., projectos de legislação elaborados materialmente pela administração pública). Trata-se, em suma, de faculdades *funcionais*, como é típico da administração pública. Apenas podem ser exercidas para finalidades de interesse público e sem lesar outros bens mais importantes.

A segunda, é a de que em relação às restrições de fundamento económico e de privacidade os critérios são francamente fluidos, umas vezes pela própria natureza das coisas (as fronteiras da privacidade dependem muito de contextos concretos) outras por falta de intervenção geral do legislador e de dogmatização (fundamentos económicos).

Em terceiro lugar, como o legislador fez consumir a segurança interna e externa pelo regime do segredo de Estado, que tem um regime de classificação muito apertado, deixa de fora algumas matérias que podem carecer protecção. Por exemplo, caso os planos de contingência contra catástrofes naturais ou terrorismo não se encontrem classificados como segredo de Estado, por exemplo se forem municipais, pela letra da lei terão de ser dados aos particulares. Aqui o legislador deixou a ponderação à administração pública, que é a situação menos desejável de todas.

> Esta questão é tanto mais grave quanto existem efectivamente planos municipais de contingência, que não estão de todo abrangidos pelo segredo de Estado.

Em quarto lugar existe a possibilidade de concurso de segredos. Uma matéria pode estar simultaneamente em segredo de justiça e ser segredo industrial, por exemplo[23]. De igual forma, uma mesma matéria pode ser segredo comercial e vida interna das empresas. Por exemplo, uma empresa tem descrito o seu modo de atendimento de clientes, original, constante de um contrato com um cliente e este contrato encontra-se detido pela administração pública. A possibilidade de protecção cumulativa de vários segredos é consagrada na lei sobre bases de dados, em que além de se proteger o direito de autor, se protege o conteúdo da sua informação que pode respeitar ao segredo comercial, por exemplo (20º Lei n.º 1/2000, de 16 de Março, sobre bases de dados). Significa isto que tem de valer a *regra do levantamento de todos os segredos* para que possa ser acedida a informação. O simples levantamento de um segredo não basta para o efeito[24].

> Uma hipótese paralela a esta, mas que com ela não se confunde, é a de um mesmo conjunto de factos gerar procedimentos de natureza diversa. Se um conjunto de factos que são indícios de infracção gera igualmente

---

[23] Imagine-se que uma empresa polui o ambiente com um tóxico de que tem o exclusivo da fabricação, por exemplo.

[24] É evidente que esta afirmação é temperada posteriormente pelas excepções às restrições e pela ponderação de bens. Se por exemplo um segredo de fabricação for revelado em audiência de julgamento, como antes vimos, o acesso às informações do processo continuam tendo como *dominus* a autoridade judiciária. Mas se se tomarem facto notório, ou de fizerem parte do conteúdo de um acto administrativo, já a situação é diversa, nos termos que posteriormente veremos.

procedimento administrativo é o próprio procedimento administrativo que se encontra em segredo de justiça. Por exemplo, se os mesmos factos geram infracção tributária e nova liquidação de imposto, o procedimento tributário encontra-se em segredo de justiça. Pode-se afirmar que esta solução peca por excesso. No entanto, como posteriormente veremos, existem excepções às restrições, nomeadamente a do processo mínimo. Sempre que o procedimento administrativo agredir a esfera jurídica do particular este, como tem direito à impugnar o mesmo, tem igualmente direito a aceder à informação que lhe permitirá contestá-lo. A tendência a criar cada vez mais contra-ordenações tende a restringir o acesso à informação pelos particulares. Este é um dos efeitos laterais de uma cada vez mais infraccionalização de condutas. Mas como vemos as garantias mínimas de acesso encontram-se salvaguardadas por esta via.

Ac RL de 31 de Agosto de 1999 refere que pode haver concurso entre pedido de facturação detalhada, que pode ser pedido pelo Ministério Público e sigilo profissional, que desencadeia o mecanismo do 135º do Código de Processo Penal. A ideia de concurso entre "segredos" está aqui presente.

O Ac Cour Administrative d'Appel de Paris Contentieux nº 00PA02266 du 5 juin 2003 coloca um problema de concurso homogéneo de segredos: a colisão de duas intimidades privadas, de dados nominativos. Num mesmo dossier médico, relativo a uma senhora, havia elementos referentes a um terceiro, este homem. Tendo o tribunal considerado que o dossier médico era indissociável, e não podendo haver cisão de informação em consequência, e sendo o titular da informação a senhora, o homem não poderia ter acesso sequer às partes do dossier que lhe diziam respeito. No Ac Conseil d'Etat Contentieux n.º 39933 du 27 avr 1988 existe um concurso igualmente. As informações constantes dos ficheiros de informação geral são nominativas, relativas à vida privada, mas sendo a própria interessada a pedi-las esse facto não lhe pode ser oposto. No entanto, mantém-se o segredo da segurança pública.

Em quinto lugar, verificamos que as intervenções do legislador na delimitação dos segredos de Estado, de base económica e de privacidade são algo erráticas, o que se compreende igualmente pelo facto de só o segredo de justiça ter um assento dogmático sólido, escorado que está sobretudo no direito penal adjectivo. Razões históricas levam a que nos restantes casos as intervenções sejam meramente políticas, decorrentes de pressões comunitárias, exógenas (pressão das novas tecnologias), ou mesmo aleatórias.

Em sexto lugar, sob o ponto de vista estritamente jurídico, existe um outro problema de fundo no modelo de construção normativa destas restrições. O direito de acesso à informação constante do 268º CRP tem estrutura análoga a direitos, liberdades e garantias, pelo que, nos termos do artigo 17º CRP, segue o seu regime. Quer isto dizer que é matéria da reserva relativa da Assembleia da República nos termos do artigo 165º/1/b CRP. A verdade é que vemos intervenções na matéria, não apenas de decretos-leis sem autorização legislativa, como mesmo de portarias e resoluções do Conselho de Ministros. Enquanto se trata de normas enunciativas, nenhum problema existe, têm a função de mera interpretação oficial, ou pedagógica, embora indiciem em geral assistematismo. O problema é que nem sempre isto acontece. Não sendo o nosso propósito analisar todo o regime jurídico institucionalmente organizado para cada matéria que teve de ser aflorada em sede de segredo, a verdade é que este facto demonstra que é o mesmo legislador que cria a lei administrativa que de seguida se esquece dela para a repetir, alargar ou restringir quando passa a matérias politicas, económicas ou de privacidade[25].

A aplicação do artigo 17º CRP no caso consta do Ac STA de 18 de Abril de 1996. Ver igualmente REIS, Célia; *Acesso dos Particulares aos Documentos da Administração. Anotação a Sentença do Tribunal Administrativo de Círculo de Lisboa*; in: *Cadernos do Mercado de Valores Mobiliários*, n.º 11, Ago 2001, CMVM, Lisboa, 2001, p. 189.

Problema que se levanta é o de conciliar o contraditório em sede de impugnação judicial com o dever de restrição (o Ac STA de 26 de Março de 1996 não trata desta questão, mas pressupõe que em sede de intimação judicial se mantêm as restrições de acesso. De igual forma o Ac STA de 12 de Janeiro de 1989 (proc 026464) afirma que a apreciação das restrições compete ao tribunal). Com efeito, para o particular poder aferir da bondade da restrição tem de conhecer o conteúdo da informação. Ora se conhecer o conteúdo da informação já perdeu sentido a restrição... porque o particular

---

[25] Curiosamente existe um paralelo entre a restrição de acesso pelos particulares à informação e as causas de proibição de acesso à informação pelos jornalistas (8º/3 Lei n.º 1/99 de 13 de Janeiro). Mais uma vez aqui a ponderação de bens de relevância pública, ligados à circulação de informação é feita de modo muito semelhante.

A questão constitucional será tratada posteriormente com maior desenvolvimento nas conclusões.

já recebeu a informação. Nesta matéria, a única forma de conciliar a sindicabilidade judicial dos actos da administração pública com a restrição de acesso é a de o tribunal e só ele poder aceder à informação (no mesmo sentido o Ac Cour Administrative d'Appel de Lyon Contentieux nº 03LY00899 du 16 oct 2003 ordena ao Ministro do Interior que lhe faça chegar os documentos sujeitos a segredo de segurança pública). Com efeito, o contraditório seria aqui a destruição do bem que se visa preservar. O mesmo raciocínio se aplica ao recurso da decisão judicial. É verdade que a solução parece chocante numa perspectiva de garantias e de violação de um princípio de um processo civilizado, o contraditório. Mas o processo judicial está todo ele pensado para a protecção de bens jurídicos clássicos, que não o da informação. A verdade é que o Ac Cour Administrative d'Appel de Paris Contentieux nº 95PA03982 du 18 avr 1998 é ainda mais restrictivo, na medida em que se basta com o facto de a administração pública (no caso o Ministro do Interior) fundamentar a razão da recusa com bases em segurança pública por haver ligação entre a pessoa em causa e atentados terroristas com origem no Próximo e Médio Oriente, nem sequer tendo de enviar aos juízes os documentos para serem sindicados.

Em síntese, a forma de *conciliar o contraditório com o segredo e a sindicabilidade judicial* passa por:

a) Haver fundamentação bastante do acto de recusa;
b) Dentro dos limites do segredo por forma a que a fundamentação não o traia;
c) Havendo sempre a possibilidade de o tribunal ter acesso à mesma;
d) Mas sem que o tribunal possa dar essa informação à outra parte na medida em que considere que há violação de segredo.

O Ac Conseil d'Etat Contentieux n.º 251397 du 28 avril 2004 decide em sentido contrário ao que proponho, mas depois de os dois tribunais inferiores terem decido fazendo prevalecer o segredo. No entanto, tudo depende de qual o conteúdo da memória apresentada pelo Ministro da Justiça ao tribunal que estava em causa no processo. Se este conteúdo revelaria segredos deveriam estes prevalecer, se apenas justificava a natureza secreta das informações sem as revelar deveria prevalecer o princípio do contraditório. Esta questão mostra uma divergência prolongada de entendimentos entre o tribunal superior e os restantes como se vê pelos Ac Conseil d'Etat Contentieux n.º 242812 du 30 jul 2003, Ac Conseil d'Etat Contentieux n.º 242813 du 21 nov 2003, Ac Conseil d'Etat Contentieux n.º 242814 du 21 nov 2003, Ac Conseil d'Etat Contentieux n.º 242815 du 21 nov 2003, Ac Conseil d'Etat Contentieux n.º 242816 du 21 nov 2003, Ac Conseil d'Etat Contentieux n.º 242817 du 21 nov 2003, Ac Conseil d'Etat Contentieux n.º 242818 du 21 nov 2003, Ac Conseil d'Etat Contentieux n.º 242821 du 21 nov 2003, Ac Conseil d'Etat Contentieux n.º 242822 du 21 nov 2003, Ac Conseil d'Etat Contentieux n.º 242823 du 21 nov 2003, Ac Conseil d'Etat Contentieux n.º 242824 du 21 nov 2003, Ac Conseil d'Etat Contentieux n.º 242825 du 21 nov 2003, Ac Conseil d'Etat Contentieux n.º 242826 du 21 nov 2003, Ac Conseil d'Etat Contentieux n.º 242827 du 21 nov 2003, Ac Conseil d'Etat Contentieux n.º 242828 du 21 nov 2003, Ac Conseil d'Etat Contentieux n.º 242829 du 21 nov 2003, Ac Conseil d'Etat Contentieux n.º 242830 du 21 nov 2003, Ac Conseil d'Etat Contentieux n.º 242831 du 21 nov 2003, Ac Conseil d'Etat Contentieux n.º 242832 du 21 nov 2003, Ac Conseil d'Etat Contentieux n.º 242833 du 21 nov 2003, Ac Conseil d'Etat Contentieux n.º 242834 du 21 nov 2003, Ac Conseil d'Etat Contentieux n.º 242835 du 21 nov 2003, Ac Conseil d'Etat Contentieux n.º 242836 du 18 nov 2003. No Ac Conseil d'Etat Contentieux n.º 194296 du 6 nov 2002 o tribunal exige o envio da documentação sujeita a segredo para a poder sindicar. No sentido do texto o Ac Cour Administrative d'Appel de Paris Contentieux nº 01PA01993 du 6 déc 2001. A verdade é que mesmo no direito francês haveria solução semelhante, na medida em que, no que respeita ao acesso a matérias sujeitas a restrições de segurança de Estado, defesa e a segurança pública (no caso concerto, ficheiros Schengen): o que a lei permite é um acesso indirecto através da Comissão Nacional de Informática e Liberdades e não directo pelo particular por forma a verificar a veracidade do segredo (Ac Conseil d'Etat Contentieux n.º 140325 du 29 déc 1997, Ac Conseil d'Etat Contentieux n.º 218108 du 30 mai 2001). O acesso indirecto igualmente em Portugal quanto aos dados pessoais tratados relativos à prevenção e investigação criminal ou expressão artística ou literária segundo GUERRA, Amadeu; *A Lei de Protecção de Dados Pessoais*; in: *Direito da Sociedade de Informação*, Vol. II, Coimbra Editora, Coimbra, 2001, p. 165.

A solução americana para este problema tem sido a da inspecção judicial dos documentos pelo juiz no seu gabinete (STRAUSS, Peter L.; *An Introduction to Administrative Justice in the United States*; in: PIRAS, Aldo (Ed.); *Administrative Law. The Problem of Justice, Vol. Iº, Anglo-American and Nordic Systems*, Giuffrè, Milan, 1991, p. 723). No Reino Unido, em relação aos serviços secretos, a solução foi a da criação de um tribunal especializado, de cujas decisões não cabe recurso para os tribunais comuns, no que respeita a casos relativos a serviços de espionagem (MCELDOWNEY, John F.; *Public Law*, Thomson Sweet & Maxwell, 3rd Ed., London, 2002, p. 589).

É evidente que a inexistência de restrições de acesso implica necessariamente o acesso (Ac STA de 14 de Fevereiro de 1996).

As restrições de acesso são todas *objectivas* e não genéticas. Ou seja, não é determinante saber se a forma de obtenção da informação foi em si mesmo ilícita. O que releva é saber se o seu conteúdo está sujeito a restrições de acesso. O contrário se defende em *Bartnicki et al. vs. Hopper, aka Williams, et al.* (U.S. Supreme Court), May 21, 2001, em que a fonte da informação é essencial (questão relativa a comunicações interceptadas).

Capítulo III
AS EXCEPÇÕES ÀS RESTRIÇÕES

A ponderação de bens não termina pelo regime de restrições ao acesso. Num movimento pendular o legislador começa por estabelecer as permissões de acesso como princípio geral. Percebe que esta permissão não pode ser irrestrita, na medida em que outros bens podem ser lesados com este acesso e estatui por isso restrições ao acesso em certas matérias. Mas dá agora um terceiro passo. É que as restrições não podem ser absolutas. Outros valores podem fazer ceder as restrições e reabrir o acesso pelos particulares à informação.

Estas excepções às restrições têm os mais variados fundamentos e estrutura, como de seguida veremos.

A regra de concurso de situações é a de que *basta uma excepção para*, na medida em que ela exista, *se verificar o levantamento da restrição*. Concretamente, se houver publicidade obrigatória, por exemplo, a falta de consentimento do titular da informação não é eficaz para impedir o acesso[26].

1. Excepções objectivas

a) *Publicidade*

O primeiro grupo de excepções objectivas refere-se à publicidade.

Estão neste grupo em primeiro lugar os casos de *publicação devida ou permitida*. Quando uma norma, ou uma decisão lícita da

---

[26] Gonçalves, José Renato; *Acesso à Informação das Entidades Públicas*, Almedina, Coimbra, 2002, p. 159 chega a semelhante conclusão, embora não de modo tão geral.

administração mandam publicar uma informação, a partir do momento em que o prazo desse dever passe ou se efective a publicação (se ocorrer antes de fim do o prazo), é o próprio legislador que estatuiu ou permitiu que essa informação se tornasse pública. Não tem sentido neste caso restringir o acesso. A ponderação de bens foi feita pelo legislador de modo especial, deu prevalência à publicação. Seria absurdo que todos pudessem aceder à informação pela publicação, mas que a administração pública se recusasse a fornecer a informação.

Excepção à vida interna das empresas por exemplo os artigos 17º e 248º do Código dos Valores Mobiliários, mas igualmente como veremos o registo comercial (cf. ILLESCAS ORTIZ, Rafael; *Auditoria, Aprobacion, Deposito y Publicidad de las Cuentas Anuales*; in: URIA, Rodrigo; MENENDEZ, Aurélio; OLIVENCIA, Manuel; *Comentário al Regímen Legal de Las Sociedades Mercantiles*, Tomo VIII, *Las Cuentas Anuales de La Sociedad Anonima*, Vol. 2º, Civitas, Madrid, 1993, pp. 317-321). O Parecer da PGR in D.R. II Série, n.º 289, de 17/12/1990 chega à mesma conclusão de que existe uma excepção de publicidade (SOUSA, António Francisco de; *Código do Procedimento Administrativo Anotado*, Luso Livro, Lisboa, 1993, p. 205; ver igualmente MARQUES, Garcia; MARTINS, Lourenço; *Direito da Informática*, Almedina, Coimbra, 2000, p. 251).

Excepção à intimidade os registos públicos na matéria (registo civil, sobretudo). A mesma excepção é referida para os dados pessoais nos casos em que a lei os manda publicar como é o caso dos registos públicos em PINORI, Alessandra; *La protezione dei Dati Personali. Guida alla Lettura delle Fonti*, Giuffrè Editore, Milano, 2004, p. 259.

A publicitação como excepção de segredo económico em GONÇALVES, José Renato; *Acesso à Informação das Entidades Públicas*, Almedina, Coimbra, 2002, p. 138.

A segunda hipótese é a da *informação consentida* licitamente. Quando o titular do bem (informação) a decidiu publicar por si ou por um seu representante, ou deu consentimento a essa publicação, de igual forma não tem sentido que a administração pública restrinja o acesso aos particulares a essa informação. Repare-se que esta excepção é diversa da do mero consentimento *ad hoc*. Genericamente foi o próprio titular que permitiu que a informação se transformasse em pública, não precisa de autorizar caso a caso o seu acesso.

Repare-se que não perde a titularidade por efeito dessa publicação. Apenas permite o seu uso geral. Por isso é uma excepção à restrição e não uma exclusão da mesma. Para os direitos de autor ver ASCENSÃO, José de Oliveira; *Estudos sobre Direito da Internet e da Sociedade da Informação*, Almedina, Coimbra, 2001, p. 179. Para os dados pessoais ver SOUSA, Marcelo Rebelo de; *Lições de Direito Administrativo*, Volume I, Lex, Lisboa, 1999, p. 433.

A terceira hipótese é mais melindrosa. É a do *facto notório*. Quando uma informação se torna notória também não tem sentido que a administração pública ficcione que não sabe dela, ou que preserva o seu segredo. Mais melindrosa, dado que a natureza notória de um facto não depende apenas de uma mera publicação em comunicação social, na Internet, ou da *uox populi*. Mesmo que um rumor seja verdadeiro, coisa diversa é a administração pública corroborar esse rumor. Por outro lado, quando o *dominus* do processo é outra entidade, seja da administração pública, seja autoridade judiciária, por exemplo, há que ter a maior prudência na ponderação dos bens em presença. No entanto, em casos extremos, em que o facto se toma escoradamente notório, seria também viver num mundo de ficção recusar o acesso a essa mesma informação.

REBOLLO VARGAS, Rafael; *La Revelación de Secretos e Informaciones por Funcionário Público*, CEDECS Editorial, Barcelona, 1996, p.142 opõe o segredo ao facto notório, afirmando que quando existe o segundo não se pode falar do primeiro. DAVARA RODRÍGUEZ, Miguel Ángel; *Manual de Derecho Informático*, Thomson Aranzadi, Cizur Menor (Navarra), 2003, pp. 51-52 considera que são dados (pessoais) públicos aqueles que são conhecidos por um grande número de pessoas nos limites das regras de convivência social. Este critério tem de ser no entanto matizado. É que as regras de convivência social podem ser violadoras do direito. Se elas são relevantes, tem sempre de se passar por um crivo de valoração jurídica, de controlo da sua validade.

É evidente que a excepção da publicidade é uma excepção de grau. Apenas se aplica *na medida* em que tenha havido divulgação ou esta seja devida.

Por outro lado, tanto no que diz respeito à informação consentida como ao facto notório, há que proceder sempre a ponderação de bens. Em certos casos extremos, esta excepção tem de deixar de funcionar caso os danos que provoque ou possa provocar sejam maiores que os benefícios que induz. Imagine-se o seguinte caso: alguém expõe a sua privada plenamente e consente o acesso irrestrito aos seus ficheiros médicos. Se a procura desses ficheiros for de tal ordem que prejudicar o funcionamento dos serviços, correspondendo essa procura a uma mera curiosidade mórbida, ou se isso acabar por prejudicar a pessoa (podendo mesmo esta revogar o consentimento por via disso), porque a devassa da vida privada a prejudica a ela ou às pessoas que com ela têm relação, esta excepção pode caducar.

O 62º/2 CPA é afloramento deste princípio. Mas igualmente o artigo 145º CPI demonstra que a divulgação não é uma realidade meramente fáctica, obedecendo a conformação jurídica[27]. Certas divulgações não retiram a natureza reservada da informação seja pelo contexto em que se realizam, seja pela natureza abusiva que revestem.

Para os dados nominativos Gonçalves, José Renato; *Acesso à Informação das Entidades Públicas*, Almedina, Coimbra, 2002, p. 65 defende igualmente a excepção da publicidade. No entanto, ao referir o exemplo dos concursos públicos entra igualmente na questão do processo mínimo sem o enunciar.

Para as publicações obrigatórias em registo comercial ver Lopes, J. de Seabra; Direito *dos Registos e do Notariado*, Almedina, Coimbra, 2005, pp. 175-179.

Foschini já defendia que a publicidade afasta o segredo (Machado, Miguel Pedrosa; *Temas de Legislação Penal Especial*, Edições Cosmos, Lisboa, 1992, p. 44).

O Ac TJCE, de 20 de Maio de 2003 (proc. C-465/00, C138/01 e C-139/01) determinou que a publicação de nomes e rendimentos de pessoas que trabalham para certa organização pública alemã, quando os rendimentos vão além de certo montante é compatível com a directiva da protecção

[27] *"Artigo 145° (Divulgações não oponíveis):*

1. Não prejudicam a novidade do modelo ou desenho:

a) As comunicações perante sociedades científicas, associações técnicas profissionais, ou por motivo de concursos, exposições e feiras portuguesas ou internacionais, oficiais ou oficialmente reconhecidas em qualquer dos Países da União, se o requerimento a pedir o respectivo registo for apresentado em Portugal dentro do prazo de seis meses;

b) As divulgações resultantes de abuso evidente em relação ao autor ou seu sucessor por qualquer título, ou de publicações feitas indevidamente pelo Instituto Nacional da Propriedade Industrial.".

dos dados pessoais, na medida em que é necessária e adequada ao objectivo da boa gestão de fundos públicos. Mais uma vez, a ponderação de bens aparece aqui como critério. Não se nega que os dados sejam pessoais. Apenas se nega que o direito à privacidade seja absoluto e não tenha de ser objecto de ponderação com outros valores.

O Ac STJ de 21 de Fevereiro de 1991 é a vários títulos significativo na medida em que recorta positiva e negativamente o segredo bancário, como modalidade de segredo profissional. Positivamente abrange factos de que se tenha "tido conhecimento apenas por virtude da sua actividade comercial específica, a actividade bancária". Negativamente, determina que a publicidade lícita exclui o sigilo. E em que termos é lícita esta publicidade feita pelo próprio banco? É que um gerente havia publicado um aviso num jornal, informando que tinha proposto duas acções, indicando os réus, o montante dos pedidos e o facto de os réus já terem sido citados (o acórdão fala de autores, mas são autores na acção em causa, mas réus das acções referidas no aviso). E, considera o Tribunal, dado que as acções já haviam sido propostas e têm distribuição pública, pode ser pedida certidão de todos os actos e termos judiciais nos termos do 174º do Código do Processo Civil. Este acórdão é rico, na medida em que tem em conta a publicidade como excepção a uma restrição de acesso (na vertente que ora nos interessa) e, em acréscimo, para a construção desta excepção tem em conta o facto de a mesma poder ser moldada por regimes jurídicos de publicidade.

O Parecer PGR de 9 de Fevereiro de 1995, a propósito dos dados relativos à situação tributária dos contribuintes, deixa bem clara a excepção de publicidade nomeadamente por via dos registos predial, comercial e civil. Os registos públicos estão aqui considerados. A sua conclusão 10. é igualmente significativa do princípio da legitimação. Os magistrados do Ministério Público têm acesso aos dados pessoais quando agem em representação dos beneficiários do segredo e na hipótese do consentimento do beneficiário. A titularidade da informação está aqui implícita.

O *National Archives and Records Administration vs. Favish et al.* (U.S. Supreme Court), March 30, 2004 confunde no entanto a excepção da publicidade com o fornecimento da informação. Com efeito, afirma que quando a informação é fornecida esta passa a pertencer a todos. São duas realidades diversas, no entanto. O facto de se ter fornecido informação a alguém legitimado para o efeito (no caso de haver restrições de acesso) não implica que a informação passa a ser pública. É verdade que o particular é livre (salvo as limitações legais que se estudarão a propósito do uso da informação pelos particulares) em usá-la como bem entender. Mas não cessam por isso os deveres de tutela da mesma pela administração pública.

Se se dá uma informação a alguém porque ela mostrou o interesse em a obter e depois esta publica a informação, pode-se dar o caso de, por força desta publicação, actuar a excepção da publicidade. Mas por força do facto publicação. Não do fornecimento da mesma pela administração pública.

A opinião constante de *Bartnicki et al. vs. Hopper, aka Williams, et al.* (U.S. Supreme Court), May 21, 2001, Rehnquist C.J., dissenting mostra que igualmente nos Estados Unidos o que está no domínio público não é passível de tutela, só existe "disclosure" de factos previamente desconhecidos.

Existe opinião inversa, que é a de considerar que a informação que se encontra já publicada não pode ser acedida na medida em que isso poderia constituir um abuso do direito de acesso. O particular poderia aceder pela publicação, pelo que exigir o acesso à administração pública poderia construir abuso de direito. GONÇALVES, José Renato; *Acesso à Informação das Entidades Públicas*, Almedina, Coimbra, 2002, p. 36 contesta, e bem, esta tese, até porque existe a possibilidade do particular querer confrontar o original com a publicação. Este regime aproximaria aliás o Direito Público do Privado, em que se estabelece que os gerentes não têm do dever de fazer aceder informação já publicada segundo VENTURA, Raul; *Sociedades por Quotas*, Vol. I, 2ª Ed., Almedina, Coimbra, 1989, p. 293.

EIRAS, Agostinho; *Segredo de Justiça e Controlo de Dados Pessoais Informatizados*, Coimbra Editora, 1992, pp. 11-12 distingue na publicidade (no caso de processo) entre conhecimento de actos e do objecto (do processo), bem como três tipos de publicidade em sentido amplo/restrito (consoante abranja ou não estranhos ao processo), activa/passiva (consoante haja acesso apenas ou haja participação em diligências) e imediata/mediata (quando se assiste directamente ao acto ou se recebe apenas a difusão do mesmo).

b) *Processo mínimo*

O segundo tipo de excepções tem a ver com o conceito de processo mínimo, que antes definimos. O processo administrativo mínimo é o que é composto pelo acto administrativo, suas notificações e os documentos que fundamentam a decisão. Excluem-se portanto os actos instrutórios desnecessários, mas igualmente os necessários que não tenham redundado em fundamentos do acto. Se a administração pública emite um acto administrativo que tem objecto coincidente, nem que seja em parte, com uma investigação criminal ou segredo de Estado, por exemplo, não se pode impedir o particular de exercer os seus direitos de impugnação plena do mesmo acto. Pelo menos em relação ao processo mínimo, nunca podem ser invocadas as restrições de acesso, sob pena de se violar o artigo 268º/3 e 4 da CRP. Com efeito, a CRP atribui o direito a uma fundamentação expressa e acessível e à tutela jurisdicional efectiva. Se constituir fundamento do acto matéria que em princípio é de acesso restrito há colisão de regimes: o da protecção de bens alheios e o da protecção dos particulares contra a actuação do Estado que lhes possa afectar direitos ou interesses legítimos. A única forma de conciliar estes preceitos é a de, não dando acesso a todo processo (quando e na medida em que tiver matérias sujeitas a restrições de acesso), ter de fazê-lo pelo menos em relação ao processo mínimo. Em relação ao processo mínimo nunca valem portanto as restrições de acesso.

O fundamento que se defende para o acesso ao processo mínimo, ou seja o da impugnabilidade, pode ser criticado com base numa tese alternativa. Em boa verdade, pode-se afirmar, o que existe aqui é um *consentimento* do particular. Ao juntar documentação sobre a sua pessoa num concurso, por exemplo, consentiu em que esta fosse acedida por terceiros, ou pelo menos pelos outros concorrentes. Esta tese não é a melhor. Em primeiro lugar, porque é *artificial*. O que quer o particular não é expor a sua vida privada, mas ganhar um concurso. O que está em causa na substância é um concurso. É disso que se trata. Em segundo lugar, porque a ideia de consentimento não explica o *âmbito* da informação acessível. Vejamos o seguinte exemplo. Suponhamos que alguém junta ao seu currículo a sua filiação partidária, porque julga que é um factor determinante do concurso. Ou então um atestado médico demonstrando que está em remissão de uma doença grave. Nenhum destes factores é relevante para o concurso e no entanto expôs a sua vida privada, consentiu em fazê-lo junto da administração pública e apenas junto dela. Não relevando para o fundamento do acto da administração, não pode ser acedida esta informação. O que está em causa é a possibilidade do particular impugnar o acto. É esse o fundamento da excepção, e esse o aspecto que define o objecto a que se pode aceder.

Questão que tem de ser resolvida é a *partir de quando as restrições devem ceder* perante a possibilidade de impugnação? A resposta a esta questão é dupla:

a) A partir do momento que surja qualquer acto da administração susceptível de impugnação por afectar a esfera jurídica dos particulares e que não seja de mera instrução (com efeito, se se tratar de instrução de processo de contra-ordenação por exemplo, afirmar que cede o segredo de justiça nessa altura seria violar o disposto no 371º CP, por exemplo; de igual forma se se tratar de instrução de procedimento administrativo, ainda não se encontra estabelecido o processo mínimo);

b) A partir da audiência prévia do 100º CPA, na medida em que na audiência prévia o particular tem a mesma amplitude de impugnação do acto administrativo que teria na impugnação judicial.

Um exemplo em que esta excepção é relevante é o do caso dos dados pessoais na sua versão não corrigida (9º/2 LADA). Como antes referimos, são uma excepção ao dever de fornecer informação. No entanto, se estes dados pessoais não corrigidos tiverem influência na tomada de decisão a impugnar devem ser fornecidos.

É evidente que em certas situações, como o de estado de sítio e de emergência nos termos do artigo 19º CRP, se podem imaginar situações em que esta excepção não se aplica, desde que se cumpram os requisitos constitucionais. Mas em geral se a administração pública pode ou deve agir numa determinada situação e o faz realmente afectando direitos ou interesses legítimos dos particulares, mesmo que isso possa pôr em causa a segurança do Estado ou a investigação infraccional, então o particular tem o direito a aceder à informação constante do processo mínimo, pelo menos essa, mesmo que coberta por outros segredos (e em geral ao restante processo administrativo desde que não coberto por restrições de acesso é evidente). Se a administração pública não está inibida de actuar pelo segredo, não pode igualmente inibir o particular de sindicar a sua actividade.

Quanto ao fundamento desta excepção na jurisprudência verificamos o seguinte:

1) 1) O Ac TC n.º 394/93, 16 de Junho de 1993 declara, com força obrigatória geral, a inconstitucionalidade da norma constante no 9º/4 do Decreto-lei n.º 498/88, de 30 de Dezembro, na medida em que restringe o acesso dos interessados em caso de recurso da parte das actas em concurso de funcionalismo público, com base no direito de recurso. Ou seja, escora em idêntico fundamento ao defendido em texto.
2) A mesma doutrina nos Ac TC de 23 de Abril de 1992, Ac TC de 7 de Maio de 1992, Ac TC de 7 de Maio de 1992 (proc 90/0214), Ac TC de 3 de Junho de 1992, Ac TC de 30 de Junho de 1992 (proc 90/0094), Ac TC de 30 de Junho de 1992 (proc 91/0036), Ac TC de 30 de Junho de 1992 (proc 91/0265), Ac TC de 30 de

Junho de 1992 (proc 91/0281), Ac TC de 30 de Junho de 1992 (proc 91/0327), Ac TC de 30 de Junho de 1992 (proc 91/0369), Ac TC de 30 de Junho de 1992, Ac TC de 12 de Setembro de 1992 (proc 91/0321), Ac TC de 28 de Outubro de 1992, Ac TC de 30 de Junho de 1993 e Ac TC de 27 de Outubro de 1993 invocando a faculdade de conhecer todos os elementos necessários para a impugnabilidade dos actos.

3) O Ac TC de 12 de Setembro de 1992 (proc 91/0321), no entanto, estabelece que em boa verdade o que está em causa é a violação do direito à informação e não tanto a impugnabilidade, dado que apenas a maior viabilidade prática da impugnação poderá estar em causa. Não me parece que este seja o melhor critério. É que assim sendo, fica sem haver critério para delimitar, no caso de existir real restrição de acesso (e nos concursos públicos aspectos da vida privada dos cidadãos estão realmente em jogo), qual o âmbito do levantamento destas restrições de acesso.
4) De igual modo o Ac TC de 30 de Junho de 1992 (proc 90/0094), embora reconheça a relevância da impugnabilidade, afirma que não estão em causa elementos da vida privada em concurso público, o que é no mínimo contestável. O Ac TC de 11 de Julho de 1996 assenta na impugnabilidade o direito ao acesso.
5) O Ac STA de 9 de Abril de 2003 deixa bem claro que nos concursos o fundamento do acto é uma análise comparativa.
6) O Ac TCA de 3 de Junho de 2004 determina que é inconstitucional norma que veda o acesso aos militares aos processos de avaliação e promoção impedindo os interessados de ajuizarem da justiça relativa das classificações. A mesma doutrina no Ac TCA de 29 de Setembro de 2004 que se funda expressamente na impugnabilidade dos actos. Os elementos da fundamentação de facto e direito encontram-se nestes processos, pelo que o particular deve a eles ter acesso.
7) O Ac STA de 9 de Abril de 1991 declara ser inconstitucional norma que impede o acesso dos candidatos a concurso às actas das reuniões do júri relativas aos demais candidatos por ferir o direito de acesso, mas igualmente a recorribilidade das decisões administrativas (268º/1, 4 CRP).
8) De igual forma o Ac STA de 17 de Outubro de 1989, em sede de concurso de atribuição de alvarás de radiodifusão, declara que não se podem opor restrições aos processos e documentos que levaram a graduar à frente de outros candidatos o requerente. Igualmente em sede de concurso de funcionários a mesma doutrina no Ac STA de 13 de Fevereiro de 1992.

9) No processo disciplinar uma professora pode obter participações que fez contra alunos bem como certidões de actas de reuniões dos órgãos da escola, mesmo que a ela não se refiram de forma expressa, na medida em que seja necessário para obter elementos necessários para a sua defesa (Ac STA de 10 de Janeiro de 1989). A mesma doutrina no Ac STA de 29 de Outubro de 1996 sobre os dados pessoais de outros candidatos, e com o expresso fundamento na impugnabilidade dos actos.
10) Da mesma forma no Ac STA de 30 de Agosto de 1989 se afirma que não basta dar as actas de decisão de um concurso público de concessão de frequências de rádio no concelho de Braga, mesmo contendo as classificações, a sua fundamentação e os respectivos critérios de ponderação, na medida em que não permite ao particular inteirar-se das eventuais ilegalidades de que possam enfermar os respectivos processos dos demais candidatos. Com efeito, por este acórdão fica claro que os documentos e informações em que se escorou a decisão têm de ser acedidos, e não só a fundamentação do acto.
11) O Ac STA de 6 de Novembro de 1991 (citado em BOTELHO, José Manuel da S. Santos; ESTEVES, Américo J. Pires; PINHO, José Cândido de; *Código do Procedimento Administrativo Anotado – Comentado*, Almedina, Coimbra, 1992, pp. 186-187; SOUSA, António Francisco de; *Código do Procedimento Administrativo Anotado*, Luso Livro, Lisboa, 1993, p. 202) liga directamente o acesso à informação sobre opositores no mesmo concurso ao direito fundamental de recurso judicial. GONÇALVES, Pedro; *Relações entre as Impugnações Administrativas e o Recurso Contencioso de Anulação de Actos Administrativos*, Almedina, Coimbra, 1996, p. 85 afirma e bem que o direito fundamental de recurso não pode ser restringido à invocação de certos fundamentos de ilegalidade, o que reforça a ideia de que os particulares têm de poder aceder a todo o processo mínimo, ou seja, aquele em que se escorou efectivamente a decisão. Ver igualmente BOTELHO, José Manuel da S. Santos; ESTEVES, Américo J. Pires; PINHO, José Cândido de; *Código do Procedimento Administrativo Anotado – Comentado*, 3ª Ed., Almedina, Coimbra, 1996, p. 260 e OLIVEIRA, Mário Esteves de; GONÇALVES, Pedro Costa; AMORIM, J. Pacheco de; *Código do Procedimento Administrativo Comentado*, 2ª Ed., Almedina, Coimbra, 1998, p. 324.

A dialéctica entre segredo e dever de fundamentação no caso de aspectos relativos a concursos ligados a defesa militar leva a que se permita uma fundamentação menos densificada da decisão na medida em que seja necessário preservar o segredo, de acordo com o estabelecido na lei (Decreto-lei n.º 134/98, de 15 de Maio, no caso) (Ac STA de 29 de Fevereiro de 2000). De igual forma pode levar a que as fontes sejam suprimidas, desde que a substância da informação seja preservada (WADE, William; *Administrative Justice in Great Britain*; in: PIRAS, Aldo (Ed.); *Administrative Law. The Problem of Justice, Vol. Iº, Anglo-American and Nordic Systems*, Giuffrè, Milan, 1991, pp. 181-182). Igualmente na Suécia o mesmo princípio de que tem de ser revelada a informação mínima para defesa dos seus direitos (RAGNEMALM, Hans; *Administrative Justice in Sweden*; in: PIRAS, Aldo (Ed.); *Administrative Law. The Problem of Justice, Vol. Iº, Anglo-American and Nordic Systems*, Giuffrè, Milan, 1991, p. 413).

De acordo com o Ac TCA de 8 de Julho de 2003, a vida particular de um funcionário pode constituir infracção disciplinar desde que afecte gravemente o prestígio da instituição e a exigível dignidade das funções (trata-se de um agente da PSP). Este acórdão é importante para o tema do acesso à informação, porque demonstra, independentemente da bondade da sua solução, que podem fazer parte de procedimentos questões que pertencem à vida privada. O Ac STA de 12 de Dezembro de 1997 salienta a natureza relativa da reserva da vida privada de funcionários públicos.

A passagem de certidão de onde constem os *curricula uitae* e as residências dos candidatos a um concurso público a requerimento de um dos concorrentes não põe em causa o respeito da vida privada e familiar desse candidato (Ac STA de 17 de Dezembro de 1991). Este acórdão mostra que o tribunal não obedeceu aqui aos passos dialécticos que temos proposto em texto. Um facto não deixa de estar na vida privada numas circunstâncias para passar a estar noutras. O que fundamenta o acesso a esta informação é a necessidade de impugnação do acto administrativo. Mas os factos em si não deixam de estar na intimidade privada. Caso um currículo de um não concorrente tenha sido junto ao processo de concurso não deve o terceiro particular ter acesso a ele. O acesso à informação nos concursos públicos igualmente no Ac STA de 28 de Setembro de 1993. A legitimidade para obter informações sobre os outros candidatos num concurso público igualmente no Ac TCA de 9 de Novembro de 2000. O acesso ao currículo de um outro candidato em PINORI, Alessandra; *La protezione dei Dati Personali. Guida alla Lettura delle Fonti*, Giuffrè Editore, Milano, 2004, pp. 261, 265-266.

Havendo lei que impõe a confidencialidade de dados pessoais em processo de notação de funcionários cuja divulgação pode ofender a reserva e a intimidade da vida privada do notado, esta confidencialidade é relativa na medida em que poderá constituir para outros ingressados pressuposto para o exercício de impugnação constante do artigo 268º/4 e 4 CRP. A conjugação desses interesses antagónicos impõe que a divulgação dos dados pessoais só possa ocorrer na medida exacta em que sejam essenciais para o exercício do direito de recurso. O interessado que pretenda aceder a acervo documento desta natureza deve indicar com precisão os documentos a que pretende ter acesso enunciando as razões pelas quais esses elementos lhe podem ser divulgados e não fórmulas gerais ou vagas como "a fim de permitir o uso de meios administrativos ou contenciosos" (Ac STA de 3 de Abril de 1997).

Pela Tabela Nacional de Incapacidades o delegado de saúde não tinha de discriminar a deficiência do doente em atestado médico, sob pena de participar em crime de violação de sigilo de funcionário por devassar a vida privada do doente, o que só teria de fazer quando a lei faça depender de deficiências específicas a atribuição de determinados benefícios (Ac STA de 10 de Novembro de 1999). Este acórdão é importante porque mostra mais uma vez que a intimidade privada não varia consoante os procedimentos em causa. O que varia é a sua conexão com um processo. E daí o que dele deva legitimamente constar. Em consequência, o que se pode aceder em relação a ele. De igual modo de acordo com o Ac STA de 16 de Janeiro de 2002 o atestado médico emitido a coberto da Tabela Nacional de Incapacidades faz prova plena da avaliação nele certificada não tendo de mencionar o tipo de doença geradora da incapacidade.

Não viola o direito à reserva da intimidade privada e familiar o acto que para fundamentar a proibição da visita da recorrente, uma juíza de direito, a determinado recluso, faz referência a relações afectivas entre aquela e este pois essas referências foram impostas pela necessidade de apreciar os efeitos dessa relação no estabelecimento prisional (Ac STA de 30 de Novembro de 1994). Este acórdão mais uma vez é significativo de uma jurisprudência que poderá decidir bem, mas com fundamentos incorrectos. Mais uma vez não é questão a de saber se se viola intimidade privada, dado que a vida afectiva das pessoas está dentro da reserva da vida privada inequivocamente. O que acontece é que existe fundamento legítimo para incluir esta questão no acto da administração, pelo que ocorrerá, agora no tema que nos interessa, excepção de processo mínimo. Não há violação porque há justificação, não por exclusão típica, como o Direito Penal bem sabe distinguir.

Ao abrigo do 82º da Lei do Processo nos Tribunais Administrativos o particular tinha de indicar a finalidade (de impugnação) da passagem de certidão; hoje em dia à luz do artigo 64º CPA já não tem de demonstrar a finalidade. A administração não tem de pedir a prova da legitimidade quando esta é evidente, como no caso em que funcionário pretende pedir certidão de notação dele e de outros funcionários. Apenas se veda que se passe certidão de dados de outros funcionários que lesem a sua vida privada e familiar (Ac STA de 27 de Julho de 1994). Esta decisão mostra que a jurisprudência oscila nos seus critérios. Umas vezes a vida privada não é oponível, noutros parece ser. A questão é que a jurisprudência não parece ter enfrentado a questão de modo sistemático. É que o processo mínimo, ou seja, na medida em que seja fundamento, mesmo que comparativo, de decisão da administração, é excepção à restrição de acesso. Uma matéria não é ou deixa de ser de intimidade privada ou pertencente a outra restrição consoante as circunstâncias. Ou o é ou não. O que se passa é que, estando sujeita a restrições de acesso, desde que faça parte do processo mínimo, cede a restrição. Mais uma vez se verifica que o critério de defendemos é o mais uniforme e coerente.

O critério da impugnabilidade no Ac TCA de 22 de Janeiro de 2004.

GONÇALVES, José Renato; *Acesso à Informação das Entidades Públicas*, Almedina, Coimbra, 2002, p. 138 quando fala de financiamento público e do seu controlo de legalidade implicitamente está a reconhecer a excepção do processo mínimo. *Ibidem* a p. 158 em sede de segredos de empresa. Ver igualmente MACHETE, Pedro; *A Audiência dos Interessados no Procedimento Administrativo*, Universidade Católica Editora, 2ª Ed., Lisboa, 1996, pp. 40-44 que parece ir no mesmo sentido.

Para os limites do dever de fundamentação no plano comunitário ver o Ac TPICE de 24 de Janeiro de 1995 (*Roger Tremblay, François Lucazeau e Harry Kestenberg VS Comissão CE*). No Ac TPICE (2ª Sec. Alargada) de 25 de Junho de 1998 (*British Arways plc. et al. VS Comissão CE*) a relação entre fundamentação de acto e limites à informação igualmente. Para a comunicação da fundamentação como mecanismo de controlo judicial e pelos particulares da decisão ver o Ac TPICE (2ª Sec.) de 6 de Abril de 1995 (BASF AG et al. VS Comissão CE) e o Ac TPICE (5ª Sec. Alargada) de 18 de Dezembro de 1997 (*Ajinomoto Com. Inc. e Nutrasweet Company VS Comissão CE*).

A excepção do processo mínimo é no fim de contas o correlato do princípio de acesso universal quanto ao objecto mas com restrições de acesso. Mesmo sistemas que se baseiam num acesso por conexão acabam por aceitar que o núcleo mínimo de acesso é sempre o da conexão com a decisão (cf. Despacho TPICE (5ª Sec.) de 9 de Julho de 2003 (*Commerzbank AG VS Comissão CE*)). Da mesma forma, invocando o segredo profissional, a Comissão não pode usar esses documentos a que o particular não poude aceder para fundamentar a sua decisão (CAGER de

13 de Dezembro de 1994 (*BPB Industries Plc e British Gypsum Ltd VS Comissão CE*)). Reconhecendo a ligação entre o acesso e o direito de defesa CASSESE, Sabino; *Il Procedimento Amministrativo Europeo*; in: *Rivista Trimestrale di Diritto Pubblico, Quaderno n. 1, Il Procedimento Amministrativo nel Diritto Europeo*, Giuffrè Editore, Milano, 2004, pp. 44-49, BIGNAMI, Francesca; Tre *generazione di Diritti di Partecipazione nei Procedimenti Amministrativi Europei*; in: *Rivista Trimestrale di Diritto Pubblico, Quaderno n. 1, Il Procedimento Amministrativo nel Diritto Europeo*, Giuffrè Editore, Milano, 2004, pp. 93-95, BOTELHO, José Manuel da S. Santos; ESTEVES, Américo J. Pires; PINHO, José Cândido de; *Código do Procedimento Administrativo Anotado – Comentado*, Almedina, Coimbra, 1992, p. 65, WADE, William; *Administrative Justice in Great Britain*; in: PIRAS, Aldo (Ed.); *Administrative Law. The Problem of Justice, Vol. Iº, Anglo-American and Nordic Systems*, Giuffrè, Milan, 1991, pp, 172-174, MUÑOZ MACHADO, Santiago; *Tratado de Derecho Administrativo y Derecho Público General*, Tomo I, Thomson Civitas, Madrid, 2004, p. 1204, GARCÍA DE ENTERRÍA, Eduardo; FERNÁNDEZ, Tomás-Ramón; *Curso de Derecho Administrativo*, II, 7ª Ed., Civitas, Madrid, 2000, p. 470, MARQUES, Garcia; MARTINS, Lourenço; *Direito da Informática*, Almedina, Coimbra, 2000, pp. 227-228 (ver também em lugar paralelo e numa perspectiva eminentemente prática OLIVEIRA, Francisco da Costa; *Defesa Penal Activa. Guia da sua Prática Forense*, Almedina, Coimbra, 2004, pp. 112-114). Igualmente para a origem do direito de audiência prévia (e consequentemente de ser informado) e o processo disciplinar ver MACHETE, Pedro; *A Audiência dos Interessados no Procedimento Administrativo*, Universidade Católica Editora, 2ª Ed., Lisboa, 1996, pp. 283-285.

O Ac Conseil d'Etat Contentieux n.º 250817 du 28 mai 2004 chega a conclusões semelhantes às expostas no texto. É que, considerando que as notas de honorários são documentos nominativos e não podendo em princípio ser acedidas por terceiros, a verdade é que fazem parte de um processo administrativo dado que correspondem a prova de despesas públicas, pelo que têm de ser fornecidas. Não há violação de segredo médico (intimidade privada) quando um Prefeito usa informações médicas na estrita medida da necessidade da fundamentação de um acto de internamento psiquiátrico, nem violação de segredo de justiça, por se ter usado uma perícia médica enviada pelo Procurador da República para esse efeito (Ac Conseil d'Etat Contentieux n.º 151068 du 28 jul 2000). Mas a jurisprudência anterior parecia ser cega a estes considerandos. O Ac Conseil d'Etat Contentieux n.º 68506 du 20 jan 1988 recusou o acesso às notas de outros candidatos para o posto de secretária municipal por considerar estes elementos nominativos, o que é verdade, mas deveria ter feito ceder o segredo pela necessidade de acesso à fundamentação, o que não fez. Por outro lado, o Ac Conseil d'Etat Contentieux n.º 66740 du 30 mai 1986, embora pareça ter em conta o facto de não ter havido decisão definitiva de expulsão de pessoas de um imóvel de um particular, não havendo por isso excepção de processo mínimo por não ter havido decisão, parece colocar o assento tónico no facto de as informações constantes do processo serem nominativas e relativas a terceiros igualmente, sem ponderar nenhum hipotético concurso de regimes.

PINORI, Alessandra; *La protezione dei Dati Personali. Guida alla Lettura delle Fonti*, Giuffrè Editore, Milano, 2004, pp. 258-259 reconhece solução semelhante na jurisprudência administrativa italiana no que respeita ao conflito entre acesso e direito de reserva em relação a dados pessoais de terceiro, mandando prevalecer o acesso (embora a modalidade de acesso consagrado seja a mera consulta mas não a passagem de cópias ou certidões). O único aspecto em que peca a jurisprudência italiana, aliás como a portuguesa, é o de considerar que esta ponderação de bens se faz caso a caso, quando, como vemos, esta excepção é sistemática. Existe um critério geral: o de saber se faz ou não parte do processo mínimo. Da mesma forma a jurisprudência administrativa italiana aceitou o acesso a dados pessoais de outros concorrentes no caso de concurso público e nos limites deste concurso (PINORI, Alessandra; *La protezione dei Dati Personali. Guida alla Lettura delle Fonti*, Giuffrè Editore, Milano, 2004, p. 261). O critério do processo mínimo indiciado em ITALIA, Vittorio; *L'Accesso ai Documenti Amministrativi (Regolamento 27 giugno 1992, n. 352)*, 2ª ed., Giuffrè, Milano, 1994, pp. 114, 129 ss..

O processo mínimo tem particular acuidade, como vimos nas chamadas relações jurídicas poligonais de Direito Administrativo (MAURER, Hartmut; *Droit Administratif Allemand*, L.J.D.C., Paris, 1995, pp. 170-171), em que se entrelaçam interesses de várias pessoas, como nos concursos públicos, na realização de obras, entre outras, embora não se esgote nelas. Com efeito, podem existir problemas de processo mínimo sem que estas relações existam. Basta pensar, por exemplo, que para demonstrar a perigosidade de uma substância se recusa o seu licenciamento com base num método sujeito a segredo económico, em que o titular do método não tem nenhum interesse reflexo no licenciamento ou não do produto.

Coerente com a excepção do processo mínimo a jurisprudência espanhola do Tribunal Constitucional como se pode deduzir de MUÑOZ MACHADO, Santiago; *Tratado de Derecho Administrativo y Derecho Público General*, Tomo I, Thomson Civitas, Madrid, 2004, p. 1201.

2. Excepções subjectivas

As excepções subjectivas são aquelas que respeitam a qualidades ou relações especiais do particular que pretende aceder à informação.

Em primeiro lugar, as restrições nunca não oponíveis ao beneficiário do segredo, quem o represente ou quem este tenha autorizado. Se um segredo é instituído para proteger a esfera jurídica de alguém, se é ele o titular do direito ao segredo, é evidente que este não lhe é nunca oponível. Se é ele a pessoa cuja vida privada está em causa, se é ele o beneficiário do segredo comercial ou industrial, ou o titular do direito de autor é destituído de sentido opor-lhe essa restrição. "A contrario", tanto o 62º/2 CPA como o 8º e 15º LADA são afloramentos deste princípio ao referirem-se a documentos nominativos relativos a *terceiros*[28].

> A consequência é nomeadamente a de que, independentemente do bem jurídico tutelado pelo segredo ser multifacetado, como parece concluir a propósito da propriedade industrial SEGURA GARCÍA, Maria José; *Los Delitos contra la Propriedad Industrial en el Código Penal Español de 1995*, Tirant lo Blanch, Valência, 2005, pp. 30-31, a verdade é que existe sempre um beneficiário directo dessa tutela, aquele a quem a lei permite a disposição desse bem (ver *ibidem*, pp. 77-79).

O segundo princípio nesta matéria é o de que a legitimidade no procedimento se mantém depois de este findar. Como antes havía-

---

[28] E saindo fora do âmbito do presente trabalho, dado que não respeita ao acesso por particulares nessa qualidade, um princípio idêntico aflora em sede de segredo de Estado. No artigo 9º da Lei n.º 6/94:

Artigo 9º

Acesso a documentos em segredo de Estado

1 – Apenas têm acesso a documentos em segredo de Estado, com as limitações e formalidades que venham a ser estabelecidas, as pessoas que deles careçam para o cumprimento das suas funções e que tenham sido autorizadas.

2 – A autorização referida no número anterior é concedida pela entidade que conferiu a classificação definitiva e, no caso dos Ministros, por estes ou pelo Primeiro-Ministro.

3 – O disposto nos números anteriores não é aplicável ao Presidente da República e ao Primeiro-Ministro, cujo acesso a documentos classificados não fica sujeito a qualquer restrição.

mos visto, a grande cesura opera-se entre dentro do procedimento e fora do procedimento. No entanto, não se compreende que quem tinha legitimidade durante o procedimento a perca depois deste findar. É evidente que já chegámos à conclusão que o regime das restrições é idêntico dentro e fora do procedimento, e por isso parece que este princípio não tem grande razão de ser. No entanto, tem uma validade hermenêutica muito significativa ainda. Com efeito, é válido mesmo que o regime de restrições fosse diverso, e em segundo lugar mesmo sendo igual o regime das restrições, implica que não se pode opor qualquer ilegitimidade depois de findo o procedimento a quem se reconheceu essa legitimidade enquanto ele corria[29].

A demonstração deste princípio funda-se na possibilidade de impugnação, *maxime*, judicial dos actos da administração (268º/4 CRP). Mas se assim é, pode-se contra-argumentar, este princípio apenas pode ser válido enquanto decorre o prazo de impugnação dos actos (cf. 41º, 83º/5, 58º, 59º, 69º CPTA). O problema é que existem acções administrativas sem prazo (41º/1 e 58º/l CPTA) e a administração pública não pode pré-julgar nem sindicar as decisões do particular em sede de impugnação. Daí que, sob pena de poder incorrer em *uenire contra factum proprium* (6º-A CPA), a administração pública não possa recusar legitimidade findo o processo a quem a tenha reconhecido enquanto este corria[30].

A conclusão defendida é aliás trivial sob o ponto de vista dogmático, se tivermos em conta que a relação jurídica procedimental não cessa com o fim do procedimento, como bem salienta SCHMIDT-ASSMANN, Eberhard; *La Teoria General del Derecho Administrativo como Sistema*, Marcial Pons, Madrid, 2003, p. 375.

---

[29] *Rebus sic stantibus*, é evidente. Se alguém deixar de ser procurador de um interessado, perdeu por esse facto legitimidade, mas não pelo facto de o processo ter findo.

[30] Salvo fundamentada decisão em que se demonstre erro anterior. Com efeito, a questão é de substância e não processual. A legitimidade não se extingue com a extinção do processo. O que pode haver é reapreciação da mesma após estar este findo. No mesmo sentido a propósito da legitimidade para intervir no Ac TJCE de 8 de Julho de 1999 (*Imperial Chemical Industries plc (ICI) VS Comissão CE*), no Ac TJCE de 8 de Julho de 1999 (*Chemie Linz GmbH VS Comissão CE*), no Ac TJCE de 8 de Julho de 1999 (*Hoechst AG VS Comissão CE*), no Ac TJCE de 8 de Julho de 1999 (*Montecatini SpA VS Comissão CE*), no Ac TJCE de 8 de Julho de 1999 (*Hüls AG VS Comissão CE*), no Ac TJCE de 8 de Julho de 1999 (*Shell International Chemical Company Ltd VS Comissão CE*)

Deve ser deferido o pedido de intimação ao INFARMED – Instituto Nacional da Farmácia e do Medicamento feito por um laboratório farmacêutico de introdução no mercado de medicamento similar a outro já fabricado pelo requerente se: a) o requerente alega que necessita desses elementos para interpor recurso contencioso de anulação do acto de autorização da introdução no mercado do novo medicamento e; b) o requerente da informação requereu, no tribunal cível onde intentou procedimento cautelar, que o tribunal solicitasse a remessa dos processos de autorização de introdução no mercado dos dois medicamentos similares, assim renunciando à protecção do segredo industrial que está na base do sigilo funcional consagrado no artigo 17º do Decreto-Lei n.º 72/91, de 8 de Fevereiro (Ac STA de 6 de Outubro de 1994).

Ao herdeiro e filho de pai defunto não é oponível a reserva de vida privada (Ac Cour Administrative d'Appel de Nantes Contentieux nº 00NT01975 du 24 avr 2003).

3. Excepções temporais

Existem excepções que dependem do decurso do tempo.

No que respeita ao segredo de Estado:

a) Havendo classificação provisória como segredo de Estado pelo Chefe de Estado-Maior General das Forças Armadas ou directores de serviços de informação, se esta classificação não for ratificada pelo Presidente da República, pelo Primeiro-Ministro, ou ministros, caduca esta classificação no prazo de dez dias (3º/4 Lei n.º 6/94, de 7 de Abril).
b) A classificação caduca com o decurso do prazo nela inscrita, que não pode ser maior que quatro anos (6º Lei n.º 6/94, de 7 de Abril).
c) As classificações anteriores ao 25 de Abril de 1974 caducam em 7 de Maio de 1995 (15º, 17º Lei n.º 6/94, de 7 de Abril).

O segredo de justiça, como se verificou, não tem propriamente excepções temporais, na medida em que o *dominus* do processo ou não é o concreto organismo da administração pública a quem se pede, ou passa a ter um regime de acesso especial. A única especialidade consta do 7º/5 LADA, que estatui que os inquéritos e as sindicâncias podem ser objecto de acesso depois do decurso do prazo para o procedimento disciplinar. Mas esta norma apenas se aplica caso de este não ocorrer. Mas e se houver processo disciplinar? Seguem-se então as regras do segredo de justiça, como antes se referiram.

Nos segredos económicos existe legislação sobre a caducidade do direito exclusivo de uso que indica que o segredo nestas matérias cessa:

a) A caducidade dos modelos de utilidade em 15 anos, no caso dos que foram concedidos ou cujo pedido for anterior à entrada em vigor do novo CPI (4º Decreto-Lei nº 16/95,de 24 de Janeiro, que aprova o CPI);
b) A caducidade em 25 anos dos modelos de utilidade concedidos ou pedidos antes da entrada em vigor do CPI (5º Decreto-Lei n.º 16/95,de 24 de Janeiro, que aprova o CPI);
c) A duração da patente de 20 anos (96º CPI);
d) A caducidade da patente por não exploração durante 3 anos (103º CPI) ou 2 anos (121º CPI);
e) A concessão e licenças obrigatórias quando durante 3 anos consecutivos não foi explorada uma patente (105º CPI);
f) Os modelos de utilidade têm uma duração de 15 anos (131º CPI);
g) As licenças obrigatórias de modelos de utilidade ao fim de 3 anos sem utilização (135º CPI);
h) A caducidade do modelo de utilização no prazo de 2 anos (138º CPI)[31];
i) Em matéria de documentação técnica e confidencialidade de ingredientes respeitantes aos produtos cosméticos e de higiene corporal o Decreto-Lei n.º 206/99, de 9 de Junho estabelece que, quando se quiser que por razões de segredo comercial se mantenha o sigilo sobre os ingredientes de um certo produto tem de se o solicitar de forma fundamentada (artigo 2º), valendo o sigilo por 5 anos renováveis por 3 (5º).

---

[31] De igual forma:

a) caducidade dos desenhos e modelos industriais em 25 anos (160° CPI);
b) caducidade de uso de marca em 5 anos (195° CPI);
c) caducidade da marca em 10 anos, mas indefinidamente renovável (205° CPI ou 5 anos (216° CPI);
d) caducidade do nome ou insígnia de estabelecimento em 20 anos, mas indefinidamente renovável (242° CPI) ou 5 anos (245° CPI).

Para a entrada em domínio público dos medicamentos genéricos ver o Ac TCA de 26 de Junho de 2003. De acordo com este acórdão às informações relativas à fabricação e ensaios sobre medicamentos genéricos não tem sentido aplicar as restrições ao acesso do 62º CPA. É em suma, a consagração da excepção temporal que ora estudamos.

De acordo com as CAGER de 25 de Janeiro de 1989 (*Kai Ottung Klee & Weilbach A/s e Thomas Schmidt A/S*), a cláusula segundo a qual o titular da licença não tem o direito de fabricar nem de vender o produto após o termo do contrato quando a licença incidiu sobre um produto patenteado e a patente tenha caducado constitui restrição da concorrência em violação do artigo 85º/1 do Tratado CEE.

Em sede de direitos de autor existem múltiplos prazos de caducidade:

a) 50 anos depois da morte do autor (35º, 36º Código do Direito de Autor);
b) Podendo caducar 15 anos após a morte do autor caso os herdeiros não se entendam sobre a utilização da obra (70º Código do Direito de Autor);
c) 50 anos após divulgação de obra anónima (37º Código do Direito de Autor);
d) 25 anos após realização de obra fotográfica ou análoga (38º Código do Direito de Autor);
e) 50 anos após divulgação de obra cinematográfica (39º Código do Direito de Autor);
f) 10 anos após emissão de radiodifusão (194º Código do Direito de Autor);
g) O direito de autor relativo às bases de dados extingue-se no prazo de 70 anos após a morte do autor, ou, no caso de outras entidades 70 anos após a divulgação das mesmas bases de dados (6º Lei n.º 1/2000, de 16 de Março).

No entanto, estas matérias escoram-se apenas no direito ao uso exclusivo e não ao seu segredo. O seu valor económico reside na sua divulgação em exclusivo e não no segredo.

É o próprio artigo 43º Código do Direito de Autor que estatui a consequência dos prazos de caducidade dos direitos de autor: a obra cai no domínio público. Ou seja, deixa de haver a protecção dos direitos de autor.

O Ac TJCE de 29 de Junho de 1999 (*Butterfly Music Srl VS Carosello Edizioni Musicali e Discografiche Srl (CEMED)*) resolve uma complexa questão que decorreu da represtinação de direitos de autor decorrentes da legislação comunitária, que estabeleceu prazos mais longos que alguns países para a sua entrada em domínio público: considerou que eram válidas normas de direito interno que permitiam que, por um período limitado, fossem distribuídos suportes de som por quem se tinha aproveitado da caducidade entretanto ocorrida nos direitos de autor. Em sentido semelhante as CAGER de 23 de Março de 1999 (*Butterfly Music Srl VS Carosello Edizioni Musicali e Discografiche Srl (CEMED)*).

O problema é que não parece haver regra para a intimidade privada nem para a vida interna das entidades. A verdade é que esta existe, mas enquadrada num outro ramo do Direito, por fazer ceder estes e outros segredos perante as necessidades de memória histórica. É o 73º/4 Lei n.º 107/2001, de 8 de Setembro, que estatui que as restrições legais de comunicabilidade do património cultural caducam em 100 anos, salvo se a lei estabelecer prazos mais reduzidos. Ora, havendo classificação e transferência para arquivo público dos arquivos administrativos aplica-se de pleno esta lei (83º/1/a, 83º/2/a, b Lei n.º 107/2001, de 8 de Setembro)[32].

O prazo é mais vasto que o do Decreto-Lei n.º 16/93, de 23 de Janeiro, que estabelecia um prazo de 50 anos após a morte da pessoa ou 75 anos sobre a data dos documentos. Ver GONÇALVES, José Renato; *Acesso à Informação das Entidades Públicas*, Almedina, Coimbra, 2002, p. 79.

O 4º/7 do Regulamento (CE) n.º 1049/2001 do Parlamento Europeu e do Conselho de 30 de Maio de 2001 estabelece um prazo geral máximo de trinta anos, mas admite que no caso da tutela da vida privada, dos interesses comerciais e dos documentos classificados como sensíveis o prazo pode ser superior, sem o delimitar.

O problema aqui invocado enquadra-se no quadro mais geral da questão de saber se existem segredos eternos, ou se há sempre limites tem-

---

[32] Esta matéria será mais aprofundadamente referida a propósito dos arquivos históricos. De salientar de qualquer forma, que a citada regra de 100 anos tem de ser objecto de cuidada análise. Por um lado, porque em matérias de intimidade privada e vida interna das empresas, pode o próprio particular regular a questão de modo diverso, o que tem de ser admitido pela lei dentro de certos limites. Em segundo lugar, é preciso ter em conta que o aumento da longevidade das pessoas pode tomar menos protectiva da intimidade esta regra.

porais para os segredos (REBOLLO VARGAS, Rafael; *La Revelación de Secretos e Informaciones por Funcionário Público*, CEDECS Editorial, Barcelona, 1996, pp. 143-147).

4. Excepções potestativas

Existem por outro lado, excepções potestativas. Estas são semelhantes às temporais em certos aspectos, na medida em que em certos casos dependem da passagem do tempo. No entanto diferenciam-se delas tendo em conta que, nas excepções potestativas, estando a restrição fundada num acto, é o acto que caduca ou a falta de produção de um acto que faz caducar a restrição.

Em geral, caduca a restrição de acesso a processos (repare-se, *hoc sensu,* processo da administração que não procedimento administrativo):

a) com a tomada de decisão, incluindo a decisão de arquivamento do processo (7º/4 LADA);
b) após um ano sem que seja tomada qualquer decisão a contar da sua elaboração (7º/4 LADA);
c) após o decurso de prazo para eventual procedimento disciplinar, sem que a este tenha havido lugar, no que respeita aos inquéritos e sindicâncias (7º/5 LADA).

Este regime carece de alguns comentários sem os quais não pode ser compreendido. Por processos da administração têm de se entender todos aqueles que não constituem procedimento administrativo, ou seja, aqueles que não visam conduzir à produção de um acto administrativo, nomeadamente os processos de organização interna, criação normativa, de entendimentos genéricos e outros. Com efeito, o acesso a procedimento administrativo é já regulado pelo CPA e depois deste procedimento vale o princípio do 7º/1 LADA. O campo de aplicação original deste 7º/4 LADA apenas pode referir-se a processos da administração que não sejam procedimentos administrativos, em consequência.

Por outro lado, no que respeita ao 7º/5 LADA, este não afirma que só se aplica caso não tenha havido instauração de procedimento disciplinar. No entanto, esta é a única forma de conciliar o nele disposto com o regime de segredo de justiça dos procedimentos disciplinares. Não tem sentido haver acesso pleno a um inquérito ou sindicância do qual constem todos os elementos da responsabilização de uma pessoa, mas que a investigação concreta em relação a essa pessoa seja secreta. Repare-se, no entanto, que esta restrição apenas pode ter lugar em relação às partes da sindicância ou do inquérito que respeitem directa ou indirectamente a essa pessoa, que ponham a sua responsabilidade em causa, nos termos do 7º/6 LADA.

No segredo de Estado a classificação provisória caduca em 10 dias se não for ratificada (3º/4 Lei n.º 6/94, de 7 de Abril). Por outro lado, perdem a natureza de segredo de Estado com a desclassificação (4º Lei n.º 6/94, de 7 de Abril).

5. Excepções voluntárias

As excepções voluntárias têm pontos de contacto com as potestativas, na medida em que se podem fundamentar num acto. No entanto, não se confundem com elas. Em primeiro lugar, na medida em que se aplicam independentemente de a acessibilidade à informação depender de um acto, como acontece na classificação com a sua caducidade. Aplica-se a qualquer informação. Em segundo lugar, porque dependem sempre do *dominus* da informação.

Quando o *dominus* da informação é o particular, a excepção é a do consentimento pelo particular ou por quem legitimamente o represente (vemos afloramentos desta regra no 8º/l LADA).

Em segundo lugar, quando o *dominus* é a administração pública, o concreto órgão da administração pública a quem se pede pode permitir o acesso à informação. Repare-se que neste caso estamos sempre fora de informação meramente administrativa, e sempre a lidar com a excepção da investigação infraccional em sede de contra-ordenações ou disciplinar, nos termos em que a lei permite que se dê acesso à mesma (ver v.g. 90º CPP e 41º do Regime Geral das Contra-ordenações). Só nestes casos a administração pública é *dominus* do processo e simultaneamente depende dela dar essa informação. Seja como for, é um poder funcional, delimitado pela lei.

A terceira hipótese de excepção voluntária é a da permissão de um terceiro órgão. Assim será o caso de o pedido ser dirigido a um órgão administrativo que não for o *dominus* da informação este pode pedir o consentimento do órgão que for o *dominus*.

Esta solução carece de algumas precisões. A lei não a consagra expressamente, no entanto, parece-me ser imposta pelo espírito de desburocratização definido no 2º/d DLMA. Se um particular pede a um órgão da administração pública que lhe dê acesso a um processo que este detém, mas que se encontra ou encontrou em investigação infraccional noutro órgão ou entidade pública, o *dominus* da informação é este último. Mas se é mais cómodo para o particular aceder ao primeiro, por proximidade física ou outra razão, não se vê impedimento a que este acesso exista desde que com o consentimento do terceiro órgão ou entidade. É evidente que esta solução só tem sentido no caso de o terceiro órgão tiver natureza administrativa. Caso se tratar de processo criminal junto de autoridade judiciária esta solução já não faz sentido. Situação especial é a do artigo 5º/5 da Lei n.º 6/89, de 15 de Abril, sobre o segredo estatístico, que só pode ser levantado com consentimento do seu titular ou após autorização do Conselho Superior de Estatística.

Existe uma situação atípica, que é a prevista no 15º/2 LADA, que exige parecer obrigatório da CADA no caso de dados nominativos de terceiro sem que este dê o seu consentimento. Em bom rigor não existe consentimento da CADA, dado de que de mero parecer obrigatório se trata, ainda por cima não vinculativo (98º/2 CPA).

No tratamento de dados pessoais o consentimento é elemento essencial como se vê em CASTRO, Catarina Sarmento e; *Direito da Informática, Privacidade e Dados Pessoais*, Almedina, Coimbra, 2005, pp. 206 ss., MARQUES, Garcia; MARTINS, Lourenço; *Direito da Informática*, Almedina, Coimbra, 2000, pp. 268-271. Já a incapacidade de consentir no tratamento de dados é referida em CASTRO, Catarina Sarmento e; *Direito da Informática, Privacidade e Dados Pessoais*, Almedina, Coimbra, 2005, p. 210. No entanto, esta solução não é transponível para o acesso à informação. A incapacidade é suprida nos termos gerais da representação, ou da gestão de negócios se for esse o caso.

Na propriedade industrial o consentimento do titular em SEGURA GARCÍA, Maria José; *Los Delitos contra la Propriedad Industrial en el Código Penal Español de 1995*, Tirant lo Blanch, Valência, 2005, pp. 79-80. Sobre a faculdade de revogação de consentimento pelo titular ver VASCONCELOS, Pedro Pais de; *Protecção de Dados Pessoais e Direito à*

Privacidade; in: *Direito da Sociedade da Informação*, Volume I, Coimbra Editora, Coimbra, 1999, p. 252.

O consentimento do titular, embora em sede penal, em REBOLLO VARGAS, Rafael; *La Revelación de Secretos e Informaciones por Funcionário Público*, CEDECS Editorial, Barcelona, 1996, pp. 177-182, *maxime* pp. 181-182, sobre a validade do consentimento. Ver igualmente PRADEL, Jean; DANTI-JUAN, Michel; *Droit Pénal Spécial*, 2e Ed., Cujas, Paris, 2001, pp. 257-258. Para o tema geral da autenticação do consentimento por via electrónica ver TAYMANS, J.-F.; *Recueillir et Authentifier le Consentement: L'Experience Notariale Confrontée à la Certification;* in: NAYER, Benoît de; LAFFINEUR, Jacques (eds.); *Le Consentement Électronique*, Bruylant, Bruxelles, 2000, pp. 348 ss..

Capítulo IV
PROBLEMAS SISTÉMICOS

Existem três problemas sistémicos a considerar. A ponderação de bens, as implicações do princípio da igualdade no acesso à informação e o abuso de direito ao acesso.

1. Ponderação de bens

Até ao momento vimos que o regime jurídico se escora em três passos de sentido contrário em tema de acesso à informação pelos particulares.

Inaugura-se com permissões genéricas, de âmbito mais ou menos alargado a certos ou a todos os sujeitos.

Num segundo momento, em ponderação de outros bens juridicamente tutelados, fecha-se o acesso.

Num terceiro momento, ponderados outros factores, volta-se a abrir o acesso.

No entanto, existe ainda um quarto momento, a que não se pode escusar o aplicador do Direito: a ponderação concreta de bens. Alguma jurisprudência salienta que deve haver sempre ponderação de bens caso a caso. Não parece ser a via correcta numa primeira linha. Com efeito, até ao momento demonstrámos que existe um sistema, e que em consequência a grande maioria dos passos que têm de ser dados para a resolução do caso concreto obedecem a uma lógica geral e não do caso concreto.

A verdade é que esta lógica geral, tendo em conta o regime constitucional muito restritivo, não esgota todo o regime aplicável. Nem todas as situações constitucionalmente tuteladas foram previstas pelo legislador e não o podiam ser porque, essas sim, dependem do caso concreto.

Dando alguns exemplos.

Alguém pode querer aceder à morada de um outro concorrente em concurso público para funcionários. Em princípio, esta matéria encontra-se sujeita à reserva da intimidade privada. Mas, como vimos, sendo parte do fundamento do acto administrativo, podem os particulares aceder a ela. Esta a conclusão final do jogo dialéctico de ponderação de bens que o sistema consagra. Mas imaginemos que no caso concreto quem quer aceder a esta informação apenas pretende molestar a pessoa em causa ou provocar-lhe qualquer dano, nomeadamente à integridade física. Deve a administração pública fornecer esta informação? Tudo depende do caso concreto. Se a administração pública souber que é essa a finalidade do particular quando pretende obter a informação e se for essa a forma mais adequada de tutelar seja a vida, a integridade física, seja a intimidade privada de terceiro, deve não dar essa informação.

Outro exemplo já o vimos antes. Se alguém der o consentimento à publicitação de informação relativa à sua intimidade privada, se a divulgação dessa informação começar a criar-lhe dano ou perigo de dano que sejam do conhecimento da administração pública, deve esta recusar-se a dar a informação a terceiros.

Além disso o conceito de segurança é demasiado restricto: não contempla a protecção de testemunhas, protecção ambiental, mas restringe-se só ao segredo de Estado. A Lei de Segredo de Estado restringiu muito o conceito.

Neste aspecto a lei francesa é mais rica, dado que tratou expressamente da questão das informações relativas à segurança de bens e pessoas na Loi n.º 2003-239 du 18 mars 2003. De igual forma o conceito de protecção legal é mais vasto dado que respeita à segurança do Estado, à defesa ou à segurança pública (Ac Conseil d'Etat Contentieux n.º 242813 du 21 nov 2003). Da mesma forma considera-se que telegramas que contêm directivas para as representações diplomáticas relativas à política de vistos se integram no segredo da política externa da França, o que em Portugal perante a lei vigente suscitaria bem espinhosas questões dado que esta política externa não se encontra directamente tutelada, sendo a única hipótese a de a integrar no 4º/2/b LADA, ou seja, no conceito de documentos políticos, o que em si é controverso, dado que se traduzem em orientações para futuros actos administrativos (Ac Cour Administrative d'Appel de Paris Contentieux nº 00PA03362 du 5 jul 2001). Um caso em que notoriamente se trata de ponderação de bens, embora o acórdão não o diga é o do Ac Conseil d'Etat Contentieux n.º 46591 du 16 jan 1985: com efeito, neste acórdão não se quer dar o nome do médico que assinou o relatório de higiene mental que levou ao internamento de um doente notoriamente para proteger o médico e não em nome da natureza nominativa do documento (quanto ao médico que deu tais informações). Para um caso de segurança não previsto na nossa lei ver o problema do sistema de protecção contra fogos dos caminhos-de-ferro britânicos e a sua errática publicação (McEldowney, John F.; *Public Law*, Thomson Sweet & Maxwell, 3rd Ed., London, 2002, p. 579).

Gonçalves, José Renato; *Acesso à Informação das Entidades Públicas*, Almedina, Coimbra, 2002, pp. 53-55 reconhece que a noção restrita de segurança leva a ter de se ponderar no caso concreto bens jurídicos e a restringir o acesso à informação em certos casos para além do segredo de Estado.

O critério tem de ser portanto o seguinte:

a) o primeiro passo é o da adequação ao sistema de ponderação (permissões genéricas, restrições de acesso, excepções às restrições);
b) o segundo é o da ponderação de bens que forem ou devam ser do conhecimento da administração pública.

Em princípio, o simples percurso pela solução sistemática é auto-suficiente na maioria dos casos. Numa sociedade tendencialmente pacificada a administração pública deve ser aberta e encerrar-se apenas nos casos previstos na lei e, mesmo assim, com as excepções que antes estudámos.

Mas não nos podemos escusar em alguns casos concretos residuais a uma ponderação de bens concreta, entre os bens que a informação aos particulares pretende tutelar e os danos ou perigos que este acesso pode induzir na sociedade. Residuais, é certo, variáveis consoante os sectores de actividade igualmente (geralmente em maior perigo em sectores de mais concorrência, mais tecnológicos), consoante as regiões do país ou estratos sociais (uns mais violentos que outros, por exemplo). Quedarmo-nos apenas pelo sistema seria sermos cegos à tutela de outros bens constitucionalmente protegidos.

O Ac RP de 5 de Julho de 1995 fez ceder o sigilo bancário de conta bancária de sociedade comercial vítima de falsificação e burla perante necessidade de investigação criminal. Mais uma vez a vida interna das entidades tem de ser objecto de ponderação de bens.

As CAGER de 3 de Outubro de 1996 (*Biogen VS Smithkline Beecham Biologicals SA*) tratam da questão de haver várias patentes detidas por empresas farmacêuticas diferentes, e o titular da patente sendo pessoa diferente do titular de colocação no mercado. Se o requerente de um certificado complementar de protecção não tiver a possibilidade de facultar uma cópia da autorização de colocação no mercado do medicamento e as informações não estiverem no domínio público, a autoridade nacional tem o dever de facultar uma cópia da autorização de colocação no mercado quer ao requerente, quer ao serviço nacional competente. A questão de saber se as informações devem ser fornecidas directamente ao interessado ou ao serviço nacional competente depende das possibilidades práticas e da eventual necessidade de proteger informações confidenciais. Estas CAGER mostram uma outra dimensão da ponderação de bens. Se o mesmo efeito útil se puder obter sem fornecer a informação ao particular desde que a sua pretensão possa ser satisfeita sem quebrar o segredo, então é a via mais protectora do segredo que deve ser seguida.

Particularmente ricas em sede de ponderação de bens, e a uma luz algo inesperada, são as CAGER de 10 de Junho de 1999 (*Adidas AG*). Com efeito, na medida em que na protecção das marcas comerciais é dado um papel particularmente relevante ao titular da marca, nomeadamente contra contrafacções, levanta-se o problema de saber se este pode ter acesso a dados pessoais do suspeito de contrafacção. As CAGER concluem que desde que se respeite o princípio da proporcionalidade e não haja prejuízo (pressupõe-se que ilícito) para o titular dos dados pessoais, estas informações têm de ser dadas ao titular da marca. Aqui o particular tem acesso a uma informação, na medida em que um interesse público depende especialmente da sua participação. Com efeito, ninguém melhor que o titular de uma marca conhece o que a ela pertence e o que é contrafacção. Pode assim conhecer o nome do declarante e do destinatário das mercadorias, bem como os seus endereços. Sem esta possibilidade uma finalidade pública (de perseguição das contrafacções) seria inutilizada. O Ac TJCE de 14 de Outubro de 1999 (*Adidas AG*) apoiou este entendimento.

O Ac STA de 13 de Fevereiro de 1992 estabelece um princípio de *fauor informationis* no seguinte sentido: na dúvida deve-se deferir a passagem de certidão. No entanto, este acórdão não parece ter tido muito seguimento.

Uma das formas de ponderação de bens encontra-se na necessidade de informação estatística. Neste caso permite-se que informação sobre dados pessoais médicos seja transmitida, mas desde que agregada nos termos do artigo 63º da Loi n.º 78-17 du 6 janvier 1978 em França. De igual forma a comunicação de estatísticas, mesmo que baseadas em dados nominativos, não é considerada informação restricta, dado que não contém dados nominativos (Ac Conseil d'Etat Contentieux n.º 151688 du 3 jul 2002). O mesmo se passa em relação a estatísticas que se baseiem em segredos comerciais, desde que não os revelem (Ac Conseil d'Etat Contentieux n.º 172972 du 3 jul 2002). De igual forma as estatísticas sobre taxa de sucesso e de inscrição em escolas de condução (Ac Conseil d'Etat Contentieux n.º 157402 du 3 jul 2002).

A ponderação de bens como critério essencial ao acesso de informações constantes da polícia no Ac. de 7 de Maio de 1987 do Tribunal Europeu dos Direitos do Homem (Castro, Catarina Sarmento e; *Direito da Informática, Privacidade e Dados Pessoais*, Almedina, Coimbra, 2005, pp. 25-26).

A ponderação de bens pode no entanto intervir, não num quarto momento, mas num terceiro ou mesmo antes, como seria aliás de esperar. O modelo comum que se analisa, lembra-se, é o de se terem passado os três momentos de acesso, permissões genéricas, restrições e excepções às restrições, entrando a ponderação de bens só num quarto momento. Mas pode-se dar o caso de a ponderação de bens intervir a montante.

Em certos casos pode intervir num segundo momento, obrigando a fechar o acesso em situações em que não há restrições. Por exemplo, se o fornecimento de informações não restritas, e mesmo informações públicas, pode levar (ou pelo menos contribuir para) à realização de um crime.

Pode actuar num terceiro momento, na medida em que pode, havendo restrições e não havendo excepções às restrições, implicar que se tenha de dar a informação. Por exemplo, este seria o caso da *posse prévia*. Um particular carreia a um processo informações que seriam restrictas, mas de que ele não seria titular. Por exemplo, junta documentos de onde constam contratos entre terceiros ou em geral informações sobre terceiros. Se foi ele mesmo a carrear para o processo estas informações não teria muito sentido impedir-lhe o acesso a elas depois. Aqui a ponderação de bens faz-se pela nula lesão adicional de bens alheios. Se danos houve, estes já estão consumados previamente, dado que é o próprio particular que forneceu à administração essa informação.

Estas matérias têm de ser integradas na ponderação de bens e não nas restrições ou excepções às restrições por razões evidentes. É que só provocam entorses às regras de base por mera ponderação de bens feita no caso concreto, não são regras gerais. A consequência é bem simples. Se por exemplo, a excepção da posse prévia fosse uma excepção geral à restrição, isso significaria que se teria de fornecer cópia dessas informações ao particular que as deu, mesmo depois de se demonstrar que o titular da informação não as quer fornecer, o que não é o caso. Numa perspectiva dogmática, são diferentes de regras gerais na medida em que no caso concreto a administração pública tem sempre de fazer uma ponderação de bens concreta e não escorar-se na ponderação já realizada pelo legislador.

A ponderação de bens é igualmente a preocupação do *Delbert W. Smith and Bruce Botelho vs. John Doe et al.* (U.S. Supreme Court) (Oral Argument), November 2002. Discute-se aí se se pode ou não dar informação sobre quem são os condenados por crime sexual que habitam na zona à luz das necessidades de protecção da população e da tutela da imagem e da vida privada (no caso concreto associado a um problema de retroactividade da lei penal que não interessa aqui estudar). O mesmo princípio de ponderação de bens preside ao *National Archives and Records Administration vs. Favish et al.* (U.S. Supreme Court), March 30, 2004, em que se discute se deve prevalecer o interesse da família do morto em que o Estado não forneça as fotografias do seu cadáver sobre o interesse em ser informado por parte de terceiro. Repare-se que a protecção do defunto é lacunar neste caso, porque só quando deixa família ela existe de acordo com a decisão em causa. No caso, o morto, aparentemente por suicídio, era um conselheiro do presidente Clinton. O tribunal ponderou a diminuição do interesse público em obter as fotos dado que já tinha havido investigação exaustiva do caso pelas autoridades públicas. Na ponderação de bens teve em conta igualmente a legitimidade de quem pede e que o interesse que se visa satisfazer com o fornecimento da informação é superior ao da sua protecção e que o fornecimento da informação é idóneo para satisfazer esse interesse maior. O mesmo problema no *Office of Independent Counsel vs. Allan J. Favish et al.* (U.S. Supreme Court) (Oral Argument), December 3, 2003. A ponderação de bens entre a intimidade privada e ao acesso à informação para informar o público em geral por parte da comunicação social no *Bartnicki et al. vs. Hopper, aka Williams, et al.* (U.S. Supreme Court), May 21, 2001, Breyer J., concurring. Na mesma opinião do Juiz Breyer o próprio segredo comercial pode ser levantado quando existem razões de saúde pública, segurança, crime ou outra informação, bem como outros motivos de interesse público. Para o interesse em publicar conversa telefónica entre particulares há que verificar se esse facto dá alguma mais valia à discussão pública de temas de interesse público (*Bartnicki et al. vs. Hopper, aka Williams, et al.* (U.S. Supreme Court), May 21, 2001, Rehnquist C.J., dissenting).

A ponderação de bens entre a intimidade privada e a liberdade de expressão conforma o próprio conceito de dados pessoais (Pinori, Alessandra; *La protezione dei Dati Personali. Guida alla Lettura delle Fonti*, Giuffrè Editore, Milano, 2004, p. 119). Igualmente a ponderação de bens entre o direito de acesso aos documentos administrativos e a natureza pessoal dos dados em Pinori, Alessandra; *La protezione dei Dati Personali. Guida alla Lettura delle Fonti*, Giuffrè Editore, Milano, 2004, p. 258-259. A ponderação de bens entre a actividade pública e a privacidade *em* Gaudenzi, Andrea Sirotti; *Il Commercio Elettronico nella Società dell'Informazione*, Sistemi Editoriali, Napoli, 2003, p. 243.

De acordo com o Parecer da Procuradoria-geral da República de 7/11/1991 o segredo da investigação de acidentes aeronáuticos (5.15 do Anexo 13 à Convenção de Chicago de 1944 – ver Botelho, José Manuel da S. Santos; Esteves, Américo J. Pires; Pinho, José Cândido de; *Código do Procedimento Administrativo Anotado – Comentado*, 3ª Ed., Almedina, Coimbra, 1996, pp. 260-261) é restrição proporcional ao direito de acesso, mesmo não tendo natureza infraccional.

A ponderação de bens surge recorrentemente no Regulamento (CE) n.º 1049/2001 do Parlamento Europeu e do Conselho de 30 de Maio de 2001 (ver Bignami, Francesca; Tre *generazione di Diritti di Partecipazione nei Procedimenti Amministrativi Europei*; in: *Rivista Trimestrale di Diritto Pubblico, Quaderno n. 1, Il Procedimento Amministrativo nel Diritto Europeo*, Giuffrè Editore, Milano, 2004, p. 102).

Gonçalves, José Renato; *Acesso à Informação das Entidades Públicas*, Almedina, Coimbra, 2002, pp. 59-60 mostra que a ponderação de bens exige o alargamento de elenco das excepções. Embora em boa verdade possa ter igualmente o efeito contrário, como vimos.

Eiras, Agostinho; *Segredo de Justiça e Controlo de Dados Pessoais Informatizados*, Coimbra Editora, 1992, pp. 94-101 distingue como critérios da solução de conflitos entre direitos o da hierarquização (que afasta, e bem, porque não se pode estabelecer em abstracto uma hierarquização de direitos fundamentais), o da concordância prática (que tenta salvaguardar dentro da medida do possível cada direito de acordo com critérios de proporcionalidade), e a ponderação de bens concreta (sendo que a abstracta corresponde à ideia de hierarquia). Estes conceitos podem-nos ser de alguma valia para compreender o sistema. Em primeiro lugar, percebemos que a ponderação de bens abstracta e critérios de concordância prática abstractos conformam o regime que entendemos como sistemático (o estabelecido expressamente na lei em concretização dos bens constitucionalmente tutelados). Em segundo lugar, depois de esgotado o regime sistemático, podemo-nos deparar com um caso concreto em que temos de fazer ponderação de bens concreta. No entanto, esta ponderação concreta tem de ser entendida no sentido, não apenas de os hierarquizar em concreto, mas de os tentar conciliar na medida do possível. Para a destrinça entre ponderações de bens abstractas e concretas ver igualmente ANDRADE, José Carlos Vieira de; *Os Direitos Fundamentais na Constituição Portuguesa de 1976*, Almedina, Coimbra, 1987, pp. 220-224 para o critério da concordância prática, que visa sacrificar no mínimo cada um dos direitos; LOUREIRO, João Carlos Simões Gonçalves; *O Procedimento Administrativo entre a Eficiência e a Garantia dos Particulares (Algumas Considerações)*; in: *Boletim da Faculdade de Direito, Studia Iuridica*, 13, Coimbra Editora, Coimbra, 1995, p. 210. Ver igualmente a mera referência em MACHETE, Pedro; *A Audiência dos Interessados no Procedimento Administrativo*, Universidade Católica Editora, 2ª Ed., Lisboa, 1996, p. 404.

ANDRADE, José Carlos Vieira de; *Os Direitos Fundamentais na Constituição Portuguesa de 1976*, Almedina, Coimbra, 1987, pp. 215-224 distingue e bem os limites imanentes da colisão de direitos. Não se pode falar propriamente em direito de acesso (limites imanentes) quando alguém pretende espiolhar a vida privada de um funcionário público sem mais, ou em nome do acesso à informação pretende filmar (salvo se houver interesse cientifico ou jornalístico) os funcionários enquanto trabalham. Em princípio, estes aspectos não estão integrados no direito de acesso. SOUSA, António Francisco de; *"Conceitos Indeterminados" no Direito Administrativo*, Almedina, Coimbra, 1994, pp. 142-145 estabelece uma metodologia de ponderação que me parece rigorosa, em três fases: a) reunião do material a ser ponderado, b) pesagem ou valoração desse material e c) ponderação em sentido estrito.

REBOLLO VARGAS, Rafael; *La Revelación de Secretos e Informaciones por Funcionário Público*, CEDECS Editorial, Barcelona, 1996, pp. 225 ss. apresenta alguns critérios a ponderar que poderão excluir a ilicitude. É certo que trata de causas de justificação em sede criminal, pelo que não podem ser plasmadas sem mais para a ponderação de bens administrativa. No entanto, são critérios orientadores para esta ponderação de bens: o cumprimento de dever superior, a teoria das relações de sujeição especial dos funcionários públicos (teoria de origem alemã, que se encontra algo limitada à luz das actuais concepções da constitucionalidade), a liberdade de expressão e informação dos funcionários públicos (que se podem aplicar aos funcionários dentro de certos limites, mas não à administração pública enquanto tal). As causas de justificação da violação do segredo profissional em França existem quando isso ocorre por necessidade de revelar o segredo no interesse do próprio, no de terceiro, ou da protecção do profissional (PRADEL, Jean; DANTI-JUAN, Michel; *Droit Pénal Spécial*, 2e Ed., Cujas, Paris, 2001, pp. 254-256). Não podendo mais uma vez ser transportado para o Direito Administrativo, este elenco pode ser relevância hermenêutica na ponderação de bens. Padecendo do vício de se quedar pela ponderação concreta sem demonstrar um percurso institucional, como o que operámos em texto, ver GAUDENZI, Andrea Sirotti; *Il Commercio Elettronico nella Società dell'Informazione*, Sistemi Editoriali, Napoli, 2003, pp. 245-246.

Já não se pode aventar a hipótese, como o faz ITALIA, Vittorio; *L'Accesso ai Documenti Amministrativi (Regolamento 27 giugno 1992, n. 352)*, 2ª ed., Giuffrè, Milano, 1994, p. 14 de se ter de ponderar a reserva da administração pública e seu bom funcionamento e o direito de acesso. A ponderação está feita na lei. Quanto aos procedimentos em curso através de um princípio de legitimação, quanto aos processos a regra de acesso diferido do 7º/4 LADA. A questões que se poderão colocar nesta matéria terão de ter solução, se for esse o caso, em sede de abuso de direito de acesso, como adiante veremos. O que há a ponderar como valor, bem pelo contrário, é o princípio geral da transparência (CARVALHO, Raquel; *O Direito à Informação Administrativa Procedimental*, Publicações Universidade Católica, Porto, 1999, pp. 70-75, 80, 162-163; MARQUES, Garcia; MARTINS, Lourenço; *Direito da Informática*, Almedina, Coimbra, 2000, p. 231). Sobre a inexistência de um direito de reserva da actividade administrativa ver BOTELHO, José Manuel da S. Santos; ESTEVES, Américo J. Pires; PINHO, José Cândido de; *Código do Procedimento Administrativo Anotado – Comentado*, 3ª Ed., Almedina, Coimbra, 1996, p. 257. Ver igualmente DIEZ SANCHEZ, Juan José; *El Procedimiento Administrativo Comun y la Doctrina Constitucional*, Civitas, Madrid, 1992, pp. 127-128.

2. O princípio da igualdade

O segundo grande problema sistémico que se suscita é o do princípio da igualdade. Com efeito, podendo os particulares impugnar os actos da administração e em geral sindicá-los judicialmente, a verdade é que a lei consagra um princípio de igualdade que tem de ele mesmo poder ser sindicado (5º CPA).

Significa isto que em nome do princípio da igualdade podem os particulares aceder a informações que de outra forma lhes estariam vedadas? Com efeito, para se poder sindicar a igualdade não basta conhecer o conteúdo de outros actos praticados, é necessário conhecer os seus fundamentos. Como pode o particular demonstrar que houve violação da igualdade se não pode aceder na íntegra pelo menos aos processos mínimos respeitantes a outros particulares? Parece que neste caso teríamos mais uma forma de abertura dos segredos tutelados na lei.

A solução tem de ser encontrada numa dimensão sistémica, tentando resolver o conflito de bens jurídicos que aqui se encontram. Por um lado, a tutela do princípio da igualdade, e por outro a tutela dos segredos protegidos por lei.

A única forma de dar solução cabal a esta questão é a de considerar que realmente os particulares têm acesso a informações relativas a outros particulares, mas apenas e na medida em que isso não viole nenhum segredo estabelecido na lei. Em suma, deve prevalecer o regime do segredo.

O fundamento para esta solução é sinépico. Os resultados de interpretação contrária seriam desastrosos. Imagine-se o seguinte caso: um particular acha que lhe foi dada incapacidade por deficiência mental em grau inferior ao de um seu conhecido que estaria em iguais circunstâncias. A única forma de sindicar plenamente a desigualdade de tratamento seria este particular ter acesso a todo o ficheiro clínico de terceiro. Ou seja, tornar-se ia inútil a protecção da intimidade privada na lei mal alguém se lembrasse de invocar a violação da igualdade. Uma empresa quereria conhecer os segredos de uma outra empresa. Bastaria fazer um pedido à administração pública, nomeadamente ilegal, sabendo que este seria indeferido. Impugnaria a decisão da administração pública em tribunal com base na desigualdade, obteria a informação sigilosa relativa a concorrente, por exemplo, e teria feito isto tudo apenas para aceder a informação sigilosa.

Os resultados de interpretação contrária são de tal forma absurdos que apenas se pode concluir que *o princípio da igualdade não afecta a tutela dos segredos*. Dito por outras palavras, apenas pode ser sindicada a igualdade pelo particular com base em fundamentos que lhe seriam de outra forma acessíveis. *A igualdade não fundamenta o levantamento de segredos.*

Não há contradicção entre o que se defende e a excepção do processo mínimo. É que esta excepção pressupõe um nexo prévio de legitimidade num processo específico. O processo mínimo levanta a restrição de acesso na medida em que previamente o legislador reconhece um interesse ou um contra-interesse. Na igualdade só por si não existe este interesse. Logo nem por esta via se compreende o acesso sequer ao processo mínimo.

A pergunta que imediatamente se pode levantar é a de que, nos casos em que há restrição de acesso, o princípio da igualdade não é sindicável, é meramente platónico. Mas não é assim. É que a sindicabilidade existe, mas ocorre por via criminal. Nomeadamente por via da denegação de justiça (369º CP) ou corrupção (372º a 374º CP), ou abuso de poder (382º CP). Se bem virmos, é esta a solução que melhor salvaguarda os valores em presença: a protecção da igualdade, mas igualmente a protecção das restrições de acesso. Ocorre igualmente por via da figura do contra-interessado se e na medida em que este existir e dentro dos prazos e limites de impugnação. Para tema paralelo ver ABREU, Luís Vasconcelos; *Para o Estudo do Procedimento Disciplinar no Direito Administrativo Português Vigente: As relações com o Processo Penal*, Almedina, Coimbra, 1993, p. 62.

Para os limites do princípio da igualdade ver CALVÃO, Filipa Urbano; *Os Actos Precários e os Actos Provisórios no Direito Administrativo*, Universidade Católica, Porto, 1998, pp. 274-275. Para as suas implicações ver SOUSA, Marcelo Rebelo de; *Lições de Direito Administrativo*, Volume I, Lex, Lisboa, 1999, pp. 122-125.

3. O abuso do direito de acesso

Como qualquer direito o de acesso à informação pode ser exercido de tal forma que constitua um abuso. O exercício inadmissível de posição jurídica tem o seu assento geral no artigo 334º do Código Civil.

Há pois que verificar no caso concreto se o exercício deste direito viola a boa fé (artigo 6º-A CPA), os bons costumes ou o fim económico-social desse direito.

No instituto concreto tal abuso pode ocorrer nos casos em que os particulares usam o direito exigindo recorrentemente informações sobre os mesmos factos, ou pedem parcelarmente informações que já poderiam razoavelmente ter pedido em bloco, ou recorrentemente pedem informações sobre múltiplos temas sem que haja real interesse em pedi-las. Ocorre igualmente quando pedem informações para lhes dar usos proibidos por lei (neste caso teriam acesso à informação, mas o uso que dela fazem previsível ou consistentemente é contrário à lei, questão que estudaremos posteriormente).

Nesta matéria cabe fazer basicamente duas reflexões. A primeira é a de que só no caso concreto se pode aferir desse abuso. A segunda é que o abuso do direito à informação é um abuso de direito como outro, não apresentado especialidades de maior. A única especialidade que se vislumbra tem exactamente a ver com a conexão que se pode e deve fazer em certos casos entre o *acesso* e o *uso* da informação pelo particular.

Gonçalves, José Renato; *Acesso à Informação das Entidades Públicas*, Almedina, Coimbra, 2002, p. 36 nega que haja abuso pelo facto de se pedir informação já publicada pela administração pública, no que tem razão. Ver igualmente Gonçalves, José Renato; *Acesso à Informação das Entidades Públicas*, Almedina, Coimbra, 2002, pp. 44-46. García de Enterría, Eduardo; Fernández, Tomás-Ramón; *Curso de Derecho Administrativo*, II, 4ª Ed., Civitas, Madrid, 1994, p. 468 salienta que na lei espanhola o direito de acesso não deve prejudicar o funcionamento dos serviços públicos (ver igualmente García de Enterría, Eduardo; Fernández, Tomás-Ramón; *Curso de Derecho Administrativo*, II, 7ª Ed., Civitas, Madrid, 2000, p. 473; ou para os custos de obtenção da informação pelos serviços públicos, Pereira, Alexandre Dias; *Bases de Dados de Órgãos Públicos: O problema do Acesso e Exploração da Informação do Sector Público na Sociedade da Informação*; in: *Direito da Sociedade de Informação*, Vol. III, Coimbra Editora, Coimbra, 2002, p. 272). Sousa, António Francisco de; *Código do Procedimento Administrativo Anotado*, Luso Livro, Lisboa, 1993, p. 210 dá o exemplo de o acesso prejudicar a conservação dos documentos, embora este exemplo esteja mais próximo da ponderação de bens. Para a questão geral ver Monteiro, Jorge Ferreira Sinde; *Responsabilidade por Conselhos, Recomendações ou Informações*, Almedina, Coimbra, 1989, pp. 538 ss..

Capítulo V

REGIMES ESPECIAIS

Existe um grande conjunto de regimes especiais em matéria de acesso à informação pelos particulares, sendo impossível fazer a sua tipificação universal. Podem, no entanto, encontrar-se algumas linhas de orientação no meio desta disparidade de regimes.

Nuns dispensa-se o fornecimento de informação, por múltiplas razões.

Uns têm a ver com a natureza da organização da informação: arquivos históricos, registos públicos, registos de dados pessoais. A sua função (de publicidade, de conservação histórica) ou a sua forma (tratamento da informação, *maxime* informática) e conteúdo (dados pessoais, registo criminal) levaram o legislador a estabelecer normas especiais para o seu regime.

Noutras situações desapossa-se a administração pública do domínio da documentação, como no caso da remessa para tribunal ou outra entidade pública.

Noutros casos, trata-se de um segredo que só na aparência de forma estranha não foi salvaguardado pelo legislador: o segredo profissional, que parece ter sido o grande ausente na presente ponderação. A sua relevância em sede de acesso à informação só agora pode ser estudada.

Outro caso, pela sua especialidade merece referência aqui, não tanto por ser de direito administrativo (trata-se de direito tributário), mas é ilustrativo como contraponto ao regime administrativo comum.

Existe finalmente um regime especial para os documentos comunitários.

As especialidades, como se afirmou, poderiam ser desenvolvidas até ao infinito. Por exemplo, nos termos dos artigos 4º, 6º e 11º da LPPAP, estabelece-se um regime especial para um processo administrativo genérico, o da adopção de planos de desenvolvimento das actividades da administração pública, de planos de urbanismo, de planos directores e de ordenamento do território e a decisão sobre a localização e a realização de obras públicas. O dever de audiência prévia é alargado a todos os que possam vir a ser afectados (4º) e o direito de consulta do processo é alargado (6º). Aqui a lei excepciona o CPA, ou melhor, desenvolve o seu conceito de interesses difusos em sede de procedimento administrativo.

1. As dispensas ao dever de informar

O início do procedimento oficioso não tem de ser comunicado caso possa prejudicar segredo ou a oportuna adopção de providência a que o procedimento se destina (55º/2 CPA). Repare-se que não é uma norma de segredo absoluto, dado que em alguma fase do processo as informações têm de ser dadas aos interessados, caso ele possa vir a ser afectado pela resolução da administração pública (audiência prévia, notificação da decisão final sem audiência prévia nos casos do 100º e 103º CPA). É apenas uma norma de segredo procedimental interlocutório.

Mais significativos são os casos de dispensa de informar:

a) formalmente através de notificação escrita quando houve notificação oral presencial de acto praticado na presença dos interessados (67º/1/a CPA);
b) quando o interessado revelar perfeito conhecimento do conteúdo dos actos em causa (67º/l/b CPA).

Aqui vale um princípio de economia processual. O particular já conhece o acto, não tem sentido opor a ineficácia do mesmo à administração pública (60º CPTA).

A dispensa de informar encontra-se igualmente no 68º/2 CPA que permite a notificação da indicação resumida do acto quando tenha deferido a pretensão do particular ou respeite a prática de diligências processuais. Vale aqui um princípio de economia processual quanto à segunda hipótese e de desnecessidade de garantia quanto à primeira.

O terceiro caso de dispensa de informar (em sentido lato) é o do 103º CPA, o da dispensa da audiência prévia. Concorrem para este regime os mais diversos fundamentos, desde o da eficácia da actuação da administração pública (103º/1 CPA), ao da desnecessidade de garantia (103º/2 CPA).

O dever de informação sobre a situação médica dos doentes nos hospitais públicos apenas não existe quando haja situação de urgência de acordo com o Ac Conseil d'Etat Contentieux n.º 216039 du 19 mai 2004. Não há dever de informar quando a informação já foi dada ou existem meios de difusão pública a que pode aceder o particular segundo CHAPUS, René; *Droit Administratif General*, Tome 1, 6e Éd., Montchrestien, Paris, 1992, p. 361. Para o 67º CPA ver OLIVEIRA, Mário Esteves de; GONÇALVES, Pedro Costa; AMORIM, J. Pacheco de; *Código do Procedimento Administrativo Comentado*, 2ª Ed., Almedina, Coimbra, 1998, pp. 351-354.

2. Arquivos históricos

A referência aos arquivos históricos pode parecer meramente de mostra de erudição ou ainda apenas nominal. Fala-se de arquivos administrativos, logo poder-se-ia falar em mero desenvolvimento verbal de arquivos históricos. Torna-se por isso necessário começar por demonstrar que esta parte do estudo tem fundamento material.

Desde logo temos que considerar que nem todos os arquivos históricos nos interessam. Apenas releva na perspectiva do direito administrativo a parte dos arquivos históricos que resulta de acervos vindo de arquivos administrativos.

Quanto a esta parte o interesse de tratar desta matéria é duplo: prático e dogmático.

Sob o ponto de vista prático o interesse é evidente. Sendo o regime de acesso aos arquivos históricos diverso do acesso aos arquivos administrativos, a administração pública poderia tornear as regras de acesso passando a documentação para arquivo histórico, restringindo assim eventualmente o acesso aos particulares ou dificultando-o. A questão não é neutra sob o ponto de vista prático, portanto.

De igual forma sob o ponto de vista dogmático. É que a passagem para arquivo histórico transfere o domínio da informação. Esta deixa de estar no órgão da administração pública comum, para estar em instituições especializadas em arquivo histórico ou obedecendo a um regime de acesso diverso. Dogmaticamente, portanto, modifica ou a titularidade da informação ou o seu regime de acesso, ou ambos.

A prova de que a questão não é ociosa é o facto de o artigo 7º/7 LADA ter previsto o regime dos documentos depositados em arquivos históricos, estatuindo que se rege por legislação própria.

Existem portanto dois problemas, que constituem os crivos pelo qual a legislação sobre arquivos históricos deve ser analisada para o efeitos que ora nos interessam:

a) a transferência para arquivo histórico;

b) o acesso às informações constantes desse arquivo histórico.

Com efeito, se ao passarem para arquivo histórico isso se traduzir num menor acesso dos particulares à informação, ou inversamente, numa menor protecção dos segredos tutelados pela lei administrativa, podemos estar perante graves problemas de lesão de direitos dos particulares.

O problema é que a legislação sobre arquivos históricos é pouco sensível directamente aos efeitos que pode ter nos direitos dos particulares em matéria de acesso. Por outro lado, criou-se um dédalo de diplomas que se tomam de difícil compreensão no seu conjunto.

Fica ainda por definir, por outro lado, o que são arquivos históricos *hoc sensu*, por contraposição a arquivos administrativos.

O Decreto-Lei n.º 16/93, de 23 de Janeiro, no seu artigo 4º/3/c identifica arquivo histórico a arquivo definitivo, usando como critério o de ter perdido utilidade administrativa. No entanto, o arquivo definitivo pode localizar-se na própria entidade administrativa que o tinha em arquivo corrente ou intermédio. Ora o artigo 7º/3 LADA deixa bem claro que o depósito em arquivos não prejudica ao acesso aos documentos, quando o 7º/7 LADA se refere expressamente a arquivos históricos.

Uma primeira solução seria a de se considerar que o 7º/3 LADA apenas se aplicaria a arquivos correntes e intermédios, e o 7º/7 LADA se aplicaria a todos os arquivos definitivos. Mas esta delimitação peca por conter dois vícios. Em primeiro lugar, o arquivo definitivo é ainda um arquivo administrativo, não obstante tendo documentos que se presume terem perdido utilidade administrativa. Não tem por função, como é típico dos arquivos históricos, ser um arquivo público. Em segundo lugar, o Decreto-Lei n.º 47/2004, de 3 de Março, no seu artigo 3º e 4º prevê que, além dos arquivos nacionais e distritais possam existir arquivos históricos em organismos e empresas devidamente estruturados e que ofereçam condições de consulta e de preservação a longo prazo. Ou seja, um arquivo histórico define-se por um duplo critério:

a) a *função,* de memória histórica, não de uma instituição mas geral;
b) a *organização,* dirigida a essa função.

Assim sendo, todos os arquivos definitivos que não preencham estes dois requisitos não podem ser considerados arquivos históricos. A consequência é que são regidos na íntegra pela LADA e não pelo regime de acesso dos registos históricos.

Em matéria de transferência para arquivo histórico temos as seguintes regras:

a) os artigos 3º e 4º do Decreto-Lei n.º 47/2004, de 3 de Março, estatuem que os documentos se incorporam respectivamente no Arquivo Nacional/Torre do Tombo e nos arquivos distritais e equiparados ou em arquivos históricos de organismos e empresas;
b) O tempo e as condições da transferência são definidos no 5º a 8º do Decreto-Lei n.º 47/2004, de 3 de Março, que são concretizados por portaria de gestão documental[33] e que têm como critérios gerais a extinção da pessoa, a perda de valor administrativo ou probatório;
c) A classificação de documentos obedece a um processo determinado na lei (8º Decreto-Lei n.º 47/2004, de 3 de Março, 21º ss. Decreto-Lei n.º 16/93, de 23 de Janeiro, Decreto-Lei n.º 121/92, de 2 de Julho).

---

[33] Para esta Portaria ver o Decreto-Lei n.º 447/88, de 10 de Dezembro, e o Decreto-Lei n.º 121/92, de 2 de Julho.

O que resulta destas regras? É que a transferência para arquivo histórico depende de prévia classificação, esta obedece a critérios estabelecidos na lei e concretizados em portaria. Havendo transferência para arquivo histórico pelo menos há garantias mínimas, nomeadamente de conservação em arquivo administrativo, que são mantidas, pelo que a lei consagra um critério de garantia mínima.

O princípio é assim o de que a *transferência de regime de arquivo administrativo para arquivo histórico depende da tradição efectiva da documentação, desde que legitimada à luz da portaria de gestão documental.*

Não ocorrendo tradição senão muito depois da data em que poderá ocorrer, mantém-se o regime de arquivo administrativo, aplicando-se assim a LADA. Mas já se ocorrer transferência antes de legitimada por portaria mantém-se igualmente o regime do arquivo administrativo. Ou seja, se:

a) a classificação como arquivo definitivo foi errada;
b) se foi correcta à luz da portaria, mas a portaria viola o princípio de que apenas documentos que percam valor administrativo ou probatório podem ser colocados em arquivo definitivo;
c) ou se a classificação foi a correcta, mas foi transferido para arquivo histórico antes de tempo;
d) em qualquer um destes casos, mantém-se a protecção dos arquivos administrativos e consequentemente o regime da LADA.

Dito, portanto de forma mais sintética, apenas existe transferência lícita de arquivo administrativo para arquivo histórico quando estão preenchidas duas condições:

a) uma *lícita classificação* do documento como parte do arquivo definitivo;
b) e a *tradição* do mesmo para um arquivo histórico.

Em suma, a lei estabelece um princípio de protecção *mínima,* não de protecção uniforme. Não garante que todos os documentos são transferidos para arquivo histórico ao mesmo tempo, pelo que estende a protecção da LADA até essa transferência. O que faz é evitar que antes de haver lícita qualificação como arquivo definitivo e tradição para arquivo histórico, pelo menos até aí, se extinga a protecção da LADA.

Em matéria de acesso aos arquivos históricos temos as seguinte normas:

a) Protegem-se os dados pessoais e os imperativos de segurança dos bens (22º/3, 73º/2 Lei n.º 107/2001, de 8 de Setembro);
b) A classificação de bens de autor vivo depende, em regra geral, do seu consentimento (56º Lei n.º 107/2001, de 8 de Setembro);
c) A lei promove o acesso à documentação integrante do património cultural (73º/1 Lei n.º 107/2001, de 8 de Setembro);
d) O acto de acesso não pode ser lesivo de direitos e valores fundamentais (71º/3 Lei n.º 107/2001, de 8 de Setembro);
e) Prevê-se o acesso parcial (73º/3 Lei n.º 107/2001, de 8 de Setembro).

Que resulta deste regime em matéria de acesso? Verificamos traves mestras de preservação das garantias administrativas, embora usando uma sistemática e uma linguagem por vezes menos feliz:

a) a garantia de acesso à informação;
b) a garantia do acesso parcial se possível;
c) a garantia do respeito da ponderação de bens (dados pessoais, direitos de autor, referência aos direitos e valores fundamentais).

De específico, uma regra que não existe no Direito Administrativo, mas que se compreende pela especificidade da matéria, a da garantia de conservação dos bens.

Podemos, portanto, concluir, que embora de forma pouco sistemática em relação ao acesso aos arquivos administrativos, se mantêm as garantias a eles referentes. A diferença, no caso, tem a ver com um facto tendencial. É que pela sua tendencial antiguidade, as excepções temporais às restrições tenderão a aplicar-se cada vez mais, nem que seja, no limite, pela regra de 100 anos (73º/4 Lei n.º 107/2001, de 8 de Setembro).

Ou seja, o regime dos arquivos históricos é relevante para o acesso à informação dos particulares na administração na medida em que este regime poderia distorcer as garantias de acesso dos mesmos à informação. Ora, como vimos, não é este o caso. Em primeiro lugar, porque existe uma garantia mínima de preservação do regime de acesso administrativo. Em segundo lugar, porque o acesso é garantido por lei nos arquivos históricos, bem como as restrições ao acesso. Em terceiro lugar, porque as únicas restrições que acrescem têm a ver com outro valor fundamental, o da preservação das espécies históricas.

Em certos casos é a própria lei que determina expressamente quando os documentos perdem interesse administrativo não no caso concreto mas *ope legis*. É o que acontece com a lei francesa em que certos tratamentos de dados a partir de certa antiguidade (dez anos) são apenas utilizáveis para efeitos científicos, históricos ou científicos (Ac Conseil d'Etat Contentieux n.º 262144 du 30 avril 2004). Para a passagem para arquivos históricos de documentos contabilísticos ver o Ac Cour Administrative d'Appel de Paris Contentieux nº 99PA04031 du 4 mar 2004. De igual forma em certos casos é a própria lei que manda apagar dos registos administrativos factos, como por exemplo por força de amnistia, pelo que afecta as regras do dever de conservadoria (Ac Conseil d'Etat Contentieux n.º 241325 du 5 mar 2003). A destruição indevida de documentos em violação do dever de conservadoria gera responsabilidade (Ac Cour Administrative d'Appel de Douai Contentieux nº 99DA20042 00DA01191 du 12 jul 2001).

CASTRO, Catarina Sarmento e; *Direito da Informática, Privacidade e Dados Pessoais*, Almedina, Coimbra, 2005, pp. 59-60 parece ser dos raros autores que dá alguma relevância, embora lateral, a este regime em sede de protecção de direitos. FERREIRINHA, Fernando Neto; SILVA, Zulmira Neto Lino da; *Manual de Direito Notarial. Teoria e Prática*, 3ª ed., Almedina, Coimbra, 2005, pp. 52-53 trata da transição para arquivo histórico de documentos notariais. GONÇALVES, José Renato; *Acesso à Informação das Entidades Públicas*, Almedina, Coimbra, 2002, pp. 46-51 descreve este regime sem no entanto dele retirar implicações para o regime de Direito Administrativo. Trata-o antes como um regime especial de arquivos, o que é efectivamente, mas sem daí retirar consequências dogmáticas e práticas para o regime de acesso. A única conclusão que retira nesta matéria, *ibidem*, a p. 49 é o de que a LADA prevalece sobre o regime dos arquivos históricos, no que tem razão, não tanto por a lei ser posterior, mas porque a LADA prevalece *materialmente* (e não apenas temporalmente). Não se podem diminuir garantias dos particulares por razões ligadas ao interesse histórico (salvo no que respeita à preservação documental, como acima vimos).

Os Estados Unidos são um dos poucos países que enfrentou directamente a questão sob o ponto de vista legislativo, tendo regulado a relação entre informação administrativa e arquivos históricos de forma directa. No §552º (l) do Federal Administrative Procedure Act dos Estados Unidos estabelece-se, em síntese, que a transferência de documentos para arquivo histórico não muda o regime de acesso (1)(1), que quando revelam interesse histórico passam a ser regidos pelo regime de acesso aos documentos históricos (1)(2), (l)(3). Um caso concreto em que isto teve implicações, nomeadamente por o réu em acção ser diferente do organismo administrativo que originalmente detinha a documentação, tendo passado para os arquivos nacionais é o do *National Archives and Records Administration vs. Favish et al.* (U.S. Supreme Court), March 30, 2004. Em Espanha existe atenção semelhante de acordo com García de Enterría, Eduardo; Fernández, Tomás-Ramón; *Curso de Derecho Administrativo*, II, 7ª Ed., Civitas, Madrid, 2000, p. 473.

3. Registos públicos

Os registos por definição não confluem com o procedimento. Quando se fala em registos, estes só existem depois do acto que os decide, pelo que o procedimento já está findo. Daí que os registos sejam, enquanto tal, uma especialidade em relação à LADA[34]. Daí que o 7º/7 LADA remeta esta matéria para legislação especial[35].

Do artigo 214º do Código do Registo Civil consta um princípio de acesso universal. Neste aspecto em nada excepciona a LADA. Apenas se estabelecem de modo concreto as limitações de acesso (filhos, adopção, perfilhação), que se sustentam na intimidade privada.

Quando falamos em acesso a registos públicos estamos a referir-nos à acepção documental dos registos e quando nos referimos aos registos

[34] É evidente que enquanto dura o procedimento de registo, o regime do CPA pode ser pertinente. Mas não curamos aqui de todos os regimes procedimentais especiais, mas tão só dos regimes de acesso a informação especiais.

[35] O artigo 32° do Código do Notariado estabelece um princípio inverso, o do segredo profissional, pelo que não será aqui tratado. Ver LOPES, J. de Seabra, *Direito dos Registos e do Notariado*, Almedina, Coimbra, 2005, pp. 417-418, e Ferreirinha, Fernando Neto; Silva, Zulmira Neto Lino da; *Manual de Direito Notarial. Teoria e Prática*, 3ª ed., Almedina, Coimbra, 2005, pp. 49-52.

públicos estamo-nos a referir ao instituto enquanto tal (LOPES, J. de Seabra; Direito *dos Registos e do Notariado*, Almedina, Coimbra, 2005, p. 18).

Em França o acesso às origens pessoais e familiares obedece a restrições previstas no Décret n.º 2003-671 du 21 juillet 2003, mas que têm a ver com especificidades do sistema francês e problemas ligados à paternidade incógnita. Com o PACS (Pacte Civil de Solidarité) que permite a união civil de pessoas do mesmo sexo e que não tem de ser objecto de registo civil nos mesmos termos do casamento, já o legislador restringiu o acesso, por isso poder revelar a orientação sexual das pessoas (Ac Conseil d'Etat Contentieux n.º 217046 217826 du 8 déc 2000).

Dos artigos 1º e 73º a 78º do Código do Registo Comercial resulta o carácter absolutamente público do registo. Não quer isto dizer que não sejam aplicáveis as restrições e as excepções às restrições antes referidas, *mas apenas na medida* em que existam informações ou documentos no registo comercial que *excedam* o devido na lei. O regime do registo comercial é um regime de publicidade, aplicando-se às matérias que a ele estão sujeitas a excepção objectiva da publicidade antes tratada. Ou seja, mesmo que pertençam à vida interna de entidades, os factos sujeitos a registo são qualificados como públicos pela lei. Nunca em relação a eles pode ser invocada a excepção de vida interna das entidades, na medida em se tenha esgotado o prazo para pedir o registo ou para proceder às publicações nele previstas. Só no que excede o exigido na lei se poderá colocar o problema da restrição de acesso.

Sobre o carácter público deste registo ver Lopes, J. de Seabra; Direito *dos Registos e do Notariado*, Almedina, Coimbra, 2005, p. 199.

Nos termos do artigo 104º do Código do Registo Predial "Qualquer pessoa pode pedir certidões dos actos de registo e dos documentos arquivados, bem como obter informações verbais ou escritas sobre o conteúdo de uns e de outros." Em relação aos dados pessoais constantes do 108º[36], tendo sido aditados os artigos 109º-A a 109º-F

[36] "*1 – São recolhidos para tratamento automatizado os seguintes dados pessoais:*
a) Nome;
b) Estado civil e, sendo o de solteiro, menção de maioridade ou menoridade;
c) Nome do cônjuge e regime de bens;
d) Residência habitual."

para protecção dos dados pessoais[37]. Mais uma vez não existe nenhuma restrição que acresça à lei.

Para a natureza pública deste registo Lopes, J. de Seabra; Direito *dos Registos e do Notariado*, Almedina, Coimbra, 2005, pp. 248-249.

O registo automóvel obedece ao mesmo regime de acesso do registo predial nos termos do artigo 29º (com o âmbito do seu artigo 5º) do Decreto-Lei n.º 54/75, de 12 de Fevereiro, e com a protecção dos dados pessoais constante dos seus artigos 27º-A a 27º-F do mesmo Decreto-Lei, na redacção do Decreto-Lei n.º 182/2002, de 20 de Agosto.

Sobre a natureza pública deste registo ver Lopes, J. de Seabra; Direito *dos Registos e do Notariado*, Almedina, Coimbra, 2005, pp. 350-355.

Existem outros registos públicos como os de ofertas públicas e intermediários financeiros entre outros, nos termos do artigo 365º do Código dos Valores Mobiliários, com a restrições neles previstas.

Tratamos aqui apenas dos registos públicos e não dos registos não públicos, como o Registo Nacional de Pessoas Colectivas (nos termos dos artigos 4º a 6º, e 21º a 26º do Regime do Registo Nacional de Pessoas Colectivas aprovado pelo Decreto-lei n.º 129/98, de 13 de Maio). Da mesma forma o Registo da Propriedade Industrial nos termos dos artigos 29º/4, 5, 6, 536º CPI encontra-se fora do âmbito deste capítulo, na medida em que reflectem formas de acesso à informação muito específicas e complexas e obedecendo a necessidades de certeza não obtida através de publicidade, mas apenas de registo.

O que têm de especial todos os registos públicos não é o de se oporem aos restantes que seriam secretos. Aos registos não públicos em geral aplica-se a LADA de pleno efeito. Isto significa que são acessíveis, apenas não o sendo na medida em que reflictam segredos tutelados nos termos antes referidos, aplicando-se de pleno as excepções aos segredos antes analisadas igualmente.

---

[37] Para esta questão ver o que é dito a propósito dos registos informáticos, porque é desta protecção que se trata.

Um exemplo de registo não público, mas que por isso mesmo não se toma secreto, é o das instituições de crédito e sociedades financeiras previsto dos artigos 65º e seguintes e 194º do Regime Geral de Instituições de Crédito e Sociedades Financeiras.

O que têm de específico os registos públicos é o de definirem o que está necessariamente fora do segredo, seja da vida privada, seja da vida interna das entidades, seja outros. Quando a lei confere natureza pública a um registo está a recortar negativamente do segredo as matérias que ela manda registar ou permite registar. A sua verdadeira especialidade é esta. A de excepcionar *objectivamente* do segredo um conjunto de matérias. No restante, ou seja, nas matérias que não se encontram sujeitas a registo, aplica-se de pleno o regime comum de acesso.

LOPES, J. de Seabra; Direito *dos Registos e do Notariado*, Almedina, Coimbra, 2005, pp. 100-101 levanta a questão da inconstitucionalidade dos registos públicos de pessoas, por violação do artigo 35º da Constituição. Se a questão está bem colocada, a verdade é que não dá solução inequívoca à mesma. A verdade é que me parece que não existe inconstitucionalidade na medida em que, em ponderação de bens nos termos do artigo 18º/2 da mesma Constituição, a natureza pública do registo permite o controlo pelos particulares em geral dos direitos pessoais (26º/1 CRP), e tutela a segurança jurídica do estado das pessoas. O facto de a lei ordinária poder organizar o regime dos dados pessoais é igualmente referido em CASTRO, Catarina Sarmento e; *Direito da Informática, Privacidade e Dados Pessoais*, Almedina, Coimbra, 2005, p. 221, o que mostra que as injunções constitucionais não são rígidas nesta matéria e a titularidade de uma informação nunca é absoluta, como em geral nenhuma titularidade de um bem jurídico o é.

Em síntese, os registos públicos são antes do mais uma modalidade da excepção às restrições de acesso antes estudadas: a publicidade.

4. Registos de dados pessoais

O 7º/7 LADA estatui que o acesso aos documentos referentes a dados pessoais com tratamento automatizado se rege por legislação própria.

Quanto à protecção constitucional deste direito ver Castro, Catarina Sarmento e; *Direito da Informática, Privacidade e Dados Pessoais*, Almedina, Coimbra, 2005, pp. 31-39, e para a protecção internacional e europeia ver *ibidem*, pp. 39-49. Para a noção de dados pessoais Castro, Catarina Sarmento e; *Direito da Informática, Privacidade e Dados Pessoais*, Almedina, Coimbra, 2005, pp. 70-71. Para a História do reconhecimento em Itália desta questão ver Pinori, Alessandra; *La protezione dei Dati Personali. Guida alla Lettura delle Fonti*, Giuffrè Editore, Milano, 2004, pp. 1-4. A sua relação com a protecção das bases de dados em Mello, Alberto de Sá e; *Tutela Jurídica das Bases de Dados*; in: *Direito da Sociedade da Informação*, Volume I, Coimbra Editora, Coimbra, 1999, p. 139. Os perigos das bases de dados pessoais em Eiras, Agostinho; *Segredo de Justiça e Controlo de Dados Pessoais Informatizados*, Coimbra Editora, 1992, p. 69. Para o direito espanhol e europeu ver Davara Rodríguez, Miguel Ángel; *Manual de Derecho Informático*, Thomson Aranzadi, Cizur Menor (Navarra), 2003, pp. 28-29. Para o direito americano ver Strauss, Peter L.; *An Introduction to Administrative Justice in the United States*; in: Piras, Aldo (Ed.); *Administrative Law. The Problem of Justice, Vol. Iº, Anglo-American and Nordic Systems*, Giuffrè, Milan, 1991, pp. 728-730.

Esta legislação é a LPDP. O problema é que a LPDP se aplica igualmente ao tratamento de bases de dados pessoais por meios não automatizados por ficheiros (3º/b, 4º LPDP), e aplica-se igualmente às autoridades públicas (3º/d, e, f, g LPDP) e não apenas a ficheiros de particulares.

Lopes, J. de Seabra; Direito *dos Registos e do Notariado*, Almedina, Coimbra, 2005, p. 101 defende que os livros de assentos nos registos são ficheiros para este efeito. Castro, Catarina Sarmento e; *Direito da Informática, Privacidade e Dados Pessoais*, Almedina, Coimbra, 2005, p. 51-52 reconhece que se foi além da Directiva comunitária, na medida em que se alargou a aplicação da mesma a dados que tenham por objectivo a segurança pública, a defesa nacional e a segurança do Estado. Tendo os organismos públicos tipicamente estabelecimento estável no território do próprio Estado a que pertencem, não se coloca o problema de saber qual a lei aplicável à protecção dos dados pessoais (ver Pinori, Alessandra; *La protezione dei Dati Personali. Guida alla Lettura delle Fonti*, Giuffrè Editore, Milano, 2004, p.49).

O tratamento de dados pode ser automatizado, semi-automatizado ou não automatizado, todos eles implicando a aplicação da LPDP (Castro, Catarina Sarmento e; *Direito da Informática, Privacidade e Dados Pessoais*, Almedina, Coimbra, 2005, pp. 105-108, 118-121).

O âmbito de aplicação respectivo de cada um dos diplomas apenas se compreende da seguinte forma:

a) sempre que se trate de dados pessoais não tratados é competente a LADA;
b) sendo a LPDP posterior à LADA, os dados pessoais tratados por ficheiros, mesmo que não informaticamente, são regidos pela LPDP.

A mesma solução em França, no que respeita à legislação competente de acordo com o Ac Conseil d'Etat Contentieux n.º 40680 du 19 mai 1983. Ver igualmente Chapus, René; *Droit Administratif General*, Tome 1, 6e Éd., Montchrestien, Paris, 1992, p. 358. Em Itália defende-se a mesma solução (Pinori, Alessandra; *La protezione dei Dati Personali. Guida alla Lettura delle Fonti*, Giuffrè Editore, Milano, 2004, pp. 185-188, 258). A CADA reconheceu que os requerimentos de acesso a dados de saúde informatizados são da competência da Comissão Nacional de Protecção de Dados Pessoais, pelo que passou a remeter-lhe esses requerimentos (Gonçalves, José Renato; *Acesso à Informação das Entidades Públicas*, Almedina, Coimbra, 2002, p. 118).

Gonçalves, José Renato; *Acesso à Informação das Entidades Públicas*, Almedina, Coimbra, 2002, pp. 120-128 defende uma outra posição. A LPDP regeria apenas os casos do tratamento e circulação da informação, enquanto a LADA prevalece quando se trata de acesso casuístico à informação. Esta solução não é a mais adequada. Em primeiro lugar, porque esquece que é a própria LPDP que diferencia os regimes, consoante os dados sejam tratados ou não. Se forem tratados, será sempre a LPDP a reger. Em segundo lugar, porque se é certo que as suas preocupações em sede de restrições de acesso são legítimas, tem de produzir uma entorse ao concurso entre a LADA e a LPDP apenas porque não enuncia uma sistemática do regime de acesso. É que havendo restrições, existem igualmente excepções às restrições. As excepções às restrições aplicam-se igualmente às restrições da LPDP. Mesmo que a LPDP encerre o acesso, este pode ser reaberto por uma excepção à restrição (publicidade, consentimento, etc.).

Tratando-se pois de dados pessoais tratados, e esquecendo o acesso por entidades públicas que não é objecto do presente estudo, este apenas é possível ao seu titular (11º LADA).

Para os deveres de informação ao titular ver Pinori, Alessandra; *La protezione dei Dati Personali. Guida alla Lettura delle Fonti*, Giuffrè Editore, Milano, 2004, pp. 148-153 e 172 ss.

Por dados pessoais entendem-se os relativos a pessoas singulares (3º/a LPDP), podendo referir-se à sua identidade física, psíquica, económica, cultural ou social (3º/a LPDP), à sua imagem (4º/4 LPDP), às suas convicções filosóficas ou políticas, filiação partidária ou sindical, fé religiosa, vida privada e origem social, saúde e vida sexual, dados genéticos (7º LPDP),

Como exemplos de dados pessoais (CASTRO, Catarina Sarmento e; *Direito da Informática, Privacidade e Dados Pessoais*, Almedina, Coimbra, 2005, pp. 74 – 88) temos:

1) O nome;
2) A morada;
3) Número de segurança social, de contribuinte, de bilhete de identidade de passaporte;
4) Número de cliente de estabelecimento comercial;
5) Número de telefone;
6) E-mail;
7) Chapa de matrícula (ver também Pinori, Alessandra; *La protezione dei Dati Personali. Guida alla Lettura delle Fonti*, Giuffrè Editore, Milano, 2004, p. 117);
8) Valor de uma retribuição;
9) Som da voz registada para permitir o acesso a conta bancária,
10) Impressão digital;
11) Imagem biométrica do rosto;
12) Imagem recolhida com uso de uma câmara, nomeadamente de videovigilância;
13) Fotografias divulgadas na Internet.

Igualmente (Pinori, Alessandra; *La protezione dei Dati Personali. Guida alla Lettura delle Fonti*, Giuffrè Editore, Milano, 2004, p. 117):

14) O registo de voz de uma pessoa ou imagem em câmara de videovigilância;
15) O número de telefones móveis;
16) As horas de serviço a prestar por um trabalhador constantes de um cartão magnético;
17) As informações sobre a actividade económica, relativas às condições patrimoniais de um sujeito numa central de riscos de crédito e usadas no sector creditício;
18) Informações sobre o comportamento de um trabalhador fornecidas por correio electrónico a superiores hierárquicos ou colegas;
19) Os quadros de avaliação de pessoal;
20) Perícias médico-legais;
21) Diagnósticos médicos.

No entanto, as valorações constantes de perícias médicas ou notas de avaliação não são consideradas pela jurisprudência dados pessoais (Pinori, Alessandra; *La protezione dei Dati Personali. Guida alla Lettura delle Fonti*, Giuffrè Editore, Milano, 2004, p. 119).

E quando permitem identificar uma pessoa (Castro, Catarina Sarmento e; *Direito da Informática, Privacidade e Dados Pessoais*, Almedina, Coimbra, 2005, p. 74):

1) Classificações escolares;
2) Currículo;
3) História clínica;
4) Dívidas e créditos;
5) Compras que efectua;
6) Registo dos meios de pagamento que utiliza.

Quanto aos dados sensíveis ver Castro, Catarina Sarmento e; *Direito da Informática, Privacidade e Dados Pessoais*, Almedina, Coimbra, 2005, pp. 88-100 e Gonçalves, José Renato; *Acesso à Informação das Entidades Públicas*, Almedina, Coimbra, 2002, p. 119. Pinori, Alessandra; *La protezione dei Dati Personali. Guida alla Lettura delle Fonti*, Giuffrè Editore, Milano, 2004, pp. 121-125 enuncia uma tipologia mais completa, de acordo com a lei italiana, que distingue (para uma tipologia mais simples ver Cafaro, Rosanna; *Il Contrato di Consulenza*, CEDAM, Padova, 2003, pp. 36-39):

a) Os dados sensíveis, taxativamente indicados na lei, como a origem racial ou étnica, as convicções religiosas, filosóficas ou de outro tipo, as opiniões políticas, a adesão a partidos, sindicatos, associações ou organizações de carácter religioso, filosófico político ou sindical, bem como os dados pessoais que revelem o estado de saúde ou a vida sexual;
b) Os dados judiciários, relativos a crimes e contra-ordenações;
c) Outros dados particulares, os que pela natureza dos dados, as modalidades de tratamento ou os efeitos que podem determinar são semi-sensíveis (por exemplo, dados de assistente social sobre situação económica de risco de certa pessoa);
d) Dados pessoais comuns, os que não cabem nas situações anteriores.

GAUDENZI, Andrea Sirotti; *Il Commercio Elettronico nella Società dell'Informazione*, Sistemi Editoriali, Napoli, 2003, p. 247 lembra que os dados pessoais abrangem igualmente as associações em Itália. DAVARA RODRÍGUEZ, Miguel Ángel; *Manual de Derecho Informático*, Thomson Aranzadi, Cizur Menor (Navarra), 2003, pp. 51-54 distingue os dados pessoais entre públicos e privados e, de entre estes últimos entre íntimos (os que apesar de serem privados, o particular está obrigado a fornecer periódica e regularmente no âmbito das suas obrigações cívicas – o caso da declaração de rendimentos, por exemplo) e secretos (os restantes privados).

No que ora nos interessa, ou seja em tema de acesso pelos particulares a informação da administração pública, e não da estruturação dos dados, ou na licitude da sua recolha, o que releva é que a legislação em causa apenas dá acesso ao titular. Em geral valem aqui as considerações antes expendidas em sede de possibilidade de representação.

O artigo 11º/5 LPDP repete o dislate que veremos a propósito do 8º/3 LADA no capítulo sobre o modo de acesso. Isto até porque o artigo 12º da Directiva n.º 95/46/CE do Parlamento Europeu e do Conselho, de 24 de Outubro de 1995, não tem esta restrição. Fazer depender de médico o acesso aos próprios dados de saúde é paternalista e inconstitucional, e nem sequer coberto pela legislação comunitária no caso. CASTRO, Catarina Sarmento e; *Direito da Informática, Privacidade e Dados Pessoais*, Almedina, Coimbra, 2005, pp. 49-50 reconhece que a transposição da Directiva em questão foi parca. Pelos vistos tem de se considerar igualmente pouco feliz quando inovou nesta matéria.

O Parecer PGR de 2 de Agosto de 1990 concretiza em sede fiscal o conceito de dados pessoais para efeitos do artigo 35º da CRP. Dados pessoais são aqueles que: a) têm um conteúdo informativo, b) a referência desse conteúdo a uma pessoa singular, e c) a capacidade desse mesmo conteúdo para a identificar. Terceiro é o que não pertence ao pessoal da organização de um ficheiro. A proibição de fornecer a terceiro não abrange entidades estrangeiras a que, por força de instrumentos internacionais, se tenha de fornecer informações.

De acordo com o artigo 2º da Loi n.º 78-17 du 6 janvier 1978 em França dados pessoais respeitam exclusivamente a pessoas físicas. Em França igualmente a lei aplica-se tanto aos ficheiros informatizados, como mecanográficos assim como aos manuais (Ac Conseil d'Etat Contentieux n.º 70382 du 18 déc 1987). A própria comissão nacional da informática e das liberdades (CNIL) viu uma recusa sua ser objecto de recurso, que foi vencido pelo particular, por omitir a permissão de bases de dados por uma caixa económica (Ac Conseil d'Etat Contentieux n.º 159129 du 6 jan 1997). O Ac Conseil d'Etat Contentieux n.º 133456 du 26 jun 1996 entendeu que faziam parte de ficheiros informáticos os elementos recolhidos manualmente que foram necessários à sua construção. Para a conformidade da lei francesa com a convenção de Estrasburgo de 28 de Janeiro de 1981 sobre o tratamento automatizado de dados pessoais ver o Ac Conseil d'Etat Contentieux n.º 115367 115397 115881 115884 115886 du 18 nov 1992. Um regulamento da citada comissão foi anulado por ter cláusulas abertas ao definir os requisitos que deve ter um ficheiro com dados pessoais usado para pagamento a funcionários no Ac Conseil d'Etat Contentieux n.º 25173 du 12 mar 1982.

No caso de acesso a dados pessoais relativos à segurança do Estado e à prevenção ou investigação criminal o direito de acesso é exercido através da CNPD (11º/2, 3, 4 LPDP).

O regime especial das entidades públicas em Pinori, Alessandra; *La protezione dei Dati Personali. Guida alla Lettura delle Fonti*, Giuffrè Editore, Milano, 2004, pp. 235 ss.. Sobre o direito comparado relativo à CNPD ver Eiras, Agostinho; *Segredo de Justiça e Controlo de Dados Pessoais Informatizados*, Coimbra Editora, 1992, pp. 77-78.

Direito de acesso, mas apenas para registos de dados pessoais de Direito Público, no §552º (d) do Federal Administrative Procedure Act dos Estados Unidos.

Questão é a de saber em que circunstâncias os dados podem ser considerados anónimos. Castro, Catarina Sarmento e; *Direito da Informática,*

Privacidade e Dados Pessoais, Almedina, Coimbra, 2005, p. 73 propõe um critério de razoabilidade: é preciso saber se o responsável pelo tratamento pode dispor de meios razoáveis ou encontrá-los junto de terceiros que permitam identificar a pessoa titular do dado.

CASTRO, Catarina Sarmento e; *Direito da Informática, Privacidade e Dados Pessoais*, Almedina, Coimbra, 2005, pp. 75-80, p. 191 suscita o problema do concurso entre a LADA e a LPDP afirmando que para a LADA o nome e a morada não são dados pessoais por não bulirem com a intimidade privada enquanto o são pela LPDP. Muito correctamente considera que nem sempre existe concurso, só existindo quando estamos perante documentos administrativos que sejam igualmente dados tratados. Mas já não concordo quando afirma que os âmbitos dos dados pessoais são diferentes, apesar de ter sustento na sua afirmação na prática da CADA (ver igualmente MARQUES, Garcia; MARTINS, Lourenço; *Direito da Informática*, Almedina, Coimbra, 2000, pp. 239-245). A morada é protegida pela intimidade privada, na minha perspectiva (ver para o problema PINORI, Alessandra; *La protezione dei Dati Personali. Guida alla Lettura delle Fonti*, Giuffrè Editore, Milano, 2004, p. 125). O que diferencia o regime da LADA e da LPDP nesta matéria é o facto de existir uma protecção especial pela *forma de organização* da informação e não pelo *conteúdo* da informação. Daí que concorde que deva prevalecer a LPDP, como afirma a Autora, mas apenas porque a organização da informação especial exige nomeadamente a intervenção da Comissão Nacional da Protecção de Dados Pessoais. Referindo a questão igualmente GONÇALVES, José Renato; *Acesso à Informação das Entidades Públicas*, Almedina, Coimbra, 2002, p. 21, MARQUES, Garcia; MARTINS, Lourenço; *Direito da Informática*, Almedina, Coimbra, 2000, p. 257.

5. Registo criminal

O artigo 7º/7 LADA salvaguarda o regime do registo criminal. Esta ressalva tem de ser entendida em várias perspectivas. Em primeiro lugar, trata-se de um registo administrativo em sentido próprio (ver o artigo 3º da Lei n.º 57/98, de 18 de Agosto). Apesar de ter a montante uma actividade necessariamente de natureza judicial, o registo criminal é uma actividade administrativa. Em segundo lugar trata-se de uma excepção ao regime da LADA e não ao do CPA por razões que facilmente se compreendem. É que a actividade processual que está na origem deste regime nunca é administrativa, mas judicial (artigo 5º da Lei n.º 57/98, de 18 de Agosto). Em terceiro lugar a especialidade deste regime prende-se com uma directa incidência da intimidade privada e da protecção da actividade de prevenção e repressão criminal que este registo tem.

Para esta matéria ver também GONÇALVES, José Renato; *Acesso à Informação das Entidades Públicas*, Almedina, Coimbra, 2002, p. 59.

Fica assim explicada a natureza administrativa do registo, a sua especialidade em relação apenas à LADA e os fundamentos desta especialidade.

Em sede de acesso pelos particulares regem os artigos 6º (registo criminal) e 19º/1 (registo de contumazes) da Lei n.º 57/98, de 18 de Agosto[38].

Pode aceder à informação:

a) o titular da informação;

b) quem prove efectuar o pedido em seu nome;

c) quem prove efectuar o pedido no seu interesse.

Neste regime a lei concretiza quem tem legitimidade para aceder à informação. A intimidade privada (ou a vida interna das entidades dado que, apesar de estar mais pensado para registos de pessoas singulares, nada obsta a que deste registo constem pessoas colectivas condenadas em crimes) é o principal vector que determina esta restrição de acesso.

Como se verifica a lei permite a representação neste pedido. Mas permite igualmente que herdeiros acedam ao registo desde que seja no interesse da pessoa falecida (v.g., para obter a sua reabilitação).

O artigo 9º da Lei n.º 62/99, de 2 de Março, relativa aos ficheiros informáticos criminais, remete para este regime geral de acesso, tendo apenas uma especialidade. É que em relação aos dados pessoais permite o acesso pelos seus titulares. A especialidade é por isso a de permitir que terceiros, que não os condenados ou registados em registo criminal, mas que por qualquer razão são referidos no registo

[38] Os artigos 7º e 19º/2 da Lei n.º 57/98, de 18 de Agosto regem o acesso por autoridades, que não são objecto do presente estudo.

criminal, possam aceder aos dados pessoais que se lhes referem. Por uma questão de consistência há aqui uma lacuna, a que se refere a ficheiros não informáticos de natureza criminal, a que se tem de aplicar o disposto da LPDP, devem também nestes os particulares aceder a dados pessoais que a eles se referem.

Em síntese o regime do registo criminal acaba por ser em grande medida uma enunciação do regime geral, ou do regime de registos de dados pessoais.

6. Remessa de processos para outra entidade pública

Em vários casos a lei processual exige que o processo administrativo seja remetido para tribunal. É assim no contencioso administrativo (84º CPTA)[39].

De igual modo, outros documentos podem ter de ser enviados para tribunal, a seu pedido ou por iniciativa da administração pública.

Nestes casos a administração pública foi desapossada da informação, passou a ser o tribunal o *dominus* do processo.

Este facto, que parece ser meramente ocorrencial, tem efeitos de monta, não já à luz do CPA, mas sobretudo da LADA. Já não é possível consultar, pedir cópia e ainda menos certidão de documentos. Estes encontram-se em tribunal, pelo que é junto deste que a documentação tem de ser acedida. Mesmo que a administração pública mantenha cópia da documentação, já não tem do dever de dar ela acesso e perdeu a faculdade de certificar essa informação.

Este é um caso de desapossamento da informação da administração pública, há transferência de domínio da mesma.

Nem se pode argumentar que nos casos em que a administração pública passa para tribunal a documentação por sua livre vontade tal reduz as garantias dos particulares. Passando a ser um tribunal o *dominus* da informação, este terá de aplicar o regime de acesso da informação vigente de acordo com as regras do processo em causa. De igual forma, não se pode dizer que um tribunal ofereça menos garantias que a administração pública.

---

[39] E igualmente na impugnação de processo de contra-ordenação nos termos do artigo do Regime Geral das Contra-Ordenações, mas esta questão está fora do âmbito do presente estudo.

Existe no entanto, outra situação, a de o documento ser enviado para um terceiro órgão público, seja ele administrativo, ou político. O 15º/1/c LADA embora não se restrinja a ela, adequa-se a esta hipótese. Nesta situação, o terceiro órgão fica sujeito ao mesmo regime de acesso do órgão administrativo de origem, sob pena de, na hipótese contrária, haver diminuição de garantias dos particulares. Ou seja, se um órgão da administração pública envia o documento para um terceiro organismo administrativo ou para a Assembleia da República, ou para o Governo enquanto órgão político, estes ficam sujeitos ao mesmo regime de acesso (e de restrições) que o órgão administrativo de origem; esta é a única solução que não impõe diminuição de garantias dos particulares.

7. Segredo profissional

O segredo profissional não foi estabelecido como uma restrição ao acesso. Quer isto dizer que nunca pode ser invocado como restrição ao acesso pelos particulares?

A resposta é que realmente nunca pode ser invocado como restrição ao acesso. O legislador ponderou que tipos de segredos poderiam ser fundamento para esta restrição e em parte nenhuma referiu o segredo profissional. Por isso, nem o segredo profissional das entidades públicas, quando tal está consagrado na lei, nem os documentos ou informações sujeitos a segredo profissional podem ser recusados ao acesso pelos particulares com esse fundamento.

A solução pode parecer absurda. Então, pode-se perguntar, que sentido faz que haja uma lei que consagra o segredo profissional, visando proteger o secretismo de certas informações em relação a um médico, um advogado, por exemplo, para depois a administração pública poder dar livremente essa informação, na medida em que não constitui restrição ao acesso?

A pergunta tem razão de ser, mas é sofismática. Senão vejamos.

O segredo profissional, sempre que é instituído, é-o como um dever. Quem está sujeito ao segredo profissional encontra-se nessa situação porque tem de tutelar bens de terceiros. A lei, ao consagrar o segredo profissional, não tutela quem é o seu titular, mas um terceiro perante o qual o profissional tem um dever de preservação especial de bens.

Daí que o segredo profissional nessa qualidade não seja tutelado pela lei administrativa em matéria de acesso pelos particulares[40]. Não é o bem que tem de ser tutelado. O segredo profissional tutela outros bens, esses sim, que podem ser considerados pelo legislador em matéria de acesso: a intimidade privada, a vida interna das entidades, o segredo comercial ou industrial e assim por diante. O facto de haver segredo profissional não significa que os bens por ele tutelados sejam excepções ao acesso. O que acontece é que simplesmente se tem de verificar se as matérias em questão se encontram entre aquelas que são restrições de acesso ou não.

O Ac RL de 1 de Outubro de 1992 deixa claro a natureza funcional do segredo profissional de advogado. O segredo profissional dos advogados tem um fundamento não apenas interindividual, mas igualmente institucional supra-individual, porque protege o interesse da justiça na sua mais lata acepção (Ac STA de 13 de Novembro de 2003). Por isso o levantamento de segredo profissional por certas leis especiais, como a relativas ao tráfico de estupefacientes, em nada afecta o regime de direito administrativo: ou há intimidade privada, segredo de investigação infraccional, ou então haver ou não quebra deste segredo sob o ponto de vista administrativo irreleva (cf. VALENTE, Manuel Monteiro Guedes; *Escutas Telefónicas. Da Excepcionalidade à Vulgaridade*; Almedina, Coimbra, 2004, p. 77). Em França existe esta noção clara de que o segredo profissional tutela bens de terceiros (PRADEL, Jean; DANTI-JUAN, Michel; *Droit Pénal Spécial*, 2e Ed., Cujas, Paris, 2001, p. 237).

A natureza funcional do segredo médico igualmente no Ac Conseil d'Etat Contentieux n.º 184546 du 1 déc 1997, em relação à faculdade de acesso à caderneta de saúde. A possibilidade de oposição de segredo médico à administração da segurança médico-social no Ac Conseil d'Etat Contentieux n.º 54494 54678 54679 54812 54813 du 8 fév 1989.

O *Owasso Independant School et al. vs Kristja J. Falvo et al.* (U.S. Supreme Court) (Oral Argument), November 27, 2001 salienta a distinção que existe entre o segredo profissional e matérias sujeitas a restrição de acesso, salientando que o âmbito e fundamento de uns e outros são diversos.

---

[40] É evidente que pode ser tutelado noutra perspectiva: a de quem pode invocar o segredo profissional não ter de fornecer informações nesse âmbito à administração pública. Mas esta questão está fora do tema estudado.

O segredo profissional em si mesmo irreleva, pelos motivos que agora enunciámos, e irreleva sem qualquer paradoxo, ou seja, o facto de o segredo profissional nessa qualidade não relevar não significa que as matérias que abrange sejam de livre acesso, mas que se tem de testar a sua adequação às reais cláusulas de restrição. Mas se isto é verdade, o segredo profissional tem ainda uma função em sede de restrições ao acesso: uma função hermenêutica. Com efeito, se o legislador estabelecer que uma certa matéria está sujeita a segredo profissional, pode ser um indício de que reservou essa matéria, de que em princípio essa matéria protege outros segredos, esses sim tutelados pelo regime de acesso.

Repare-se que isso não é forçoso. Se um advogado invoca o segredo profissional quando lhe perguntam se A é marido de B, e pode fazê-lo, isso não significa que o vínculo conjugal seja matéria sujeita a restrições de acesso. Com efeito, estando sujeito a registo civil, esse vínculo é público. Mas o advogado (salienta-se: o advogado, não a administração) pode fazê-lo na medida em que isso denuncia que A ou B são seus clientes. No entanto, sempre que a lei consagra um dever de segredo profissional definindo as matérias que a ele estão sujeitas, esse pode ser um indício que algumas dessas matérias se integram noutros segredos, esses sim tutelados em tema de acesso.

Discorda-se, por isso de ESTEVES DE OLIVEIRA quando refere o segredo profissional como mais uma fonte de restrição (vide CARVALHO, Raquel; *O Direito à Informação Administrativa Procedimental*, Publicações Universidade Católica, Porto, 1999, p. 195 e OLIVEIRA, Mário Esteves de; GONÇALVES, Pedro Costa; AMORIM, J. Pacheco de; *Código do Procedimento Administrativo Comentado*, 2ª Ed., Almedina, Coimbra, 1998, p. 325). Façamos mais um teste para mostrar o absurdo desta tese. Caso o organismo público esteja sujeito a segredo profissional ele mesmo, isso significa que não deveria dar acesso a nada, em violação frontal das imposições constitucionais na matéria. Mas caso se entenda que deve dar alguma informação das duas uma: ou se fica sem critério para saber que informação deve dar, ou deve dar exactamente o que os outros têm de dar e nos mesmos termos. Esta última asserção demonstra mais uma vez o absurdo de se considerar que o segredo profissional relevaria. Temos assim três hipóteses:

a) Ou o segredo é do agente da administração e significa apenas que nenhuma informação pode dar fora das suas funções e dentro delas apenas pode dar as que por lei devem ser dadas pelo organismo a que pertence;

b) Ou o segredo é do organismo e é apenas oponível a entidades públicas, mas não aos particulares;

c) Ou há segredo de terceiros, mas este é apenas oponível a estes terceiros (geralmente profissionais), violando a Constituição considerar que são mais uma restrição.

Em qualquer destas hipóteses, o segredo profissional irreleva nessa qualidade.

Para os advogados, ver o artigo 81º Estatuto da Ordem dos Advogados. Para os solicitadores o artigo 86º do Estatuto da Câmara dos Solicitadores, aprovado, pelo Decreto-Lei n.º 8/99, de 8 de Janeiro. Para os revisores oficiais de contas, o artigo 72º do Decreto-Lei n.º 487/99, de 16 de Novembro. Para os funcionários e agentes da administração pública central, regional e local, o artigo 3º/4/e e 3º/9 do Decreto-Lei n.º 24/84, de 16 de Janeiro (SANTIAGO, Rodrigo; *Do Crime de Violação de Segredo Profissional no Código Penal de 1982*, Almedina, Coimbra, 1992, p. 195 – lugar paralelo em PACHECO PULIDO, Guillermo; *El Secreto en la Vida Jurídica*, Editorial Porrúa, México, 1995, p. 69; PRADEL, Jean; DANTI-JUAN, Michel; *Droit Pénal Spécial*, 2e Ed., Cujas, Paris, 2001, pp. 239-240). Para os médicos dentistas, o 12º/1/c do Estatuto da Ordem dos Médicos Dentistas, aprovado pela Lei n.º 110/91, de 29 de Agosto (na redacção da Lei n.º 44/2003, de 22 de Agosto). Para os médicos, o 13º/c do Estatuto da Ordem dos Médicos, aprovado pelo Decreto-Lei n.º 282/77, de 5 de Julho (ver 67º a 73º do Código Deontológico da Ordem dos Médicos – cf. PRADEL, Jean; DANTI-JUAN, Michel; *Droit Pénal Spécial*, 2e Ed., Cujas, Paris, 2001, pp. 246-247). Para o problema da liberdade de expressão dos funcionários públicos, do direito à informação e do segredo de funcionário, ver RAGNEMALM, Hans; *Administrative Justice in Sweden*; in: PIRAS, Aldo (Ed.); *Administrative Law. The Problem of Justice, Vol. Iº, Anglo-American and Nordic Systems*, Giuffrè, Milan, 1991, pp 351-353, onde se vê que a ponderação de bens ainda não chegou a resultados estáveis.

Em alguns casos consagra-se o segredo profissional de entidade pública, como acontece com o 6º Decreto-Lei n.º 296/2003, de 21 de Novembro (assistência mútua para cobrança de créditos relativos a fundos comunitários agrícolas, nomeadamente). No entanto, neste caso, em bom rigor, o que se passa é que são informações prestadas por outros Estados, de que eles mantêm a titularidade. E por isso o seu uso é restrito.

Noutros casos o dever de segredo é imposto aos agentes da administração. Facto esquecido e pouco referido é o de os funcionários públicos da administração central, regional e local estarem sujeitos a um dever de segredo profissional, nos termos do artigo 3º/4/e do Decreto-lei n.º 24/84, de 16 de Janeiro (ver igualmente CAETANO, Marcello; *Manual de Direito Administrativo*, vol. II, 10ª ed., 3ª reimpressão, Almedina, Coimbra, 1986, p. 745, REBOLLO VARGAS, Rafael; *La Revelación de Secretos e Informaciones por Funcionário Público*, CEDECS Editorial, Barcelona, 1996, pp. 173-176; CHAPUS, René; *Droit Administratif General*, Tome 2, 6ᵉ Éd., Montchrestien, Paris, 1992, pp. 247-248). O mesmo acontece com acontece com os da CMVM nos termos do artigo 354º do Código dos Valores Mobiliários. No entanto, este segredo não é oponível enquanto tal aos particulares quando se dirigem à Comissão enquanto organismo público. Existem restrições de uso das informações nos artigos 356º do Código dos Valores Mobiliários, embora esta questão tenha a ver mais uma vez com informações de que são titulares terceiras entidades. O mesmo se passa com os funcionários do ISP, nos termos do artigo 158º do Decreto-Lei n.º 94-B/98, de 17 de Abril. Para os funcionários do Banco de Portugal, o artigo 60º da Lei Orgânica do Banco de Portugal, aprovada pelo Lei n.º 5/98, de 31 de Janeiro. Para a relação entre o segredo profissional de um agente da administração fiscal e as incompatibilidades posteriores ver o Ac Conseil d'Etat Contentieux n.º 198098 du 30 jun 2000. O segredo do agente da administração fiscal nos Ac Conseil d'Etat Contentieux n.º 110236 du 22 nov 1991 e Ac Conseil d'Etat Contentieux n.º 115733 du 22 nov 1991. Para o segredo profissional dos funcionários comunitários ver SCHWARZE, Jürgen; *Il Controlo Giurisdizionale sul Procedimento Amministrativo Europeo*, in: *Rivista Trimestrale di Diritto Pubblico, Quaderno n. 1, Il Procedimento Amministrativo nel Diritto Europeo*, Giuffrè Editore, Milano, 2004, p. 129. ITALIA, Vittorio; *L'Accesso ai Documenti Amministrativi (Regolamento 27 giugno 1992, n. 352)*, 2ª ed., Giuffrè, Milano, 1994, pp. 11-12 sobre o segredo de funcionário conclui igualmente que este não releva em tema de acesso.

A prova de que o sigilo profissional não é uma figura autónoma de restrição é a de que o consentimento exigido não é o do titular do dever de segredo, mas o do seu beneficiário. No caso do Ac STJ de 25 de Janeiro de 1995 estava em causa uma questão relativa à vida interna das empresas (escrituração comercial), em relação à qual o banco detinha informações, mas em que só o cliente poderia dar autorização. De igual forma em relação ao segredo profissional do advogado o consentimento do cliente que o nomearia como testemunha exclui o segredo profissional nos termos do Ac STJ de 15 de Abril de 2004. O titular do segredo é o cliente e não o advogado. E mais uma vez o consentimento tem efeito excludente do segredo. O mesmo se diga em relação à protecção da correspondência entre advogado independente e o seu cliente. Esta matéria caberá quando muito na vida interna das entidades ou na intimidade privada consoante os casos (ver SCHWARZE, Jürgen; *Il Controlo Giurisdizionale sul Procedimento Amministrativo Europeo*, in: *Rivista Trimestrale di Diritto Pubblico, Quaderno n. 1, Il Procedimento Amministrativo nel Diritto Europeo*, Giuffrè Editore, Milano, 2004, pp. 138-140).

O Ac STJ de 24 de Abril de 2002 estabelece que os relatórios de auditoras feitas ao funcionamento de uma instituição bancária não cabem na categoria de livros de escrituração comercial. O sigilo bancário tem uma dimensão garantística dos direitos dos clientes. O segredo bancário não tem carácter absoluto, devendo ceder perante o interesse público da cooperação com a justiça ou outros interesses constitucionalmente protegidos. De novo a ponderação de bens como critério se encontra aqui. Ver igualmente PRADEL, Jean; DANTI-JUAN, Michel; *Droit Pénal Spécial*, 2e Ed., Cujas, Paris, 2001, p. 246.

Tendo o sigilo profissional como fundamento o interesse do cliente nos termos do Ac RP de 19 de Setembro de 1991 pode este renunciar a este benefício.

As transacções malogradas entre advogados estão sujeitas a segredo profissional. A natureza do segredo é objectiva, mantendo-se o segredo, mesmo que sejam terceiros às negociações a juntá-lo (Ac RG de 22 de Janeiro de 2003). Este acórdão é importante, na medida em que salienta a natureza objectiva do segredo.

A confusão entre segredo da administração e segredo de funcionário leva a que no Ac TPICE (4ª Sec.) de 20 de Março de 2002 (*HFB Holding für Ferrnw ärmetechnik Beteilingungsgesellschaft mbH & Co KG et al. VS Comissão CE*) se considere excepção ao segredo profissional da Comissão caso seja importante para o decurso da instrução. PINORI, Alessandra; *La protezione dei Dati Personali. Guida alla Lettura delle Fonti*, Giuffrè Editore, Milano, 2004, pp. 120-121 dá relevo, quanto a mim indevido, ao segredo profissional de assistente social em matéria de acesso.

Uma figura semelhante ao segredo profissional é o segredo de estatística, mas com a diferença que é oponível aos particulares. Do mesmo modo em França de acordo com o artigo 32º da Loi n.º 78-17 du 6 janvier 1978. Excepção semelhante no §552º (k)(4) do Federal Administrative Procedure Act dos Estados Unidos.

8. Procedimento tributário

O regime do procedimento tributário não contém regras especiais desenvolvidas sobre a legitimação ou restrições de acesso. Daí que nos termos do 2º/d CPPT tenha de ser aplicável o regime do CPA, segundo a letra deste preceito. É certo que o CPPT não remete para a LADA. No entanto, esta aplica-se de pleno direito por força das suas próprias disposições.

No entanto a LGT contém algumas normas especiais sobre legitimação, nomeadamente os artigos 59º/3/g, 64º, 92º/2.

Alguns tipos de informações são especialmente regidas, nomeadamente:

a) Públicas (55º/3/a, b LGT);
b) Individualizadas (76º/4, 104º/1 LGT, 56º/2, 158º, 168º/1, 169º/1, 193º/2 CPPT);
c) Individualizadas sobre direito (59º/3/c, 67º, 68º LGT, 53º/2, 57º, 63º/8, 65º/1 CPPT).

Sendo legislação especial, a legislação tributária é mais específica sobre o conteúdo do que se informa. De qualquer modo não corresponde a uma diminuição de garantias de acesso, na medida em que é o próprio 2º CPPT que deixa bem claro que se aplica o CPA, e a LADA aplica-se directamente à administração tributária.

Cabe aos tribunais de primeira instância a competência para as intimações para consulta de documentos e passagem de certidões relativos a actos de liquidação de direitos aduaneiros de natureza tributária (Ac STA de 2 de Fevereiro de 1997).

A intimação para passagem de certidão prevista no 146º/1 CPPT não é meio idóneo para suprir falta de fundamentação do acto tributário (Ac STA de 26 de Junho de 2002). De igual forma a falta de notificação de fundamentação de acto tributário não gera nulidade do acto, mas apenas a sua ineficácia (Ac TCA de 22 de Maio de 2001). Para a intimação para passagem de certidão em direito tributário ver o Ac TCA de 9 de Março de 2004 e o Ac TCA de 29 de Junho de 2004.

A aplicação do regime de acesso dos documentos administrativos a matérias tributárias no Ac Cour Administrative d'Appel de Lyon Contentieux nº 98LY00917 du 6 nov 2003.

9. Documentos comunitários

O presente trabalho não é de Direito Comunitário, mas de Direito nacional. No entanto, existe regra especial sobre documentos que são detidos pela administração pública nacional que tenham origem em instituições comunitárias. Com efeito, nos termos do artigo 5º do Regulamento (CE) n.º 1049/2001 do Parlamento e do Conselho de 30 de Maio de 2001 quando o documento foi elaborado por uma instituição comunitária e se encontra detido por um órgão nacional este último deve consultar a instituição comunitária por forma a que esta se pronuncie sobre a possibilidade de o fornecer à luz das regras do citado regulamento. Em alternativa o órgão nacional pode passar a competência para a instituição comunitária.

A especialidade que decorre deste regime é múltipla:

a) Em primeiro lugar quanto ao processo de concessão da informação (consulta prévia a órgão comunitário).
b) Em segundo lugar quanto às excepções de acesso (as constantes do artigo 4º, 9º, 16º do citado Regulamento).
c) Em terceiro lugar, e em consequência, a sindicabilidade do (não) acesso tem de ter em conta os aspectos antes referidos. Na prática o tribunal português tem de conhecer das excepções do Regulamento citado.
d) Finalmente, caso o órgão nacional tenha passado a competência para a instituição comunitária, quanto às informações em causa, não apenas se aplica o Direito Comunitário, como a sua recorribilidade obedece às regras comunitárias (*maxime*, as da competência dos tribunais europeus).

Repare-se que a questão é diversa da dos documentos vindos de autoridades estrangeiras. Nestas depende das autoridades estrangeiras conceder ou não a informação. É delas, e do seu direito interno, que depende esta concessão. Neste caso, temos direito comunitário que se aplica directamente a Portugal. As condições de acesso e o processo de concessão encontram-se expressamente regidos. Não há uma exclusão típica, mas apenas um regime especial, processual e substantivo, de acesso. Ver BIGNAMI, Francesca; Tre *generazione di Diritti di Partecipazione nei Procedimenti Amministrativi Europei*; in: *Rivista Trimestrale di Diritto Pubblico, Quaderno n. 1, Il Procedimento Amministrativo nel Diritto Europeo,*

Giuffrè Editore, Milano, 2004, pp. 98 ss.. Referência ao mesmo regime em FRANCHINI, Claudio; *I Principi Applicabili ai Procedimenti Amministrativi Europei*; in: *Rivista Trimestrale di Diritto Pubblico, Quaderno n. 1, Il Procedimento Amministrativo nel Diritto Europeo*, Giuffrè Editore, Milano, 2004, p. 288. Ver igualmente GONÇALVES, José Renato; *Acesso à Informação das Entidades Públicas*, Almedina, Coimbra, 2002, p. 245.

PARTE C

MODO DE ACESSO

Não basta estudar o âmbito de acesso. A lei regula igualmente os modos de acesso à informação. Estes modos apenas se compreendem analisando os tipos de acesso à informação que são previstos, as condições em que esse acesso se efectua, bem como a latitude em que esse acesso é concedido.

CAPÍTULO I

TIPOS DE ACESSO

A informação, quanto ao âmbito dos destinatários, pode ser:

a) Individualizada – 15º LADA, 7º DLMA;

b) Publicitação local – 7º/2 DLMA;

c) Publicitação geral – Lei 26/94, de 19 de Agosto (publicitação de subsídios e donativos públicos), Lei 83/95, de 31 de Agosto (Lei de Participação Procedimental e de Acção Popular), 11ºLADA, 47º, 48º, 49º DLMA.

A informação individualizada assume várias modalidades:

a) A informação oral e a notificação, quando é a administração pública a fazer chegar a informação ao particular (66º ss. CPA);

b) A consulta (v.g. 62º CPA, 12º/1/a LADA), quando é o particular que acede directamente à informação;

c) Cópia (12º/1/b, 12º/2, 3, 4 LADA), quando o particular pretende dispor dos documentos a aceder;

d) Certidão (62º/3, 63º CPA, 12º/1/c LADA, 28º DLMA), quando a administração pública confere certeza pública à cópia.

O direito de consulta a processo de candidatura no Ac STA de 20 de Novembro de 1997. A certidão como uma forma especial de informação no Ac STA de 7 de Abril de 1992 e no Ac STA de 16 de Abril de 1996. A certidão como forma mais garantística do particular que a simples consulta no Ac STA de 13 de Fevereiro de 1992. O dever de passar igualmente certidões negativas no Ac STA de 17 de Março de 1994. O Ac STA de 19 de Dezembro de 1991 deixa bem claro que o facto de um arguido em processo disciplinar ter acedido para consulta a um processo não o impede de pedir certidão. Ou seja, os direitos de consulta e de passagem de certidão são cumulativos e não alternativos (imagina-se a argumentação disparatada da administração pública no caso vertente).

O Ac TCA de 27 de Abril de 2000 (proc 4259/00) afirma que não tem a administração de passar certidão de contratos de direito privado entre particulares, no que tem razão. Mas aqui há que distinguir: é que se isso é verdade enquanto contrato, já enquanto peça de processo administrativo tem de passar certidão. O que certifica é que estes documentos concretos, mesmo que sejam contratos entre privados, fazem parte com este conteúdo do processo.

A distinção entre certidão de *documentos* e certidão de *actos* é particularmente importante em REIS, Célia; *Acesso dos Particulares aos Documentos da Administração. Anotação a Sentença do Tribunal Administrativo de Círculo de Lisboa*; in: *Cadernos do Mercado de Valores Mobiliários*, n.º 11, Ago 2001, CMVM, Lisboa, 2001, pp. 194 ss. Esta destrinça é aliás consistente com o valor probatório geral dos documentos de acordo com SOUSA, Miguel Teixeira de; *O Valor Probatório dos Documentos Electrónicos*; in: *Direito da Sociedade de Informação*, Vol. II, Coimbra Editora, Coimbra, 2001, p. 193. BOTELHO, José Manuel da S. Santos; ESTEVES, Américo J. Pires; PINHO, José Cândido de; *Código do Procedimento Administrativo Anotado – Comentado*, Almedina, Coimbra, 1992, p. 188 distingue as certidões, que são de documentos, de outros actos certificativos, como a acta, o atestado, o certificado e o cartão de entidade, que certificam factos ou situações. OLIVEIRA, Mário Esteves de; GONÇALVES, Pedro Costa; AMORIM, J. Pacheco de; *Código do Procedimento Administrativo Comentado*, 2ª Ed., Almedina, Coimbra, 1998, p. 335 considera que o 62º CPA abrange igualmente os certificados (o que CÉLIA REIS chama de certidões de actos). Para os tipos de certidões (de teor, narrativa, integral ou parcial) e para os requisitos formais da certidões ver ARAÚJO, José Luís; COSTA, João Abreu da; *Código do Procedimento Administrativo Anotado*, Estante Editora, Aveiro, 1993, pp. 334-335. Para o regime pretérito das certidões ver CAETANO, Marcello; *Manual de Direito Administrativo*, vol. II, 10ª ed., 3ª reimpressão, Almedina, Coimbra, 1986, pp. 135-1317. Para a certidões electrónicas ver VALERO Torrijos, Julián; *El Regímen Jurídico de la e-Administración. El Uso de Médios Informáticos y Telemáticos en el Procedimiento Administrativo*, Editorial Comares, Granada, 2003, pp. 184-192.

Para o problema da confiança do processo ver OLIVEIRA, Mário Esteves de; GONÇALVES, Pedro Costa; AMORIM, J. Pacheco de; *Código do Procedimento Administrativo Comentado*, 2ª Ed., Almedina, Coimbra, 1998, p. 333.

O dever de informação sobre a situação médica dos doentes nos hospitais públicos apenas não existe quando haja situação de urgência de acordo com o Ac Conseil d'Etat Contentieux n.º 216039 du 19 mai 2004.

A certidão merece uma reflexão mais aprofundada. Com efeito, a administração pública contém documentos elaborados pelas mais diversas entidades. Ao certificar é preciso ter a noção do que está a certificar. A regra geral é a da que *a administração certifica os seus próprios factos e que os documentos que estão na sua posse são exactamente os que constam da certidão* (ver os artigos 61º e 62º CPA e 12º/1/c LADA). Mas já não certifica factos que lhe são estranhos, mesmo que constem de documentos juntos de si. Concretamente, se de um processo de autorização consta certidão do registo comercial de uma sociedade, o organismo da administração pública que não seja a conservatória do registo comercial não pode certificar os factos que constam desse documento (v.g. que a sociedade se constituiu em certa data com certa denominação social, que se fundiu ou assim por diante). Apenas certifica que o documento que consta do processo é aquele que anexa à certidão. Com efeito, só quem por lei tem competência para certificar certos factos o pode fazer. Da mesma forma, se a administração pública num processo de registo tiver junta uma autorização de um outro organismo não certifica a autorização, mas apenas que existe tal documento (salvo se a lei expressamente lhe der competência para certificar factos alheios, nem que seja como questão prévia). Igualmente se de um acervo documental constar um boletim de cotações, a administração pública não certifica a cotação, mas apenas que do processo consta um boletim de cotações com um certo conteúdo.

A lei portuguesa não distingue os tipos de acesso. Quem pode consultar, pode pedir cópia e certidão. Pelo contrário o Conselho de Estado italiano em decisão de 4 de Fevereiro de 1997 considera que quando estão em causa dados pessoais de terceiros pode-se aceder aos mesmos para sua defesa, mas apenas em consulta e não cópia ou certidão (PINORI, Alessandra; *La protezione dei Dati Personali. Guida alla Lettura delle Fonti*, Giuffrè Editore, Milano, 2004, pp. 263, 290-294). A decisão parece ser salomónica e não consistente. Para as modalidades de consulta, cópia e cópia autenticada, ver ITALIA, Vittorio; *L'Accesso ai Documenti Amministrativi (Regolamento 27 giugno 1992, n. 352)*, 2ª ed., Giuffrè, Milano, 1994, pp. 89-98.

O artigo 10º do Regulamento (CE) n.º 1049/2001 do Parlamento Europeu e do Conselho de 30 de Maio de 2001 estabelece o direito a consulta, de obter cópia e de obter cópia electrónica, mas em nada se refere a certidão.

Como de costume, as tipologias não são neutras valorativamente. Ao contrário do que se poderia pensar não têm uma função meramente descritiva. Enunciam valorações e escolhas do legislador.

Certas matérias têm de ser disseminadas pelo público, em geral, ou contextualmente. Outras informações têm de ser dadas individualizadamente. O princípio que subjaz a esta primeira tipologia é o da maior disseminação da informação possível.

Já quanto à informação individualizada a tipologia carreia outro tipo de valores. Faz-se com a que a administração faça chegar a informação ao particular e permite-se que seja ele a aceder directamente às fontes da informação. Permite-se em acréscimo que ele obtenha prova da informação, incluindo prova certificada, de valor reforçado, da mesma. Aqui o princípio é o da eficácia da informação.

Caso de publicitação geral (no âmbito dos departamentos) em França o dos riscos ambientais que por força do artigo 3º do décret n.º 90-918 du 11 octobre 1990, devendo os presidentes de câmaras municipais dar conhecimento deste documento por aviso exposto na câmara municipal.

Sobre o preço para obtenção da informação ver o Ac Conseil d'Etat Contentieux n.º 158616 du 24 mai 1995. De igual modo, o preço de acesso a informações sobre o sistema SIRENE (serviços de informações sobre as empresas e seus estabelecimentos), um serviço público de informação, ver o Ac Conseil d'Etat Contentieux n.º 146833 152045 152475 du 6 jan 1995. Ver igualmente GONÇALVES, José Renato; *Acesso à Informação das Entidades Públicas*, Almedina, Coimbra, 2002, p. 174-176 (embora me pareça que confunde dois sinalagmas: um é do pagamento das propinas, que tem regras de execução própria, outro o pagamento da certidão em contrapartida da obtenção da certidão. Não me parece que exista sinalagma entre a passagem de certidão e o pagamento de propinas, este problema teria de ser resolvido por via da execução ou de expressa consagração de suspensão de notas, e consequentemente de validade do curso, no caso de falta de pagamento de propinas injustificado; à falta deste regime têm de se cindir os dois sinalagmas, como bem defende a CADA).

Capítulo II

CONDIÇÕES DE ACESSO

1. Impulso

Como em geral, o impulso para o fornecimento da informação pode ser oficioso ou a pedido.

O princípio geral é o de que o impulso de fornecimento da informação é oficioso quando se trata de informação sobre facto praticado ou a praticar pela administração pública. Assim se passa com os deveres gerais de informação sobre:

1) O regime jurídico;
2) Sobre as prácticas gerais da administração;
3) Sobre os agentes da administração;
4) Início de procedimento administrativo oficioso (55º CPA);
5) Diligência instrutória em procedimento administrativo (95º/2 CPA);
6) Sobre a remessa de requerimento para órgão competente (34º/1 /a CPA);
7) Sobre o início do procedimento administrativo no caso de este ser oficioso (55º CPA);
8) Sobre a necessidade de diligências pelos particulares (90º/1 CPA);
9) Sobre não se dar seguimento ao processo enquanto não for produzida prova pelo particular (91º/3 CPA);
10) Sobre a realização de diligências de prova especiais como exames, vistoria, avaliações e semelhantes (95º/2);
11) Sobre a existência de um sentido provável da decisão (100º CPA);
12) Sobre a execução do acto administrativo (152º CPA);

13) Sobre a remessa do processo no recurso hierárquico, próprio e impróprio, e tutelar (172º/1, 176º/3, 177º/5 CPA);
14) Sobre a fase em que se encontra a resposta ao pedido caso dure mais de 15 dias (39ºDLMA);
15) Sobre o tempo de resposta caso dure mais de um mês a resolução da questão (23º/9 DLMA);
16) Encaminhar os particulares para o serviço adequado (10º/1 DLMA);
17) Sobre as deficiências do pedido dos particulares (19º/2 DLMA);
18) Sobre existência ou não de documento no serviços e envio de cópia de pedido de parecer à CADA (15º/1/a, e, d, 15º/2 LADA).

Aflorando o mesmo princípio MAURER, Hartmut; *Droit Administratif Allemand*, L.J.D.C., Paris, 1995, p. 233 afirma que a notificação do acto administrativo decorre de iniciativa do autor do acto. Repare-se que a natureza oficiosa do impulso da informação não corresponde à natureza oficiosa do procedimento quando for esse o caso. Ou seja, mesmo quando o procedimento administrativo nasce a pedido do particular (54º CPA), existem deveres de informação oficiosos nos termos acima estabelecidos.

O impulso é a pedido sempre que o particular assim o entender, e nos casos em que não tem de ser oficioso.

O pedido deve indicar inequivocamente os documentos que se pretendem obter, não devendo ser satisfeito no caso contrário (Ac Cour Administrative d'Appel de Lyon Contentieux nº 98LY01920 du 30 mar 2000). No mesmo sentido CHAPUS, René; *Droit Administratif General*, Tome 1, 6ᵉ Éd., Montchrestien, Paris, 1992, p. 358.

Que a informação depende de iniciativa do particular no 61º CPA também o refere CARVALHO, Raquel; *O Direito à Informação Administrativa Procedimental*, Publicações Universidade Católica, Porto, 1999, p. 191 e SOARES, Maria Lídia Carvalho; *Direito à Audiência. Direito de Informação. Notificação*; in: *Código do Procedimento Administrativo e o Cidadão*, Provedoria da Justiça, Lisboa, 1993, pp. 114-115.

No caso de pedido de particular o requerimento pode ser oral em princípio, nomeadamente nos casos de:

a) Informações procedimentais (3º/2 DLMA, 61º CPA);
b) Emissão de certidões, atestados ou outros actos meramente declarativos (18º DLMA).

Só tem de ser escrito quando a lei assim o exija ou o pedido possa abranger matérias sujeitas a segredo:
a) Quando terceiros-interessados pedem informação procedimental (64º CPA);
b) No caso de procedimentos findos ou fora do procedimento, o 13º LADA exige forma escrita embora o 18º DLMA, que prevalece sob este artigo 13º LADA (50º/1 DLMA), deixe claro que pode ser verbal. A única forma de conciliar as duas disposições, é a de se exigir forma escrita quando seja razoavelmente previsível que o pedido inclua documentos sujeitos a segredo.

GONÇALVES, José Renato; *Acesso à Informação das Entidades Públicas*, Almedina, Coimbra, 2002, p. 170 lembra que a forma electrónica é igualmente forma escrita. *Ibibem* a pp. 170 ss. afirma que só é possível o pedido por forma escrita. Mas afirma-o esquecendo o regime do DLMA (o mesmo em PEREIRA, Alexandre Dias; *Bases de Dados de Órgãos Públicos: O problema do Acesso e Exploração da Informação do Sector Público na Sociedade da Informação*; in: *Direito da Sociedade de Informação*, Vol. III, Coimbra Editora, Coimbra, 2002, p. 277). Por outro lado, dos documentos que são recebidos pelo particular pode a administração pública exigir quitação, pelo que fica provada desta forma o acervo de documentos a que teve acesso. OLIVEIRA, Mário Esteves de; GONÇALVES, Pedro Costa; AMORIM, J. Pacheco de; *Código do Procedimento Administrativo Comentado*, 2ª Ed., Almedina, Coimbra, 1998, p. 328 fala das duas formas escrita e oral sem destrinçar no entanto os casos em que cada uma pode ou deve ocorrer.

A regra do pedido oral em ITALIA, Vittorio; *L'Accesso ai Documenti Amministrativi (Regolamento 27 giugno 1992, n. 352)*, 2ª ed., Giuffrè, Milano, 1994, pp. 72-73. Só teria de ter forma escrita quando surjam dúvidas sobre a legitimidade do requerente, a sua identidade, os seus poderes de representação ou sobre a subsistência do seu interesse em pedir a informação (ITALIA, Vittorio; *L'Accesso ai Documenti Amministrativi (Regolamento 27 giugno 1992, n. 352)*, 2ª ed., Giuffrè, Milano, 1994, pp. 79-84).

A forma escrita é regulada pelo artigo 24º DLMA.

Para a forma escrita do pedido de informação ver o Ac TPICE (5ª Sec. Alargada) de 18 de Dezembro de 1997 (*Ajinomoto Com. Inc. e Nutrasweet Company VS Comissão CE*). Já não tem o particular de indicar os actos administrativos que pretende impugnar quando pede a informação ao contrário do que se exigia à luz do Ac STA de 12 de Janeiro de 1989 no âmbito do artigo 82º da Lei do Processo nos Tribunais Administrativos. O Ac STA de 12 de Julho de 1990 tem uma visão algo formalista quando afirma que tendo sido pedida certidão de um documento por um particular e este o designou de acordo com a denominação legal, a administração nada mais tem de dar, mesmo que o documento não contenha todos os documentos legalmente exigíveis e estes porventura constem do processo gracioso. Esta interpretação do tribunal parece não ter em conta o artigo 6º-A CPA. O advogado pode fazer o pedido verbalmente ou por escrito (Ac TCA de 7 de Agosto de 2002). O pedido ao abrigo da LADA para dados não nominativos não tem de ser fundamentado de acordo com o Ac TCA de 13 de Novembro de 2003.

O artigo 6º do Regulamento (CE) n.º 1049/2001 do Parlamento Europeu e do Conselho de 30 de Maio de 2001 estabelece que todo o pedido de informação é escrito, não precisando de ser fundamentado. O regime do aperfeiçoamento do pedido é claramente exposto por esta regra.

De acordo com o Décret n.º 82-525 du 16 juin 1982 o pedido de informação sobre dados nominativos informatizados tem de ser feito por escrito. No Ac Cour Administrative d'Appel de Paris Contentieux nº 01PA00301 du 6 déc 2001 deixa-se claro que tem de ser feito pedido para obter a informação.

A regra é a de que o pedido não tem de ser fundamentado, salvo quando:

a) abranja matéria sujeita a segredo;
b) ou no âmbito de procedimento em curso se seja terceiro em relação ao processo (64º CPA).

Nestes últimos casos, apenas se tem de fundamentar a legitimidade, mas nada mais, nomeadamente não o uso que se pretende fazer com os documentos, pelo menos nessa qualidade.

Esta é a conclusão a que se tem de chegar por força do princípio do *open file*, da administração aberta. À mesma conclusão chega o *National*

Archives and Records Administration vs. Favish et al. (U.S. Supreme Court), March 30, 2004 que esclarece que o particular não tem de explicar em princípio as razões porque quer a informação. A informação administrativa pertence a todos. Na época em Itália havia o dever de fundamentar o pedido (ITALIA, Vittorio; *L'Accesso ai Documenti Amministrativi (Regolamento 27 giugno 1992, n. 352)*, 2ª ed., Giuffrè, Milano, 1994, p. 75). CARVALHO, Raquel; *O Direito à Informação Administrativa Procedimental*, Publicações Universidade Católica, Porto, 1999, pp. 193, 246-249 lembra igualmente que a administração apenas pode sindicar legitimidade do requerente, não tendo o pedido de ser fundamentado. Ver igualmente CARVALHO, Raquel; *Lei de Acesso aos Documentos da Administração*, Publicações da Universidade Católica, Porto, 2000, pp. 53-54. Na Suécia não só o pedido não tem de ser fundamentado mas igualmente não se pode pedir a identidade do requerente nem as razões do seu interesse (RAGNEMALM, Hans; *Administrative Justice in Sweden*; in: PIRAS, Aldo (Ed.); *Administrative Law. The Problem of Justice, Vol. Iº, Anglo-American and Nordic Systems*, Giuffrè, Milan, 1991, p. 345).

O uso que se pretende dar à informação pode ser importante em certos casos quando por exemplo alguém demonstra o seu interesse legítimo porque pretende propor acção judicial. Mas o uso enquanto tal não é objecto de fundamento, só a legitimidade.

As deficiências do pedido devem ser oficiosamente supridas ou a pedido da administração (19º DLMA).

Embora não invoque esta norma, o Ac STA de 9 de Julho de 1996 determina que mesmo que o particular invoque erradamente a LADA embora quisesse usar da faculdade do 82º da Lei do Processo nos Tribunais Administrativos, deve ser entendido o pedido segundo o efeito útil que o particular pretende atingir.

No pedido podem os particulares fazer-se representar (o 52º CPA enuncia este princípio só para o procedimento, mas decorre das regras gerais), sendo esta representação nomeadamente (mas não apenas) por advogado ou solicitador (52º CPA).

Para a legitimidade do advogado perante as Finanças ver o Ac STA de 14 de Fevereiro de 1996. O Ac STA de 18 de Abril de 1995 tem uma doutrina algo estranha em abstracto, que talvez se explique apenas em função do caso concreto, na medida em que exige que o advogado que requere a consulta de processo ou documento tem de aduzir elementos que convençam que o faz no exercício a sua profissão e em representação do interessado. O Ac TC de 20 de Março de 1996 em tema paralelo (fase pré-contenciosa na Organização Tutelar de Menores) considera inconstitucional a restrição de patrocínio judiciário.

Da mesma forma GONÇALVES, José Renato; *Acesso à Informação das Entidades Públicas*, Almedina, Coimbra, 2002, pp. 165-166.

De igual forma o Ac Conseil d'Etat Contentieux n.º 240270 du 3 oct 2003 considerou ilegal uma circular do Ministro do Interior que impedia a representação do interessado que pretendia aceder a documentos, mesmo por um advogado. Mas já no que respeita ao PACS, união civil, que pode ser entre pessoas do mesmo sexo, o acesso por advogados é restringido por o PACS poder revelar a orientação sexual das pessoas (Ac Conseil d'Etat Contentieux n.º 217046 217826 du 8 déc 2000).

RAGNEMALM, Hans; *Administrative Justice in Sweden*; in: PIRAS, Aldo (Ed.); *Administrative Law. The Problem of Justice, Vol. I°, Anglo-American and Nordic Systems*, Giuffrè, Milan, 1991, pp. 398-399 lembra que na Suécia em certos casos não se dispensa a participação pessoal do interessado, mesmo que menor, não se podendo estabelecer uma regra geral, sendo que a possibilidade de assistência por profissional é absoluta. A assistência por terceiro é igualmente possível em França, sendo admissível no entanto recusar esta assistência, mas só com justa causa (CHAPUS, René; *Droit Administratif General*, Tome 1, 6ᵉ Éd., Montchrestien, Paris, 1992, p. 357).

Existe uma regra de representação especial, válida apenas para a informação fora de procedimento, que é a constante do 8º/3 LADA. A informação sobre dados de saúde, incluindo os dados genéticos, ao respectivo titular, faz-se através de médico por ele designado.

Este é das normas simultaneamente mais descabidas e inconstitucionais do nosso sistema jurídico.

Descabida, na medida em que corresponde a uma atitude paternalista e protectora da corporação por parte do legislador. A ideia que subjaz é a de que os particulares não têm capacidade por si mesmos de receber informação médica, que precisam do apoio paternal de um médico.

Inconstitucional a vários títulos. Ao não permitir a representação por advogado ou solicitador e ao não permitir o acesso directo pelo titular.

O artigo 20º CRP estatui que: "*1. A todos é assegurado o acesso ao direito e aos tribunais para defesa dos seus direitos e interesses legalmente protegidos, não podendo a justiça ser denegada por insuficiência de meios económicos. 2. Todos têm direito, nos termos da lei, à informação e consulta jurídicas, ao patrocínio judiciário e a fazer-se acompanhar por advogado perante qualquer autoridade.*"

Pode-se contra argumentar que este direito se exerce nos termos da lei. Mas esta questão já teve sobejo estudo na doutrina. Nunca a regulação legal pode esvaziar o Direito Constitucional. Uma coisa é regular os modos e momentos de acesso. Outra completamente diferente é a de o impedir liminarmente. É aos advogados, e no âmbito das suas competências, aos solicitadores, que compete a representação dos interesses dos particulares, não a médicos. A CRP acomete aos advogados a plena representação dos mesmos e dos seus direitos e interesses. Ao impedir este acesso a advogados, pelo menos, viola não apenas o direito à representação, mas igualmente o acesso à justiça. Um processo por negligência médica, por exemplo ficaria dependente da solicitude de um outro médico.

Mas inconstitucional igualmente por não permitir o acesso directo ao titular. O artigo 26º da CRP reza: "*l. A todos são reconhecidos os direitos à identidade pessoal, ao desenvolvimento da personalidade, à capacidade civil, à cidadania, ao bom nome e reputação, à imagem, à palavra, à reserva da intimidade da vida privada e familiar e à protecção legal contra quaisquer formas de discriminação.*". O titular da intimidade privada é o próprio particular, nunca um advogado, e muito menos um médico. Que um particular não possa aceder a informações que respeitam à sua vida privada significa um desapossamento pela lei de um direito, liberdade e garantia tutelado constitucionalmente.

Por força do artigo 18º CRP, aplicando-se directamente estas normas, não pode o artigo 8º/3 LADA ser invocado pela administração pública sob pena de ilicitude, com as correspondentes consequências[41].

---

[41] Nomeadamente de contencioso administrativo por via da intimação prevista nos artigos 2°/2/l, 20°/4, 36°/1/c, 600, 2, 3, 69°/3, 104°-108°, 159° e 169° CPTA.

Tratando da questão, mas com diversa opinião ver GONÇALVES, José Renato; *Acesso à Informação das Entidades Públicas*, Almedina, Coimbra, 2002, pp. 90-94. Da mesma forma CARVALHO, Raquel; *Lei de Acesso aos Documentos da Administração*, Publicações da Universidade Católica, Porto, 2000, pp. 39-40, referindo parecer da CADA que corrobora a visão paternalista da lei. A representação em Espanha obedece às regras gerais de acordo com GARCÍA DE ENTERRÍA, Eduardo; FERNÁNDEZ, Tomás-Ramón; *Curso de Derecho Administrativo*, II, 7ª Ed., Civitas, Madrid, 2000, pp. 478-479.

Se a administração pública deve desaplicar esta lei por inconstitucionalidade suscita o problema complexo da fiscalização da constitucionalidade pela administração pública. Ver LOUREIRO, João Carlos Simões Gonçalves; *O Procedimento Administrativo entre a Eficiência e a Garantia dos Particulares (Algumas Considerações)*; in: *Boletim da Faculdade de Direito, Studia Iuridica*, 13, Coimbra Editora, Coimbra, 1995, p. 232. Na Alemanha a questão não aprece estar resolvida (MAURER, Hartmut; *Droit Administratif Allemand*, L.J.D.C., Paris, 1995, pp. 85-86). Parece-me no entanto, que por força dos artigos 17º e 18º CRP a administração pública não pode ferir direitos, liberdades e garantias, que têm aplicação directa. Neste caso terão de desaplicar esta norma. A solução não gera arbitrariedade por parte desta administração, dado que todos os seus factos são sindicáveis judicialmente. Aliás o Ac 176/92 do Tribunal Constitucional, de 7 de Maio de 1992 vai neste sentido (CARVALHO, Raquel; *O Direito à Informação Administrativa Procedimental*, Publicações Universidade Católica, Porto, 1999, p. 163).

Havendo um pedido feito ao governador do Banco de Portugal, sendo este um órgão singular, mas parte igualmente de um órgão colectivo, o conselho de administração, se é competente para a passagem da certidão o conselho de administração, deve-se entender o pedido feito ao conselho de administração porque é a interpretação mais favorável ao particular (Ac STA de 13 de Outubro de 1994). A administração não tem de pedir a prova da legitimidade quando esta é evidente, como no caso em que funcionário pretende pedir certidão de notação dele e de outros funcionários (Ac STA de 27 de Julho de 1994).

Antes em França o pedido de informações médicas era feito através de médico designado pelo interessado (Ac Conseil d'Etat Contentieux n.º 214070 du 29 jan 2003). A necessidade de representação por médico ocorria mesmo quando fossem os herdeiros a pedir a informação (Tribunal Administratif de Paris Contentieux nº 9903534-7 du 9 déc 1999). Em França hoje em dia o acesso a informações médicas pode ocorrer por lei pelo próprio ou por terceiro que ele designe (Ac Conseil d'Etat Contentieux n.º 254560 du 18 fev 2004).

2. Concessão

Na concessão da informação tem de se distinguir a que depende de decisão de órgão competente, da que não depende de tal decisão.

Não dependem de decisão de órgão competente:

a) As comunicações de mero expediente;
b) As comunicações de entendimentos genéricos, ou de prácticas gerais já formalizadas;
c) As comunicações em execução de decisões prévias de órgão competente, dado que o dever de comunicação já resulta da lei. Se um órgão produzir uma resolução que afecte os particulares por força do 66º CPA tem de lhe ser comunicado o acto;
d) As certidões do 63º CPA;

Para as certidões do 63º CPA ver SOUSA, Marcelo Rebelo de; *Lições de Direito Administrativo*, Volume I, Lex, Lisboa, 1999, p. 436.

Dependem de decisão de órgão competente:

a) Certidões, reproduções ou declarações autenticadas no âmbito da informação procedimental (62º/3 conjugado com o 63º CPA) ou o acesso por terceiros (64º CPA);
b) A concessão de acesso a documentos fora de procedimento (15º LADA).

Para a discussão sobre a natureza como acto administrativo ou não desta decisão ver CARVALHO, Raquel; *O Direito à Informação Administrativa Procedimental*, Publicações Universidade Católica, Porto, 1999, pp. 252-261. Parece-me que esta discussão se encontra algo atenuada na sua razão de ser tendo em conta, não apenas o princípio da tutela efectiva do CPTA, como a existência de uma acção especial e regimes processuais específicos (ver 17º LADA, 2º/1/l, 20º/4, 36º/1/c, 60º/2, 3, 69º/3, 104º-108º, 115º/3 CPTA). Para a tutela efectiva em Itália ver PIRAS, Aldo; *Administrative Justice in Italy. Trends of Administrative Law*; in: PIRAS, Aldo (Ed.); *Administrative Law. The Problem of Justice,* Vol. IIIº, *Western European Democracies*, Giuffrè, Milan, 1997, p. 262.

Para o tratamento do silêncio da administração ver CARVALHO, Raquel; *O Direito à Informação Administrativa Procedimental*, Publicações Universidade Católica, Porto, 1999, pp. 261-278. Para a validade do acto de concessão ou não da informação ver SOUSA, Marcelo Rebelo de; *Lições de*

Direito Administrativo, Volume I, Lex, Lisboa, 1999, pp. 436-438. O problema é que para mim nem se coloca a questão da eventual existência de um acto tácito. Como veremos na estrutura do dever, os prazos são para fornecer a informação, não para decidir (Correia, José Manuel Sérvulo; *O Direito dos Interessados à Informação: Ubi Ius, Ibi Remedium. Anotação ao Acórdão do Supremo Tribunal Administrativo (1ª Secção) de 2.5.1996. P. 40120*; in: Correia, José Manuel Sérvulo; Ayala, Bernardo Diniz de; Medeiros, Rui; *Estudos de Direito Processual Administrativo*, Lex, Lisboa, 2002, p. 316 salientava à luz do anterior 82º da Lei do Processo nos Tribunais Administrativos que se tratava de uma prestação de facto e com razão). Por isso, não é o acto de decisão que constitui objecto de eventual impugnação mas o não fornecimento (104º-108º CPTA). A invalidade da decisão não constitui objecto da acção, apenas pode gerar ilicitude do acto e ser motivo de responsabilidade, seja ela civil, disciplinar ou criminal, como veremos a propósito das sanções para o incumprimento.

Vejamos, no entanto, mais a fundo esta questão. O regime desenrola-se em *deveres* de dar ou de não dar informação. Salvo raros casos, não existe uma *faculdade* de dar ou não dar. Faculdade só existe em relação aos raros documentos que estejam na titularidade da administração pública e a lei dispensa de os dar (como os documentos pessoais, os de estratégia processual, por exemplo). O acto é assim um acto estritamente vinculado em quase todas as situações. Por outro lado, o acto de concessão ou não da informação tem duas dimensões: uma declarativa (da situação de facto, do direito e da consequência jurídica) e outra dispositiva (a determinação da concessão ou não). Pela estrutura aproxima-se dos actos administrativos vinculados. Como o seu objecto é uma prestação (de *dare* no caso de envio de informações, de *facere*, no caso de emissão de certidões, ou de *patti*, no caso da concessão da consulta) aproxima-se muito dos actos administrativos da administração prestadora. Também aqui o particular pode ter interesse em impugnar o acto, ou o facto de, tendo sido favorável o acto, a prestação não ter sido efectuada. Com a tutela efectiva, a impugnação do acto torna-se evidentemente meramente instrumental em relação ao pedido principal, a prestação. No entanto, existe uma acção especial, a intimação dos 104º a 108º CPTA, cujo objecto é directamente a prestação (de informação, no caso). Ora, a regra é a de que prevalece a acção administrativa especial quando existe cumulação de pedidos (5º/1 CPTA). Havendo um pedido de prestação de *dare* (informação) ao abrigo do 2º/2/e CPTA e de impugnação de acto administrativo (de concessão ou não de informação) parece que a solução seria a aplicação da acção administrativa especial. É isto que se passa com os actos da administração prestadora, por exemplo. Mas já não se passa o mesmo com o pedido de concessão de informação. Existe uma acção especial, a de intimação, não se aplicando a regra do artigo 5º CPTA. Dito por outras palavras: é artificioso considerar aqui dois pedidos diversos, o da impugnação do acto (de não concessão da informação) e de prestação de informação. Existe um só pedido, que é o da prestação de informação. Daí que o acto de concessão ou não da informação não tem as funções comuns do acto administrativo, mas é tão simplesmente uma forma de legitimação *sui generis* da actuação da administração pública. Tem a função de garantir a racionalidade da gestão da informação pela administração pública, de auto-limitação de poderes e de informação ao particular. Tem uma função retórica igualmente, na medida em que a administração pública, se não está impedida de invocar outros fundamentos para não conceder para além dos que constem do acto (invocou intimidade privada no acto, mas em juízo invoca igualmente segredo de justiça, por exemplo, podendo ganhar com o segundo argumento e não com o primeiro), encontra-se muito mais solidificada na sua posição se os fundamentos que invoca logo no acto são os mais consistentes e completos. O acto em si responsabiliza a administração pelos fundamentos que invoca. Pode ser determinante para aferir do dolo ou do grau de negligência na responsabilidade. Mas parece-me artificioso que deva ser tratado como um acto administrativo em sentido próprio. Nem se diga que a argumentação expendida é sobretudo processual. É que o processo, e sobretudo um processo baseado num princípio de tutela efectiva, revela-se como meramente instrumental. Revela por isso as estruturas substantivas que lhe subjazem. E a substância é a de se fornecer ou não a informação. Não a de se decidir por a fornecer ou não, que é construída pela lei como meramente instrumental a ela.

A decisão tem de ser fundamentada nos termos do artigo 15º/1 LADA. Embora o CPA não exija expressamente a fundamentação para a recusa, esta fundamentação decorre dos princípios gerais (6º e 6º-A CPA).

No caso do 64º CPA pelo menos Oliveira, Mário Esteves de; Gonçalves, Pedro Costa; Amorim, J. Pacheco de; *Código do Procedimento Administrativo Comentado*, 2ª Ed., Almedina, Coimbra, 1998, p. 341 também considera que a recusa tem de ser fundamentada.

Como fundamento da recusa temos os elementos substantivos que até ao momento analisámos:

a) Ou há falta de legitimidade (na informação procedimental) sem ponderação de bens favorável;

b) Ou há restrições sem legitimação nem excepções nem ponderação de bens favorável;
c) Ou não há restrições, ou havendo restrições com excepções, na medida em que a ponderação de bens a isso conduza.

Inversamente, como fundamento para fornecer temos:
a) A existência de legitimidade sem restrições nem ponderação de bens contrária;
b) O acesso universal sem restrições operantes (ou porque não existem, ou porque se preenchem excepções) nem ponderação de bens contrária;
c) O acesso universal com restrições operantes, mas com ponderação de bens favorável.

CARVALHO, Raquel; *O Direito à Informação Administrativa Procedimental*, Publicações Universidade Católica, Porto, 1999, pp. 245 ss. apenas coloca a hipótese da falta de legitimidade e segredo, mas isto porque trabalha no quadro estreito da informação procedimental.

Em alguns casos o processo de obtenção de informação é mais complexo, porque carece de parecer prévio, como o da CADA (20º LADA, 99º CPA):
a) Obrigatório nos casos de pedido sobre documento nominativo relativo a terceiro (15º/2 LADA, 98º/2 CPA);
b) Facultativo quando haja dúvida sobre se se deve ou não conceder a informação (15º/3 LADA).

Para a natureza não vinculativa do parecer da CADA ver GONÇALVES, José Renato; *Acesso à Informação das Entidades Públicas*, Almedina, Coimbra, 2002, pp. 81-82, 87-90. Sobre o equivalente italiano da CADA ver ITALIA, Vittorio; *L'Accesso ai Documenti Amministrativi (Regolamento 27 giugno 1992, n. 352)*, 2ª ed., Giuffrè, Milano, 1994, pp. 145-150.

O não acatamento do relatório da CADA favorável ao particular é susceptível de fundamentar o pedido de intimação nos termos do 104º CPTA (Ac TCA de 1 de Julho de 2004). Existe uma figura homóloga à CADA (com a mesma designação de CADA) na lei francesa de acordo com os artigos 11º ss. da Loi n.º 78-17 du 6 janvier 1978, e como é referido no Ac Conseil d'Etat Contentieux n.º 250817 du 28 mai 2004.

A nossa lei não prevê consulta prévia do fornecedor do documento. Não é por isso um passo obrigatório. Mas pode ser um passo necessário para uma diligência devida. Repare-se que o terceiro fornecedor do documento não é competente para a *qualificação* da informação como restrita. Essa qualificação cabe apenas à lei. Mas pode ser importante sob o ponto de vista *instrutório*, como o reconhece o artigo 4º/4 do Regulamento (CE) n.º 1049/2001 do Parlamento Europeu e do Conselho de 30 de Maio de 2001.

Quando se trata de dados pessoais tratados relativos à segurança do Estado e à prevenção ou investigação criminal o direito de acesso é exercido através da CNPD ou de outra entidade a que a lei atribua verificação do cumprimento de tratamento de dados (11º/2, 3, 4 LPDP).

A decisão pode ter vários conteúdos:

a) concessão plena da informação (7º CPA, 15º/1/a LADA, 2º/c DLMA);
b) recusa da informação, por falta de legitimidade ou por restrições não excepcionadas (v.g. 15º/1/b LADA);
c) concessão parcial da informação (v.g., 6º-A, 7º CPA, 7º/6 LADA);
d) informação sobre a não disponibilidade da informação quando for o caso, quem a detém (7º/1/a CPA, 15º/1/c LADA).

O particular tem o direito de ser informado de que não existe nenhuma referência a ele nos serviços de informações gerais (Ac Conseil d'Etat Contentieux n.º 201901 du 10 nov 1999, Ac Conseil d'Etat Contentieux n.º 200178 du 29 nov 1999). O particular tem direito a saber que não existe o documento pedido (Ragnemalm, Hans; *Administrative Justice in Sweden*; in: Piras, Aldo (Ed.); *Administrative Law. The Problem of Justice, Vol. Iº, Anglo-American and Nordic Systems*, Giuffrè, Milan, 1991, p. 344).

Ao particular são dadas várias formas de impugnação, nos termos gerais:

a) A queixa à CADA, na informação não procedimental (16º LADA);
b) A reclamação ou recurso hierárquico, nos termos gerais do CPA (161º ss. CPA, por analogia[42]);

---

[42] Por analogia, porque como veremos de seguida em texto, não é de verdadeiro procedimento administrativo que se trata.

c) em geral intimação judicial (prevista nos artigos 2º/2/l, 20º/4, 36º/l/c, 60º/2, 3, 69º/3, 104º-108º, 159º e 169º CPTA, cf. 17º LADA).

Ver GONÇALVES, José Renato; *Acesso à Informação das Entidades Públicas*, Almedina, Coimbra, 2002, pp. 191-194, CARVALHO, Raquel; *Lei de Acesso aos Documentos da Administração*, Publicações da Universidade Católica, Porto, 2000, pp. 56-59. Considerando a intimação do 82º LPTA aplicável ao 64º CPA e por maioria de razão no novo contencioso administrativo ver OLIVEIRA, Mário Esteves de; GONÇALVES, Pedro Costa; AMORIM, J. Pacheco de; *Código do Procedimento Administrativo Comentado*, 2ª Ed., Almedina, Coimbra, 1998, pp. 341-342.

A queixa como meio autónomo de impugnação e meramente facultativo no Ac STA de 31 de Janeiro de 2002. O anterior regime era o de reclamação para a CADA (Ac TCA de 28 de Maio de 1998). Apesar do 17º LADA falar em recurso, desde sempre se considerou que se tratava de intimação judicial e não de um recurso (Ac TCA de 1 de Julho de 1999). Em França o regime é de reclamação obrigatória prévia para a CADA (Ac Cour Administrative d'Appel de Nantes Contentieux nº 98NT02629 du 28 mai 1999 – ver igualmente CHAPUS, René; *Droit Administratif General*, Tome 1, 6ᵉ Éd., Montchrestien, Paris, 1992, p. 362). Sobre o tribunal competente ver o Ac Conseil d'Etat Contentieux n.º 138571 du 23 jun 1993.

O cumprimento do dever de informação, por fornecimento do documento solicitado pode ser invocado pela administração em tribunal (Tribunal Administratif de Bordeaux Contentieux nº (?) du 1 fév 1990, Ac Conseil d'Etat Contentieux n.º 140824 du 19 déc 1995, Ac Cour Administrative d'Appel de Paris Contentieux nº 98PA01405 98PA01553 98PA01872 du 11 fév 1999).

A impugnação tem de ser precedida de parecer prévio da comissão de fiscalização do segredo de Estado quando a recusa de fornecimento do documento tiver por fundamento o segredo de Estado (14º Lei n.º 6/94, de 7 de Abril).

Problema que deixámos em aberto é o de saber se tem de haver audiência prévia do particular tal como prevista no artigo 100º e seguintes do CPA. A questão enquadra-se numa questão dogmática mais geral, que é a de saber se o processo de obtenção de informações pelo particular se constitui como um verdadeiro procedimento administrativo, sendo-lhe aplicáveis todas as regras. Parece que a solução tem de se escorar em dois níveis:

a) Não se trata de um verdadeiro procedimento administrativo;
b) Sem prejuízo de se aplicarem por analogia algumas regras deste mesmo procedimento que têm a ver com a organização da administração pública e com as garantias dos particulares.

Não se pode considerar um verdadeiro procedimento administrativo (na acepção do CPA), na medida em que isto seria artificioso nomeadamente no que respeita a informação procedimental. Isso seria dizer que nascem tantos procedimentos administrativos dentro de um procedimento administrativo, quanto os pedidos de informação pelos particulares ou as informações oficiosas dada pela administração. Em segundo lugar, porque isso seria desequilibrado. Dar ao pedido de informações o mesmo regime exactamente que se aplica a restantes actuações dos particulares que afectam a sua esfera jurídica seria desproporcionado. Em terceiro lugar, porque os pedidos de informação são próximos das questões incidentais suscitadas em processo judicial. Têm formalismos mais aligeirados por natureza, dado que as garantias gerais são atribuídas ao processo principal. Em quarto lugar, porque a própria lei regula expressamente os formalismos deste processo de obtenção de informação. Em quinto lugar, porque o regime do prazo mínimo de audiência prévia (10 dias) é incompatível com o regime dos prazos de fornecimento da informação, o que mostra que o legislador não quis cumular prazos. Em sexto lugar, e em consequência, não se justifica aqui a tese da tripla fundamentação desenvolvida em MACHETE, Pedro; *A Audiência dos Interessados no Procedimento Administrativo*, Universidade Católica Editora, 2ª Ed., Lisboa, 1996, pp. 496-499. Já à luz do anterior regime do artigo 82º da Lei do Processo nos Tribunais Administrativos se considerava que o indeferimento de passagem de certidão não era impugnável como se de um acto administrativo se tratasse, mas tendo um processo especial de actuação judicial, a intimação judicial (Ac STA de 24 de Abril de 1991, Ac STA de 10 de Janeiro de 2001). Isto sem prejuízo de haver diplomas especiais que tratem da prestação da informação como procedimentos especiais, como lembra CARVALHO, Raquel; *O Direito à Informação Administrativa Procedimental*, Publicações Universidade Católica, Porto, 1999, p. 150. *Ibidem*, a pp. 250-251 afirma que se trata de um procedimento específico, parecendo dar a entender que é necessária audiência prévia (p. 250). Essa não é a minha posição. Esta insistência em ver o problema na perspectiva do acto administrativo e4squece que o centro de gravidade do Direito Administrativo tem saído desta para incidir no problema da relação jurídica administrativa: ver PIRES, Rita Alçada; *O Pedido de Condenação à Prática de Acto Administrativo Legalmente Devido. Desafiar a Modernização Administrativa?*, Almedina, Coimbra, 2004, pp.

23-24, SILVA, Vasco Pereira da; *O Contencioso Administrativo como "Direito Constitucional Concretizado" ou "Ainda por Concretizar"?*, Almedina, Coimbra, 1999, p. 31.

Por outro lado, têm de se aplicar algumas das regras do procedimento, por analogia. Quanto às *entidades competentes* para fornecer a informação, como vimos. Quanto aos deveres de *fundamentação*, como vimos igualmente, na medida em que não se compreende que a administração pública recuse uma pretensão de um particular de modo infundamentado (o Ac TCA de 7 de Junho de 2001 diz aliás que esta fundamentação não se pode bastar com a simples invocação da lei que restringe o acesso, mas que se deve demonstrar que houve efectivamente "classificação" dos documentos)[43]. CAUPERS, João; *Os Princípios Gerais do Procedimento e o Direito à Informação*; in: *O Código do Procedimento Administrativo,* INA, Lisboa, 1992, p. 52 defende que tem de ser fundamentada a recusa mesmo no âmbito do CPA, mas porque considera que se trata de um acto administrativo (opinião semelhante em AMARAL, Diogo Freitas do; *O Novo Código do Procedimento Administrativo*; in: *O Código do Procedimento Administrativo,* INA, Lisboa, 1992, pp. 108, 112 – a p. 108 sobretudo, quando considera que é directamente aplicável o 124º CPA). Mas para ser totalmente consistente com a sua tese terá então de admitir a necessidade a audiência prévia. Estabelecendo um dever de fundamentação da recusa, independentemente da teoria do acto administrativo ver GARCÍA DE ENTERRÍA, Eduardo; FERNÁNDEZ, Tomás-Ramón; *Curso de Derecho Administrativo*, II, 4ª Ed., Civitas, Madrid, 1994, p 468. Embora se tenha de ter em conta que o dever de fundamentação não pode nunca colidir com o dever de segredo. Com efeito, a fundamentação tem de ser feita em termos tais que não revele o segredo (no mesmo sentido o artigo 9º/4 do Regulamento (CE) n.º 1049/2001 do Parlamento Europeu e do Conselho de 30 de Maio de 2001). Para o dever de motivação da recusa ver ITALIA, Vittorio; *L'Accesso ai Documenti Amministrativi (Regolamento 27 giugno 1992, n. 352)*, 2ª ed., Giuffrè, Milano, 1994, pp. 105-109. Também se aplica a teoria do acto administrativo em alguma da sua tipologia. São possíveis actos parciais (CALVÃO, Filipa Urbano; *Os Actos Precários e os Actos Provisórios no Direito Administrativo*, Universidade Católica, Porto, 1998, p. 53), nos casos em que só uma parte da questão do acesso está resolvida (a não confundir

---

[43] GONÇALVES, José Renato; *Acesso à Informação das Entidades Públicas*, Almedina, Coimbra, 2002, p. 130 refere este dever de fundamentação, embora só em relação aos segredos das empresas. EIRAS, Agostinho; *Segredo de Justiça e Controlo de Dados Pessoais Informatizados*, Coimbra Editora, 1992, pp. 78-79 inclui este direito à fundamentação e o direito de acesso no direito à autodeterminação informacional.

com o acesso parcial em que a decisão é total, mas em que permissão só incide sobre parte do pedido, sendo o restante recusado). Igualmente os actos sujeitos a cláusula acessória como termo e condição, ao abrigo do 121º CPA (ver Calvão, Filipa Urbano; *Os Actos Precários e os Actos Provisórios no Direito Administrativo*, Universidade Católica, Porto, 1998, pp. 65 ss.). Pense-se por exemplo na concessão da informação sob condição de apresentação de certos documentos demonstradores da legitimação. Já diversa é a questão da audiência prévia. Institui uma fase processual nova, aumenta desproporcionadamente a tramitação e a burocracia, sem que daí venham mais garantias para os particulares. Como vimos, estes têm direitos de reclamação, recurso hierárquico, e no caso da LADA direito de queixa à CADA. Têm igualmente direito de pedir intimação judicial.

Que não se aplicam as regras do procedimento acriticamente já o salientava o Ac STA de 15 de Fevereiro de 1996 que afirmava que não é aqui aplicável a teoria do acto tácito e expresso. Com efeito, defende que o prazo para a intimação judicial de documentos ou certidões se conta desde o fim do prazo de 10 dias para as fornecer e não após acto expresso de recusa que posteriormente ocorra.

Não basta fundamentar a recusa de dar uma informação a um ministro de uma seita (no caso da cientologia) com o mero facto genérico de as seitas constituírem um perigo para a segurança pública de acordo com os Ac Conseil d'Etat Contentieux n.º 242812 du 30 jul 2003, Ac Conseil d'Etat Contentieux n.º 242813 du 21 nov 2003, Ac Conseil d'Etat Contentieux n.º 242814 du 21 nov 2003, Ac Conseil d'Etat Contentieux n.º 242815 du 21 nov 2003, Ac Conseil d'Etat Contentieux n.º 242816 du 21 nov 2003, Ac Conseil d'Etat Contentieux n.º 242817 du 21 nov 2003, Ac Conseil d'Etat Contentieux n.º 242818 du 21 nov 2003, Ac Conseil d'Etat Contentieux n.º 242819 du 21 nov 2003, Ac Conseil d'Etat Contentieux n.º 242820 du 21 nov 2003, Ac Conseil d'Etat Contentieux n.º 242821 du 21 nov 2003, Ac Conseil d'Etat Contentieux n.º 242822 du 21 nov 2003, Ac Conseil d'Etat Contentieux n.º 242823 du 21 nov 2003, Ac Conseil d'Etat Contentieux n.º 242824 du 21 nov 2003, Ac Conseil d'Etat Contentieux n.º 242825 du 21 nov 2003, Ac Conseil d'Etat Contentieux n.º 242826 du 21 nov 2003, Ac Conseil d'Etat Contentieux n.º 242827 du 21 nov 2003, Ac Conseil d'Etat Contentieux n.º 242828 du 21 nov 2003, Ac Conseil d'Etat Contentieux n.º 242829 du 21 nov 2003, Ac Conseil d'Etat Contentieux n.º 242830 du 21 nov 2003, Ac Conseil d'Etat Contentieux n.º 242831 du 21 nov 2003, Ac Conseil d'Etat Contentieux n.º 242832 du 21 nov 2003, Ac Conseil d'Etat Contentieux n.º 242833 du 21 nov 2003, Ac Conseil d'Etat Contentieux n.º 242834 du 21 nov 2003, Ac Conseil d'Etat Contentieux n.º 242835 du 21 nov 2003,

Ac Conseil d'Etat Contentieux n.º 243417 du 28 jul 2004. Não basta fundamentar a recusa na mera indicação de que se trata de segredo comercial segundo o Ac Cour Administrative d'Appel de Marseille Contentieux nº 00MA00558 du 25 mai 2004. Não basta invocar a segurança de Estado, se não resultar da fundamentação que descriminar mais os motivos da recusa levariam à violação da mesma segurança (Ac Cour Administrative d'Appel de Paris Contentieux nº 99PA02845 00PA01280 du 18 jan 2001).

É, no entanto, fundamento bastante para recusa com base na segurança afirmar-se que a pessoa que pede a informação sobre si ser militante de militante de movimento extremista e ter sido condenado na sua actividade de jornalista por apologia de crimes contra a humanidade (Ac Cour Administrative d'Appel de Paris Contentieux nº 98PA02190 du 12 mai 1999).

O regime do indeferimento tácito também se aplica, embora seja regulado expressamente pela lei como instituto autónomo (16º/1, 17º LADA, 105º/a CPTA, cf. 108º e 109º CPA)[44]. Regime semelhante em França (Ac Cour Administrative d'Appel de Nantes Contentieux nº 98NT02629 du 28 mai 1999, Ac Cour Administrative d'Appel de Lyon Contentieux nº 97LY01462 du 11 oct 1999).

Para o regime de acção judicial no caso de recusa ver RAGNEMALM, Hans; *Administrative Justice in Sweden*; in: PIRAS, Aldo (Ed.); *Administrative Law. The Problem of Justice, Vol. Iº, Anglo-American and Nordic Systems*, Giuffrè, Milan, 1991, p. 349.

3. Competência

Um problema que é bem mais complexo do que parece à primeira vista é o de saber qual o órgão/agente e o organismo competentes para fornecer a informação.

GONÇALVES, José Renato; *Acesso à Informação das Entidades Públicas*, Almedina, Coimbra, 2002, pp. 169 ss. fala em legitimidade passiva, mas parece-me mais correcto falar aqui de competência. Para as certidões BOTELHO, José Manuel da S. Santos; ESTEVES, Américo J. Pires; PINHO, José Cândido de; *Código do Procedimento Administrativo Anotado – Comentado*, Almedina, Coimbra, 1992, p. 188 defende que não é preciso lei que determine a competência para a sua passagem porque é uma competência implícita.

---

[44] Ver igualmente os artigos 2º/2/l, 20º/4, 36º/1/c, 60º/2, 3 e 104º a 108º CPTA.

É competente para o fornecimento da informação:

a) O órgão competente para o procedimento (a lei nada diz a propósito no 62º e 64º CPA apenas se referindo ao dirigente do serviço, mas vale o princípio que determina que a competência para a questão substantiva vale para a competência para actos instrumentais e incidentais);
b) No caso da LADA o órgão ou agente designados nos termos do 14º LADA;
c) Em geral os directores de serviços ou chefes de divisão e equiparados em relação a certidões sobre documentos detidos pelos seus serviços, salvo quando se suscite o problema de restrição de acesso (n.º 46 do Mapa II Anexo e 11º/2 do Decreto-Lei n.º 323/89, de 26 de Setembro);
d) O órgão instrutor no caso das certidões do artigo 63º CPA;
e) O órgão máximo do serviço, no caso de não haver delegação, seja da competência para o procedimento, seja para dar informações sobre procedimento, seja nos termos do 14º LADA, e quando não seja aplicável o Decreto-Lei n.º 323/89 (é o caso de entidades públicas empresariais, das associações públicas, de entidades privadas concessionárias de poderes de autoridade ou de institutos públicos que não revistam a forma de serviços personalizados ou fundos públicos);
f) Para as informações sobre regime jurídico, práticas administrativas, agentes de administração, destinatários dos actos, datas e locais, e sobre tramitação, salvo o caso da LADA ou do 64º CPA, qualquer agente habilitado para o efeito.

Em síntese:

a) É o seguinte o regime-regra para conteúdos:
    1) Fora do procedimento, é o de que é competente o órgão máximo do serviço ou quem ele designou ou,
    2) Havendo procedimento, o órgão competente para o procedimento, ou o órgão instrutor no caso das certidões do 63º CPA;
    3) Em qualquer caso os directores de serviços ou chefes de divisão quando seja aplicável o Decreto-Lei n.º 323/89, e não se suscite o problema de restrições à informação.

b) Já para as informações sobre regime jurídico, práticas administrativas, agentes de administração, destinatários dos actos, datas e locais, e sobre tramitação:
   1) Qualquer funcionário é competente;
   2) Salvo quando há procedimento, e nas informações sobre tramitação, no caso do 64º CPA, em que se aplica o regime do conteúdo exposto na alínea a).

Para o regime especial da competência nas certidões do artigo 63º CPA ver OLIVEIRA, Mário Esteves de; GONÇALVES, Pedro Costa; AMORIM, J. Pacheco de; *Código do Procedimento Administrativo Comentado*, 2ª Ed., Almedina, Coimbra, 1998, p. 338. Competente para informações sobre a tramitação (salvo o caso do 64º CPA) qualquer funcionário segundo SOARES, Maria Lídia Carvalho; *Direito à Audiência. Direito de Informação. Notificação*; in: *Código do Procedimento Administrativo e o Cidadão*, Provedoria da Justiça, Lisboa, 1993, p. 115.

Como antes se tinha afirmado, a propósito da tipologia das informações, esta torna-se essencial para compreender o regime do órgão ou agente competentes para dar a informação. Em síntese, as informações sobre *conteúdos* são dadas em princípio por órgãos, sendo que as restantes são dadas em princípio por qualquer agente habilitado.

O problema de definir a habilitação de um agente é questão bem mais vasta que só se pode encontrar na distribuição de funções internas a cada organismo administrativo. Muitas das vezes o critério tem de ser o da natureza das funções (atendimento ao público) outras vezes o da competência profissional (certas informações jurídicas têm de ser dadas por juristas), outras ainda por atribuição expressa de funções, como o 14º LADA estabelece. Ver GONÇALVES, José Renato; *Acesso à Informação das Entidades Públicas*, Almedina, Coimbra, 2002, p. 187.

O problema é que, se a lei nos dá resposta, mesmo que indirecta, quanto ao órgão que é competente, já não nos dá uma solução simples para o organismo que é competente.

Por organismo tem de se entender:

a) Quando tem personalidade jurídica autónoma, a pessoa jurídica, como é o caso das autarquias, institutos[45], associações públicas ou entidades concessionárias de poderes de autoridade (3º, 14º LADA, 2º CPA);

b) no caso do Estado e das regiões autónomas, cada departamento ministerial ou secretaria regional (14º LADA, 2º CPA).

O problema coloca-se apenas nos casos em que não se pretende informação procedimental, na medida em que quando há procedimento é o organismo junto do qual (facticamente) se processa o mesmo procedimento que é competente para fornecer a informação. E isto mesmo que não seja competente para o procedimento, dado que este é, a existir, um vício do próprio procedimento, que só pode ser sindicado caso o particular possa aceder à informação procedimental.

Mas quando não há procedimento a correr, que solução dar a esta questão? A resposta apenas pode ser dada em mais de um nível.

O princípio geral é a de que a informação pode ser pedida no organismo que detém ou elaborou o documento ou a informação (3º/1 LADA).

No entanto, este princípio tem um conjunto de excepções que não se pode descurar.

a) São em primeiro lugar as informações e documentos que têm diverso *dominus* do processo. Ou seja, as situações de informações vindas de entidades públicas de uso restrito, sejam elas nacionais ou estrangeiras (incluindo, portanto, o caso das informações sujeitas a segredo de justiça, como antes vimos a propósito). Neste caso, o órgão competente para se pedir a informação é o que é o *dominus* do processo.

b) São igualmente as situações em que a documentação foi licitamente transferida para uma terceira entidade, caso em que é esta a competente para fornecer a mesma.

---

[45] Por força dos artigos 3º e 10º da lei n.º 3/2004, de 15 de Janeiro, os institutos a criar têm sempre personalidade jurídica, o que não é forçosamente o caso dos actualmente existentes. Seja como for, neste caso, os institutos públicos caberão na alínea b), quando não a tenham.

c) Finalmente no acesso a registos de dados pessoais relativos à segurança do Estado e à prevenção ou investigação criminal é competente a CNPD (11/2, 3, 4 LPDP).

Uma hipótese que se pode colocar é a da informação se encontrar simultaneamente em dois organismos, e num estar a correr procedimento administrativo enquanto noutro não. Haveria assim dois órgãos competentes para fornecer a informação e por isso os resultados a que chegaríamos seriam diversos. Pode-se dar o caso de um particular não poder aceder à informação no organismo onde corre o procedimento mas aceder naquele em que não corre. É natural que assim seja. Com efeito, relembra-se que o princípio da legitimação no procedimento nada tem a ver com o conteúdo da informação que nele corre, mas com um princípio de economia processual. Por isso não existe contradição nenhuma na solução proposta. Há uma competência concorrencial de dois órgãos para fornecer a mesma informação, no entanto os critérios de acesso à mesma são diversos, exactamente porque o regime de acesso à informação procedimental é diverso do da não procedimental.

Outra consequência da solução defendida é que existem múltiplos casos de competência concorrencial:

a) quando mais de um organismo detém a mesma informação;
b) quando uma informação foi elaborada por mais de um organismo;
c) quando um organismo elaborou a informação e outro a detém;
d) quando mais de um organismo é *dominus* da informação, por ambos serem competentes para procedimentos, por vezes de natureza diversa (corre um processo de autorização num organismo e um processo de registo noutro, etc.).

Em alguns casos em que pessoas privadas exercem funções públicas o levantamento de segredo pertence ao director-geral competente, como é o caso do segredo de notariado (Ferreirinha, Fernando Neto; Silva, Zulmira Neto Lino da; *Manual de Direito Notarial. Teoria e Prática*, 3ª ed., Almedina, Coimbra, 2005, pp. 49-52; cf. Gonçalves, José Renato; *Acesso à Informação das Entidades Públicas*, Almedina, Coimbra, 2002, p. 26). Para a inaplicabilidade do regime geral de tratamento de dados pessoais das entidades públicas às pessoas privadas com funções públicas ver Pinori, Alessandra; *La Protezione dei Dati Personali. Guida alla Lettura delle Fonti*, Giuffrè Editore, Milano, 2004, p. 69.

Capítulo III

ACESSO TOTAL E PARCIAL

O facto de uma informação estar coberta por um segredo não impede de fornecer a restante parte do documento que a suporta.

Por forma a não estender o segredo para além dos seus limites o legislador consagrou um princípio de concessão parcial da informação. Este princípio é aflorado no 7º/6 LADA, mas igualmente no 9º/4 Lei n.º 6/94, de 7 de Abril.

Trata-se de normas meramente enunciativas, já que esta solução decorreria dos princípios gerais. Se o fundamento para não dar informação é o segredo, só na medida em que este fundamento exista aquela pode não ser dada.

A aplicabilidade do mesmo princípio ao CPA é defendida e com razão por Oliveira, Mário Esteves de; Gonçalves, Pedro Costa; Amorim, J. Pacheco de; *Código do Procedimento Administrativo Comentado*, 2ª Ed., Almedina, Coimbra, 1998, p. 332.

Um caso especial é o tratado no 11º/4 LPDP. Aqui reconhece-se que os dados que o particular pretende obter podem pôr em causa a segurança do Estado ou a prevenção ou a investigação criminal. Nada se pode informar sobre o objectivo do pedido, mas está-se obrigado a informar sobre as diligências efectuadas.

A necessidade de, depois de expurgadas as matérias de acesso restricto, dar não obstante as informações que não estão sujeitas a restrições no Ac TCA de 8 de Julho de 2004. A mesma necessidade de satisfação parcial quanto aos documentos que realmente são detidos pela administração pública, com a exclusão dos que não o são (Ac TCA de 13 de Novembro de 2003). Com efeito, não é tanto a natureza dos documentos que está aqui em causa, mas mais uma vez a das informações (Gonçalves, José Renato; *Acesso à Informação das Entidades Públicas*, Almedina, Coimbra, 2002, pp. 64-65).

A mesma solução no artigo 4º/6 do Regulamento (CE) n.º 1049/2001 do Parlamento Europeu e do Conselho de 30 de Maio de 2001.

A decisão administrativa que recuse totalmente informação sem distinguir a que está sujeita a segredo da que não está é ilegal (Ac Conseil d'Etat Contentieux n.º 251397 du 28 avril 2004, Ac Conseil d'Etat Contentieux n.º 251396 du 28 avril 2004).

Aceitando as implicações deste princípio, quando se considera que sem a informação sujeita a segredo comercial ou dados nominativos os documentos se tornam incompreensíveis, o Ac Cour Administrative d'Appel de Marseille Contentieux nº 00MA00558 du 25 mai 2004 considera que os documentos são indivisíveis. Igualmente o Ac Cour Administrative d'Appel de Paris Contentieux nº 00PA02266 du 5 juin 2003 considera que, havendo num mesmo dossier médico informações relativas a duas pessoas, mas dizendo este dossier respeito só a uma senhora e sendo indissociáveis as informações, não pode este dossier ser dado ao homem nele referido. O Ac Cour Administrative d'Appel de Paris Contentieux nº 96PA01269 du 13 oct 1998 estabelece que se deve dar informação parcial sobre relatórios feitos tendo por objecto as actividades de uma associação que contém dados nominativos, salvo quando um dos relatórios tem dados nominativos, sem os quais o relatório como um todo se torna incompreensível, caso em que não deve ser dado. De igual modo o Ac Conseil d'Etat Contentieux n.º 148659 du 7 jun 1995 a propósito de ficheiros informáticos de uma caixa económica (interessa por isso, não pelo titular do dever em causa, mas pela configuração objectiva do que é informação cindível ou não) delibera que havendo tratamento de clientes de acordo com a técnica de segmentação comportamental, o segmento não é dado nominativo, mas quando associado a um cliente já o é. Um processo de selecção de candidatos a um cargo que contenha o nome de um inspector de finanças que foi escolhido para esse cargo não pode ser acedido pelo particular que foi objecto de inspecção pelo mesmo, por ser incindível a informação relativa a esse inspector da relativa a terceiras pessoas pondo em causa o segredo da vida privada (Ac Conseil d'Etat Contentieux n.º 143853 du 11 fév 1994). Mas já se deve dar informação sobre a transferência de inspector das finanças, desde que expurgado o processo das referências à sua vida privada (Ac Conseil d'Etat Contentieux n.º 110093 du 27 fév 1991, Ac Conseil d'Etat Contentieux n.º 107176 du 28 déc 1992).

Quando um Prefeito dá o processo na íntegra, apenas expurgado dos nomes das pessoas que foram ouvidas e dos elementos que as possam identificar (tratava-se de um inquérito administrativo contra o particular que o pediu) procede correctamente (Ac Conseil d'Etat Contentieux n.º 134287 du 11 set 1995). O único problema deste acórdão é que não qualifica a natureza do segredo em questão, se o da intimidade privada, se outro, ou se se trata de um problema de ponderação de bens. Age bem o Estado quando expurga da informação um anexo que reproduz conversas havidas com uma sociedade comercial, dado que contêm informações nominativas (Ac Conseil d'Etat Contentieux n.º 120047 du 10 jul 1992).

A identificabilidade indirecta de pessoas mesmo quando os seus nomes não são referidos e a sua caracterização como dados pessoais em CASTRO, Catarina Sarmento e; *Direito da Informática, Privacidade e Dados Pessoais*, Almedina, Coimbra, 2005, p. 71.

Para o lugar paralelo do aproveitamento do acto parcialmente inválido ver WADE, William; *Administrative Justice in Great Britain*; in: PIRAS, Aldo (Ed.); *Administrative Law. The Problem of Justice, Vol. Iº, Anglo--American and Nordic Systems*, Giuffrè, Milan, 1991, pp. 125-126. A necessidade de dar informação parcial em STRAUSS, Peter L.; *An Introduction to Administrative Justice in the United States*; in: PIRAS, Aldo (Ed.); *Administrative Law. The Problem of Justice, Vol. Iº, Anglo-American and Nordic Systems*, Giuffrè, Milan, 1991, p. 723 e em CHAPUS, René; *Droit Administratif General*, Tome 1, 6e Éd., Montchrestien, Paris, 1992, p. 361.

PARTE D

ESTRUTURA DOS DEVERES DE INFORMAÇÃO

Capítulo I

NATUREZA

Quanto à natureza dos deveres de informação existem três tipos de deveres que são consagrados na lei.

Em primeiro lugar, o dever de fornecer informação, que é consagrado centralmente nos 61° ss. CPA e 7° LADA.

O legislador não resolveu integralmente o problema de saber se o dever em causa era de meios ou de resultado. O espírito da legislação portuguesa é o de que se trata de uma obrigação de resultado quanto a fazer chegar a informação ao destinatário e de meios reforçados quanto a fazer com que o destinatário a entenda. Dito por outras palavras, o que resulta do artigo 7° CPA, mas também dos 61° ss. CPA, ou do 7° e 11° LADA, e do 2°/c DLMA é a de que a informação tem de ser levada ao particular ou ser exposta por forma a que lhe esteja disponível. Neste sentido há um dever de resultado. Questão diversa é a de analisar os limites deste dever de resultado. O primeiro é o de que esgotados os meios possíveis de se fazer chegar a informação ao particular, nada mais é devido. Por exemplo, é certo que o particular tem de ser notificado da decisão nos termos do artigo 70° CPA. Mas e se o particular não receber a notificação por se recusar a fazê-lo? O artigo 60° CPTA não resolve expressamente esta questão. Apenas se pode concluir que, esgotados todos os meios exigíveis de levar ao conhecimento do particular, este dever de informação se encontra cumprido. Em alguns casos, a lei aliás resolve expressamente esta questão prevendo notificação edital (o 70°/1/d CPA, mas apenas para os casos em que o interessado é desconhecido). A segunda limitação ocorre quanto à compreensão pelo particular da informação. É que existe um dever de esclarecimento (7°/1/a CPA). Este esclarecimento dever ser feito em função do nível de educação e inteligência do destinatário. O problema é que existem limites a partir dos quais o dever é meramente de meios. Perante um destinatário completamente inepto nada é mais exigível à administração.

Questão semelhante é tratada no Ac Cour Administrative d'Appel de Bordeaux Contentieux nº 96BX01862 du 16 fév 1999. Determina o mesmo que, afirmando um particular que não recebeu um documento genérico com a descrição dos seus direitos como contribuinte juntamente com um desdobrável enviado pela administração fiscal, deve ele tomar as medidas para o receber, não podendo invocar a sua ignorância em sede fiscal.

O dever de dar a informação pode-se traduzir no dever de pesquisar a documentação necessária para se resolver um conflito de qualificação administrativa de um terreno como privado ou público (Ac Cour Administrative d'Appel de Marseille Contentieux nº 96MA11408 du 16 déc 1997).

Mas já não se pode afirmar que exista um dever de debate oral da administração para estabelecer a situação tributária do particular (Ac Cour Administrative d'Appel de Lyon Contentieux nº 94LY00151 du 3 avr 1994).

O dever de informar pode estar associado a deveres de efectuar outras prestações (em lugar paralelo ver Monteiro, Jorge Ferreira Sinde; *Responsabilidade por Conselhos, Recomendações ou Informações*, Almedina, Coimbra, 1989, pp. 43 ss.).

Em segundo lugar o dever de decidir sobre o pedido de informação, constante do 39º DLMA, 9º CPA, e 15º LADA.

Finalmente, o dever de se estruturar para fornecer a melhor informação, que é aflorado nomeadamente nos artigos 7º/l, 2, 3,4, 9º, 10º, 12º, 26º/4 DLMA.

O Ac STA de 14 de Março de 1995 doutrina sobre deveres acessórios quando haja deveres de pagamento, à luz do DLMA (ou melhor do seu antecessor o Decreto-Lei n.º 129/91, de 2 de Abril). Havendo lugar a pagamento de despesas por passagem de certidões, deve a respectiva conta ser comunicada previamente ao requerente com a informação do prazo e local de pagamento ou então remetendo os documentos à cobrança postal.

No mesmo sentido os artigos 14º e 15º do Regulamento (CE) n.º 1049/2001 do Parlamento Europeu e do Conselho de 30 de Maio de 2001.

Os deveres relativos à informação assumem por isso uma natureza complexa. O fornecimento ou não de informação, são actos reais (Maurer, Hartmut; *Droit Administratif Allemand*, L.J.D.C., Paris, 1995, pp. 49 ss.), enquanto a decisão de fornecer ou não a informação tem natureza de acto jurídico. A estruturação para se dar melhor informação pode ser efectuada de acordo com actos jurídicos (realocação de pessoal, ordens dadas aos funcionários, por exemplo), ou reais (v.g., reorganização de espaços). Ver igualmente MAURER, Hartmut; *Droit Administratif Allemand*, L.J.D.C., Paris, 1995, pp. 226-227 sobre a decisão de dar informação e a informação. O dever de se estruturar para fornecer informação em ITALIA, Vittorio; *L'Accesso ai Documenti Amministrativi (Regolamento 27 giugno 1992, n. 352)*, 2ª ed., Giuffrè, Milano, 1994, pp. 98-105, 151-163. No Reino Unido, por razões de natureza política, certos organismos públicos prestadores (de casas de habitação social) recusavam-se a fazer atendimento pessoal e apenas admitiam atendimento telefónico, que aliás tornavam particularmente dificultoso, caso em que o tribunal os condenou por um *mandamus* (MOLAN, Michael T.; *Administrative Law. Textbook*, Old Bailey Press, London, 1997, pp. 302-303).

O dever de se organizar é um dos corolários do princípio da eficácia e eficiência. CARVALHO, Raquel; *O Direito à Informação Administrativa Procedimental*, Publicações Universidade Católica, Porto, 1999, pp. 63-66 faz esta destrinça. Mas parece-me mais sintético estabelecer a destrinça entre eficácia e eficiência de acordo com os conceitos económicos sinónimos: a eficácia é a criação de valor (no caso a boa informação), a eficiência a utilização dos meios menos custosos (para o particular e para o Estado). Um dos exemplos do dever de se organizar para melhor poder dar informação é o de dever registar e sistematizar todos os documentos que detêm os organismos (RAGNEMALM, Hans; *Administrative Justice in Sweden*; in: PIRAS, Aldo (Ed.); *Administrative Law. The Problem of Justice, Vol. I°, Anglo-American and Nordic Systems*, Giuffrè, Milan, 1991, p. 349). O instituto do direito à informação contém assim normas de conduta e normas de organização (QUEIRÓ, Afonso Rodrigues; *Lições de Direito Administrativo*, vol. I, s/ ed., Coimbra, 1976, pp. 284-285). O dever de conservação, gestão e destruição de registos no Reino Unido em MCELDOWNEY, John F.; *Public Law*, Thomson Sweet & Maxwell, 3rd Ed., London, 2002, p. 598. SCHMIDT-ASSMANN, Eberhard; *La Teoria General del Derecho Administrativo como Sistema*, Marcial Pons, Madrid, 2003, p. 292 salienta que existe um Direito Administrativo da Informação que tem implicações institucionais, no próprio modo e funcionamento e organização da administração pública. No mesmo sentido, o dever de instituir cartas de serviço público (FRANCO, Ítalo; *Gli Strumenti di Tutela nei Confronti della Pubblica Amministrazione. Dell'Anulamento dell'Atto Lesivo al Risarcimento*, 2ª Ed., CEDAM, Padova, 2003, pp. 120 ss.).

CAPÍTULO II

TEMPO

Existem prazos para fornecer informações, variáveis consoante as situações:

a) imediatamente, quando seja possível (8º DLMA);
b) 10 dias como prazo geral (71º CPA);
c) 15 dias como prazo máximo prorrogável nos termos do 39º DLMA;
d) 8 dias para notificar os actos administrativos (69º CPA);
e) 10 dias de antecedência para notificar de diligência (95º/2 CPA);
f) 8 dias de antecedência para notificar para audiência oral (102º/1 CPA);
g) 10 dias para comunicar o acessos a documento ou a falta dele (15º/1 LADA).

No que respeita à informação de publicitação geral, esta tem uma periodicidade de 6 meses nos termos do 11º/2 LADA.

Quando o prazo para fornecer a informação se preveja superior a um mês os serviços são obrigados a informar o particular do prazo previsível de resposta (22º/9 DLMA). Por outro lado, quando o prazo for superior a 15 dias os serviços devem informar da fase de tratamento do assunto em análise (39º/2 DLMA).

No caso do 64º CPA OLIVEIRA, Mário Esteves de; GONÇALVES, Pedro Costa; AMORIM, J. Pacheco de; *Código do Procedimento Administrativo Comentado*, 2ª Ed., Almedina, Coimbra, 1998, pp. 340-341 considera que o prazo de 10 dias do 71º CPA para despachar a informação é acrescido de um prazo de 10 dias para a fornecer. CAUPERS, João; *Direito Administrativo*, Editorial Notícias, Lisboa, 1998, p. 168 parece não aceitar este duplo prazo de 10 dias, mas apenas um desde o pedido até à concessão da informação, o que me parece mais consistente.

O legislador parece ter construído estes prazos de forma assistemática, parecendo contradizer-se uns aos outros. A única forma de os conciliar parece-me ser a seguinte:

a) Tratando-se de informação, seja procedimental, seja para acesso a documentos fora do procedimento, o prazo é de 10 dias como resulta dos 15º LADA e 71º CPA;
b) Quanto a informações que não sejam sobre procedimento ou em que não se peça acesso a documentos (v.g., informações sobre regime jurídico ou prácticas da administração, por exemplo), o prazo comum é de 15 dias (39º/1 DLMA);
c) Se se demorar mais de 15 dias a responder, independentemente do eventual incumprimento do aprazamento do dever, nasce um novo dever, o de informar da situação do pedido (39º/2 DLMA);
d) Se, independentemente do tempo que se demorar a responder, se previr que a demora é superior a um mês, surge um outro novo dever, o de informar do tempo previsível de resposta (22º/9 DLMA);
e) Em qualquer caso, se for possível dar informação no momento esta deve ser dada (8º DLMA);
f) Isto sem prejuízo dos prazos especiais para informações institucionalizadas (notificação de acto administrativo, de diligências, de audiência, oral, por exemplo).

O modo de contagem dos prazos é o que consta do 72º CPA (Ac STA de 1 de Março de 1994 (proc 033931)). Para o prazo ver OLIVEIRA, Mário Esteves de; GONÇALVES, Pedro Costa; AMORIM, J. Pacheco de; *Código do Procedimento Administrativo Comentado*, 2ª Ed., Almedina, Coimbra, 1998, p. 329.

O tempo da informação é essencial de acordo com o Ac TJCE de 8 de Julho de 1999 (*Hercules Chemical NV VS Comissão CE*). Com efeito, determina ao acórdão que se a informação não foi dada tempestivamente para efeitos de defesa (trata-se de um processo administrativo infraccional, mas o raciocínio é igualmente aplicável em geral, pelo menos para o caso das audiências prévias) não é bastante o fornecimento da informação *a posteriori* para que o direito de defesa deixe de ter sido prejudicado.

Para o prazo para conceder a informação ver Strauss, Peter L.; *An Introduction to Administrative Justice in the United States*; in: Piras, Aldo (Ed.); *Administrative Law. The Problem of Justice, Vol. Iº, Anglo-American and Nordic Systems*, Giuffrè, Milan, 1991, p. 721, Canotilho, J. J. Gomes; Moreira, Vital; *Constituição da República Portuguesa Anotada*, 3ª Ed. Revista, Coimbra Editora, Coimbra, 1993, p. 943.

Capítulo III

FORMA

Existem as mais variadas formas de fornecer a informação:

a) oralmente, como decorre dos princípios dos 7º CPA, 8º DLMA;
b) por escrito, nomeadamente nos 14º, 21º e 22º DLMA
c) telefónica, como por exemplo no 11º DLMA;
d) informática, como nos artigos 25º e 26º DLMA;
e) sob o modo mais formal de notificação como no artigo 70º CPA;
f) através de afixação pública (7º/2 DLMA);
g) através de publicação (11º LADA);
h) através da Internet (25º, 47º a 49º DLMA).

Não interessa aqui fazer uma tipologia completa das formas de comunicação, na medida em que cada uma delas se encontra ou institucionalizada ou sujeita ao princípio geral da comunicação eficaz e transparente (2º/e DLMA). O fundamental é perceber que a forma de informação é preocupação do legislador e que este faz uso de todas as modalidades de informação, para fazer chegar substantivamente e de forma segura a informação ao particular.

A notificação como comunicação formal no Ac STA de 1 de Junho de 1994. A notificação telemática em Linares Gil, Maximino I.; *Modificaciones del Régimen Jurídico Administrativo Derivadas del Empleo Masivo de Nuevas Tecnologias. En Particular el Caso de la Agencia Estatal de Administración Tributária*; in: Mateu de Ros, Rafael; López-Monís Gallego, Mónica; *Derecho de Internet. La Ley de Servicios de la Sociedad de la Información y de lo Comercio Electrónico*, Thomson-Aranzadi, Cizur Menor (Navarra), 2003, pp. 735-736.

Em França a Loi n.º 2004-575, du 21 juin 2004 rege as comunicações informáticas da administração pública com os administrados. Facto significativo o de dedicar muito do seu espaço ao problema da criptologia.

A notificação de uma nota de culpa em processo disciplinar quando a sanção é mera repreensão pode ser oral de acordo com o Ac Cour Administrative d'Appel de Bordeaux Contentieux nº 98BX01956 du 9 jul 2001. O problema do acesso ao conteúdo da notificação electrónica (tratando nomeadamente da questão de os obstáculos técnicos à recepção induzirem ineficácia da notificação) em VALERO Torrijos, Julián; *El Regímen Jurídico de la e-Administración. El Uso de Médios Informáticos y Telemáticos en el Procedimiento Administrativo*, Editorial Comares, Granada, 2003, pp. 148-157.

Sobre o problema da afixação pública em caso de expropriação ver o Ac Conseil d'Etat Contentieux n.º 180406 du 28 jul 1999. O Ac Conseil d'Etat Contentieux n.º 133192 du 19 jan 1996 anulou a recusa tácita de publicar as aposentações de funcionários penitenciários, quando esta publicação está prevista na lei.

Quando uma autarquia lança uma nota à imprensa não pode cortar da lista dos destinatários um jornal, sob pena de violar o princípio da igualdade nos serviços públicos, pelo que a decisão de anular um jornal da lista de destinatários é anulada (Tribunal Administratif d'Amiens Contentieux nº (?) du 31 oct 1978).

A forma de comunicação é livre na Suécia em princípio (RAGNEMALM, Hans; *Administrative Justice in Sweden*; in: PIRAS, Aldo (Ed.); *Administrative Law. The Problem of Justice, Vol. Iº, Anglo-American and Nordic Systems*, Giuffrè, Milan, 1991, p. 415).

Para os erros de transmissão por via informática ver SILVA, Paula Costa e; *Transferência Electrónica de Dados: a Formação dos Contratos (O Novo Regime dos Documentos Electrónicos)*; in: *Direito da Sociedade da Informação*, Volume I, Coimbra Editora, Coimbra, 1999, pp. 202-205. Para a forma informática em geral ver DAVARA RODRÍGUEZ, Miguel Ángel; *Manual de Derecho Informático*, Thomson Aranzadi, Cizur Menor (Navarra), 2003, pp. 392 ss.. Para efeitos do regime de acesso nessa qualidade interessa sobretudo a administração pública enquanto fornecedor do conteúdo ("content provider" – CASIMIRO, Sofia de Vasconcelos; *A Responsabilidade Civil pelo Conteúdo da Informação Transmitida pela Internet*, Almedina, Coimbra, 2000, p. 30 – veja-se a p. 49 a má experiência do Estado português na Internet em alguns casos). A forma electrónica dos actos dos particulares e da administração pública em CRESPO RODRIGUEZ, Miguel; *Firma Electrónica y Adminsitración Electrónica (AE)*; in: MATEU DE ROS, Rafael; LÓPEZ-MONÍS GALLEGO, Mónica; *Derecho de Internet. La Ley de Servicios de la Sociedad de la Información y de lo Comercio Electrónico*, Thomson-Aranzadi, Cizur Menor (Navarra), 2003, pp. 71 ss..

Capítulo IV

CONSTRUÇÃO DO CONTEÚDO

Finalmente a própria construção do conteúdo da informação não pode ser arbitrária:

a) obedece ao princípio da informação efectiva (7º, 6º-A CPA, 2º/e DLMA);
b) O princípio do esclarecimento (7º CPA);
c) na fundamentação do acto administrativo a imposição de natureza expressa, a clareza, a coerência e a suficiência (125º CPA);
d) a permissão de mero resumo no acto favorável ou de informação de prática de diligência (68º/2 CPA);
e) a exigência de conteúdo mínimo nas convocatórias (15º/3 DLMA);
f) o princípio da simplicidade, clareza, concisão e relevância do conteúdo dos documentos (16º DLMA);
g) o princípio da inteligibilidade dos documentos informáticos (12º/3 LADA);
h) o princípio da repetição da notificação quando for o caso (91º/1 CPA).

O que releva para estes efeitos é sobretudo o facto de não ser uma opção da administração o fazer chegar ou não a informação aos particulares. A informação prestada deve construir o seu conteúdo por forma a ser compreensível pelo destinatário, ser completa, coerente e inteligível. É evidente que estas qualidades se têm de aferir pela natureza do destinatário (6º-A CPA). Um destinatário sofisticado ou especializado (uma grande empresa, um médico, um advogado, um revisor oficial de contas na área da sua especialização, por exemplo) carece de menos cuidado que um particular menos informado. O essencial é que chegue ao particular não apenas a informação que ele pede, mas a informação de que substantivamente carece.

Não gera incompletude de um processo de urbanização a falta de referência aos valores de altimetria, número de fogos desde que estes elementos possam resultar de outras indicações, como a altura máxima das construções projectadas, o tipo, a natureza e a implantação dos fogos em causa (Ac Conseil d'Etat Contentieux n.º 198274 du 16 jun 2000).

Na construção do conteúdo da informação colaboram os particulares nomeadamente quando lhes é conferido o direito de rectificar informações constantes de ficheiros informáticos (Ac Conseil d'Etat Contentieux n.º 196702 du 20 oct 1999).

Para o princípio da clareza ver Maurer, Hartmut; *Droit Administratif Allemand*, L.J.D.C., Paris, 1995, p. 249. Para o princípio da exactidão e completude dos factos e do direito ver Franchini, Claudio; *I Principi Applicabili ai Procedimenti Amministrativi Europei*; in: *Rivista Trimestrale di Diritto Pubblico, Quaderno n. 1, Il Procedimento Amministrativo nel Diritto Europeo*, Giuffrè Editore, Milano, 2004, p. 291. Para o da exactidão ver Gonçalves, José Renato; *Acesso à Informação das Entidades Públicas*, Almedina, Coimbra, 2002, pp. 190-191. Para a informação efectiva ver Italia, Vittorio; *L'Accesso ai Documenti Amministrativi (Regolamento 27 giugno 1992, n. 352)*, 2ª ed., Giuffrè, Milano, 1994, p. 15. É evidente que a construção de conteúdo que tem obedecido a mais elaboração doutrinal é o da fundamentação do acto administrativo (Andrade, José Carlos Vieira de; *O Dever da Fundamentação Expressa de Actos Administrativos*, Almedina, Coimbra, 1991, pp. 232-239; Canotilho, J. J. Gomes; Moreira, Vital; *Constituição da República Portuguesa Anotada*, 3ª Ed. Revista, Coimbra Editora, Coimbra, 1993, p. 936), mas já seria tempo de haver um estudo coerente e geral relativo à construção dos conteúdos informados pela administração pública.

PARTE E

REGIME DO USO DE INFORMAÇÃO OBTIDA PELOS PARTICULARES

O princípio geral de uso pelos particulares é o da liberdade, nos termos gerais, quando a informação tenha sido licitamente obtida. Na medida em que a lei não estabeleça limites para o uso da informação podem os particulares usar essa mesma informação como bem entenderem[46].

Para o uso pela comunicação social ver RAGNEMALM, Hans; *Administrative Justice in Sweden*; in: PIRAS, Aldo (Ed.); *Administrative Law. The Problem of Justice, Vol. I°, Anglo-American and Nordic Systems*, Giuffrè, Milan, 1991, p. 344.

No entanto, este princípio geral apresenta múltiplas excepções. Em primeiro lugar as respeitantes à responsabilidade civil. Preenchendo-se os pressupostos gerais, nomeadamente de dano, pode haver lugar a responsabilidade do particular que usa mal a informação.

Ver GONÇALVES, José Renato; *Acesso à Informação das Entidades Públicas*, Almedina, Coimbra, 2002, pp. 104-105, 160-161, 195-196.

Sob a expressão "usar mal" a informação esconde-se um problema técnico, que é o das condições que definem a ilicitude do uso. Este é o problema específico a tratar aqui. Com efeito, no restante, a responsabilidade civil não tem especialidades.

Existe ilicitude e consequentemente está igualmente preenchido o pressuposto da responsabilidade civil, quando o uso da informação corresponde a uma infracção, seja ela crime, seja ela contra-ordenação[47].

---

[46] Este princípio foi reforçado pela certidão multiuso constante do 28° DLMA. Em princípio as declarações probatórias da administração pública podem ser usadas para as mais diversas finalidades. Embora não seja um desenvolvimento da liberdade de uso da informação nessa qualidade, reforça a liberdade de uso probatório associado à informação.

[47] Se as infracções disciplinares estão aqui abrangidas no conceito de infracção é tema que mereceria tratamento autónomo. Com efeito, é na qualidade de particular que

A segunda hipótese típica é o de o uso corresponder a exercício inadmissível de posição jurídica ou abuso de direito. Em relação ao segredo económico e ao direito de autor e em relação à intimidade privada existem afloramentos deste princípio no artigo 10º/2, 3 LADA, seja por se violar a concorrência, seja por se violar a intimidade privada. Mas são meros afloramentos. Valem aqui os princípios gerais do direito quanto aos limites do uso do direito.

Sobre esta proibição de uso ver o Ac TCA de 7 de Junho de 2001. Também em hipótese de abuso de direito no uso da informação (e não na tentativa de obtenção) encontramos a hipótese de alguém que acedeu a informação apenas pela excepção do processo mínimo e, em vez de ou em cúmulo de a usar a tribunal, a divulga indevidamente, violando assim o fim económico e social do direito.

A colisão de direitos pode gerar igualmente ilicitude. Existindo direito de uso, este não pode pôr em causa outros direitos. É a teoria implícita igualmente no 10º/3 LADA quando estatui que o uso da informação sobre terceiros não pode violar a intimidade privada[48].

Vale em suma toda a teoria sobre os limites ao exercício dos direitos.

Mas os casos expressamente previstos na lei de forma desenvolvida são aqueles em que existe responsabilidade infraccional que pune o uso indevido.

A destruição ou falsificação de documento sujeito a segredo de Estado constitui crime nos termos do artigo 196º CP.

Na propriedade industrial, o uso indevido é punido dos termos dos artigos 321º e seguintes CPI criminalmente ou contra-ordenacionalmente. Compreende-se que a punição do uso seja mais rica que a

---

acedeu à informação e não de agente da administração. Por isso coloca-se a questão discutida de saber se factos da vida privada podem relevar como infracção disciplinar. Na medida em que o possam, assim haverá responsabilidade civil. Por maioria da razão, se houver infracção disciplinar ao abrigo de legislação de direito privado, como a laboral, caso o infractor não seja agente da administração.

[48] É evidente que este artigo estabelece uma teoria de abuso mais que de colisão, por restringir a finalidade de uso da informação. No entanto, mostra claramente que há também aqui que fazer uma ponderação de bens no caso concreto e mostra dois bens (a informação recebida e a intimidade privada alheia), que estão em concurso.

da divulgação, dado que o regime da propriedade industrial e comercial protege sobretudo a exclusividade do uso.

Os usos indevidos do direito de autor são sancionados criminal ou infraccionalmente nos termos dos artigos 201º e seguintes do Código do Direito de Autor.

> Para os limites do uso de direitos autorais ver Ascensão, José de Oliveira; *O "Fair Use" no Direito Autoral*; in: *Direito da Sociedade da Informação*, Volume IV, Coimbra Editora, Coimbra, 2003, pp. 89 ss..

Em geral, o aproveitamento de segredo económico ou de autor gerando prejuízo a terceiro ou ao Estado constitui crime nos termos do 196º CP.

Alguns usos da informação em violação da vida privada são punidos criminalmente, nomeadamente a divulgação e factos relativos à vida privada ou doença grave de outra pessoa (192º CP), ou a divulgação do conteúdo de cartas (194º/3 CP).

Finalmente o uso de informação privilegiada pode constituir crime nos termos do 378º Código dos Valores Mobiliários. Nomeadamente se alguém obtiver informações junto da administração pública invocando qualidade de advogado ou auditor e depois as usar em violação deste artigo comete o crime nele previsto.

Este quadro geral merece alguns apontamentos para que seja devidamente compreendido.

As infracções previstas independem da fonte de obtenção da informação. É por isso irrelevante para a adequação típica (já não para efeitos de graduação da sanção) se a informação foi obtida lícita ou ilicitamente da administração pública. O facto de ter sido obtida da administração pública em si mesmo não releva para os tipos em presença, mas não é deles excluído[49].

> Ponderando e dando relevância à fonte da informação o *Bartnicki et al. vs. Hopper, aka Williams, et al.* (U.S. Supreme Court), May 21, 2001.
>
> É em segundo lugar significativo que (quanto ao uso em si mesmo), tanto no segredo de justiça como na vida interna das empresas, o uso de

[49] Mas a sua obtenção junto da administração pública pode ser ela mesma ilícita, por construir um elemento de execução do crime de burla, por exemplo.

informações não seja punido nessa qualidade. Nada impede que o uso seja punido por se enquadrar noutro tipo de crime. Se alguém obtiver da administração pública informações sujeitas a segredo de justiça ou à vida interna das entidades para poder montar uma burla comete um crime, mas o uso de informações recebidas pela administração pública neste caso não constitui crime enquanto tal. O único caso de protecção da vida interna das entidades sob o ponto de vista criminal ocorre com o crime de abuso de informação do artigo 378º do Código dos Valores Mobiliários, numa área muito específica (valores mobiliários) e com contornos muito apertados.

Finalmente o que há que salientar é que o princípio geral da liberdade de uso, embora muito vasto na sua extensão, não dá lugar à pura arbitrariedade. O particular, quando recebe informação da administração pública, pode usá-la como bem entender. O facto de a ter recebido da administração pública em nada limita o seu uso. Mas fica no entanto sujeito às limitações de uso comuns a todas as pessoas. Que, como vimos, são apesar de tudo bastante extensas.

Frequentemente os particulares pretendem obter informação para formar prova em tribunal. Nesta sede o Ac Conseil d'Etat Contentieux n.º 262144 du 30 avril 2004 salienta que nenhuma decisão de justiça sobre comportamento humano pode ser obtida exclusivamente com base em tratamento informatizado de dados.

Mas já quando se pede informação para publicar em jornais e quando a divulgação é mais lesiva que o valor da liberdade de acesso à informação administrativa existe ilícito como se vê na opinião do *Bartnicki et al. vs. Hopper, aka Williams, et al.* (U.S. Supreme Court), May 21, 2001, Breyer J., concurring. A proibição de publicar informações obtidas ilicitamente baseia-se na teoria do "dry up the market", ou seja, o na técnica de "secar" as possibilidades do uso da informação, tirando assim interesse à obtenção ilícita da informação (*Bartnicki et al. vs. Hopper, aka Williams, et al.* (U.S. Supreme Court), May 21, 2001, Rehnquist C.J., dissenting). Proibir a publicação das informações é assim uma forma de prevenir o interesse em obter ilicitamente informação.

A ponderação do regime do uso das informações é tão mais pertinente, quanto o direito de acesso se tem de compreender num direito mais vasto, o direito à circulação da informação, que abrange o direito a pedir, receber ou partilhar informações (CASTRO, Catarina Sarmento e; *Direito da Informática, Privacidade e Dados Pessoais*, Almedina, Coimbra, 2005, p. 27).

PARTE F

SANÇÕES PARA INCUMPRIMENTO

Existem sanções para dar ou não dar indevidamente a informação (incluindo a informação defectiva, intempestiva, ou não verdadeira, completa ou clara, portanto).

Em termos gerais, a responsabilidade civil, como é evidente, que é aflorada no 7º/2 CPA.

Ver CARVALHO, Raquel; *O Direito à Informação Administrativa Procedimental*, Publicações Universidade Católica, Porto, 1999, p. 69. *Ibidem* a p. 240 apenas estabelece como fundamento da ilicitude a violação de bens privados. Mas pode haver violação de bens públicos e, caso se verifiquem os restantes pressupostos da responsabilidade civil, haverá igualmente responsabilidade aquiliana. Pense-se no caso de haver violação de segredo de Estado que prejudicou o Estado português. Ver *ibidem* a pp. 310-317. VIOLA, Luigi; TESTINI, Donatella; *La Responsabilità da Contatto con la Pubblica Amministrazione*, Halley Editrice, Matelica, 2005, pp. 43, 67 levanta o problema dos deveres que decorrem para a administração pública do simples contacto com esta, e nomeadamente de expectativas geradas pelo decurso do procedimento administrativo (de entre estes deveres de protecção podem constar deveres de informação, com a respectiva responsabilidade). Para as sanções em geral no Direito Administrativo britânico ver WADE, William; *Administrative Justice in Great Britain*; in: PIRAS, Aldo (Ed.); *Administrative Law. The Problem of Justice, Vol. Iº, Anglo-American and Nordic Systems*, Giuffrè, Milan, 1991, pp. 200 ss., 218 ss.. A 11ª Emenda à Constituição americana, que proíbe que o cidadão de um Estado proponha acções contra um outro Estado levou a que as acções de responsabilidade civil passassem a ser interpostas contra os funcionários públicos directamente (STRAUSS, Peter L.; *An Introduction to Administrative Justice in the United States*; in: PIRAS, Aldo (Ed.); *Administrative Law. The Problem of Justice, Vol. Iº, Anglo-American and Nordic Systems*, Giuffrè, Milan, 1991, pp. 811-814 – também nos Estados Unidos houve, em nome da imunidade do soberano, grandes resistências a sancionar o Estado, que só em 1976 foram genericamente levantadas; problema semelhante em Espanha em GARRIDO MAYOL; Vicente; *La Responsabilidad Patrimonial del Estado. Especial Referencia a la Responsabilidad del Estado Legislador*, Tirant lo Blanch, Valência, 2004, pp. 63-86). Em França e no Reino Unido igualmente FAIRGRIEVE, Duncan; *State Liability in Tort. A Comparative Law Study*, Oxford University Press, 2003, pp. 7-16. A Comissão Europeia foi condenada a indemnizar um denunciante porque forneceu o seu nome, o que levou a que fosse preso na Suíça (MUÑOZ MACHADO, Santiago; *Tratado de Derecho Administrativo y Derecho Público General*, Tomo I, Thomson Civitas, Madrid, 2004, p. 1204). Quanto à responsabilidade do Estado pela violação de Direito Comunitário ver TORRESI, Tulia; *La Responsabilità dello Stato per Violazione del Diritto Comunitario*; in: LIPARI, Nicolò, *Trattato di Diritto Privato Europeo*, 2ª Ed., Vol. Quarto, *Singoli Contratti. La Responsabilità Civile. Le Forme di Tutela*, CEDAM, Padova, 2003, p. 647, em que no caso do regime de acesso as matérias ambientais têm particular relevo. Para os direitos não patrimoniais ofendidos ver FRANCO, Ítalo; *Gli Strumenti di Tutela nei Confronti della Pubblica Amministrazione. Dell'Anulamento dell'Atto Lesivo al Risarcimento*, 2ª Ed., CEDAM, Padova, 2003, pp. 455-456.

OLIVEIRA, Mário Esteves de; GONÇALVES, Pedro Costa; AMORIM, J. Pacheco de; *Código do Procedimento Administrativo Comentado*, 2ª Ed., Almedina, Coimbra, 1998, p. 122 (cf. *ibidem*, p. 328) lembra que o 7º/2 CPA apenas estabelece a responsabilidade por informações escritas, não acontecendo o mesmo com as informações orais. Embora os autores não o digam existe um assento para escorar ainda mais fortemente a sua posição, o artigo 485º do Código Civil, que estatui que só existe responsabilidade por informação quando a lei o preveja (para a problemática ver MONTEIRO, Jorge Ferreira Sinde; *Responsabilidade por Conselhos, Recomendações ou Informações*, Almedina, Coimbra, 1989, pp. 457 ss.). Como o 7º/2 CPA apenas estabelece o princípio para as informações escritas, parece que só em relação a estas tal ocorre. No entanto, não parece ser esta a melhor solução. Em primeiro lugar porque em certos casos, como adiante se verá, existem situações em que dar informação ou não a dar pode constituir crime. Neste caso, o próprio 485º do Código Civil estabelece a responsabilidade civil. Em segundo lugar existe responsabilidade quando existe o dever de informar, nos termos do mesmo 485º/2 do Código Civil. Esta segunda cláusula tem uma aplicação bem mais vasta do que parece, dado que o elenco de deveres de informar é bem mais vasto do que pareceria à primeira vista como temos vindo a verificar ao longo do perante estudo. Em suma, as informações orais constituem ilícito relevante para efeitos de responsabilidade civil pelo menos nos casos em que constituem infracção e naqueles em que existe um dever de informar (a conclusão semelhante se chegaria de acordo com o Decreto-Lei n.º 48051, de 21 de Novembro de 1967 sobre a responsabilidade da administração pública por actos de gestão pública). A solução não é apenas formal. Imagine-se que um particular é informado de que só pode requerer uma vantagem a partir de certa data, ou que pode recorrer até a uma certa data, informações falsas, que o motivam a emitir um requerimento ou um recurso intempestivos e daí ter perdido o direito. Não me parece que a administração pública deva ficar impune nestes casos. A solução não é maximalista, porque se torna necessário verificar os restantes requisitos da responsabilidade civil (danos, nexo de causalidade, culpa). A outra conclusão não se chega por força de uma interpretação conforme à Constituição vendo os artigos 22º e 271º CRP (cf. MESQUITA, Maria José Rangel de; *Da Responsabilidade Civil Extracontratual da Administração no Ordenamento Jurídico-Constitucional Vigente*; in: QUADROS, Fausto de; *Responsabilidade Civil Extracontratual da Administração Pública, 2ª Ed., Almedina*, Coimbra, 2004, pp. 101-113; SILVA, José Luís Moreira da; *Da Responsabilidade Civil da Administração Pública por Actos Ilícitos;* in: QUADROS, Fausto de; *Responsabilidade Civil Extracontratual da Administração Pública, 2ª Ed., Almedina*, Coimbra, 2004, p. 159, que defende a aplicabilidade directa destes artigos constitucionais).

Já vimos que as restrições de acesso podem ter dois fundamentos:

a) o seu conteúdo;
b) a protecção do procedimento administrativo, por força de um princípio de economia processual.

Os fundamentos da responsabilidade são assim diversos quando se dá uma informação que não devia ser dada pelo seu *conteúdo*, ou quando é dada a que não devia sê-lo por isso apenas violar as *regras de legitimação* no procedimento (ver 61º CPA). O primeiro caso é trivial. O segundo permite-nos retirar mais uma consequência dogmática da nossa análise. É que se o fundamento é o da economia processual e apenas este e na medida em que seja apenas este, o particular apenas terá direito a indemnização quando demonstre que o fornecimento ilícito de informação prejudicou o andamento do procedimento e o prejudicou a si em consequência. O que está em causa não é o facto de ter sido dada esta informação concreta, mas o facto de, por ter perdido tempo a dar a informação, a administração pública ter perdido celeridade e eficácia na sua actuação em relação ao particular.

Portugal, como a França, tem uma cláusula geral de responsabilidade da administração pública. Não é esse o caso do Reino Unido, por exemplo (FAIRGRIEVE, Duncan; *State Liability in Tort. A Comparative Law Study*, Oxford University Press, 2003, p. 16).

Quanto à indemnização *in natura* ver SILVA, José Luís Moreira da; *Da Responsabilidade Civil da Administração Pública por Actos Ilícitos;* in: QUADROS, Fausto de; *Responsabilidade Civil Extracontratual da Administração Pública, 2ª Ed., Almedina*, Coimbra, 2004, pp. 173-174.

Quando, depois de solicitada por um professor de um liceu público informação sobre os subsídios que lhe são devidos pela sua transferência, a administração pública lhe dá uma informação errada, pelo facto tem de o indemnizar (Ac Cour Administrative d'Appel de Paris Contentieux nº 94PA00873 du 12 déc 1996). A responsabilidade da assistência pública de Marselha por não ter informado dos riscos das transfusões sanguíneas em matéria de SIDA no Ac Cour Administrative d'Appel de Lyon Contentieux nº 94LY00891 du 3 oct 1996.

Quanto à (não) responsabilidade por má informação (não provada) ver o Ac Cour Administrative d'Appel de Douai Contentieux nº 99DA20266 du 27 jan 2004. A não responsabilidade por não ter sido dada uma informação não exigida por lei no Ac Conseil d'Etat Contentieux n.º 221424 230299 du 4 jan 2002. Não pode ser condenado um hospital que não foi autor do acto, nem pode ser parte legítima no pedido de indemnização uma associação que, embora seja parte legítima para a impugnação do acto que afecta um particular, não tenha sido afectada pelo acto (Ac Cour Administrative d'Appel de Nancy Contentieux nº 98NC02129 du 23 oct 2003). O facto de não ter recebido informações erróneas do Estado é determinante para que não seja devida indemnização num caso de inundação de terras por obras públicas (Ac Cour Administrative d'Appel de Marseille Contentieux nº 00MA02593 du 3 juin 2003). Um pedido de indemnização (rejeitado) por falta de informação sobre o seu direito a subsídio pelo exercício de funções militares no Ac Conseil d'Etat Contentieux n.º 204428 du 14 déc 2001. O simples envio tardio de informações não gera prejuízo atendível pelo que não dá lugar a indemnização de acordo com o Ac Cour Administrative d'Appel de Douai Contentieux nº 97DA02018 du 28 juin 2001. Não havendo o dever de prestar oficiosamente informações sobre o regime jurídico de pensões de reforma, não há responsabilidade civil pelo facto da sua omissão (Ac Conseil d'Etat Contentieux n.º 191518 du 30 oct 1998). Um pedido de indemnização não deferido por não haver direito à informação integral no Ac Conseil d'Etat Contentieux n.º 120047 du 10 jul 1992. O Ac Tribunal des Conflits Contentieux n.º 02630 du 7 oct 1991 determina que na falta de acto ilegal, as informações indevidas dadas aos particulares em sede de expropriação não geram responsabilidade civil. Tendo alguém recebido regularmente a sua pensão não se pode invocar uma eventual falta de informação que não afectou esta percepção correcta da pensão (Ac Cour Administrative d'Appel de Bordeaux Contentieux nº 89BX01334 du 12 fév 1991 - ver em tema paralelo o Ac Cour Administrative d'Appel de Nantes Contentieux nº 89NT00016 du 8 mar 1989).

De igual forma, estando a ser aplicada correctamente a lei, o facto de haver informações contrárias da administração não constitui o aposentado no direito de receber maior pensão (Ac Conseil d'Etat Contentieux n.º 221833 du 21 mai 2003). As erradas informações dadas ao particular sobre o seu direito a receber subsídio de deslocação não afectam a legalidade da decisão que sobre a matéria foi tomada (Ac Conseil d'Etat Contentieux n.º 96406 du 3 mar 1995). O mesmo para os direitos a prestações familiares no Ac Conseil d'Etat Contentieux n.º 49167 du 31 jan 1986.

A divulgação, por ministros dos negócios estrangeiros, de informações relativas a um particular não constitui fundamento para recurso administrativo, o que se compreende tendo em conta a estrutura clássica do contencioso administrativo francês (Ac Conseil d'Etat Contentieux n.º 140325 du 29 déc 1997).

De acordo com o que é defendido no *TRW, Inc. vs Adelaide Andrews* (U.S. Supreme Court) (Oral Argument), October 9, 2001, a prescrição da responsabilidade não se começa a contar da prática do ilícito, mas do conhecimento pelo lesado da mesma, o que é solução, embora não idêntica, mas próxima da que resulta do 498º do Código Civil.

A prova da responsabilidade da administração pública basta-se com o "compelling evidence standard", não necessitando do mais exigente "clear evidence standard" (*Office of Independent Counsel vs. Allan J. Favish et al.* (U.S. Supreme Court) (Oral Argument), December 3, 2003).

É sempre necessário provar dano efectivo pela violação do segredo e não apenas a simples violação da lei, mesmo que a lei estabeleça uma indemnização mínima (*Doe vs Chao, Secretary of Labor* (U.S. Supreme Court), February 24, 2004). No *Doe vs Chao, Secretary of Labor* (U.S. Supreme Court) (Oral Argument), December 3, 2003 discute-se o problema da unidade ou pluralidade de condutas no caso de uma infracção de massa ao dever de segredo.

Para a responsabilidade civil pela violação do regime dos dados pessoais ver PINORI, Alessandra; *La protezione dei Dati Personali. Guida alla Lettura delle Fonti*, Giuffrè Editore, Milano, 2004, pp. 218-228.

Nos Estados Unidos ver STEWART, Richard B.; *Il Diritto Amministrativo nel XXI Secolo*; in: *Rivista Trimestrale di Diritto Pubblico*, vol. 1, Giuffrè, Milano, 2004, p. 9. No entanto, STRAUSS, Peter L.; *An Introduction to Administrative Justice in the United States*; in: PIRAS, Aldo (Ed.); *Administrative Law. The Problem of Justice, Vol. Iº, Anglo-American and Nordic Systems*, Giuffrè, Milan, 1991, p. 725 lembra que o Freedom of Information Act não protege o titular da informação, pelo que os organismos públicos têm criado regras que permitem a participação dos seus titulares quando do fornecimento da informação a terceiros.

Para a punição da omissão em França e Reino Unido ver FAIRGRIEVE, Duncan; *State Liability in Tort. A Comparative Law Study*, Oxford University Press, 2003, pp. 128 e 129.

CARVALHO, Raquel; *O Direito à Informação Administrativa Procedimental*, Publicações Universidade Católica, Porto, 1999, p. 193 lembra que, para os prazos de fornecimento da informação, não existe nenhuma cominação para o seu incumprimento. No entanto, já existe um elemento da responsabilidade civil a ser preenchido: a ilicitude. Se existe dano, nexo de causalidade ou culpa, essas são outras questões. Ver CARVALHO, Raquel; *O Direito à Informação Administrativa Procedimental*, Publicações Universidade Católica, Porto, 1999, pp. 241-243 para o cumprimento deficiente. LAUBADÈRE, André de; VENEZIA, Jean-Claude; GAUDEMET, Yves; *Traité de Droit Administratif, Tome 1*, 12e Ed., LGDJ, Paris, 1992, pp. 840-841 considera que existe exclusão de responsabilidade quando o facto se deve a terceiro, pelo menos quando se trata de responsabilidade por culpa (ver igualmente FAIRGRIEVE, Duncan; *State Liability in Tort. A Comparative Law Study*, Oxford University Press, 2003, pp. 174-176, e para a culpa do lesado ver *ibidem*, pp. 177-183). No caso do regime de informação este seria o caso, por exemplo, em que o organismo administrativo se informa sobre se uma matéria está sujeita a segredo económico, lhe é dito que não, mas isso não é verdade. Quando muito é a esse terceiro que é imputável a responsabilidade, caso a administração pública tenha actuado diligentemente. SILVA, José Luís Moreira da; *Da Responsabilidade Civil da Administração Pública por Actos Ilícitos;* in: QUADROS, Fausto de; *Responsabilidade Civil Extracontratual da Administração Pública, 2ª Ed.*, Almedina, Coimbra, 2004, p. 171 lembra que a responsabilidade não é a do *bonus pater familias*, mas a do funcionário ou agente da administração típico, respeitador das leis, regulamentos e *leges artis*.

Quanto às regras da imputação da conduta, vale o regime geral. O facto de um funcionário ou agente é imputável nos termos gerais ao organismo administrativo. Inversamente, não é necessário demonstrar que um agente concreto violou a lei relativa à informação, bastando provar que o organismo como um todo a violou. FAIRGRIEVE, Duncan; *State Liability in Tort. A Comparative Law Study*, Oxford University Press, 2003, p. 25 lembra que, apesar das diferenças aparentes entre o sistema francês (mais objectivista) e o britânico (mais centrado no agente), ambos os regimes acabam por ter estas duas valências. A imputação da conduta é feita à pessoa ou entidade que coloca na Internet o conteúdo, mas também pode ocorrer em quem potenciou os danos por, por exemplo, ter feito uma ligação a um *site* lesivo (CASIMIRO, Sofia de Vasconcelos; *A Responsabilidade Civil pelo Conteúdo da Informação Transmitida pela Internet*, Almedina,

Coimbra, 2000, pp. 53-60). Quanto ao tema da responsabilidade da administração pública por actos dos seus utentes (Beladiez Rojo, Margarita; *Responsabilidad e Imputación de Danos por el Funcionamiento de los Servicios Públicos,* Tecnos, Madrid, 1997, pp. 156 ss.) a questão é obviamente mais complexa. Caso a concessão a informação seja lícita vê-se com dificuldade que esta responsabilidade exista. Mas mesmo quando é ilícita há que verificar até que ponto os deveres de protecção da administração pública abrangem comportamentos de terceiros. A imputação da conduta pode suscitar igualmente problemas se e na medida em que a informação pela administração pública assente em sistemas periciais (cf. Marques, Garcia; Martins, Lourenço; *Direito da Informática*, Almedina, Coimbra, 2000, pp. 35 ss.).

O seguro por esta responsabilidade por informação não faz parte dos seguros tipicamente celebrados pela administração pública (Huergo Lora; Alejandro; *El Seguro de Responsabilidad Civil de las Administraciones Públicas*, Marcial Pons, Madrid, 2002, pp. 126-128), e, a ter sentido, apenas o terá em relação a organismo cuja função significativa seria a de dar informação (*ibidem*, pp. 21-24).

De igual forma a responsabilidade disciplinar, nos termos gerais, com afloramento no 21° LADA (cf. 10°, 11° Lei n.° 6/94, de 7 de Abril).

Para a responsabilidade disciplinar ver Oliveira, Mário Esteves de; Gonçalves, Pedro Costa; Amorim, J. Pacheco de; *Código do Procedimento Administrativo Comentado*, 2ª Ed., Almedina, Coimbra, 1998, pp. 335-336.

Mas quanto às sanções infraccionais, sobretudo as criminais, já há que distinguir os casos de fornecimento indevido dos de não fornecimento indevido. Constitui sobretudo crime o fornecimento indevido de informações, O fornecimento indevido de informações é punido em termos diferenciados consoante os regimes.

As modalidades de fornecimento indevido podem ter as formas de conduta mais diversas. Por exemplo, a distância de cortesia nas filas bancárias foi dada como elemento essencial para proteger os dados pessoais (Pinori, Alessandra; *La protezione dei Dati Personali. Guida alla Lettura delle Fonti*, Giuffrè Editore, Milano, 2004, pp. 204-205), o que será aplicável nos organismos públicos. Se um funcionário dá uma informação no meio de uma multidão de pessoas que esperam em fila compacta e que a podem ouvir poderá estar a violar o dever de não fornecer informações (a terceiros que estão em bicha à espera). De igual forma podem-se revelar informações, seja dando-as directamente, seja permitindo o acesso a elas (REBOLLO VARGAS, Rafael; *La Revelación de Secretos e Informaciones por Funcionário Público*, CEDECS Editorial, Barcelona, 1996, p. 133). CARVALHO, Raquel; *O Direito à Informação Administrativa Procedimental*, Publicações Universidade Católica, Porto, 1999, p. 308 reconhece que o não fornecimento não gera por si mesmo responsabilidade criminal.

Caso os funcionários estejam sujeitos a segredo profissional estão sujeitos ao crime de violação de segredo nos termos do 195º CP[50]. A violação de segredo de funcionário com intenção de benefício constitui crime nos termos do 383º CP.

Quando é dada informação indevidamente e simultaneamente existe dever de segredo de funcionário existe sempre crime de violação de segredo? A solução tem de passar por diversos níveis de análise. Sob o ponto de vista da imputação objectiva, não há dúvida que esta existe. No entanto, é necessário que se preencham os restantes elementos do tipo. Sendo um tipo (apenas) doloso, é preciso que o funcionário tenha de ter consciência de que informação está a dar. Se não a tiver, a sua infracção disciplinar poderá ser agravada pela negligência grosseira, mas não existe sequer o elemento intelectual do dolo, pelo que não há responsabilidade criminal. Mas a dimensão da falta de consciência da ilicitude (erro de subsunção) pode ter aqui um papel muito relevante. Sobretudo em certas matérias de maior complexidade, em que a destrinça entre o que faz parte das informações que são titularidade de terceiros seja complexa, a falta de consciência da ilicitude pode ter um papel relevante. Questão é a de saber se no caso concreto se verificam os requisitos da sua não censurabilidade. REBOLLO VARGAS, Rafael; *La Revelación de Secretos e Informaciones por Funcionário Público*, CEDECS Editorial, Barcelona, 1996, pp. 64-66 (ver também p. 127) salienta que o dever de segredo tanto pode ter por fundamento a protecção de interesses públicos como privados. Ver PRADEL, Jean; DANTI-JUAN, Michel; *Droit Pénal Spécial*, 2e Ed., Cujas, Paris, 2001, pp. 248-250 para a estrutura do tipo em França.

A violação de segredo de Estado é crime nos termos do 316º CP (cf. 10º, 11º Lei 6/94, de 7 de Abril).

---

[50] Facto geralmente esquecido, é o de todos os funcionários públicos da administração central, regional e local estarem sujeitos a segredo, de acordo com os 3º/4/e e 3º/9 do Decreto-lei n.º 24/84, de 20 de Janeiro.

Para a vasta protecção criminal do segredo de Estado (*official secrets*) no Reino Unido ver McEldowney, John F.; *Public Law*, Thomson Sweet & Maxwell, 3rd Ed., London, 2002, pp. 580 ss..

A violação de segredo de justiça é crime nos termos do artigo 371° CP.

Nos termos do 318° e 331° CPI constitui contra-ordenação de concorrência desleal a ilícita aquisição ou divulgação dos segredos de negócios de concorrente. O acesso a um sistema ou rede informático sem autorização e para obter benefício constitui crime, sendo qualificado quando por essa via o agente tiver tomado conhecimento de segredo comercial ou industrial ou dados confidenciais protegidos por lei (7° Lei da Criminalidade Informática (Lei n.° 109/91, de 17 de Agosto)). A violação pelo gestor da infra-estrutura ferroviária do segredo comercial ou industrial da informação que lhe seja fornecida pelos operadores de transporte ferroviário (77°/1/s, 49°/10 Decreto--Lei n.° 270/2003, de 28 de Outubro) constitui contra-ordenação. Sendo certo que é infracção específica, nada impede que, por força das regras de comparticipação e comunicação da ilicitude venham a ser condenados agentes da administração pública pelo facto.

Em matéria de direitos de autor as infracções constam do 201° e seguintes do Código de Direito de Autor. A mais importante é o crime de usurpação, pelo qual se divulga obra alheia (203° Código do Direito de Autor). A violação do direito de autor nas bases de dados para fins comerciais é crime (11° Lei n.° 1/2000, de 16 de Março).

Em relação à protecção da vida privada:

a) A divulgação ilícita de factos da vida privada ou doença grave de terceira pessoa constitui crime nos termos dos artigos 192°/l/d e 192°/2 CP.
b) A divulgação ilícita do conteúdo de cartas, encomendas escritos fechados ou telecomunicações constitui crime nos termos do 194°/3 CP.

Em França existe uma infracção autónoma, a da revelação de dados nominativos (Pradel, Jean; Danti-Juan, Michel; *Droit Pénal Spécial*, 2e Ed., Cujas, Paris, 2001, p. 237). Para a protecção criminal dos dados pessoais ver Ascensão, José de Oliveira; *Criminalidade Informática*; in: *Direito da Sociedade de Informação*, Vol. II, Coimbra Editora, Coimbra, 2001, pp. 206-211.

Por outro lado, e em relação à vida interna das entidades, a violação de sigilo bancário constitui crime nos termos do artigo 78º Regime Geral de Instituições de Crédito e Sociedades Financeiras, 304º/4 do Código dos Valores Mobiliários e 195º CP. Com efeito, este segredo abrange "factos ou elementos respeitantes à vida da instituição" e não apenas respeitantes aos clientes. Se alguém obtiver junto da administração pública estas informações e tiver as qualidades ou relações especiais prevista na lei (trata-se de um crime específico) e simultaneamente as divulgar incorre neste crime.

Em certos casos, e preenchidos os restantes requisitos do tipo, a violação de segredo pode constituir crime de abuso de informação, previsto no artigo 378º do Código dos Valores Mobiliários.

Para a responsabilidade criminal ver Carvalho, Raquel; *O Direito à Informação Administrativa Procedimental*, Publicações Universidade Católica, Porto, 1999, pp. 321-322. Existe igualmente outra possibilidade, em que o acesso indevido à informação é imputável ao particular, quando o faz por via informática, o que pode constituir crime (artigo 7º/1 da Lei n.º 109/91, de 17 de Agosto – Ascensão, José de Oliveira; *Estudos sobre Direito da Internet e da Sociedade da Informação*, Almedina, Coimbra, 2001, pp. 282-284; Ascensão, José de Oliveira; *Criminalidade Informática*; in: *Direito da Sociedade de Informação*, Vol. II, Coimbra Editora, Coimbra, 2001, pp. 211-213, Marques, Garcia; Martins, Lourenço; *Direito da Informática*, Almedina, Coimbra, 2000, pp. 528-531, 535).

O não fornecimento é sancionado de forma diferenciada nos termos do contencioso administrativo, podendo gerar:

a) Sanção pecuniária compulsória, nos termos do 108º, 169º CPTA;
b) Crime de desobediência nos termos do 159º CPTA.

Caso a informação tenha sido entretanto dada tem de se concluir pela improcedência do pedido (Ac STA de 23 de Abril de 1997). O réu no artigo 82º da Lei do Processo nos Tribunais Administrativos é a autoridade a quem se imputa a omissão de informação e não a instituição ou pessoa colectiva de que faça parte (Ac STA de 21 de Novembro de 1996, Ac STA de 10 de Julho de 1997, Ac STA de 4 de Julho de 1996, Ac STA de 30 de Junho de 2000, Ac TCA de 26 de Outubro de 2000, Ac TCA de 29 de Dezembro de 2001; cf. Ac TCA de 25 de Setembro de 2003).

Para o regime do não fornecimento, sem ter em conta o CPTA, ainda não existente à data, ver CARVALHO, Raquel; *O Direito à Informação Administrativa Procedimental*, Publicações Universidade Católica, Porto, 1999, pp. 238, 279-308. É evidente que não se refere a acção de intimação porque não se trata de uma sanção em sentido próprio. Do regime em causa (ver artigo 3º/7 da Lei n.º 15/2002, de 20 de Fevereiro, e artigos 2ª/2/l, 20º/4, 36º/1/c, 60º/2, 3, 104-108º CPTA e *maxime* 104º/1 CPTA) resulta que é o meio adequado para a obtenção de informação, seja ela procedimental ou não procedimental (ANDRADE, José Carlos Vieira de; *A Justiça Administrativa (Lições)*, 4ª Ed., Almedina, Coimbra, 2003, p. 236).

Nos sistemas anglo-americanos usa-se a figura processual do "mandamus" (WADE, William; *Administrative Justice in Great Britain*; in: PIRAS, Aldo (Ed.); *Administrative Law. The Problem of Justice, Vol. Iº, Anglo-American and Nordic Systems*, Giuffrè, Milan, 1991, pp. 202-206; STRAUSS, Peter L.; *An Introduction to Administrative Justice in the United States*; in: PIRAS, Aldo (Ed.); *Administrative Law. The Problem of Justice, Vol. Iº, Anglo-American and Nordic Systems*, Giuffrè, Milan, 1991, pp. 742-744, 769); MOLAN, Michael T.; *Administrative Law. Textbook*, Old Bailey Press, London, 1997, pp. 301-305).

Salienta-se que a responsabilidade disciplinar pode existir tanto no caso de fornecimento como de não fornecimento (ver CARVALHO, Raquel; *O Direito à Informação Administrativa Procedimental*, Publicações Universidade Católica, Porto, 1999, pp. 318-321).

Vê-se com dificuldade que exista espaço para a arbitragem com base na equidade (cf. 186º/2 CPTA) tendo em conta a nula margem de discricionaridade da administração pública (HUERGO LORA; Alejandro; *La Resolución Extrajudicial de Conflictos en el Derecho Administrativo*, Publicaciones del Real Colegio de España, Bolonia, 2000, pp. 90 ss..

É evidente que não é este o lugar adequado para apreciar em profundidade cada um dos crimes em presença. É evidente que há questões de tipo objectivo (utilizar, divulgar, etc.) ou de elementos subjectivos especiais da ilicitude (intenção de benefício, por exemplo) que careceriam de maior aprofundamento em tema criminal se do mesmo nos ocupássemos directamente. Na economia do presente trabalho apenas relevam estas referências para salientar três aspectos. Em primeiro lugar, a violação do regime de acesso não tem efeitos meramente platónicos. Gera responsabilidade civil e infraccional (criminal, contra-ordenacional e disciplinar) das mais diversas formas. Em segundo lugar, até pela tutela criminal de algumas matérias deve reconhecer-se que a ponderação de bens que se tem de efectuar pode ser de muita gravidade. Em terceiro lugar é significativo que a vida interna das empresas apenas gere crime no caso em que esteja associada a segredo profissional.

Para o cúmulo de sanções criminais e disciplinares ver REBOLLO VARGAS, Rafael; *La Revelación de Secretos e Informaciones por Funcionário Público*, CEDECS Editorial, Barcelona, 1996, pp. 210-220.

Se bem se reparar há uma consequência que não é referida, que prima pela sua ausência: a consequência administrativa, na validade ou eficácia da decisão administrativa pelo facto de se ter dado ou não dado ilicitamente a informação.

1) A teoria expendida pelo Ac TPICE (4ª Sec.) de 20 de Março de 2002 (*HFB Holding für Ferrnwärmetechnik Beteilingungsgesellschaft mbH & Co KG et al. VS Comissão CE*) é a de que o fornecimento ilegal de informação não afecta a validade da decisão, salvo se se demonstrar que esse facto afectou a decisão proferida. Defendendo que há violação de formalidade essencial quando isso afecta a decisão final SOUSA, Marcelo Rebelo de; *Lições de Direito Administrativo*, Volume I, Lex, Lisboa, 1999, p. 439, SOUSA, Marcelo Rebelo de; MATOS, André Salgado de; *Direito Administrativo Geral*, Tomo I, *Introdução e Princípios Fundamentais*, Dom Quixote, Lisboa, 2004, p. 149. No mesmo sentido CORREIA, José Manuel Sérvulo; *Os Princípios Constitucionais do Direito Administrativo*; in: MIRANDA, Jorge (coord.); *Estudos sobre a Constituição*, 3º Vol., Livraria Petrony, Lisboa, 1979, p. 687 e CORREIA, José Manuel Sérvulo; *Noções de Direito Administrativo*, I, Editora Danúbio, Lisboa, 1982, p. 125. Uma decisão semelhante no Reino Unido em WADE, William; *Administrative Justice in Great Britain*; in: PIRAS, Aldo (Ed.); *Administrative Law. The Problem of Justice, Vol. Iº, Anglo-American and Nordic Systems*, Giuffrè, Milan, 1991, pp. 84-87, 180-181.
2) Contra, parece estar BOTELHO, José Manuel da S. Santos; ESTEVES, Américo J. Pires; PINHO, José Cândido de; *Código do Procedimento Administrativo Anotado – Comentado*, Almedina, Coimbra, 1992, p 64; BOTELHO, José Manuel da S. Santos; ESTEVES, Américo J. Pires; PINHO, José Cândido de; *Código do Procedimento Administrativo Anotado – Comentado*, 3ª Ed., Almedina, Coimbra, 1996, p. 256. Igualmente contra parece estar OLIVEIRA, Mário Esteves de; GONÇALVES, Pedro Costa; AMORIM, J. Pacheco de; *Código do Procedimento Administrativo Comentado*, 2ª Ed., Almedina, Coimbra, 1998, pp. 329-330.

3) Já SOUSA, António Francisco de; *Código do Procedimento Administrativo Anotado*, Luso Livro, Lisboa, 1993, p. 202 parece entender que sempre que há violação de dever de informação existe violação de formalidade essencial.
4) Existem por isso três teses possíveis sobre a relação entre a informação procedimental e a validade do acto administrativo: a) a da irrelevância total, b) a da relevância total; c) a da relevância causal. A tese da relevância causal parece-me a mais adequada. Com efeito, a da relevância total esquece que há outros mecanismos de sancionamento do regime da informação, que estudamos em texto. A da irrelevância total viola o princípio da boa fé do 6º-A CPA e da natureza de formalidade no procedimento da prestação de informação. A da relevância causal é que concilia esta contradição: por um lado não é automático o efeito da falta da informação na validade do acto administrativo, mas por outro lado reconhece-se que, caso a falta de informação tenha afectado a decisão final, existe invalidade da mesma.
5) Esta tese pressupõe que se verifiquem os seguintes pressupostos: a) não houve informação devida dada ao particular, b) a falta de informação determinou o seu comportamento processual, c) este comportamento impediu-o de defender, mesmo que parcialmente, os seus interesses (não pediu tudo o que podia, não juntou documentos de instrução, não poude aduzir argumentação, excepções ou impugnações que poderia invocar caso tivesse sido informado), d) o acto administrativo é prejudicial ao particular na medida e por causa desse comportamento. Se bem se reparar os requisitos desta tese são algo apertados, pelo que a regra geral é a de que a falta de informação não afectará a validade do acto. Seja como for tudo indica que não serão poucos os casos em que se verifica na prática a aplicação desta tese.
6) De igual forma a informação complementar posterior à emissão do acto tributário não afecta a validade deste (Ac Cour Administrative d'Appel de Bordeaux Contentieux nº 98BX00958 du 13 déc 2001). Tendo sido dada informação sobre os direitos à pensão o acto de concessão da mesma não pode ser invalidado (Ac Conseil d'Etat Contentieux n.º 186791 du 23 fev 2000). Mas para além da invalidade, a falta de informação pode ter um outro efeito, o da ineficácia do acto administrativo, como é o caso da falta de notificação do mesmo (SOUSA, António Francisco de; *Código do Procedimento Administrativo Anotado*, Luso Livro, Lisboa, 1993, p. 215).

7) Ou seja, e em síntese, os efeitos especificamente administrativos (esquecendo a responsabilidade disciplinar e a civil) da falta de informação são:
   a) a *invalidade*, nos limites da relevância causal, quanto à informação procedimental prévia à emissão do acto impugnando;
   b) a *ineficácia*, nos actos posteriores de notificação do acto.

É evidente que há casos em que não dar informação pode invalidar o acto. É o caso da violação da audiência prévia nos termos do artigo 100º CPA. Mas isto, não por falta de informação enquanto tal, mas porque se viola uma formalidade essencial do procedimento expressamente qualificada pela lei como tal. No mesmo sentido, a falta de informação sobre os seus direitos no caso de rescisão de contrato com agente público no Ac Cour Administrative d'Appel de Douai Contentieux nº 01DA00477 du 4 juin 2003. Não basta, no entanto, ao particular alegar que recebeu informação incompleta, tem de demonstrá-lo (Ac Cour Administrative d'Appel de Bordeaux Contentieux nº 98BX01956 du 9 jul 2001). Da mesma forma a falta de informação sobre remunerações devidas não afecta a validade de um processo disciplinar que tem por objecto a falta de entrada tempestiva ao serviço, ou seja, um objecto não conexo sobre o que incidem as indemnizações (Ac Conseil d'Etat Contentieux n.º 211789 du 14 jun 2000).

O Ac TJCE de 8 de Julho de 1999 (*Imperial Chemical Industries plc (ICI) VS Comissão CE*) ainda segue a clássica teoria francesa de que o acto notificado e publicado se presume válido, dando assim mais um aparente efeito à informação. Mas esta teoria decorre da própria natureza do acto (administrativa) e não da informação propriamente dita, sendo duvidoso que exista hoje em dia uma pura presunção de legalidade à luz do CPTA.

Efeito administrativo típico da falta de notificação é o da ineficácia do acto e o consequente não início de contagem do prazo de impugnação, nos termos do artigo 60º CPTA. No entanto, independentemente deste artigo, a jurisprudência já o tinha aceite como princípio firme (Ac STA de 25 de Maio de 2004, Ac TCA de 22 de Maio de 2001).

Também sob o ponto de vista administrativo há que salientar a diferença entre o regime da informação e o do acto administrativo. É que na informação o que releva é o resultado final, ou seja, se a informação chega ou não ao destinatário, ou pelo menos se foi colocada à sua disposição. Daí que já o Ac STA de 11 de Março de 1999 salientasse que não tem sentido aplicar todo o regime da execução de actos administrativos, dado que a sentença de intimação já indicava o prazo em que tinha de ser concedida a informação. No entanto, o Ac STA de 11 de Março de 2003 dá ainda uma relevância ao acto decisório de concessão da informação. Quem deveria praticá-lo à luz da LADA, se não o fez indevidamente, é quem tem de ser demandado judicialmente. De igual forma, e já à luz dos 104º e 105º CPTA, o prazo para a acção administrativa conta-se desde o fim do prazo para dar a informação (Ac TCA de 24 de Junho de 2004 (proc 00182/04)). Os 104º a 108º CPTA como herdeiro do regime de intimação dos 82º e seguintes da Lei do Processo nos Tribunais Administrativos no Ac TCA de 1 de Setembro de 2004 (proc 00274/04).

Questão diversa é a de saber se pode ser cumulável uma intimação com uma providência cautelar, o que ainda não foi tratado pela doutrina. Nomeadamente pode-se dar o caso de haver pedido de acesso a documentos e simultaneamente pedido de conservação de documentos que se teme virem a ser eliminados. Como no que respeita à conservação esta não faz parte directa do presente trabalho, não desenvolveremos o tema. De qualquer forma sempre se dirá que num sistema de tutela efectiva, o perigo na mora processual (ROQUE, Miguel Prata; *Reflexões sobre a Reforma da Tutela Cautelar Administrativa*, Almedina, Coimbra, 2005, pp. 70 ss.) poderá eventualmente justificar que se façam dois pedidos, um de intimação e outro de conservação, associado a providência cautelar para este segundo efeito.

Não cabia intimação caso não tenha havido pedido e recusa pela administração (Ac TCA de 23 de Setembro de 1999, Ac TCA de 6 de Julho de 2000).

Não compete ao TC pronunciar-se sobre o cumprimento ou não de intimação judicial (Ac TC de 9 de Junho de 1993).

Sanções para o incumprimento do regime da informação em sede de registos pessoais nos artigos 45º ss. da Loi n.º 78-17 du 6 janvier 1978 em França.

No Ac Conseil d'Etat Contentieux n.º 250817 du 28 mai 2004 há condenação a fornecer a informação e os documentos pedidos, bem como a indemnização.

Nos termos do 47º LPDP há crime quando são dados indevidamente dados pessoais tratados, havendo agravação quando são dadas por funcionário público (CASTRO, Catarina Sarmento e; *Direito da Informática, Privacidade e Dados Pessoais*, Almedina, Coimbra, 2005, pp. 309- 315).

A tutela administrativa e jurisdicional em sede de acesso de dados pessoais em PINORI, Alessandra; *La protezione dei Dati Personali. Guida alla Lettura delle Fonti*, Giuffrè Editore, Milano, 2004, pp. 341 ss..

PARTE G

CONCLUSÕES

Do estudo que até agora fizemos verificamos com facilidade que o tema mais complexo é o âmbito do acesso. Mais complexo em primeiro lugar porque implica a remissão para muitos outros ramos de direito, entrecruzando o direito administrativo com muitas outras vertentes do sistema jurídico. Mas igualmente na medida em que falta ao legislador a consistência dogmática para esse cruzamento.

A primeira conclusão é a de que, se os direitos a informação procedimental e não procedimental são evidente autónomos, a verdade é que *é mais o que os une* que o que os diferencia. As diferenças encontram-se sobretudo no papel da legitimação. O regime objectivo (restrições, excepções às restrições, problemas sistémicos) é exactamente o mesmo, apesar de a letra da lei parecer dar a entender o contrário em alguns casos.

É legítima a perspectiva de CARVALHO, Raquel; *O Direito à Informação Administrativa Procedimental*, Publicações Universidade Católica, Porto, 1999, pp. 157 ss. na medida em que reconhece uma óbvia e indesmentível conexão entre a informação procedimental e não procedimental (*ibidem*, p. 158). Mas a verdade é que o regime de fundo apenas se percebe na sua totalidade quando se compreende que o tronco comum ultrapassa as especificidades em muito e absorve quase todo o regime.

A segunda é a de que o regime mais complexo é o que tem a ver com o acesso a conteúdos, porque é sobretudo sobre este que incidem as restrições, embora as mesmas não incidam exclusivamente sobre os conteúdos. Com efeito, actos praticados pela administração pública podem estar sujeitos igualmente a restrições de acesso, como as decorrentes por exemplo do segredo de investigação infraccional.

Em terceiro lugar o tronco comum do regime desenvolve-se em vários passos, que não são apenas de ponderação concreta, mas têm um desenvolvimento institucional. Ou seja, existe um sistema articulado de soluções, e não apenas casuísmo.

Numa primeira perspectiva, verificámos que o acesso se traduz numa dialéctica em quatro passos, começando por permissões genéricas, restrições às permissões de acesso, excepções a estas restrições e um passo final sistémico de ponderação concreta de bens (e análise do abuso de direito). Sendo verdadeira e útil esta perspectiva, é no entanto incompleta num prisma dogmático.

GONÇALVES, José Renato; *Acesso à Informação das Entidades Públicas*, Almedina, Coimbra, 2002, p. 155 afirma que a regra é a do acesso, no que tem razão. Mas já quando afirma que as excepções ao acesso são apreciadas caso a caso mostra que recusou uma visão sistemática da questão. Existem quatro passos sistemáticos e só o último carece de apreciação directa do sistema. Só neste último o sistema se defronta directamente com uma solução caso a caso. Nos outros três a solução é de natureza meramente institucional. ITALIA, Vittorio; *L'Accesso ai Documenti Amministrativi (Regolamento 27 giugno 1992, n. 352)*, 2ª ed., Giuffrè, Milano, 1994, pp. 4-8 mostra o carácter elástico do segredo, que em si mesmo coloca mais problemas que provavelmente os resolve. O segredo pode ter graus, e pode ter níveis de acesso diversos. O segredo como separação em REBOLLO VARGAS, Rafael; *La Revelación de Secretos e Informaciones por Funcionário Público*, CEDECS Editorial, Barcelona, 1996, pp. 135-136. A distinção entre segredo, objecto do segredo e meio material do segredo em REBOLLO VARGAS, Rafael; *La Revelación de Secretos e Informaciones por Funcionário Público*, CEDECS Editorial, Barcelona, 1996, p. 137.

Com efeito, pode induzir em erro. É que a questão pode parecer centrar-se numa dialéctica de informação / segredo, quando o centro da questão está alhures. O centro é o da *titularidade da informação.*

No caso dos genéricos os direitos de propriedade industrial já caducaram por terem entrado no domínio público. "O que se protege através das patentes e dos direitos de autor *não é o segredo*, mas a *exclusividade de fruição* das vantagens". "O proprietário tem o direito de optar pela protecção do segredo ou pela protecção da patente ou do direito de autor". Às informações relativas à fabricação e ensaios sobre medicamentos genéricos não tem sentido aplicar as restrições ao acesso do 62º CPA (Ac TCA de 26 de Junho de 2003) (itálicos nossos).

O facto de ser a titularidade que está em causa leva a que nem se tenha de discutir se faz parte do conceito de segredo a sua revelação gerar um prejuízo (REBOLLO VARGAS, Rafael; *La Revelación de Secretos e*

Informaciones por Funcionário Público, CEDECS Editorial, Barcelona, 1996, p. 151). Com efeito a existência ou não de prejuízo relevará para a responsabilidade, *maxime*, civil, mas não constitui parte do regime de acesso enquanto tal.

Para a informação como bem jurídico cada vez mais intensamente presente na ordem jurídica em todos os ramos do Direito ver MACHADO, Miguel Pedrosa; *Temas de Legislação Penal Especial*, Edições Cosmos, Lisboa, 1992, pp. 35-37. As dificuldades em aceitar a informação, nomeadamente electrónica, como um bem jurídico em ALMEIDA, Pedro Pais de; *Direito Fiscal e Internet*; in: *Direito da Sociedade de Informação*, Vol. II, Coimbra Editora, Coimbra, 2001, pp. 50-51.

Visto com este enfoque o problema assume contornos bem diversos. Centrado o problema desta forma, facilmente concluímos que o princípio geral é o de que a administração pública deve fazer aceder a todos todas as informações de que é titular. É isto que significa o princípio da administração aberta. Significa que, se o *dominus* da informação é a administração pública, e não o deixa de ser por isso, o seu uso é universalmente permitido. Todos a ela podem aceder.

O regime assenta por isso em dois eixos que ficaram até agora insuspeitados na sua riqueza explicativa. Não uma dialéctica de informação e segredo, mas de *titularidade* (da informação) e *universalidade* (de acesso).

Vejamos primeiro a *titularidade*.

Fraco conceito seria se apenas o tivéssemos como critério. Mas existe um desenvolvido regime da titularidade.

Desde logo quanto às vicissitudes.

Factos constitutivos da titularidade são a elaboração ou a detenção pela administração pública (4º/1/a LADA). Sendo factos alternativos isto tem de ter um significado. É que, o simples facto de ter elaborado uma informação, gerando a titularidade da mesma, gera o dever de a fornecer. Caso não a detenha, tem de a obter de novo. Ou seja, quanto às informações elaboradas pela administração pública esta tem um dever de detenção ou de obtenção para fornecer a informação ao particular.

A anterior lei processual não estava preparada para a protecção das situações em que a entidade administrativa tinha elaborado a informação, mas não a detinha, ilicitamente. Com efeito, de acordo com o Ac STA de 25 de Outubro de 1990 e o Ac STA de 6 de Fevereiro de 1996 o artigo 82º da Lei do Processo nos Tribunais Administrativos não permitia desencadear os mecanismos adequados para se passarem certidões relativas a documentos e processos que não integrassem os registos ou arquivos. O Ac STA de 2 de Março de 1990 esclarece que facto constitutivo do dever de fornecer a informação é a detenção dos documentos. Da mesma forma o Ac TCA de 7 de Junho de 2001. A detenção como facto determinante também no CPA é reconhecida no Ac TCA de 17 de Maio de 2001.

Igualmente o Ac Cour Administrative d'Appel de Paris Contentieux nº 00PA02266 du 5 juin 2003 conclui que, não tendo sido elaborado o relatório médico em questão, nada há que dar pela administração pública. O Ac Cour Administrative d'Appel de Nantes Contentieux nº 98NT02737 du 23 avr 2003 decide que apenas estão obrigadas as entidades de onde emanam os documentos. Quanto a um documento elaborado por um particular a administração pública não é obriga a fornecê-lo se não o detiver (Ac Cour Administrative d'Appel de Douai Contentieux nº 98DA11987 du 3 mai 2001). O Ac Conseil d'Etat Contentieux n.º 144199 du 19 oct 1994 afirma que a administração fiscal não tem de dar informações que não detém. Como vemos a jurisprudência acaba por se vergar aos critérios dogmáticos acima defendidos. A administração não é obrigada a fornecer a um sindicato uma lista dos engenheiros que trabalham para a indústria de armamentos porque esta lista não existe (Ac Conseil d'Etat Contentieux n.º 74131 du 8 jan 1992). Mas um documento que já existe, está na posse do serviço e nem obriga uma autarquia a proceder a pesquisas para o obter, deve ser fornecido (trata-se da lista dos seus funcionários) (Ac Conseil d'Etat Contentieux n.º 112904 du 10 avr 1991). Um documento elaborado e detido pelo Conseil d'Etat no âmbito das suas funções jurisdicionais não é um documento administrativo (Ac Conseil d'Etat Contentieux n.º 39933 du 5 fév 1990).

O critério da simples detenção faz com que sejam documentos administrativos os elaborados *pelos particulares* e por estes juntos aos processos (CHAPUS, René; *Droit Administratif General*, Tome 1, 6e Éd., Montchrestien, Paris, 1992, p. 360). O critério da simples elaboração faz com que mesmo nos processos que tenham sido enviados para o Ministério Público e já não encontrem por isso detidos pela administração pública esta ainda tem de providenciar para fazer cópia do mesmo para o fornecer ao particular (OLIVEIRA, Mário Esteves de; GONÇALVES, Pedro Costa; AMORIM, J. Pacheco de; *Código do Procedimento Administrativo Comentado*, 2ª Ed., Almedina, Coimbra, 1998, pp. 323-324).

A detenção ou a elaboração são igualmente os critérios do artigo 2º/3 do Regulamento (CE) n.º 1049/2001 do parlamento Europeu e do Conselho de 30 de Maio de 2001.

GONÇALVES, José Renato; *Acesso à Informação das Entidades Públicas*, Almedina, Coimbra, 2002, pp. 38-39 enuncia critérios probatórios de detenção que são importantes: aparecendo imagens na televisão de filmagens feitas por um organismo público este não pode dizer que não existem, quando publica dados numéricos relativos ao país é porque tem os dados numéricos relativos às suas regiões, quando se publicam conclusões de relatórios ou estudos não se pode dizer que não se detêm os relatórios ou estudos.

Não se exige que a detenção seja estável (ver à luz de lei expressa em contrário, ITALIA, Vittorio; *L'Accesso ai Documenti Amministrativi (Regolamento 27 giugno 1992, n. 352)*, 2ª ed., Giuffrè, Milano, 1994, p. 67). Com efeito, quando muito pode-se colocar a questão da transmissão da detenção tratada posteriormente. O que não se exige nunca é uma detenção qualificada. Basta a detenção na Suécia, embora a lei se aplique igualmente a órgãos políticos (RAGNEMALM, Hans; *Administrative Justice in Sweden*; in: PIRAS, Aldo (Ed.); *Administrative Law. The Problem of Justice, Vol. Iº, Anglo-American and Nordic Systems*, Giuffrè, Milan, 1991, pp. 346-347).

Nos Estados Unidos são usados quatro critérios, mas que a lei portuguesa absorve de forma mais sintética: ou a informação foi elaborada, ou encontra-se nos arquivos, ou é controlada ou é usada para as finalidades do organismo (STRAUSS, Peter L.; *An Introduction to Administrative Justice in the United States*; in: PIRAS, Aldo (Ed.); *Administrative Law. The Problem of Justice, Vol. Iº, Anglo-American and Nordic Systems*, Giuffrè, Milan, 1991, pp. 721-722).

Mas a lei prevê igualmente *factos extintivos* da titularidade:

a) A eliminação sem substituição (se ilícita gerando responsabilidade);
b) A devolução aos particulares;
c) O envio de documentos a terceiras entidades públicas, que por definição elimina a detenção[51];
d) A transferência lícita para arquivos históricos.

---

[51] E elimina a titularidade quando são passados para tribunal, mesmo que elaborados pelo organismo em causa. Quando são elaborados pelo organismo e passados para outros organismos não cessa em princípio a titularidade.

O Ac TCA de 13 de Abril de 2000 vem colocar uma questão de procedibilidade do pedido de intimação que pode pôr em crise o que defendemos em texto. É que afirma que só existe do dever de fornecer os documentos se a entidade tiver jurisdição sobre os procedimentos. Parece que este critério é meramente impressivo e não rigoroso. Em primeiro lugar porque, como vimos, não é o que decorre da lei, que se escora na elaboração ou detenção. Em segundo lugar pode-se dar o caso de haver transferência de documentos com a transferência de competência. Assim realmente haverá novo detentor dos documentos. E mesmo que quem tenha elaborado a informação tenha sido o primeiro organismo (o transferente) tendo em cúmulo perdido a competência e transferido a competência, pode-se considerar que se extinguiu o dever de fornecer. Esta seria mais uma causa de extinção complexa da titularidade (transferência de competência e transferência de documentação no caso de o facto constitutivo ser a elaboração do documento).

Questão conexa mas diversa é a que resulta da diferença entre certidão *de actos* e certidão *de documentos*. Uma entidade que possua um documento que atesta um acto de uma terceira entidade é detentora apenas do documento e não do acto. Pode pois certificar que do processo consta o documento, mas não certificar o acto (ver Reis, Célia; *Acesso dos Particulares aos Documentos da Administração. Anotação a Sentença do Tribunal Administrativo de Círculo de Lisboa*; in: *Cadernos do Mercado de Valores Mobiliários*, n.º 11, Ago 2001, CMVM, Lisboa, 2001, pp. 194 ss.). Neste caso a entidade é detentora da informação-documento, mas não da informação-acto.

No caso de se verificar que a administração pública não detém o documento deve-se considerar extinta a instância da intimação (Ac TCA de 13 de Janeiro de 2000).

O Ac Cour Administrative d'Appel de Marseille Contentieux nº 97MA00536 du 30 set 1999 considera que se um órgão da administração pública não está em condições de encontrar o documento, o dever de o fornecer encontra-se extinto, mas sem daí retirar consequências para a responsabilidade da administração. De acordo com o Ac Conseil d'Etat Contentieux n.º 133456 du 26 jun 1996, se o ficheiro informático for destruído, mas se mantiverem os elementos recolhidos manualmente que serviram para o construir, nesse caso o pedido não fica sem objecto. O Ac Conseil d'Etat Contentieux n.º 140824 du 19 déc 1995 decidiu que o cumprimento extingue o dever (ver também a decisão do Tribunal Administratif de Bordeaux Contentieux nº (?) du 1 fév 1990, e o Ac Conseil d'Etat Contentieux n.º 140824 du 19 déc 1995). Se, apesar de os arquivos de um hospital estarem parcialmente destruídos, foi possível produzir certidão do essencial da informação devida ao particular, encontra-se cumprido o dever de dar informação (Ac Cour Administrative d'Appel de Nantes Contentieux nº 89NT01413 du 8 jul 1992).

A destruição dos dados (pessoais, no caso) bem como a sua cessão a terceiro estão expressamente previstas como vicissitudes na lei italiana (PINORI, Alessandra; *La protezione dei Dati Personali. Guida alla Lettura delle Fonti*, Giuffrè Editore, Milano, 2004, pp. 145-147), bem como os deveres de conservadoria dos dados (*ibidem*, pp. 200-203).

Mas o recorte substantivo da titularidade não se queda por estes elementos. O legislador *recorta negativamente* a titularidade ao atribuir a titularidade a terceiros:

a) Documentos políticos, que pertencem aos órgãos políticos do Estado;
b) Informação e documentos vindos de entidades públicas estrangeiras quando do seu regime decorre que a titularidade se mantém na entidade estrangeira;
c) Informação e documentos vindos de entidades públicas nacionais quando do seu regime decorre que a titularidade se mantém na entidade nacional transmitente da informação;
d) Segredo de Estado, de que são titulares apenas alguns órgãos políticos e, provisoriamente, alguns órgãos ligados à segurança do Estado;
e) Investigações referentes à investigação infraccional que corre em terceira entidade pública (processo crime, mas igualmente contra-ordenacional ou disciplinar que corre em terceira entidade);
f) Direitos industriais e comerciais;
g) Direitos de autor;
h) Intimidade privada;
i) Vida interna das entidades.

Se bem se vir estas excepções excluem em geral o efeito constitutivo da elaboração e da detenção. Casos especiais são apenas os das alíneas b) e c), em que por definição apenas a *detenção* é excluída da sua eficácia constitutiva (dado que por definição não foram elaboradas as informações pelas entidades detentoras).

Dado que a titularidade se constitui por *remissão* para outros ramos de Direito rege um *princípio de dependência* da legitimidade em relação ao regido por estes ramos de Direito. O que significa que as *vicissitudes* da legitimidade se têm de encontrar em grande medida nestes ramos. Para um caso de aquisição de legitimidade posterior ao início do procedimento, por aquisição de um imóvel ver o *Palazzolo vs. Rhode Island et al.* (U.S. Supreme Court), June 28, 2001.

Existe obviamente um aspecto em que a titularidade não explica o regime. É o do processo infraccional que corre junto da própria entidade a que se pede a informação. Seja pré-investigação criminal, seja contra-ordenacional, seja disciplinar. Mas aqui já saímos fora do regime de Direito Administrativo. É um *regime especial* que se impõe, não de Direito Administrativo comum, mas ou a este alheio (Direito Penal, Direito das Contra-Ordenações), ou especial (Direito Administrativo Disciplinar). Nestes casos existem regras de acesso especiais, que têm a ver com o regime de cada ramo do Direito a que respeitam.

Que o conceito central é o da titularidade associado a um regime funcional vê-se igualmente pelo *Pierce County, Washington vs. Guillen, Legal Guardian of Guillen et al., Minors, et al.* (U.S. Supreme Court), January 14, 2003. Neste se estabelece que, havendo informações coincidentes compiladas por dois diversos organismos administrativos, uma para efeitos de segurança e outra por razões diversas, o regime de acesso é diverso. Ou seja, o estatuto do "segredo" não é forçosamente apenas objectivo, mas pode ser igualmente *funcional*. Uma informação detida pelo Estado pode não ser secreta por si mesma, pelo seu conteúdo, dependendo igualmente para que *efeitos* se detém. Ou seja, o critério da titularidade é o determinante e não o do segredo propriamente dito. Há assim que distinguir:

1. Informações objectivamente "secretas", mas que significam simplesmente que alguém é delas titular, que não a administração pública;
2. Informações que são apenas funcionalmente secretas, porque se dirigem a algum efeito. Dando um exemplo, uma certidão de registo predial não é secreta em si mesma, mas integrada num processo de investigação infraccional passa a não poder ser dada por esse órgão (porque em boa razão, não é tanto o conteúdo da informação que consta de certidão que é tutelado, mas uma nova informação: o facto de do processo constar essa informação).

O recorte negativo da titularidade estabelece-se se bem virmos segundo vários critérios: o seu *conteúdo* (alíneas a), d), e), f), g), g), h), i)), segundo a sua *origem* (alínea a), b), c)), segundo a sua *função* (alínea e)).

Que a intimidade privada se funda no conteúdo mostra-se na jurisprudência italiana (sentença do tribunal de Milão de 27 de Setembro de 1999 - PINORI, Alessandra; *La protezione dei Dati Personali. Guida alla Lettura delle Fonti*, Giuffrè Editore, Milano, 2004, pp. 53 ss.) segundo a qual o titular da "privacy" relativa a uma notícia de um jornal é quem é nela citado. Mas já a função remete sempre para um regime que é especial em relação ao Direito Administrativo, nomeadamente de natureza infraccional.

Que é de titularidade que se trata pode-se ver em sede de direito de autor das bases de dados, por exemplo em MELLO, Alberto de Sá e; *Tutela Jurídica das Bases de Dados*; in: *Direito da Sociedade da Informação*, Volume I, Coimbra Editora, Coimbra, 1999, pp. 143-145. Ver igualmente ASCENSÃO, José de Oliveira; *Estudos sobre Direito da Internet e da Sociedade da Informação*, Almedina, Coimbra, 2001, pp. 240-242.

Nestes casos o legislador nada faz mais que reafirmar um princípio geral no nosso direito: ninguém pode dar o que não é seu, *nemo dat quod non habet*. A injunção é a da administração pública dar tudo o que está junto de si em matéria de informação. Mas não quer o legislador, pelo simples facto de a informação estar junto da administração pública, proceder a um desapossamento de direitos de terceiros.

Embora apenas se pronuncie na perspectiva da intimidade privada e de acordo com um direito de autodeterminação informativa CASTRO, Catarina Sarmento e; *Direito da Informática, Privacidade e Dados Pessoais*, Almedina, Coimbra, 2005, pp. 27-28, p. 201 reconhece que o problema é o da titularidade dos dados.

Mas a titularidade tem uma eficácia explicativa igualmente num outro plano. É que, quando a informação é do *domínio público*, seja por a lei a obrigar a publicidade (através de registo ou divulgação obrigatória), seja por facticamente já estar no domínio público, seja por a lei fazer cessar segredo (como acontece com o segredo de Estado ou o segredo económico), deve igualmente a administração pública fornecer essa informação.

Ou seja, a administração pública deve dar acesso a todos, não apenas da informação de que é titular, mas igualmente da que é de domínio público.

Mas por outro lado, é em função da *universalidade* que se compreendem as restantes vertentes do sistema. Com efeito, à universalidade opõe-se a legitimação, a proibição de uso, a exclusividade de uso, o uso especial ou o acesso especial.

A universalidade mantém-se nos procedimentos administrativos *populares*. Em certas matérias de interesse geral, o acesso à informação é universal, por seguir a universalidade de intervenção no processo.

A *legitimação* encontra-se em várias dimensões do regime:

a) Durante o procedimento administrativo, restringindo-se o acesso (que seria universal sem esta regra) por razões de economia processual, eficácia decisória da administração e garantias dos particulares (que carecem de uma decisão rápida pela administração pública e sem excessiva intervenção de terceiros);
b) Em geral o titular da informação ou a quem ela consinta pode aceder à informação;
c) No acesso ao processo mínimo.

A *proibição de uso* aplica-se aos dados pessoais que foram objecto de correcção.

A *exclusividade de uso* (pela administração pública) tem por objecto:

a) Os documentos pessoais;
b) Os documentos de estratégia processual.

O *uso especial* ocorre em relação a documentos recebidos de entidades estrangeiras a que a lei restringe a utilização.

Finalmente o *acesso especial* respeita a processos infraccionais que correm junto do concreto organismo da administração pública a que se pede e que têm um regime de acesso traçado, não na lei administrativa comum, mas na lei do processo infraccional em causa.

O eixo da universalidade tem um fundamento próprio. Com efeito, escora-se na ideia de que a actuação da administração pública pode afectar terceiros, os particulares. Tendo optado pela universalidade como princípio geral, o legislador reconhece que actual ou potencialmente a administração pública pode lesar directa ou indirectamente ou pelo menos afectar qualquer particular. Por razões de economia processual ou para protecção de bens alheios restringe esse acesso, ou então alarga-o em função do titular desses bens (informação, ou potencial lesado com a actuação da administração pública).

Este duplo eixo tem implicações institucionais concretas. Por exemplo CARVALHO, Raquel; *O Direito à Informação Administrativa Procedimental*, Publicações Universidade Católica, Porto, 1999, p. 205-206, afirma que a aferição do legítimo interesse para efeitos do 64º CPA releva da discricionaridade da administração por princípio. Ora não é este o caso. Sendo o *titular* da informação tem este sempre direito de acesso a esta. Não o sendo, actua o eixo do grau da *universalidade*, tendo de se aferir do grau de afectação do particular pela actuação ou omissão da actuação pública. A questão não é pois de mera discricionaridade. Existem critérios sistémicos que permitem enquadrar a legitimação à luz do 64º CPA. Por exemplo SOUSA, Marcelo Rebelo de; *Lições de Direito Administrativo*, Volume I, Lex, Lisboa, 1999, p. 435 dá o caso de alguém que é chamado para ser ouvido num procedimento em que não é interessado e pretende consultar o processo.

O binómio titularidade/universalidade tem uma eficácia explicativa de praticamente todo o regime de acesso. Apenas é impotente para resolver um problema final. Para esse temos de recorrer à figura da ponderação de bens (e abuso de direito), como vimos em texto. Mas se bem virmos, este elemento adicional explicativo do regime é trivial no Direito. Não é específico do acesso à informação administrativa. Em qualquer caso em que exista um bem jurídico que se tutele (o acesso à informação pelos particulares, no caso) tem de se ponderar a potencial colisão com outros bens no caso concreto (e os limites dessa tutela).

Com efeito, e como concluímos no capítulo correspondente, o outro problema sistémico, o do princípio da igualdade, em nada afecta o segredo. E o abuso de direito não apresenta nenhuma especialidade de monta.

É verdade que a propósito da ponderação de bens chegámos à conclusão de que a mesma pode operar, não apenas num quarto nível (depois do terceiro: acesso, restrição, excepção à restrição), mas em geral depois de findo o percurso hermenêutico, mesmo quando este termina no segundo passo (só há regra de acesso e restrição) ou do primeiro (só há regra de acesso), abrindo a informação no primeiro caso ou cerrando-a no segundo. É evidente. A ponderação de bens é figura geral do direito e só actua depois de encerrado o circuito hermenêutico sistémico. O que se pretende defender é que muita da matéria que era absorvida pela ponderação concreta de bens fica agora reduzida a um problema sistemático, reduzindo a intervenção da ponderação de bens a um campo cada vez mais residual, até que futura ponderação dogmática e legislativa possa fazer recuar ainda mais as suas fronteiras.

Podemos finalmente enfrentar um problema que até ao momento foi deixado em suspenso no presente estudo. Sendo o direito à informação consagrado no artigo 268º CRP um direito análogo a direitos, liberdades e garantias nos termos do artigo 17º CRP (Canotilho, J. J. Gomes; Moreira, Vital; *Constituição da República Portuguesa Anotada*, 3ª Ed. Revista, Coimbra Editora, Coimbra, 1993, p. 934), esta matéria é reserva relativa da Assembleia da República, nos termos do artigo 165º/1/b CRP. Tendo em conta estes dados, temos de enfrentar as várias teses que são aqui possíveis:

a) O 268º/l, 2 CRP é taxativo. Se assim for em sede de procedimento todas as normas que no CPA restringem o acesso à informação seriam inconstitucionais e na LADA as referências à investigação contra-ordenacional e disciplinar (quando se refere o segredo de justiça, nomeadamente) e eventualmente à vida interna das empresas (salvo se nos termos do 12º/2 CRP se aplicar o conceito de intimidade privada do 268º/2 CRP a estas) seriam inconstitucionais. Esta tese peca por defender um desapossamento constitucional de outros bens, também eles constitucionalmente tutelados.
b) O 268º/1, 2 CRP não é taxativo, mas as restrições apenas podem ser reguladas por lei da Assembleia da República ou com autorização legislativa. Neste sentido, muita da análise que fizemos seria destruída por gerar inconstitucionalidades. Com efeito, o registo comercial, que regula a vida interna das empresas negativamente, muitos dos deveres de publicação, ou deveres de segredo (comercial ou industrial, de autor etc.), os arquivos históricos são regulados por decreto-lei apenas, para dar só alguns exemplos. Se, para dar relevância em sede de direito administrativo, tivessem de ser regidas por lei da Assembleia da República haveria uma desproporção entre a forma exigida e a dignidade das matérias a regular, ou, em alternativa, uma irrelevância das normas constantes de decreto-lei sem autorização legislativa sobre o tema de acesso pelos particulares à informação da administração.

A melhor interpretação do 268º/l, 2 CRP parece-me ser, em consequência, a seguinte:

a) Estes números apenas determinam que a administração tem de dar conhecimento das matérias de que é titular ou que são de domínio público, não visando desapossar terceiros da sua titularidade da informação;
b) Garantem que a titularidade da Administração Pública tem de ser estabelecida por lei (ou decreto-lei com autorização legislativa) de tal forma que isso não implique diminuição de garantias dos particulares;
c) Apenas está sujeita a reserva de lei, nos termos do 165º/l/b CRP, a definição de restrições ao acesso nos casos em que a administração pública seja titular. Esse é o caso dos documentos pessoais, que foram excluídos pelo 4º/2/a LADA, os documentos de estratégia processual, cuja exclusão decorre indirectamente de órgãos cujas competências são definidas por lei (l65º/l/p CRP), ou quando integram processos infraccionais (165º/l/d CRP);
d) A titularidade de informações por terceiros não está sujeita *ipso facto* a reserva da Assembleia da República, embora possa está-lo se e na medida em que outras normas constitucionais o imponham (v.g. em relação à intimidade privada, é consensual que o registo civil nessa qualidade ou o registo comercial, igualmente nessa qualidade, não estão sujeitos a reserva, na medida em que não tocam directamente o núcleo essencial dos direitos à intimidade privada das pessoas; mas, já se tocarem nesse núcleo essencial dos direitos fundamentais estão sujeitos a reserva da Assembleia da República).

Esta solução restrictiva é a única que não gera inconstitucionalidades absurdas, decorrentes de excessiva formalização de matérias sem que haja substantivas necessidades constitucionais de protecção[52]. Para o direito de acesso como um direito análogo a direitos, liberdades e garantias ver MACHETE, Pedro; *A Audiência dos Interessados no Procedimento Administrativo*, Universidade Católica Editora, 2ª Ed., Lisboa, 1996, p. 403, BOTELHO, José Manuel da S. Santos; ESTEVES, Américo J. Pires; PINHO, José Cândido de; *Código do Procedimento Administrativo Anotado – Comentado*, 3ª Ed., Almedina, Coimbra, 1996, pp. 257-259. Para os registos e arquivos como "um património aberto da colectividade" ver CANOTILHO, J. J. Gomes; MOREIRA, Vital; *Constituição da República Portuguesa Anotada*, 3ª Ed. Revista, Coimbra Editora, Coimbra, 1993, p. 934.

[52] GONÇALVES, José Renato; *Acesso à Informação das Entidades Públicas*, Almedina, Coimbra, 2002, p. 130 reconhece que existe aqui um caso de colisões de direitos.

Outra consequência de monta das conclusões a que chegámos conflui com a ciência da administração. É que, para obedecer ao regime jurídico de acesso (e de impugnação indirectamente), a documentação na administração pública, para além do regime de organização documental em sede de arquivologia (arquivos, corrente, intermédio, definitivo) organizados de acordo com o fluxo temporal, tem de obedecer a critérios objectivos. Em suma, das entidades administrativas têm de constar, no limite, e de modo autónomo, os seguintes acervos documentais:

a) Documentos da administração (regidos pela LADA);
b) Processos administrativos (regidos pelo CPA enquanto correm os seus termos e pela LADA quando findam);
c) Processos de contra-ordenação (regidos pelo RGCORD's);
d) Processos disciplinares (regidos pelo aplicável regime disciplinar);
e) Registos públicos (regidos pelo regime aplicável ao respectivo registo).

A conclusão dogmática a que se chega tem não apenas uma eficácia hermenêutica do regime, mas desvela problemas práticos que o legislador não teve em conta. Seria inevitável que o legislador (constitucional e ordinário) não quisesse um desapossamento de bens jurídicos pertencentes a terceiros, apenas pelo facto de a informação ter sido detida ou elaborada pela administração pública. Essa é uma necessidade do Estado de Direito. O problema é que no recorte negativo da titularidade o regime é sobretudo *remissivo*. E remissivo para uma multiplicidade de regimes, cada um mais diferente que o outro. Que implicações práticas tem este facto? Muito simplesmente que se prevê que, numa administração pública pouco preparada, a exigência que se impõe é a da existência de uma sólida enciclopédia jurídica em cada serviço. Inevitabilidade constitucional, colide no entanto com a realidade social. Daí que se preveja que na maioria dos casos a concessão ou não da informação seja anómica, não apenas por desconhecimento do sistema específico do acesso à informação, mas igualmente, e em coerência, da enciclopédia jurídica.

À luz das conclusões enunciadas melhor podemos apreciar a jurisprudência constitucional na matéria. O Ac TC n.º 394/93, de 16 de Junho de 1993 declara, com força obrigatória geral, a inconstitucionalidade da norma constante do 9º/4 do Decreto-lei n.º 498/88, de 30 de Dezembro, na medida em que restringe o acesso dos interessados em caso de recurso da parte das actas em concurso de funcionalismo público, em que se definam a) os factores de apreciação e b) os factores relativamente ao candidatos concretos sejam efectivamente apreciados por violação do 268º/1 e 2 CRP.

Se bem virmos, embora a solução deste acórdão seja correcta, confunde diversos planos de análise. Em relação aos critérios de apreciação, esta é informação elaborada pela administração pública, ela é titular da mesma. Restringir o acesso à mesma gera, sem dúvida, violação do 268°/1 e 2 CRP. Aliás, nesta sede o mesmo acórdão reconhece dois aspectos que já foram salientados em texto: o de o direito à informação carecer de ponderação de bens, e o facto de os n.ºs 1 e 2 do 268° CRP terem de ser lidos em conjunto. Quanto a este aspecto, nenhum reparo há a fazer ao acórdão. Mas já diversa é a situação que respeita à apreciação dos concretos factores aferidos, que entram na esfera da vida privada dos particulares, ao contrário do que entendeu o Tribunal Constitucional. Aqui o próprio Tribunal refere em texto, mas não na fundamentação, qual seja o verdadeiro fundamento: o direito ao recurso judicial dos actos administrativos. É evidente que este acórdão é proferido na vigência da primeira revisão constitucional, em que o artigo 268° CRP ainda não tem norma sobre o direito ao recurso da actuação da administração pública, e muito menos um princípio de tutela efectiva. No entanto, já o artigo 20°/2 CRP poderia ser invocado na altura para o efeito. Em síntese, no primeiro caso, a informação tem como titular a administração pública (critérios de ponderação), dado que é por ela elaborada e tem, por força do 268°/1, 2 CRP, de ser fornecida. Já quanto à segunda informação (relativa aos candidatos concretos) estará sujeita à intimidade privada, mas cede perante o direito de recurso judicial.

O Ac STA de 15 de Julho de 1997 estabelece que os deveres de informação do CPA e o regime da lei de Segredo de Estado vieram a substituir o regime do 82°/3 da Lei de Processo nos Tribunais Administrativos (LPTA, hoje em dia revogada pelo CPTA). Estabelece que as restrições ao acesso (usa expressamente a terminologia "restrições") só se fundamentam por colisão de direitos, nomeadamente o direito de propriedade, ele mesmo configurado como um direito fundamental. Refere a existência de direitos em colisão, devendo encontrar-se o melhor equilíbrio possível entre eles. Embora não concretize que este direito de propriedade pode incidir directamente sobre informação, nem compreenda que existe um sistema prévio à ponderação concreta, aproxima-se muito das teses defendidas. Da mesma maneira no Ac TCA de 17 de Junho de 1999 o tribunal decidiu que:

a) O direito à informação administrativa pode conflituar com o direito de propriedade;
b) O 10° LADA apenas tem normas interpretativas de imperativos constitucionais;

c) O segredo industrial tem de ser conciliado com o acesso à informação;
d) Devem-se harmonizar os direitos conflituantes[53].

O Ac STA de 13 de Agosto de 1997 afirma que o direito à informação é um direito fundamental com natureza análoga a direitos, liberdades e garantias. Pode ser limitado por outros direitos fundamentais, como o direito à propriedade consagrado no artigo 62º CRP. Facto significativo o de considerar o segredo comercial ou industrial como um desenvolvimento deste direito de propriedade. Havendo conflitualidade entre o direito à informação e o direito à propriedade a sua harmonização deverá ser feita caso a caso, ponderando-se os interesses em jogo. Como vimos só parcialmente este acórdão tem razão. É que a ponderação já é feita pelo legislador, tanto ordinário, como constitucional. O que o aplicador do direito tem de verificar é se a matéria é da titularidade de outrem que não a administração pública. Assim sendo, há restrição de acesso. De seguida terá de verificar se há excepções às restrições. Só depois destas três fases (permissão, restrição, excepção), é que se tem de seguir uma ponderação do caso concreto. Há um sistema, antes de haver adesão ao caso concreto. De igual forma, o Ac TCA de 6 de Novembro de 1997 determina que o direito à informação do artigo 268º CRP não é um direito absoluto, devendo harmonizar-se com outros direitos constitucionalmente tutelados, mediante uma adequada e casuística ponderação de interesses. Assim os segredos comercial, industrial ou sobre a vida interna das empresas. Este acórdão em parte é verdadeiro, quando exige a ponderação de bens. Mas já falha quando esquece que existe um sistema nessa ponderação, não sendo meramente casuística a mesma. O Ac STA de 6 de Maio de 1997 recidiva ao afirmar que a limitação do direito à informação procedimental resulta de pondera-

---

[53] O recorrente havia afirmado que:

a) O direito à informação constante da LADA e do CPA não é um direito a informação administrativa prévio e instrumental em relação à utilização de um meio processual reactivo (ao contrário do que constava dos artigos 82º ss. da revogada Lei de Processo nos tribunais Administrativos).
b) O artigo 17º do Decreto-Lei n.º 72/91, de 8 de Fevereiro ao impor do dever de sigilo dos funcionários e agentes públicos não pode ser interpretado como uma disposição que impõe limites ao direito de informação perante a administração pública, o que seria inconstitucional.
c) A qualificação dos documentos como confidenciais não traduz o exercício de um poder discricionário pela administração pública.
d) A exigência de uma quantia exorbitante por cópia constitui uma violação do direito à informação sendo inconstitucional portaria que o imponha.

ção de razões relacionadas com a protecção a propriedade (industrial e intelectual) que é direito fundamental nos termos do 62º CRP. A harmonização destes direitos faz-se de forma casuística com vista ao melhor equilíbrio entre eles. A mesma doutrina em relação à propriedade industrial e intelectual no Ac STA de 18 de Abril de 1996. A teoria da ponderação de bens e a protecção da "propriedade" igualmente no Ac STA de 2 de Fevereiro de 1995.

A limitação do direito à informação procedimental resulta de ponderações relacionadas com a protecção do direito de propriedade (industrial e intelectual) que a CRP assume como um direito fundamental (62º CRP) (Ac STA de 23 de Julho de 1997).

Havendo conflito de direitos (à informação, à protecção de outros valores), tem de ser resolvido de acordo com o princípio constitucional da proporcionalidade (Ac STA de 13 de Outubro de 1994).

CARVALHO, Raquel; *O Direito à Informação Administrativa Procedimental*, Publicações Universidade Católica, Porto, 1999, pp. 210-235 trata de duas questões que só agora permitem real elucidação. A separação de regimes do CPA e LADA e a da eventual tipicidade de restrições constitucionais ao acesso. Com efeito, só uma visão de conjunto nos permite dar uma resposta cabal a esta duas questões, mais ligadas do que parecem. Analisando o regime verificámos que as restrições são comuns, e só na aparência existem diferenças. O regime da LADA e da CPA não se diferenciam pelas restrições (ou as suas excepções em geral) mas por regras sobre legitimação ou diversos objectos (no CPA há informações sobre procedimento que por definição não existem na LADA – daí que se compreenda que SÉRVULO CORREIA defenda que as limitações se referem ao acesso aos documentos e não a informações procedimentais – CARVALHO, Raquel; *O Direito à Informação Administrativa Procedimental*, Publicações Universidade Católica, Porto, 1999, p. 233). Se o 268º CRP não contém restrições de acesso à informação procedimental e o faz para o acesso a informação não procedimental, não significa que o regime constitucional seja diverso. Significa apenas que foi enunciado diversamente, sem consciência das implicações dogmáticas da questão. Entendido o princípio constitucional do 268º CRP como geral, o que determina é que a informação que seja da titularidade da administração pública ou de domínio público deve ser livremente acedida, seja ela procedimental ou não. É que as restrições apenas podem ser escoradas noutros bens jurídicos constitucionalmente tutelados. Os dois problemas estão assim conexos. Não se pode chegar a conclusões completas sem se confrontar o regime da informação procedimental com o da não procedimental, e não existe uma tipicidade de restrições de acesso, mas apenas uma regra de acesso que depende da titularidade da informação.

O direito de acesso como tutelado pela carta dos direitos fundamentais da União Europeia em Franchini, Claudio; *I Principi Applicabili ai Procedimenti Amministrativi Europei*; in: *Rivista Trimestrale di Diritto Pubblico, Quaderno n. 1, Il Procedimento Amministrativo nel Diritto Europeo*, Giuffrè Editore, Milano, 2004, p. 284.

O *Owasso Independant School et al. vs Kristja J. Falvo et al.* (U.S. Supreme Court) (Oral Argument), November 27, 2001 trata de uma matéria que tem sido descurada enquanto actividade administrativa: a prestação de ensino das escolas públicas. Aí se discute o problema de saber quais as fronteiras da privacidade da informação. Estava em causa saber se o sistema de "peer grading", em que os alunos controlam a qualidade do trabalho dos seus colegas como forma de estímulo recíproco, seria ou não violador da intimidade privada. O sistema americano neste aspecto não é o da ilicitude propriamente dita, mas antes um regime de direito premial. Quem viola as regras de privacidade não recebe subsídios federais. A questão parte de saber o que são registos escolares. Para uns apenas os registos escolares formais, bem como os livros de notas dos professores, têm essa natureza. Mas a jurisprudência do tribunal de circuito deixou claro que, mesmo que uma nota não esteja registada no livro de notas do professor, é um registo para este efeito ("record"). Discute-se igualmente se as inscrições no quadro negro poderiam ser consideradas registos, o que se recusa por só se considerarem registos os que podem ter efeito a longo termo na vida do estudante. Salienta-se que não há dúvida que o livro de notas do professor é um registo para estes efeitos. Manter em registo teria pois o sentido de manutenção a longo prazo, ou com efeitos a longo prazo. Não estarão abrangidos documentos que são meros lembretes, para ajuda a memória futura. O registo de um conselheiro escolar relatando problemas emocionais de um aluno é indubitavelmente um registo, para este efeito. Reconhece-se no entanto que o critério de detenção não se pode basear no tempo de detenção. O "peer grading", defende-se, não estará sujeito ao regime da documentação administrativa, não por não ser um registo, mas por não ser mantido pela escola. Outro argumento invocado é o da legislação federal não se querer imiscuir na autonomia pedagógica do professor. Por "record" entende-se sempre algo escrito. Levanta-se assim o problema de saber se quando um professor diz publicamente as notas dos alunos num teste na sala de aula estaria ou não a violar a privacidade. Esta discussão, que só agora pode ser estudada em plena consciência, mostra que o que sob o ponto de vista conceptual é muito claro pode ter fronteiras muito difusas na prática. Elaboração e detenção, o que seja um documento, os limites da intimidade privada, a autonomia profissional de agentes da administração pública estão neste caso de tal forma intrincados que se torna difícil destrinçar as suas fronteiras. Mas se isto acontece não é por acaso. Não é a dogmática do acesso que é posta aqui directamente em crise, mas a própria construção de uma actividade administrativa (o ensino público) como tal. Tendo sido construído de modo informal ao longo dos tempos, o espaço do ensino público é por si mesmo um espaço administrativo fluido (apesar de ser considerado, mesmo para os americanos, um espaço de funções centrais do Estado – *Franchise Tax Board of California vs. Gilbert P. Hyatt et al.* (U.S. Supreme Court) (Oral Argument), February 24, 2003), com fronteiras de comportamento social pouco definidas e em que o espaço da estruturação da actividade administrativa se encontra por construir dogmaticamente. O exemplo dado é pois um bom teste para a robustez da solução proposta. É que carece de uma actividade administrativa formalmente estruturada para se poder estabelecer em bases sólidas. *O acesso à informação administrativa constrói-se sobre a actividade administrativa.* Tanto mais estruturada seja esta, tanto mais rigorosas as soluções a que conduz. Tanto menos isso acontece, tanto menos as soluções do acesso podem ser inequívocas. A escola é mesmo dada como um exemplo de relevância do direito costumeiro no Direito Administrativo em MAURER, Hartmut; *Droit Administratif Allemand*, L.J.D.C., Paris, 1995, p. 70. Curiosamente a propósito da publicidade das notas escolares o mesmo se passa com GONÇALVES, José Renato; *Acesso à Informação das Entidades Públicas*, Almedina, Coimbra, 2002, p. 65.

Problema mais complexo, na medida em que não pressupõe apenas o Direito Interno, mas igualmente o Direito Comunitário, é o que decorre de situações de colaboração entre os Estados-membros e a União Europeia. Nestes casos pode ser difícil determinar a titularidade da informação (vide CASSESE, Sabino; *Il Procedimento Amministrativo Europeo*; in: *Rivista Trimestrale di Diritto Pubblico, Quaderno n. 1, Il Procedimento Amministrativo nel Diritto Europeo*, Giuffrè Editore, Milano, 2004, pp. 31 ss.; para a prevalência funcional da Comissão Europeia ver FRANCHINI, Claudio; *I Principi Applicabili ai Procedimenti Amministrativi Europei*; in: *Rivista Trimestrale di Diritto Pubblico, Quaderno n. 1, Il Procedimento Amministrativo nel Diritto Europeo*, Giuffrè Editore, Milano, 2004, p. 297; sem dar solução para esta questão CANANEA, Giacinto della; *I Procedimenti Amministrativi Composti*; in: *Rivista Trimestrale di Diritto Pubblico, Quaderno n. 1, Il Procedimento Amministrativo nel Diritto Europeo*, Giuffrè Editore, Milano, 2004, pp. 325-326). A regra para determinar a medida da titularidade parece-me ser a da *competência*. É preciso conhecer a medida da competência. Na medida em que a competência seja de um órgão nacional (mesmo concorrencial) segue-se o regime ora exposto, salvo naquilo que seja excepcionado pelo Direito Comunitário. Só quando a competência for exclusivamente de órgão europeu e na medida em que o seja, se seguirá o regime comunitário diverso. O facto de existirem competências concorrenciais (ou sucessivas, consoante a fase do processo – ver v.g. CASSESE, Sabino; *Il Procedimento Amministrativo Europeo*; in: *Rivista Trimestrale di Diritto Pubblico, Quaderno n. 1, Il Procedimento Amministrativo nel Diritto Europeo*, Giuffrè Editore, Milano, 2004, pp. 40-41, 44-49; ver também CRAIG, Paul; *Una Nuova Cornice per l'Amministrazione Comunitaria: il Regolamento Finanziario del 2002* in: *Rivista Trimestrale di Diritto Pubblico, Quaderno n. 1, Il Procedimento Amministrativo nel Diritto Europeo*, Giuffrè Editore, Milano, 2004, pp. 194-202) não pode diminuir garantias dos particulares. Isto obviamente pode ser excepcionado por norma comunitária, na medida em que respeite o direito fundamental à informação (neste aspecto o novo tratado constitucional deixaria bem clara a necessidade deste respeito dos direitos fundamentais de acordo com CHITI, Mario P.; *Le Forme di Azione dell'Amministrazione Europeia*; in: *Rivista Trimestrale di Diritto Pubblico, Quaderno n. 1, Il Procedimento Amministrativo nel Diritto Europeo*, Giuffrè Editore, Milano, 2004, pp. 68-69).

O modo de acesso não é igualmente esquecido pelo legislador. Desde o impulso (oficioso, a pedido) até à concessão, a matéria é regulada pelo legislador. Nesta sede são de reter três dimensões dogmáticas fundamentais:

a) O legislador estabelece o mais amplo leque de modalidades de acesso (generalizados, localizados, individuais) para garantir que o particular aceda efectivamente à informação (princípio da efectividade da recepção da informação);
b) O processo de acesso não é um procedimento em sentido próprio, não se aplicando as suas regras, embora tenha garantias em certos aspectos equivalentes (dever de fundamentação, dever de decisão); (princípio da garantia processual de acesso à informação);
c) Há um princípio de favor da informação, que exige que mesmo que só essa seja possível, deve-se dar informação parcial (princípio do *fauor informationis*).

Os deveres de informação são estruturados por forma a que esta chegue aos particulares a tempo na forma mais adequada e com o conteúdo mais perceptível.

Se o particular na fase da audiência prévia teve conhecimento do projecto do acto e não manifestou qualquer incompreensão sobre o conteúdo deve concluir-se que o acto está devidamente fundamentado (Ac STA de 22 de Janeiro de 2003). Independentemente do que o tribunal tenha feito para apreciar da real compreensão do acto pelo particular vê-se aqui que o critério do respeito dos deveres de informação depende da sua compreensão pelo destinatário. Por outro lado, já não pode haver equivocidade entre projecto de decisão e decisão propriamente dita (Ac TCA de 8 de Julho de 2004).

Para o princípio da efectividade da recepção da informação nomeadamente quando há carta com aviso de recepção não assinado ver o Ac TPICE (2ª Sec.) de 6 de Abril de 1995 (*BASF AG et al. VS Comissão CE*).

O uso da informação pelos particulares é em princípio livre, mas pode este incorrer em responsabilidade civil ou infraccional se com isso violar bens jurídicos dessa forma tutelados pela lei. O legislador não deixou por isso o uso da informação recebida da administração pública ao simples arbítrio do particular.

Os deveres de fornecer a informação não são objecto de mera declaração platónica do legislador. Indevidamente fornecer ou não informação pode acarretar responsabilidades, civil, penal, disciplinar e sanções pecuniárias compulsórias.

Parte H

ANEXOS

Quanto ao acesso pode-se enunciar a seguinte síntese não científica, mero guião de leitura do regime:

1. Todos têm acesso aos documentos ou informações detidos ou elaborados pela administração pública, sem prejuízo de apenas poderem a eles aceder enquanto está em curso um procedimento administrativo os interessados e quem os represente ou quem demonstre ter interesse legítimo em conhecê-los.
2. Nos casos de direito de procedimento popular não se aplica a restrição da parte final do número anterior.
3. O direito a acesso compreende:
   a) A informação e esclarecimentos sobre o regime jurídico, as práticas administrativas, os agentes da administração que contactam os particulares ou são responsáveis pelos actos, os destinatários dos actos, a datas e locais de realização de actos, a tramitação e os conteúdos de actos e documentos;
   b) O direito à informação verbal, à consulta e obtenção de cópias e certidões.
4. As pessoas mencionadas nos números anteriores não podem aceder a informações sujeitas, enquanto este se mantiver, a segredo:
   a) De Estado e de investigação infraccional;
   b) Comercial, industrial ou de propriedade intelectual; ou
   c) Relativos à vida privada das pessoas singulares ou à vida interna de outras entidades.
5. Cessa a proibição de acesso prevista no número anterior quando:
   a) Os documentos sejam parte de acto da administração, das suas notificações, ou seu fundamento ou prova, em relação a quem tem legitimidade para o impugnar;
   b) Os titulares dos interesses, quem os represente ou a quem estes tenham tal permitido, a tal consintam ou divulguem o segredo;
   c) Exista um dever de divulgação e se tenha esgotado o prazo para a mesma, a administração pública tenha a faculdade de divulgação ou se torne facto notório, na medida da divulgação.
6. A proibição de acesso não impede o acesso às partes dos documentos e informações que não estejam sujeitas a segredo, na medida em que estas não o revelem.

7. O direito de acesso não compreende as informações e documentos:
   a) Políticos;
   b) Anotações pessoais e similares dos agentes da administração;
   c) Não detidos e não elaborados pela administração, ou os elaborados quando tenham transitado para tribunal ou para arquivo histórico;
   d) Os documentos de estratégia processual;
   e) Os detidos por força de recepção e terceiros entidades públicas em regime de segredo de cooperação.
8. É competente para fornecer a informação o organismo que a elaborou ou detém, salvo:
   a) Se a tiver recebido de entidade pública em regime de segredo de cooperação, caso em que é esta última a competente;
   b) Quando está sujeito a segredo de investigação infraccional junto de terceira entidade, caso em que é esta última a competente.
9. É competente para fornecer a informação:
   a) Sobre conteúdo de documentos ou actos concretos da administração pública o órgão competente para o procedimento, ou o órgão máximo do serviço ou quem este último designar, sendo os últimos igualmente competentes para informar da tramitação do pedido de informação;
   b) Qualquer agente habilitado para o efeito, nos restantes casos.

Parte I

JURISPRUDÊNCIA

I. TRIBUNAIS E ÓRGÃOS NACIONAIS

a) Tribunal Constitucional

1) Ac TC de 23 de Abril de 1992
2) Ac TC de 7 de Maio de 1992
3) Ac TC de 7 de Maio de 1992 (proc 90/0214)
4) Ac TC de 3 de Junho de 1992
5) Ac TC de 30 de Junho de 1992
6) Ac TC de 30 de Junho de 1992 (proc 90/0094)
7) Ac TC de 30 de Junho de 1992 (proc 91/0036)
8) Ac TC de 30 de Junho de 1992 (proc 91/0281)
9) Ac TC de 30 de Junho de 1992 (proc 91/0265)
10) Ac TC de 30 de Junho de 1992 (proc 91/0327)
11) Ac TC de 30 de Junho de 1992 (proc 91/0369)
12) Ac TC de 12 de Setembro de 1992 (proc 91/0321)
13) Ac TC de 28 de Outubro de 1992
14) Ac TC de 9 de Junho de 1993
15) Ac TC n.º 394/93, 16 de Junho de 1993
16) Ac TC de 30 de Junho de 1993
17) Ac TC de 12 de Agosto de 1993
18) Ac TC de 27 de Outubro de 1993
19) Ac TC de 20 de Março de 1996
20) Ac TC de 11 de Julho de 1996

b) Tribunais Administrativos

21) Ac STA de 14 de Maio de 1987
22) Ac STA de 30 de Junho de 1988
23) Ac STA de 10 de Janeiro de 1989
24) Ac STA de 12 de Janeiro de 1989
25) Ac STA de 12 de Janeiro de 1989 (proc 026464)
26) Ac STA de 2 de Fevereiro de 1989
27) Ac STA de 30 de Agosto de 1989
28) Ac STA de 17 de Outubro de 1989
29) Ac STA de 28 de Novembro de 1989
30) Ac STA de 2 de Março de 1990

31) Ac STA de 20 de Março de 1990
32) Ac STA de 29 de Março de 1990
33) Ac STA de 26 de Junho de 1990
34) Ac STA de 12 de Julho de 1990
35) Ac STA de 25 de Outubro de 1990
36) Ac STA de 4 de Abril de 1991
37) Ac STA de 9 de Abril de 1991
38) Ac STA de 24 de Abril de 1991
39) Ac STA de 24 de Outubro de 1991
40) Ac STA de 17 de Dezembro de 1991
41) Ac STA de 19 de Dezembro de 1991
42) Ac STA de 11 de Fevereiro de 1992
43) Ac STA de 11 de Fevereiro de 1992 (proc 030259)
44) Ac STA de 13 de Fevereiro de 1992
45) Ac STA de 7 de Abril de 1992
46) Ac STA de 29 de Julho de 1992
47) Ac STA de 9 de Fevereiro de 1993
48) Ac STA de 16 de Março de 1993
49) Ac STA de 30 de Março de 1993
50) Ac STA de 27 de Abril de 1993
51) Ac STA de 21 de Maio de 1993
52) Ac STA de 29 de Junho de 1993
53) Ac STA de 28 de Setembro de 1993
54) Ac STA de 27 de Janeiro de 1994
55) Ac STA de 1 de Fevereiro de 1994
56) Ac STA de 1 de Março de 1994
57) Ac STA de 1 de Março de 1994 (proc 033931)
58) Ac STA de 17 de Março de 1994
59) Ac STA de 7 de Junho de 1994
60) Ac STA de 27 de Julho de 1994
61) Ac STA de 6 de Outubro de 1994
62) Ac STA de 13 de Outubro de 1994
63) Ac STA de 1 de Junho de 1994
64) Ac STA de 13 de Novembro de 1994
65) Ac STA de 30 de Novembro de 1994
66) Ac STA de 2 de Fevereiro de 1995
67) Ac STA de 14 de Fevereiro de 1995
68) Ac STA de 13 de Março de 1995
69) Ac STA de 14 de Março de 1995
70) Ac STA de 18 de Abril de 1995
71) Ac STA de 10 de Maio de 1995
72) Ac STA de 16 de Janeiro de 1996
73) Ac STA de 6 de Fevereiro de 1996
74) Ac STA de 14 de Fevereiro de 1996
75) Ac STA de 15 de Fevereiro de 1996
76) Ac STA de 23 de Março de 1996

77) Ac STA de 26 de Março de 1996
78) Ac STA de 16 de Abril de 1996
79) Ac STA de 18 de Abril de 1996
80) Ac STA de 2 de Maio de 1996
81) Ac STA de 24 de Abril de 1996
82) Ac STA de 4 de Julho de 1996
83) Ac STA de 9 de Julho de 1996
84) Ac STA de 7 de Agosto de 1996
85) Ac STA de 29 de Outubro de 1996
86) Ac STA de 5 de Novembro de 1996
87) Ac STA de 21 de Novembro de 1996
88) Ac STA de 2 de Fevereiro de 1997
89) Ac STA de 13 de Fevereiro de 1997
90) Ac STA de 20 de Fevereiro de 1997
91) Ac STA de 3 de Abril de 1997
92) Ac STA de 23 de Abril de 1997
93) Ac STA de 6 de Maio de 1997
94) Ac STA de 6 de Maio de 1997 (proc. 0422131)
95) Ac STA de 27 de Maio de 1997
96) Ac STA de 12 de Junho de 1997
97) Ac STA de 3 de Julho de 1997
98) Ac STA de 10 de Julho de 1997
99) Ac STA de 15 de Julho de 1997
100) Ac STA de 23 de Julho de 1997
101) Ac STA de 30 de Julho de 1997
102) Ac STA de 13 de Agosto de 1997
103) Ac STA de 20 de Novembro de 1997
104) Ac STA de 12 de Dezembro de 1997
105) Ac STA de 11 de Março de 1999
106) Ac STA de 15 de Abril de 1999
107) Ac STA de 10 de Novembro de 1999
108) Ac STA de 29 de Fevereiro de 2000
109) Ac STA de 30 de Junho de 2000
110) Ac STA de 10 de Janeiro de 2001
111) Ac STA de 3 de Julho de 2001
112) Ac STA de 16 de Janeiro de 2002
113) Ac STA de 31 de Janeiro de 2002
114) Ac STA de 7 de Fevereiro de 2002
115) Ac STA de 26 de Junho de 2002
116) Ac STA de 21 de Agosto de 2002
117) Ac STA de 30 de Outubro de 2002
118) Ac STA de 22 de Janeiro de 2003
119) Ac STA de 19 de Fevereiro de 2003
120) Ac STA de 11 de Março de 2003
121) Ac STA de 18 de Março de 2003
122) Ac STA de 20 de Março de 2003

123) Ac STA de 9 de Abril de 2003
124) Ac STA de 20 de Maio de 2003
125) Ac STA de 12 de Novembro de 2003
126) Ac STA de 13 de Novembro de 2003
127) Ac STA de 25 de Maio de 2004
128) Ac TCA de 6 de Novembro de 1997
129) Ac TCA de 13 de Novembro de 1997
130) Ac TCA de 4 de Dezembro de 1997
131) Ac TCA de 28 de Maio de 1998
132) Ac TCA de 30 de Junho de 1998
133) Ac TCA de 15 de Setembro de 1998
134) Ac TCA de 6 de Maio de 1999
135) Ac TCA de 20 de Maio de 1999
136) Ac TCA de 17 de Junho de 1999
137) Ac TCA de 1 de Julho de 1999
138) Ac TCA de 23 de Setembro de 1999
139) Ac TCA de 13 de Janeiro de 2000
140) Ac TCA de 27 de Janeiro de 2000
141) Ac TCA de 13 de Abril de 2000
142) Ac TCA de 13 de Abril de 2000 (proc 4188/00)
143) Ac TCA de 27 de Abril de 2000
144) Ac TCA de 27 de Abril de 2000 (proc 4259/00)
145) Ac TCA de 2 de Maio de 2000
146) Ac TCA de 6 de Julho de 2000
147) Ac TCA de 15 Setembro de 2000
148) Ac TCA de 26 de Outubro de 2000
149) Ac TCA de 9 de Novembro de 2000
150) Ac TCA de 16 de Novembro de 2000
151) Ac TCA de 30 de Novembro de 2000
152) Ac TCA de 1 de Fevereiro de 2001
153) Ac TCA de 5 de Abril de 2001
154) Ac TCA de 17 de Maio de 2001
155) Ac TCA de 22 de Maio de 2001
156) Ac TCA de 7 de Junho de 2001
157) Ac TCA de 29 de Dezembro de 2001
158) Ac TCA de 10 de Fevereiro de 2002
159) Ac TCA de 21 de Fevereiro de 2002
160) Ac TCA de 21 de Fevereiro de 2002 (proc 6042/02)
161) Ac TCA de 4 de Abril de 2002
162) Ac TCA de 26 de Junho de 2002
163) Ac TCA de 7 de Agosto de 2002
164) Ac TCA de 3 de Outubro de 2002
165) Ac TCA de 12 de Dezembro de 2002
166) Ac TCA de 27 de Março de 2003
167) Ac TCA de 15 de Maio de 2003
168) Ac TCA de 26 de Junho de 2003

169) Ac TCA de 26 de Junho de 2003 (proc 12387/03)
170) Ac TCA de 8 de Julho de 2003
171) Ac TCA de 25 de Setembro de 2003
172) Ac TCA de 13 de Novembro de 2003
173) Ac TCA de 22 de Janeiro de 2004
174) Ac TCA de 12 de Fevereiro de 2004
175) Ac TCA de 9 de Março de 2004
176) Ac TCA de 13 de Março de 2004
177) Ac TCA de 3 de Junho de 2004
178) Ac TCA de 24 de Junho de 2004
179) Ac TCA de 24 de Junho de 2004 (proc 00182/04)
180) Ac TCA de 29 de Junho de 2004
181) Ac TCA de 1 de Julho de 2004
182) Ac TCA de 8 de Julho de 2004
183) Ac TCA de 8 de Julho de 2004 (proc 00200/04)
184) Ac TCA de 1 de Setembro de 2004
185) Ac TCA de 1 de Setembro de 2004 (proc 00274/04)
186) Ac TCA de 22 de Setembro de 2004
187) Ac TCA de 22 de Setembro de 2004 (proc 00289/04)
188) Ac TCA de 29 de Setembro de 2004

c) Tribunais Cíveis

189) Ac STJ de 21 de Fevereiro de 1991
190) Ac STJ de 23 de Outubro de 1991
191) Ac STJ de 21 de Abril de 1993
192) Ac STJ de 3 de Novembro de 1993 (proc. 84 441)
193) Ac STJ de 3 de Novembro de 1993 (proc. 87 158)
194) Ac STJ de 25 de Janeiro de 1995
195) Ac STJ de 4 de Abril de 1995
196) Ac STJ de 14 de Abril de 1996
197) Ac STJ de 24 de Setembro de 1996
198) Ac STJ n.º 2/98, de 22 de Abril de 1997
199) Ac STJ de 10 de Julho de 1997
200) Ac STJ de 15 de Dezembro de 1998
201) Ac STJ de 24 de Abril de 2002
202) Ac STJ de 15 de Abril de 2004
203) Ac RL de 1 de Outubro de 1992
204) Ac RL de 13 de Janeiro de 1999
205) Ac RL de 31 de Agosto de 1999
206) Ac RL de 8 de Fevereiro de 2001
207) Ac RL de 22 de Janeiro de 2003
208) Ac RP de 19 de Setembro de 1991
209) Ac RP de 5 de Julho de 1995
210) Ac RP de 4 de Dezembro de 1995

211) Ac RP de 28 de Maio de 1998
212) Ac RP de 8 de Março de 2000
213) Ac RP de 2 de Maio de 2001
214) Ac RP de 30 de Junho de 2004
215) Ac RG de 22 de Janeiro de 2003

d) Pareceres da Procuradoria-Geral da República

216) Parecer PGR de 2 de Agosto de 1990
217) Parecer PGR de 9 de Fevereiro de 1995

II. TRIBUNAIS EUROPEUS

a) TJCE

218) Ac TJCE de 17 de Novembro de 1987 (*British American Tobacco Company Ltd. e R. J. Reynolds Industries, Inc. VS Comissão CE*)
219) Ac TJCE de 29 de Junho de 1999 (*Butterfly Music Srl VS Carosello Edizioni Musicali e Discografiche Srl (CEMED)*)
220) Ac TJCE de 8 de Julho de 1999 (*Imperial Chemical Industries plc (ICI) VS Comissão CE*)
221) Ac TJCE de 8 de Julho de 1999 (*Chemie Linz GmbH VS Comissão CE*)
222) Ac TJCE de 8 de Julho de 1999 (*Hoechst AG VS Comissão CE*)
223) Ac TJCE de 8 de Julho de 1999 (*Montecatini SpA VS Comissão CE*)
224) Ac TJCE de 8 de Julho de 1999 (*Hercules Chemical NV VS Comissão CE*)
225) Ac TJCE de 8 de Julho de 1999 (*Hüls AG VS Comissão CE*)
226) Ac TJCE de 8 de Julho de 1999 (*Shell International Chemical Company Ltd VS Comissão CE*)
227) Ac TJCE de 14 de Outubro de 1999 (*Adidas AG*)
228) Ac TJCE de 20 de Maio de 2003 (proc. C-465/00, C138/01 e C-139/01)

b) TPICE

229) Ac TPICE de 24 de Janeiro de 1995 (*Roger Tremblay, François Lucazeau e Harry Kestenberg VS Comissão CE*)
230) Ac TPICE (2ª Sec.) de 24 de Janeiro de 1995 (*Bureau Européen des Médias de l'Industrie Musicale VS Comissão das CE*)
231) Ac TPICE (2ª Sec.) de 6 de Abril de 1995 (*BASF AG et al. VS Comissão CE*)
232) Ac TPICE (5ª Sec. Alargada) de 18 de Dezembro de 1997 (*Ajinomoto Com. Inc. e Nutrasweet Company VS Comissão CE*)

233) Ac TPICE (2ª Sec. Alargada) de 25 de Junho de 1998 (*British Arways plc. et al. VS Comissão CE*)
234) Ac TPICE (3ª Sec. Alargada) de 20 de Abril de 1999 (*Limburgse Vinyil Maatschappij NV, e tal. VS Comissão CE*)
235) Ac TPICE (3ª Sec.) de 10 de Maio de 2001 (*Kaufring AG et al. VS Comissão CE*)
236) Ac TPICE (4ª Sec.) de 20 de Março de 2002 (*HFB Holding für Ferrnwärmetechnik Beteilingungsgesellschaft mbH & Co KG et al.. VS Comissão CE*)
237) Despacho TPICE (5ª Sec.) de 9 de Julho de 2003 (*Commerzbank AG VS Comissão CE*)

c) CAGER

238) CAGER de 17 de Março de 1987 (*British American Tobacco Company e R. J. Reynolds Industries, Inc. VS Comissão CE*)
239) CAGER de 29 de Novembro de 1988 (*Emi Electrola VS Patrícia Im- und Export Verwaltungsgesellschaft MBH et al.*).
240) CAGER de 25 de Janeiro de 1989 (*Kai Ottung Klee & Weilbach A/s e Thomas Schmidt A/S*)
241) CAGER de 6 de Julho de 1989 (*Comissão CE VS República Helénica*)
242) CAGER de 18 de Março de 1992 (*Exportur AS VS LOR AS e Confiserie du Tech.*)
243) CAGER de 13 de Dezembro de 1994 (*BPB Industries Plc e British Gypsum Ltd VS Comissão CE*)
244) CAGER de 20 de Junho de 1996 (*Roger Tremblay, Harry Kestenberg e Syndicat des Exploitants des Lieux de Loisirs (SELL) VS Comissão CE*)
245) CAGER de 3 de Outubro de 1996 (*Biogen VS Smithkline Beecham Biologicals SA*)
246) CAGER de 3 de Fevereiro de 1998 (*Baustahlgewebe GmbH VS Comissão CE*)
247) CAGER de 23 de Março de 1999 (*Butterfly Music Srl VS Carosello Edizioni Musicali e Discografiche Srl (CEMED)*)
248) CAGER de 10 de Junho de 1999 (*Adidas AG*)
249) CAGER de 5 de Abril de 2001 (*Procter & Gamble VS Instituto de harmonização do Mercado Interno (marcas, desenhos e modelos)*)
250) CAGER de 14 de Junho de 2001 (*Reino dos Países Baixos VS Parlamento Europeu e Conselho da União Europeia*)
251) CAGER de 25 de Outubro de 2001 (*Degussa AG VS Comissão CE*)
252) CAGER de 10 de Abril de 2003 (*Instituto de Harmonização Interna (marcas, desenhos e modelos) VS Wm. Wrigley Jr. Company*)

d) França

253) Ac Tribunal des Conflits Contentieux n.º 02630 du 7 oct 1991
254) Ac Conseil d'Etat Contentieux n.º 25173 du 12 mar 1982
255) Ac Conseil d'Etat Contentieux n.º 40680 du 19 mai 1983

256) Ac Conseil d'Etat Contentieux n.º 46591 du 16 jan 1985
257) Ac Conseil d'Etat Contentieux n.º 49167 du 31 jan 1986
258) Ac Conseil d'Etat Contentieux n.º 66740 du 30 mai 1986
259) Ac Conseil d'Etat Contentieux n.º 35291 du 27 fév 1987
260) Ac Conseil d'Etat Contentieux n.º 70382 du 18 déc 1987
261) Ac Conseil d'Etat Contentieux n.º 68506 du 20 jan 1988
262) Ac Conseil d'Etat Contentieux n.º 39933 du 27 avr 1988
263) Ac Conseil d'Etat Contentieux n.º 54494 54678 54679 54812 54813 du 8 fév 1989
264) Ac Conseil d'Etat Contentieux n.º 39933 du 5 fév 1990
265) Ac Conseil d'Etat Contentieux n.º 90237 du 30 mar 1990
266) Ac Conseil d'Etat Contentieux n.º 84994 85264 du 11 jul 1990
267) Ac Conseil d'Etat Contentieux n.º 110093 du 27 fév 1991
268) Ac Conseil d'Etat Contentieux n.º 112904 du 10 avr 1991
269) Ac Conseil d'Etat Contentieux n.º 110236 du 22 nov 1991
270) Ac Conseil d'Etat Contentieux n.º 115733 du 22 nov 1991
271) Ac Conseil d'Etat Contentieux n.º 74131 du 8 jan 1992
272) Ac Conseil d'Etat Contentieux n.º 111013 du 14 fév 1992
273) Ac Conseil d'Etat Contentieux n.º 115688 116291 du 17 avr 1992
274) Ac Conseil d'Etat Contentieux n.º 120047 du 10 jul 1992
275) Ac Conseil d'Etat Contentieux n.º 130636 du 14 oct 1992
276) Ac Conseil d'Etat Contentieux n.º 115367 115397 115881 115884 115886 du 18 nov 1992
277) Ac Conseil d'Etat Contentieux n.º 107176 du 28 déc 1992
278) Ac Conseil d'Etat Contentieux n.º 138571 du 23 jun 1993
279) Ac Conseil d'Etat Contentieux n.º 143853 du 11 fév 1994
280) Ac Conseil d'Etat Contentieux n.º 107831 du 25 mar 1994
281) Ac Conseil d'Etat Contentieux n.º 118391 du 20 jun 1994
282) Ac Conseil d'Etat Contentieux n.º 144199 du 19 oct 1994
283) Ac Conseil d'Etat Contentieux n.º 122656 du 25 nov 1994
284) Ac Conseil d'Etat Contentieux n.º 133540 du 30 nov 1994
285) Ac Conseil d'Etat Contentieux n.º 143107 du 30 nov 1994
286) Ac Conseil d'Etat Contentieux n.º 146833 152045 152475 du 6 jan 1995
287) Ac Conseil d'Etat Contentieux n.º 96406 du 3 mar 1995
288) Ac Conseil d'Etat Contentieux n.º 158616 du 24 mai 1995
289) Ac Conseil d'Etat Contentieux n.º 146668 du 26 mai 1995
290) Ac Conseil d'Etat Contentieux n.º 148659 du 7 jun 1995
291) Ac Conseil d'Etat Contentieux n.º 134287 du 11 set 1995
292) Ac Conseil d'Etat Contentieux n.º 140824 du 19 déc 1995
293) Ac Conseil d'Etat Contentieux n.º 133192 du 19 jan 1996
294) Ac Conseil d'Etat Contentieux n.º 149598 du 21 fév 1996
295) Ac Conseil d'Etat Contentieux n.º 165391 du 6 mai 1996
296) Ac Conseil d'Etat Contentieux n.º 133456 du 26 jun 1996
297) Ac Conseil d'Etat Contentieux n.º 159129 du 6 jan 1997
298) Ac Conseil d'Etat Contentieux n.º 150242 du 17 fév 1997
299) Ac Conseil d'Etat Contentieux n.º 148975 du 9 jul 1997
300) Ac Conseil d'Etat Contentieux n.º 173125 du 3 set 1997

301) Ac Conseil d'Etat Contentieux n.º 170400 du 13 oct 1997
302) Ac Conseil d'Etat Contentieux n.º 171929 du 24 nov 1997
303) Ac Conseil d'Etat Contentieux n.º 184546 du 1 déc 1997
304) Ac Conseil d'Etat Contentieux n.º 181611 du 17 déc 1997
305) Ac Conseil d'Etat Contentieux n.º 140325 du 29 déc 1997
306) Ac Conseil d'Etat Contentieux n.º 191518 du 30 oct 1998
307) Ac Conseil d'Etat Contentieux n.º 190384 du 9 jun 1999
308) Ac Conseil d'Etat Contentieux n.º 180406 du 28 jul 1999
309) Ac Conseil d'Etat Contentieux n.º 202606 203438 203487 203541 203589 du 28 jul 1999
310) Ac Conseil d'Etat Contentieux n.º 196702 du 20 oct 1999
311) Ac Conseil d'Etat Contentieux n.º 201901 du 10 nov 1999
312) Ac Conseil d'Etat Contentieux n.º 200178 du 29 nov 1999
313) Ac Conseil d'Etat Contentieux n.º 186791 du 23 fév 2000
314) Ac Conseil d'Etat Contentieux n.º 211789 du 14 jun 2000
315) Ac Conseil d'Etat Contentieux n.º 198274 du 16 jun 2000
316) Ac Conseil d'Etat Contentieux n.º 198098 du 30 jun 2000
317) Ac Conseil d'Etat Contentieux n.º 151068 du 28 jul 2000
318) Ac Conseil d'Etat Contentieux n.º 198440 du 28 jul 2000
319) Ac Conseil d'Etat Contentieux n.º 217046 217826 du 8 déc 2000
320) Ac Conseil d'Etat Contentieux n.º 213415 du 20 déc 2000
321) Ac Conseil d'Etat Contentieux n.º 218108 du 30 mai 2001
322) Ac Conseil d'Etat Contentieux n.º 204428 du 14 déc 2001
323) Ac Conseil d'Etat Contentieux n.º 221424 230299 du 4 jan 2002
324) Ac Conseil d'Etat Contentieux n.º 151688 du 3 jul 2002
325) Ac Conseil d'Etat Contentieux n.º 157402 du 3 jul 2002
326) Ac Conseil d'Etat Contentieux n.º 172972 du 3 jul 2002
327) Ac Conseil d'Etat Contentieux n.º 233740 du 25 oct 2002
328) Ac Conseil d'Etat Contentieux n.º 194295 du 6 nov 2002
329) Ac Conseil d'Etat Contentieux n.º 194296 du 6 nov 2002
330) Ac Conseil d'Etat Contentieux n.º 214070 du 29 jan 2003
331) Ac Conseil d'Etat Contentieux n.º 210185 du 12 fév 2003
332) Ac Conseil d'Etat Contentieux n.º 241325 du 5 mar 2003
333) Ac Conseil d'Etat Contentieux n.º 221833 du 21 mai 2003
334) Ac Conseil d'Etat Contentieux n.º 194295 du 2 juin 2003
335) Ac Conseil d'Etat Contentieux n.º 194296 du 2 juin 2003
336) Ac Conseil d'Etat Contentieux n.º 219588 du 2 juin 2003
337) Ac Conseil d'Etat Contentieux n.º 219587 du 2 juin 2003
338) Ac Conseil d'Etat Contentieux n.º 242812 du 30 jul 2003
339) Ac Conseil d'Etat Contentieux n.º 240270 du 3 oct 2003
340) Ac Conseil d'Etat Contentieux n.º 242836 du 18 nov 2003
341) Ac Conseil d'Etat Contentieux n.º 242813 du 21 nov 2003
342) Ac Conseil d'Etat Contentieux n.º 242814 du 21 nov 2003
343) Ac Conseil d'Etat Contentieux n.º 242815 du 21 nov 2003
344) Ac Conseil d'Etat Contentieux n.º 242816 du 21 nov 2003
345) Ac Conseil d'Etat Contentieux n.º 242817 du 21 nov 2003

346) Ac Conseil d'Etat Contentieux n.º 242818 du 21 nov 2003
347) Ac Conseil d'Etat Contentieux n.º 242819 du 21 nov 2003
348) Ac Conseil d'Etat Contentieux n.º 242820 du 21 nov 2003
349) Ac Conseil d'Etat Contentieux n.º 242821 du 21 nov 2003
350) Ac Conseil d'Etat Contentieux n.º 242822 du 21 nov 2003
351) Ac Conseil d'Etat Contentieux n.º 242823 du 21 nov 2003
352) Ac Conseil d'Etat Contentieux n.º 242824 du 21 nov 2003
353) Ac Conseil d'Etat Contentieux n.º 242825 du 21 nov 2003
354) Ac Conseil d'Etat Contentieux n.º 242826 du 21 nov 2003
355) Ac Conseil d'Etat Contentieux n.º 242827 du 21 nov 2003
356) Ac Conseil d'Etat Contentieux n.º 242828 du 21 nov 2003
357) Ac Conseil d'Etat Contentieux n.º 242829 du 21 nov 2003
358) Ac Conseil d'Etat Contentieux n.º 242830 du 21 nov 2003
359) Ac Conseil d'Etat Contentieux n.º 242831 du 21 nov 2003
360) Ac Conseil d'Etat Contentieux n.º 242832 du 21 nov 2003
361) Ac Conseil d'Etat Contentieux n.º 242833 du 21 nov 2003
362) Ac Conseil d'Etat Contentieux n.º 242834 du 21 nov 2003
363) Ac Conseil d'Etat Contentieux n.º 242835 du 21 nov 2003
364) Ac Conseil d'Etat Contentieux n.º 254560 du 18 fev 2004
365) Ac Conseil d'Etat Contentieux n.º 247733 du 1 mar 2004
366) Ac Conseil d'Etat Contentieux n.º 251396 du 28 avril 2004
367) Ac Conseil d'Etat Contentieux n.º 251397 du 28 avril 2004
368) Ac Conseil d'Etat Contentieux n.º 262144 du 30 avril 2004
369) Ac Conseil d'Etat Contentieux n.º 216039 du 19 mai 2004
370) Ac Conseil d'Etat Contentieux n.º 250817 du 28 mai 2004
371) Ac Conseil d'Etat Contentieux n.º 243417 du 28 jul 2004
372) Ac Cour Administrative d'Appel de Nantes Contentieux nº 89NT00016 du 8 mar 1989
373) Ac Cour Administrative d'Appel de Bordeaux Contentieux nº 89BX01334 du 12 fév 1991
374) Ac Cour Administrative d'Appel de Paris Contentieux nº 90PA00693 du 24 mar 1992
375) Ac Cour Administrative d'Appel de Paris Contentieux nº 91PA00240 du 7 mai 1992
376) Ac Cour Administrative d'Appel de Nantes Contentieux nº 89NT01413 du 8 jul 1992
377) Ac Cour Administrative d'Appel de Nantes Contentieux nº 91NT00308 du 16 déc 1992
378) Ac Cour Administrative d'Appel de Rouen Contentieux nº (?) du 30 jul 1993
379) Ac Cour Administrative d'Appel de Paris Contentieux nº 92PA00580 92PA00581 du 20 déc 1993
380) Ac Cour Administrative d'Appel de Lyon Contentieux nº 94LY00151 du 3 avr 1994
381) Ac Cour Administrative d'Appel de Bordeaux Contentieux nº 92BX01046 du 27 jun 1994

382) Ac Cour Administrative d'Appel de Bordeaux Contentieux nº 92BX01047 du 27 jun 1994
383) Ac Cour Administrative d'Appel de Lyon Contentieux nº 94LY00891 du 3 oct 1996
384) Ac Cour Administrative d'Appel de Paris Contentieux nº 94PA00873 du 12 déc 1996
385) Ac Cour Administrative d'Appel de Paris Contentieux nº 95PA03982 du 18 avr 1998
386) Ac Cour Administrative d'Appel de Marseille Contentieux nº 96MA11408 du 16 déc 1997
387) Ac Cour Administrative d'Appel de Paris Contentieux nº 96PA01574 97PA02209 du 12 mar 1998
388) Ac Cour Administrative d'Appel de Paris Contentieux nº 95PA03076 du 16 avr 1998
389) Ac Cour Administrative d'Appel de Paris Contentieux nº 96PA01269 du 13 oct 1998
390) Ac Cour Administrative d'Appel de Bordeaux Contentieux nº 96BX00124 du 16 nov 1998
391) Ac Cour Administrative d'Appel de Marseille Contentieux nº 96MA01817 du 7 déc 1998
392) Ac Cour Administrative d'Appel de Nantes Contentieux nº 95NT01518 du 17 déc 1998
393) Ac Cour Administrative d'Appel de Paris Contentieux nº 98PA01405 98PA01553 98PA01872 du 11 fév 1999
394) Ac Cour Administrative d'Appel de Bordeaux Contentieux nº 96BX01862 du 16 fév 1999
395) Ac Cour Administrative d'Appel de Marseille Contentieux nº 97MA05522 du 22 avr 1999
396) Ac Cour Administrative d'Appel de Paris Contentieux nº 98PA02190 du 12 mai 1999
397) Ac Cour Administrative d'Appel de Nantes Contentieux nº 96NT01913 du 25 mai 1999
398) Ac Cour Administrative d'Appel de Nantes Contentieux nº 98NT02629 du 28 mai 1999
399) Ac Cour Administrative d'Appel de Lyon Contentieux nº 99LY00288 du 17 jun 1999
400) Ac Cour Administrative d'Appel de Lyon Contentieux nº 96LY00648 du 15 jul 1999
401) Ac Cour Administrative d'Appel de Bordeaux Contentieux nº 96BX02020 du 19 jul 1999
402) Ac Cour Administrative d'Appel de Marseille Contentieux nº 97MA00536 du 30 set 1999
403) Ac Cour Administrative d'Appel de Marseille Contentieux nº 97MA00537 du 30 set 1999
404) Ac Cour Administrative d'Appel de Marseille Contentieux nº 97MA00538 du 30 set 1999

405) Ac Cour Administrative d'Appel de Nantes Contentieux nº 96NT01287 du 7 oct 1999
406) Ac Cour Administrative d'Appel de Lyon Contentieux nº 97LY01462 du 11 oct 1999
407) Ac Cour Administrative d'Appel de Bordeaux Contentieux nº 97BX02114 du 15 nov 1999
408) Ac Cour Administrative d'Appel de Paris Contentieux nº 96PA02617 du 25 mar 2000
409) Ac Cour Administrative d'Appel de Lyon Contentieux nº 98LY01920 du 30 mar 2000
410) Ac Cour Administrative d'Appel de Paris Contentieux nº 96PA04502 du 5 oct 2000
411) Ac Cour Administrative d'Appel de Marseille Contentieux nº 98MA00125 du 24 oct 2000
412) Ac Cour Administrative d'Appel de Douai Contentieux nº 97DA01763 du 9 nov 2000
413) Ac Cour Administrative d'Appel de Douai Contentieux nº 98DA00961 du 23 nov 2000
414) Ac Cour Administrative d'Appel de Paris Contentieux nº 96PA04463 du 29 déc 2000
415) Ac Cour Administrative d'Appel de Paris Contentieux nº 99PA02845 00PA01280 du 18 jan 2001
416) Ac Cour Administrative d'Appel de Nancy Contentieux nº 96NC00743 du 15 mar 2001
417) Ac Cour Administrative d'Appel de Bordeaux Contentieux nº 97BX01407 du 12 avr 2001
418) Ac Cour Administrative d'Appel de Douai Contentieux nº 98DA11987 du 3 mai 2001
419) Ac Cour Administrative d'Appel de Paris Contentieux nº 00PA01926 du 10 mai 2001
420) Ac Cour Administrative d'Appel de Bordeaux Contentieux nº 97BX01193 du 15 mai 2001
421) Ac Cour Administrative d'Appel de Douai Contentieux nº 97DA02018 du 28 juin 2001
422) Ac Cour Administrative d'Appel de Paris Contentieux nº 00PA03362 du 5 jul 2001
423) Ac Cour Administrative d'Appel de Bordeaux Contentieux nº 98BX01956 du 9 jul 2001
424) Ac Cour Administrative d'Appel de Douai Contentieux nº 99DA20042 00DA01191 du 12 jul 2001
425) Ac Cour Administrative d'Appel de Paris Contentieux nº 99PA01801 du 11 oct 2001
426) Ac Cour Administrative d'Appel de Paris Contentieux nº 01PA00301 du 6 déc 2001
427) Ac Cour Administrative d'Appel de Paris Contentieux nº 01PA01570 du 6 déc 2001

428) Ac Cour Administrative d'Appel de Paris Contentieux nº 01PA01993 du 6 déc 2001
429) Ac Cour Administrative d'Appel de Bordeaux Contentieux nº 98BX00958 du 13 déc 2001
430) Ac Cour Administrative d'Appel de Nancy Contentieux nº 98NC00276 du 20 mar 2003
431) Ac Cour Administrative d'Appel de Nancy Contentieux nº 98NC02020 du 17 avr 2003
432) Ac Cour Administrative d'Appel de Nantes Contentieux nº 98NT02737 du 23 avr 2003
433) Ac Cour Administrative d'Appel de Nantes Contentieux nº 00NT01975 du 24 avr 2003
434) Ac Cour Administrative d'Appel de Marseille Contentieux nº 00MA02593 du 3 juin 2003
435) Ac Cour Administrative d'Appel de Douai Contentieux nº 01DA00477 du 4 juin 2003
436) Ac Cour Administrative d'Appel de Paris Contentieux nº 00PA02266 du 5 juin 2003
437) Ac Cour Administrative d'Appel de Douai Contentieux nº 01DA00748 du 9 oct 2003
438) Ac Cour Administrative d'Appel de Lyon Contentieux nº 03LY00899 du 16 oct 2003
439) Ac Cour Administrative d'Appel de Nancy Contentieux nº 98NC02129 du 23 oct 2003
440) Ac Cour Administrative d'Appel de Lyon Contentieux nº 98LY00917 du 6 nov 2003
441) Ac Cour Administrative d'Appel de Paris Contentieux nº 03PA00323 du 13 nov 2003
442) Ac Cour Administrative d'Appel de Bordeaux Contentieux nº 99BX02007 du 27 nov 2003
443) Ac Cour Administrative d'Appel de Douai Contentieux nº 99DA20266 du 27 jan 2004
444) Ac Cour Administrative d'Appel de Marseille Contentieux nº 00MA00067 du 1 mar 2004
445) Ac Cour Administrative d'Appel de Paris Contentieux nº 99PA04031 du 4 mar 2004
446) Ac Cour Administrative d'Appel de Marseille Contentieux nº 00MA00558 du 25 mai 2004
447) Tribunal Administratif d'Amiens Contentieux nº (?) du 31 oct 1978
448) Tribunal Administratif de Strasbourg Contentieux nº (?) du 27 jul 1983
449) Tribunal Administratif de Montpellier Contentieux nº (?) du 30 mar 1988
450) Tribunal Administratif de Bordeaux Contentieux nº (?) du 1 fév 1990
451) Tribunal Administratif de Grenoble Contentieux nº (?) du 17 jun 1993
452) Tribunal Administratif de Paris Contentieux nº 9903534-7 du 9 déc 1999

III. TRIBUNAIS AMERICANOS

453) *Bartnicki et al. vs. Hopper, aka Williams, et al.* (U.S. Supreme Court), May 21, 2001
454) *Bartnicki et al. vs. Hopper, aka Williams, et al.* (U.S. Supreme Court), May 21, 2001, Breyer J., concurring
455) *Bartnicki et al. vs. Hopper, aka Williams, et al.* (U.S. Supreme Court), May 21, 2001, Rehnquist C.J., dissenting
456) *Board of Education of Independent School District nº 92 of Poottawatomie County et al. vs. Earls et al.* (U.S. Supreme Court), June 27, 2002
457) *Delbert W. Smith and Bruce Botelho vs. John Doe et al.* (U.S. Supreme Court) (Oral Argument), November 2002
458) *Doe vs Chao, Secretary of Labor* (U.S. Supreme Court), February 24, 2004
459) *Doe vs Chao, Secretary of Labor* (U.S. Supreme Court) (Oral Argument), December 3, 2003
460) *Eldred et al. vs. Ashcroft, Attorney General* (U.S. Supreme Court), January 15, 2003
461) *Franchise Tax Board of California vs. Gilbert P. Hyatt et al.* (U.S. Supreme Court) (Oral Argument), February 24, 2003
462) *Gonzaga University and Roberta S. League vs. John Doe* (U.S. Supreme Court) (Oral Argument), April 24
463) *National Archives and Records Administration vs. Favish et al.* (U.S. Supreme Court), March 30, 2004
464) *New York Times Co., Inc. et al. vs. Tasini et al.* (U.S. Supreme Court), June 25, 2001
465) *Office of Independent Counsel vs. Allan J. Favish et al.* (U.S. Supreme Court) (Oral Argument), December 3, 2003
466) *Owasso Independant School et al. Vs Kristja J. Falvo et al.* (U.S. Supreme Court) (Oral argument), November 27, 2001
467) *Palazzolo vs. Rhode Island et al.* (U.S. Supreme Court), June 28, 2001
468) *Pierce County, Washington vs. Guillen, Legal Guardian of Guillen et al., Minors, et al.* (U.S. Supreme Court), January 14, 2003
469) *Trans Union LLC vs. Federal Trade Commission* (U.S. Supreme Court), June 10, 2002
470) *TRW, Inc. vs Adelaide Andrews* (U.S. Supreme Court) (Oral Argument), October 9, 2001
471) *United States vs Flores-Montano* (U.S. Supreme Court), March 30, 2004
472) *United States vs. Mead Corp.* (U.S. Supreme Court), Jun 18, 2001
473) *United States Postal Service vs. Flamingo Industries (USA), Ltd., et al.* (U.S. Supreme Court) (Oral Argument), December 1, 2003
474) *Inyo County, California et al. vs. Paiute-Shoshone Indians of the Bishop Community of the Bishop Colony et al.* (U.S. Supreme Court) May 19, 2003

PARTE J

BIBLIOGRAFIA

ABREU, Luís Vasconcelos; *Para o Estudo do Procedimento Disciplinar no Direito Administrativo Português Vigente: As relações com o Processo Penal*, Almedina, Coimbra, 1993

ALMEIDA, Pedro Pais de; *Direito Fiscal e Internet*; in: *Direito da Sociedade de Informação*, Vol. II, Coimbra Editora, Coimbra, 2001

AMARAL, Diogo Freitas do; *Curso de Direito Administrativo*, Vol. I, 2ª ed., Almedina, Coimbra, 1994

AMARAL, Diogo Freitas do; *O Novo Código do Procedimento Administrativo*; in: *O Código do Procedimento Administrativo,* INA, Lisboa, 1992

AMARAL, Diogo Freitas do; CAUPERS, João; CLARO, João Martins; RAPOSO, João; VIEIRA, Pedro Siza; SILVA, Vasco Pereira da; *Código do Procedimento Administrativo Anotado*, 2ª ed., Almedina, Coimbra, 1995

ANDRADE, José Carlos Vieira de; *A Justiça Administrativa (Lições)*, 4ª Ed., Almedina, Coimbra, 2003

ANDRADE, José Carlos Vieira de; *O Dever da Fundamentação Expressa de Actos Administrativos*, Almedina, Coimbra, 1991

ANDRADE, José Carlos Vieira de; *Os Direitos Fundamentais na Constituição Portuguesa de 1976*, Almedina, Coimbra, 1987

ANTUNES, Luís Filipe Colaço; *A Tutela dos Interesses Difusos em Direito Administrativo. Para uma Legitimação Procedimental*, Almedina, Coimbra, 1989

ARAÚJO, José Luís; COSTA, João Abreu da; *Código do Procedimento Administrativo Anotado*, Estante Editora, Aveiro, 1993

ASCENSÃO, José de Oliveira; *A Sociedade de Informação*; in: *Direito da Sociedade da Informação*, Volume I, Coimbra Editora, Coimbra, 1999

ASCENSÃO, José de Oliveira; *Criminalidade Informática*; in: *Direito da Sociedade de Informação*, Vol. II, Coimbra Editora, Coimbra, 2001

ASCENSÃO, José de Oliveira; *Estudos sobre Direito da Internet e da Sociedade da Informação*, Almedina, Coimbra, 2001

ASCENSÃO, José de Oliveira; *O "Fair Use" no Direito Autoral*; in: *Direito da Sociedade da Informação*, Volume IV, Coimbra Editora, Coimbra, 2003

BARRERO RODRÍGUEZ, Concepción; *La Prueba en el Procedimiento Administrativo*, 2ª Ed., Thomson Aranzadi, Cizur Menor (Navarra), 2003

BASSI, Franco; *Lezioni di Diritto Amministrativo*, 6ª ed., Giuffrè, Milano, 2000

BAUM, Harald; *Globalizing Capital Markets and Possible Regulatory Responses*; in: BASEDOW, Jürgen; KONO, Toshiyuki; *Legal Aspects of Globalization*, Kluwer Law International, Haia, 2000

BEAUFORT, Viviane de; *Les OPA en Europe*, Economica, Paris, 2001

BELADIEZ ROJO, Margarita; *Responsabilidad e Imputación de Danos por el Funcionamiento de los Servicios Públicos,* Tecnos, Madrid, 1997

BIGNAMI, Francesca, *Introduzione*; in: *Rivista Trimestrale di Diritto Pubblico, Quaderno n. 1, Il Procedimento Amministrativo nel Diritto Europeo*, Giuffrè Editore, Milano, 2004

BIGNAMI, Francesca; Tre *Generazione di Diritti di Partecipazione nei Procedimenti Amministrativi Europei*; in: *Rivista Trimestrale di Diritto Pubblico, Quaderno n. 1, Il Procedimento Amministrativo nel Diritto Europeo*, Giuffrè Editore, Milano, 2004

BOTELHO, José Manuel da S. Santos; ESTEVES, Américo J. Pires; PINHO, José Cândido de; *Código do Procedimento Administrativo Anotado – Comentado*, Almedina, Coimbra, 1992

BOTELHO, José Manuel da S. Santos; ESTEVES, Américo J. Pires; PINHO, José Cândido de; *Código do Procedimento Administrativo Anotado – Comentado*, 3ª Ed., Almedina, Coimbra, 1996

BRITO, Wladimir; *Lições de Direito Processual Administrativo*, Coimbra Editora, Coimbra, 2005

CADEDDU, Simone; *Le Procedure del Mediatore Europeo*; in: *Rivista Trimestrale di Diritto Pubblico, Quaderno n. 1, Il Procedimento Amministrativo nel Diritto Europeo*, Giuffrè Editore, Milano, 2004

CAETANO, Marcello; *Manual de Direito Administrativo*, vol. II, 10ª ed., 3ª reimpressão, Almedina, Coimbra, 1986

CAFARO, Rosanna; *Il Contrato di Consulenza*, CEDAM, Padova, 2003

CALVÃO, Filipa Urbano; *Os Actos Precários e os Actos Provisórios no Direito Administrativo*, Universidade Católica, Porto, 1998

CANANEA, Giacinto della; *I Procedimenti Amministrativi Composti*; in: *Rivista Trimestrale di Diritto Pubblico, Quaderno n. 1, Il Procedimento Amministrativo nel Diritto Europeo*, Giuffrè Editore, Milano, 2004

CANOTILHO, J. J. Gomes; MOREIRA, Vital; *Constituição da República Portuguesa Anotada*, 3ª Ed. Revista, Coimbra Editora, Coimbra, 1993

CARBONELL PORRAS, Eloísa; MUGA, José Luís; *Agencias y Procedimiento Administrativo en Estados Unidos de América*, Marcial Pons, Madrid, 1996

CARVALHO, Raquel; *Lei de Acesso aos Documentos da Administração*, Publicações da Universidade Católica, Porto, 2000

CARVALHO, Raquel; *O Direito à Informação Administrativa Procedimental*, Publicações Universidade Católica, Porto, 1999

CASIMIRO, Sofia de Vasconcelos; *A Responsabilidade Civil pelo Conteúdo da Informação Transmitida pela Internet*, Almedina, Coimbra, 2000

CASSESE, Sabino; *Il Procedimento Amministrativo Europeo*; in: *Rivista Trimestrale di Diritto Pubblico, Quaderno n. 1, Il Procedimento Amministrativo nel Diritto Europeo*, Giuffrè Editore, Milano, 2004

CASTILLO BLANCO, Frederico A.; *La Protección de Confianza en el Derecho Administrativo*, Marcial Pons, Madrid, 1998

CASTRO, Catarina Sarmento e; *Direito da Informática, Privacidade e Dados Pessoais*, Almedina, Coimbra, 2005

CAUPERS, João; *Direito Administrativo*, Editorial Notícias, Lisboa, 1998

CAUPERS, João; *Os Princípios Gerais do Procedimento e o Direito à Informação*; in: *O Código do Procedimento Administrativo,* INA, Lisboa, 1992

CHAPUS, René; *Droit Administratif General*, Tome 1, 6e Éd., Montchrestien, Paris, 1992

CHAPUS, René; *Droit Administratif General*, Tome 2, 6e Éd., Montchrestien, Paris, 1992

CHITI, Mario P.; *Le Forme di Azione dell'Amministrazione Europeia*; in: *Rivista Trimestrale di Diritto Pubblico, Quaderno n. 1, Il Procedimento Amministrativo nel Diritto Europeo*, Giuffrè Editore, Milano, 2004

CORREIA, José Manuel Sérvulo; *Noções de Direito Administrativo*, I, Editora Danúbio, Lisboa, 1982

CORREIA, José Manuel Sérvulo; *O Direito dos Interessados à Informação: Ubi Ius, Ibi Remedium. Anotação ao Acórdão do Supremo Tribunal Administrativo (1ª Secção) de 2.5.1996. P. 40120*; in: CORREIA, José Manuel Sérvulo; AYALA, Bernardo Diniz de; MEDEIROS, Rui; *Estudos de Direito Processual Administrativo*, Lex, Lisboa, 2002

CORREIA, José Manuel Sérvulo; *Os Princípios Constitucionais do Direito Administrativo*; in: MIRANDA, Jorge (coord.); *Estudos sobre a Constituição*, 3º Vol., Livraria Petrony, Lisboa, 1979

CORREIA, José Manuel Sérvulo; *Prefácio*; in: PINTO, Ricardo Leite; *Intimação para um Comportamento. Contributo para o Estudo dos Procedimentos Cautelares no Contencioso Administrativo*, Edições Cosmos, Lisboa, 1995

CORSTENS, Geert; PRADEL, Jean; *European Criminal Law*, Kluwer Law International, The Hague, 2002

CRAIG, Paul; *Una Nuova Cornice per l'Amministrazione Comunitaria: il Regolamento Finanziario del 2002* in: *Rivista Trimestrale di Diritto Pubblico, Quaderno n. 1, Il Procedimento Amministrativo nel Diritto Europeo*, Giuffrè Editore, Milano, 2004

CRESPO RODRIGUEZ, Miguel; *Firma Electrónica y Adminsitración Electrónica (AE)*; in: MATEU DE ROS, Rafael; LÓPEZ-MONÍS GALLEGO, Mónica; *Derecho de Internet. La Ley de Servicios de la Sociedad de la Información y de lo Comercio Electrónico*, Thomson-Aranzadi, Cizur Menor (Navarra), 2003

DAVARA RODRÍGUEZ, Miguel Ángel; *Manual de Derecho Informático*, Thomson Aranzadi, Cizur Menor (Navarra), 2003

DESDENTADO DAROCOA, *Eva; La Crisis de Indentidad del Derecho Administrativo. Privatización, Huida de la Regulación Pública y Administraciones Independientes*, Tirant lo Blanch, Valência, 1999

DIEZ SANCHEZ, Juan José; *El Procedimiento Administrativo Comun y la Doctrina Constitucional*, Civitas, Madrid, 1992

EIRAS, Agostinho; *Segredo de Justiça e Controlo de Dados Pessoais Informatizados*, Coimbra Editora, 1992

ENCINAS DE MUNAGORRI, Rafael; *L'Acte Unilatéral dans les Rapports Contractuels*, L.G.D.J., Paris, 1996

FAIRGRIEVE, Duncan; *State Liability in Tort. A Comparative Law Study*, Oxford University Press, 2003

FERRAN, Eilís; *The Role of the Shareholder in Internal Corporate Governance. Enabling Shareholders to Make Better-Informed Decisions*; in: *European Business Organization Law Review*, Vol. 4, T.M.C. Asser Institute, Haia, 2003/4

FERREIRINHA, Fernando Neto; SILVA, Zulmira Neto Lino da; *Manual de Direito Notarial. Teoria e Prática*, 3ª ed., Almedina, Coimbra, 2005

FONSECA, Guilherme da; *Legitimidade Processual Singular, Contencioso Administrativo e Associações Sindicais*; in: *Cadernos de Justiça Administrativa*, n.º 43, Janeiro/Fevereiro de 2004

FRANCHINI, Claudio; *I Principi Applicabili ai Procedimenti Amministrativi Europei*; in: *Rivista Trimestrale di Diritto Pubblico, Quaderno n. 1, Il Procedimento Amministrativo nel Diritto Europeo*, Giuffrè Editore, Milano, 2004

FRANCO, Ítalo; *Gli Strumenti di Tutela nei Confronti della Pubblica Amministrazione. Dell'Anulamento dell'Atto Lesivo al Risarcimento*, 2ª Ed., CEDAM, Padova, 2003

GARCÍA DE ENTERRÍA, Eduardo; FERNÁNDEZ, Tomás-Ramón; *Curso de Derecho Administrativo*, II, 4ª Ed., Civitas, Madrid, 1994

GARCÍA DE ENTERRÍA, Eduardo; FERNÁNDEZ, Tomás-Ramón; *Curso de Derecho Administrativo*, II, 7ª Ed., Civitas, Madrid, 2000

GARRIDO MAYOL; Vicente; *La Responsabilidad Patrimonial del Estado. Especial Referencia a la Responsabilidad del Estado Legislador*, Tirant lo Blanch, , Valência, 2004

GAUDENZI, Andrea Sirotti; *Il Commercio Elettronico nella Società dell'Informazione*, Sistemi Editoriali, Napoli, 2003

GONÇALVES, José Renato; *Acesso à Informação das Entidades Públicas*, Almedina, Coimbra, 2002

GONÇALVES, Pedro; *Relações entre as Impugnações Administrativas e o Recurso Contencioso de Anulação de Actos Administrativos*, Almedina, Coimbra, 1996

GUERRA, Amadeu; *A Lei de Protecção de Dados Pessoais*; in: *Direito da Sociedade de Informação*, Vol. II, Coimbra Editora, Coimbra, 2001

HUERGO LORA; Alejandro; *El Seguro de Responsabilidad Civil de las Administraciones Públicas*, Marcial Pons, Madrid, 2002

HUERGO LORA; Alejandro; *La Resolución Extrajudicial de Conflictos en el Derecho Administrativo*, Publicaciones del Real Colegio de España, Bolonia, 2000

ILLESCAS ORTIZ, Rafael; *Auditoria, Aprobacion, Deposito y Publicidad de las Cuentas Anuales*; in: URIA, Rodrigo; MENENDEZ, Aurélio; OLIVENCIA, Manuel; *Comentário al Regímen Legal de Las Sociedades Mercantiles*, Tomo VIII, *Las Cuentas Anuales de La Sociedad Anonima*, Vol. 2º, Civitas, Madrid, 1993

ITALIA, Vittorio; *L'Accesso ai Documenti Amministrativi (Regolamento 27 giugno 1992, n. 352)*, 2ª ed., Giuffrè, Milano, 1994

LAGNEAU, Gérard; *L'Homme Moyen des Publicitaires*; in: FELDMAN, Jacqueline; LAGNEAU, Gérard; MATALON, Benjamin (dir.); *Moyenne, Milieu, Centre. Histoires et Usages.* Éditions de l'Ecole des Hautes Etudes en Sciences Sociales, Paris, 1991

LAMBRECHTS, Philippe; *Le Secret Professionnel des Autorités de Contrôle et la Collaboration Internationale;* in: Revue de la Banque, Bruxelles, 9/1993

LAUBADÈRE, André de; VENEZIA, Jean-Claude; GAUDEMET, Yves; *Traité de Droit Administratif, Tome 1*, 12ᵉ Ed., LGDJ, Paris, 1992

LEARDINI, Pascal; *La Société de l'Information et la Propriété Industrielle – la Position Européenne*; in: JANSSENS, Marie-Christine (ed.), *Les Droits Intellectuels dans la Société de l'Information*, Bruylant, Bruxelles, 1998

LEISNER, Walter; *Legal Protection against the State in the Federal Republic of Germany*; in: PIRAS, Aldo (Ed.); *Administrative Law. The Problem of Justice,* Vol. IIIº, Western European Democracies, Giuffrè, Milan, 1997

LINARES GIL, Maximino I.; *Modificaciones del Régimen Jurídico Administrativo Derivadas del Empleo Masivo de Nuevas Tecnologias. En Particular el Caso de la Agencia Estatal de Administración Tributária*; in: MATEU DE ROS, Rafael; LÓPEZ-MONÍS GALLEGO, Mónica; *Derecho de Internet. La Ley de Servicios de la Sociedad de la*

Información y de lo Comercio Electrónico, Thomson-Aranzadi, Cizur Menor (Navarra), 2003

LOMBARDI, Roberta; *Contributo allo Studio della Funzione di Controlo. Controlli Interni e Attività Amministrativa*, Giuffrè, Milano, 2003

LOPES, J. de Seabra; Direito *dos Registos e do Notariado*, Almedina, Coimbra, 2005

LOUREIRO, João Carlos Simões Gonçalves; *O Procedimento Administrativo entre a Eficiência e a Garantia dos Particulares (Algumas Considerações)*; in: *Boletim da Faculdade de Direito, Studia Iuridica*, 13, Coimbra Editora, Coimbra, 1995

MACARIO, Francesco; *La Proprietà Intellettuale e la Circolazione delle Informazioni*; in: LIPARI, Nicolò, *Trattato di Diritto Privato Europeo*, 2ª Ed., Vol. Secondo, *I Soggetti (seconda parte). Beni, Interessi, Valori*, CEDAM, Padova, 2003

MACHADO, Miguel Pedrosa; *Temas de Legislação Penal Especial*, Edições Cosmos, Lisboa, 1992

MACHETE, Pedro; *A Audiência dos Interessados no Procedimento Administrativo*, Universidade Católica Editora, 2ª Ed., Lisboa, 1996

MAIER, Harold G.; *Jurisdictional Rules in Costumary International Law*; in: MEESSEN, Karl M.; *Extraterritorial Jurisdiction in Theory and Pratice*, Kluwer Law International, London, 1996

MARQUES, Garcia; MARTINS, Lourenço; *Direito da Informática*, Almedina, Coimbra, 2000

MARTIN, Shannon; *Information Controls and Needs of Information in Representative Democracies*: in: LEDERMAN, Eli; SHAPIRA, Ron; *Law, Information and Information Technology*, Kluwer Law International, Haia, 2001

MARTINEZ, Pedro Romano; *Relações Empregador Empregado*; in: *Direito da Sociedade da Informação*, Volume I, Coimbra Editora, Coimbra, 1999

MAURER, Hartmut; *Droit Administratif Allemand*, L.J.D.C., Paris, 1995

MCELDOWNEY, John F.; *Public Law*, Thomson Sweet & Maxwell, 3rd Ed., London, 2002

MELLO, Alberto de Sá e; *Tutela Jurídica das Bases de Dados*; in: *Direito da Sociedade da Informação*, Volume I, Coimbra Editora, Coimbra, 1999

MENDES, Manuel Oehen; *Tutela Jurídica das Topografias dos Circuitos Integrados*; in: *Direito da Sociedade da Informação*, Volume I, Coimbra Editora, Coimbra, 1999

MESQUITA, Maria José Rangel de; *Da Responsabilidade Civil Extracontratual da Administração no Ordenamento Jurídico-Constitucional Vigente*; in: QUADROS, Fausto de; *Responsabilidade Civil Extracontratual da Administração Pública, 2ª Ed., Almedina*, Coimbra, 2004

MOLAN, Michael T.; *Administrative Law. Textbook*, Old Bailey Press, London, 1997

MONCADA, Luís S. Cabral de; *Lei e Regulamento*, Coimbra Editora, Coimbra, 2002

MONTEIRO, Jorge Ferreira Sinde; *Responsabilidade por Conselhos, Recomendações ou Informações*, Almedina, Coimbra, 1989

MOREIRA, Vital; *Administração Autónoma e Associações Públicas*, Coimbra Editora, Coimbra, 1997

MORENO NAVARRETE, M. Ángel; *Derecho-e. Derecho del Comercio Electrónico*, Marcial Pons, Madrid, 2002

MUÑOZ MACHADO, Santiago; *Tratado de Derecho Administrativo y Derecho Público General*, Tomo I, Thomson Civitas, Madrid, 2004

OLAVO, Carlos; *Propriedade Industrial*, Volume I, *Sinais Distintivos do Comércio. Concorrência Desleal*, 2ª Ed., Almedina, Coimbra, 2005

OLIVEIRA, Fernanda Paula; LOPES, Dulce; *Implicações Notariais e Registrais das Normas Urbanísticas*, Almedina, Coimbra, 2004

OLIVEIRA, Francisco da Costa; *Defesa Penal Activa. Guia da sua Prática Forense*, Almedina, Coimbra, 2004

OLIVEIRA, Mário Esteves de; GONÇALVES, Pedro Costa; AMORIM, J. Pacheco de; *Código do Procedimento Administrativo Comentado*, 2ª Ed., Almedina, Coimbra, 1998

OTERO, Paulo; *Legalidade e Administração Pública. O Sentido da Vinculação Administrativa à Juridicidade*, Almedina, Coimbra, 2003

OTT, Andrea; *Statistics*; in: OTT, Andrea; INGLIS, Kirstyn; *Handbook on European Enlargement. A Commentary on the Enlargement Process*, Asser Press, The Hague, 2002

PACHECO PULIDO, Guillermo; *El Secreto en la Vida Jurídica*, Editorial Porrúa, México, 1995

PANTALEON PRIETO, Fernando; *Copropriedad, Usufruto, Prenda y Embargo*; in: URIA, Rodrigo; MENENDEZ, Aurélio; OLIVENCIA, Manuel; *Comentário al Regímen Legal de Las Sociedades Mercantiles*, Tomo IV, *Las Acciones*, Vol. 3º, Civitas, Madrid, 1992

PAREJO ALONSO, Luciano; *Publico y Privado en la Administración Publica*; in: IGLESIAS PRADA, Juan Luís (coord.); *Estudios Jurídicos en Homenaje al Professor Aurélio Menendez*, IV, *Derecho Civil y Derecho Publico*, Civitas, Madrid, 1996

PEREIRA, Alexandre Dias; *Bases de Dados de Órgãos Públicos: O problema do Acesso e Exploração da Informação do Sector Público na Sociedade da Informação*; in: *Direito da Sociedade de Informação*, Vol. III, Coimbra Editora, Coimbra, 2002

PINORI, Alessandra; *La protezione dei Dati Personali. Guida alla Lettura delle Fonti*, Giuffrè Editore, Milano, 2004

PINTO, Fernando Brandão Ferreira; FONSECA, Guilherme Frederico Dias Pereira da; *Direito Processual Administrativo Contencioso*, 2ª Ed., ELCLA Editora, Porto, 1992

PINTO, Frederico da Costa; *Segredo de Justiça e Acesso ao Processo*, in PALMA, Maria Fernanda (coord.); *Jornadas de Direito Processual Penal e Direitos Fundamentais*, Almedina, Coimbra, 2004

PINTO, Frederico da Costa; VEIGA, Alexandre Brandão da; *Natureza, Limites e Efeitos das Recomendações e Pareceres Genéricos da CMVM*; in: *Cadernos do Mercado de Valores Mobiliários*, n.º 12, Dez 2001, CMVM, Lisboa, 2001

PIRAS, Aldo; *Adminisnistrative Justice in Italy. Trends of Administrative Law*; in: PIRAS, Aldo (Ed.); *Administrative Law. The Problem of Justice,* Vol. IIIº, *Western European Democracies*, Giuffrè, Milan, 1997

PIRES, Rita Alçada*; O Pedido de Condenação à Prática de Acto Administrativo Legalmente Devido. Desafiar a Modernização Administrativa?*, Almedina, Coimbra, 2004

PRADEL, Jean; DANTI-JUAN, Michel; *Droit Pénal Spécial*, 2e Ed., Cujas, Paris, 2001

QUEIRÓ, Afonso Rodrigues; *Lições de Direito Administrativo*, vol. I, s/ ed., Coimbra, 1976

RAGNEMALM, Hans; *Administrative Justice in Sweden*; in: PIRAS, Aldo (Ed.); *Administrative Law. The Problem of Justice, Vol. Iº, Anglo-American and Nordic Systems*, Giuffrè, Milan, 1991

REBOLLO VARGAS, Rafael; *La Revelación de Secretos e Informaciones por Funcionário Público*, CEDECS Editorial, Barcelona, 1996

REIS, Célia; *Acesso dos Particulares aos Documentos da Administração. Anotação a Sentença do Tribunal Administrativo de Círculo de Lisboa*; in: *Cadernos do Mercado de Valores Mobiliários*, n.º 11, Ago 2001, CMVM, Lisboa, 2001

RIBEIRO, Maria Teresa de Melo; *O Princípio da Imparcialidade da Administração Pública*, Almedina, Coimbra, 1996

ROQUE, Miguel Prata; *Reflexões sobre a Reforma da Tutela Cautelar Administrativa*, Almedina, Coimbra, 2005

SANDER, Gerald G.; *Public Administration*; in: OTT, Andrea; INGLIS, Kirstyn; *Handbook on European Enlargement. A Commentary on the Enlargement Process*, Asser Press, The Hague, 2002

SANTIAGO, Rodrigo; *Do Crime de Violação de Segredo Profissional no Código Penal de 1982*, Almedina, Coimbra, 1992

SCHMIDT-ASSMANN, Eberhard; *La Teoria General del Derecho Administrativo como Sistema*, Marcial Pons, Madrid, 2003

SCHWARZE, Jürgen; *Il Controlo Giurisdizionale sul Procedimento Amministrativo Europeo*, in: *Rivista Trimestrale di Diritto Pubblico, Quaderno n. 1, Il Procedimento Amministrativo nel Diritto Europeo*, Giuffrè Editore, Milano, 2004

SEGURA GARCÍA, Maria José; *Los Delitos contra la Propriedad Industrial en el Código Penal Español de 1995*, Tirant lo Blanch, Valência, 2005

SILVA, José Luís Moreira da; *Da Responsabilidade Civil da Administração Pública por Actos Ilícitos;* in: QUADROS, Fausto de; *Responsabilidade Civil Extracontratual da Administração Pública, 2ª Ed., Almedina*, Coimbra, 2004

SILVA, Paula Costa e; *Transferência Electrónica de Dados: a Formação dos Contratos (O Novo Regime dos Documentos Electrónicos)*; in: *Direito da Sociedade da Informação*, Volume I, Coimbra Editora, Coimbra, 1999

SILVA, Vasco Pereira da; *O Contencioso Administrativo como "Direito Constitucional Concretizado" ou "Ainda por Concretizar"?*, Almedina, Coimbra, 1999

SOARES, Maria Lídia Carvalho; *Direito à Audiência. Direito de Informação. Notificação*; in: *Código do Procedimento Administrativo e o Cidadão*, Provedoria da Justiça, Lisboa, 1993

SOUSA, António Francisco de; *Código do Procedimento Administrativo Anotado*, Luso Livro, Lisboa, 1993

SOUSA, António Francisco de; *"Conceitos Indeterminados" no Direito Administrativo*, Almedina, Coimbra, 1994

SOUSA, Marcelo Rebelo de; *Lições de Direito Administrativo*, Volume I, Lex, Lisboa, 1999

SOUSA, Marcelo Rebelo de; MATOS, André Salgado de; *Direito Administrativo Geral*, Tomo I, *Introdução e Princípios Fundamentais*, Dom Quixote, Lisboa, 2004

SOUSA, Miguel Teixeira de; *O Valor Probatório dos Documentos Electrónicos*; in: *Direito da Sociedade de Informação*, Vol. II, Coimbra Editora, Coimbra, 2001

STEWART, Richard B.; *Il Diritto Amministrativo nel XXI Secolo*; in: *Rivista Trimestrale di Diritto Pubblico*, vol. 1, Giuffrè, Milano, 2004

STIPO, Massimo; *Administrative Justice in Italy. Prospects for Legitimate Interests Versus the Public Administration*; in: PIRAS, Aldo (Ed.); *Administrative Law. The Problem of Justice,* Vol. III°, *Western European Democracies*, Giuffrè, Milan, 1997

STRAUSS, Peter L.; *An Introduction to Administrative Justice in the United States*; in: PIRAS, Aldo (Ed.); *Administrative Law. The Problem of Justice, Vol. I°, Anglo-American and Nordic Systems*, Giuffrè, Milan, 1991

TAYMANS, J.-F.; *Recueillir et Authentifier le Consentement: L'Experience Notariale Confrontée à la Certification;* in: NAYER, Benoît de; LAFFINEUR, Jacques (eds.); *Le Consentement Électronique*, Bruylant, Bruxelles, 2000

TORRESI, Tulia; *La Responsabilità dello Stato per Violazione del Diritto Comunitario*; in: LIPARI, Nicolò, *Trattato di Diritto Privato Europeo*, 2ª Ed., Vol. Quarto, *Singoli Contratti. La Responsabilità Civile. Le Forme di Tutela*, CEDAM, Padova, 2003

VALENTE, Manuel Monteiro Guedes; *Escutas Telefónicas. Da Excepcionalidade à Vulgaridade*; Almedina, Coimbra, 2004

VALERO Torrijos, Julián; *El Regímen Jurídico de la e-Administración. El Uso de Médios Informáticos y Telemáticos en el Procedimiento Administrativo*, Editorial Comares, Granada, 2003

VASCONCELOS, Pedro Pais de; *Protecção de Dados Pessoais e Direito à Privacidade*; in: *Direito da Sociedade da Informação*, Volume I, Coimbra Editora, Coimbra, 1999

VENTURA, Raúl; *Novos Estudos sobre Sociedades Anónimas e Sociedades em Nome Colectivo*, Almedina, Coimbra, 1994

VENTURA, Raúl; *Sociedades por Quotas*, Vol. I, 2ª Ed., Almedina, Coimbra, 1989

VIEIRA, José Alberto; *Notas Gerais sobre a Protecção de Programas de Computador em Portugal*; in: *Direito da Sociedade da Informação*, Volume I, Coimbra Editora, Coimbra, 1999

VIOLA, Luigi; TESTINI, Donatella; *La Responsabilità da Contatto con la Pubblica Amministrazione*, Halley Editrice, Matelica, 2005

WADE, William; *Administrative Justice in Great Britain*; in: PIRAS, Aldo (Ed.); *Administrative Law. The Problem of Justice, Vol. Iº, Anglo-American and Nordic Systems*, Giuffrè, Milan, 1991

YON, Dominique; HILL, Keith; *La Gestion Collective du Droit d'Auteur dans l'Espace Cybernétique*; in: JANSSENS, Marie-Christine (ed.), *Les Droits Intellectuels dans la Société de l'Information*, Bruylant, Bruxelles, 1998

ÍNDICE

Parte A – **PREMISSAS GERAIS** 13

Capítulo I – Contexto 15

Capítulo II – Objecto 21

Capítulo III – Informações, esclarecimentos, documentos e processos 27

Capítulo IV – Tipos de informações 35

Capítulo V – Concurso de informações 45

Capítulo VI – Diplomas aplicáveis 47

Parte B – **ÂMBITO DO ACESSO** 55

Capítulo I. As permissões genéricas 59
1. Dentro do procedimento 60
2. Fora do procedimento 72
3. Análise de conjunto do regime subjectivo de acesso 76

Capítulo II. As restrições ao acesso 79
1. Restrições gerais 79
a) Premissas gerais 79
b) Exclusões típicas 83
i) Documentos políticos 83
ii) Documentos pessoais 84
iii) Dados pessoais já corrigidos 87
iv) Documentos de estratégia processual 87
v) Documentos eliminados e não substituídos 88
vi) Informações e documentos recebidos de terceiras entidades públicas estrangeiras de uso restricto 91
vii) Informações e documentos recebidos de terceiras entidades públicas nacionais de uso restricto 94
viii) Documentos devolvidos 96
ix) Processos não findos 96

c) Bens públicos ... 98
i) Segredo de Estado ... 98
ii) Investigação infraccional ... 103
d) Bens económicos ... 110
i) Segredo económico ... 110
ii) Segredo relativo à propriedade literária, artística ou científica ... 122
e) Bens de privacidade ... 127
i) Intimidade privada ... 127
ii) Vida interna das entidades ... 133
2. Restrições especiais ... 141
a) Documentos constantes de processos ... 141
b) Preservação documental ... 143
c)Bases de dados de prevenção criminal ou segurança de Estado ... 143
d) Restrições institucionais ... 144
3. Análise conjunta das restrições ... 148

Capítulo III. As excepções às restrições ... 157
1. Excepções objectivas ... 157
a) Publicidade ... 157
b) Processo mínimo ... 162
2. Excepções subjectivas ... 172
3. Excepções temporais ... 174
4. Excepções potestativas ... 178
5. Excepções voluntárias ... 179

Capítulo IV – Problemas sistémicos ... 183
1. Ponderação de bens ... 183
2. O princípio da igualdade ... 191
3. O abuso do direito de acesso ... 193

Capítulo V – Regimes especiais ... 195
1. As dispensas ao dever de informar ... 196
2. Arquivos históricos ... 197
3. Registos públicos ... 203
4. Registos de dados pessoais ... 207
5. Registo criminal ... 213
6. Remessa de processos para outra entidade pública ... 215
7. Segredo profissional ... 216
8. Procedimento tributário ... 222
9. Documentos comunitários ... 223

Parte C – MODO DE ACESSO ... 225

Capítulo I – Tipos de acesso ... 227

Capítulo II – Condições de acesso ... 231
1. Impulso ... 231

2. Concessão 239
3. Competência 248

Capítulo III – Acesso total e parcial 253

Parte D – ESTRUTURA DOS DEVERES DE INFORMAÇÃO 257

Capítulo I – Natureza 259

Capítulo II – Tempo 263

Capítulo III – Forma 267

Capítulo IV – Construção do conteúdo 269

Parte E – REGIME DO USO DE INFORMAÇÃO OBTIDA PELOS PARTICULARES 271

Parte F – SANÇÕES PARA INCUMPRIMENTO 277

Parte G – CONCLUSÕES 295

Parte H. ANEXOS 319

Parte I. JURISPRUDÊNCIA 323
I. Tribunais e Órgãos Nacionais 325
a) Tribunal Constitucional 325
b) Tribunais Administrativos 325
c) Tribunais Cíveis 329
d) Pareceres da Procuradoria-Geral da República 330
II. Tribunais europeus 330
a) TJCE 330
b) TPICE 330
c) CAGER 331
d) França 331
III. Tribunais americanos 338

Parte J – BIBLIOGRAFIA 339

Esquema 1
Análise Institucional

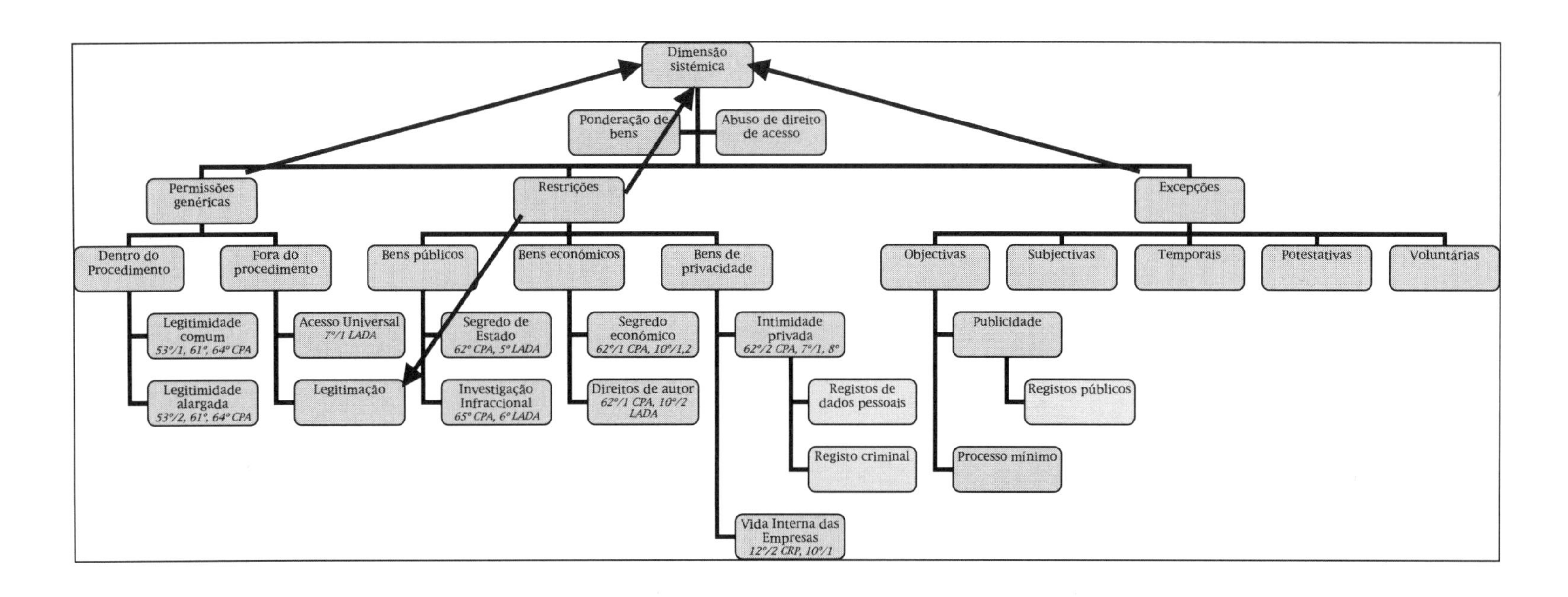

Esquema 2
Titularidade

- Titularidade
  - Constituição
    - Singular
      - Detenção
      - Elaboração
      - Comum
      - Especial
        - Procedimento tributário
        - Investigação infraccionais junto da entidade
        - Registo criminal
        - Arquivos históricos
        - Registos públicos
        - Exclusão do dever de fornecer
          - Documentos pessoais
          - Documentos de estratégia processual
        - Dados pessoais já corrigidos
        - Processo não findos
    - Conjunta
      - Documentos comunitários
  - Exclusão
    - Titulares particulares
      - Informações comerciais e industriais
      - Direitos de autor
      - Intimidade privada
      - Vida interna das entidades
    - Titulares públicos
      - Documentos políticos
      - Informações de outras entidades públicas
        - Estrangeiras
        - Nacionais
      - Segredo de Estado
      - Investigação infraccional por terceiras entidades
    - Domínio Público
  - Extinção
    - Transmissão
      - Envio de documentos a terceiras entidades públicas
      - Transferência lícita para arquivos históricos
    - Absoluta
      - Eliminação sem substituição
      - Devolução aos particulares

ESQUEMA 3
Uso

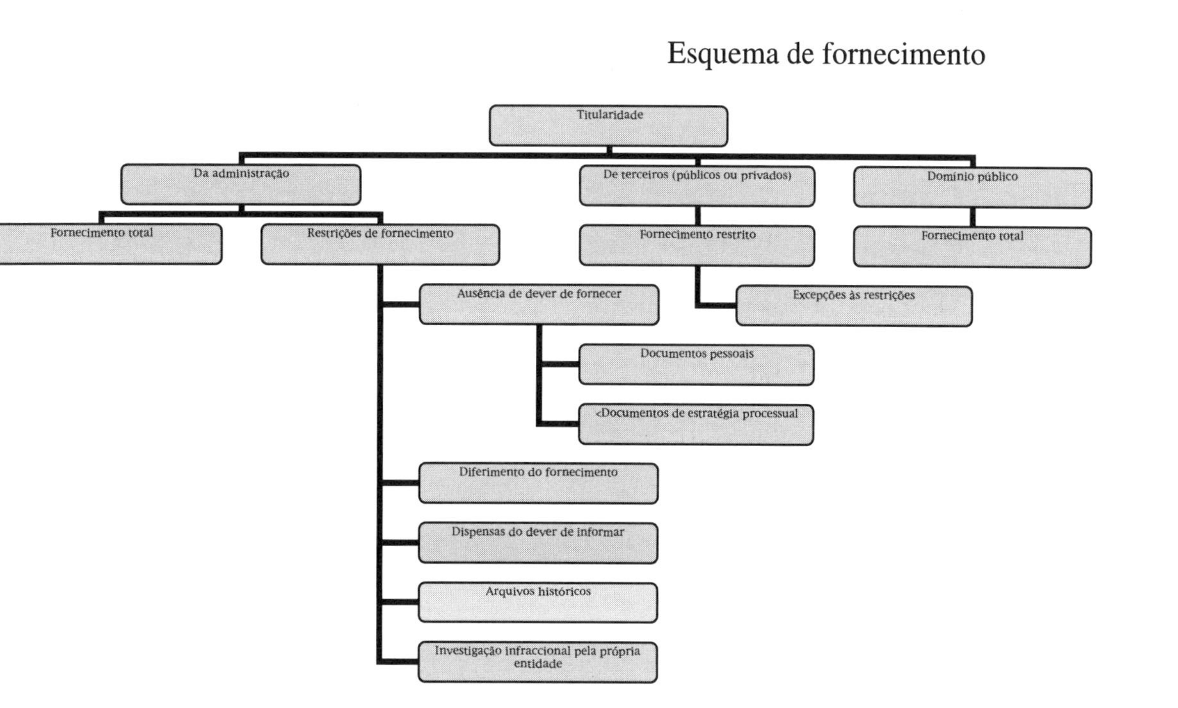